CORRER

Thor Gotaas

CORRER

A história de uma das atividades
físicas mais praticadas no mundo

MATRIX

© 2013 – Thor Gotaas
Direitos em língua portuguesa para o Brasil:
Matrix Editora - Tel: (11) 3868-2863
www.matrixeditora.com.br

Título original em inglês:
Running

Publicado sob licença da Hagen Agency, Oslo, Gyldendal Norsk Forlag AS, Oslo,
e Vikings of Brazil Agência Literária, São Paulo.
Esta tradução foi publicada com o apoio financeiro da Fundação Norla.

Capa e diagramação
Daniela Vasques

Tradução
Fernando Effori de Mello

Revisão
Lilian Brazão
Adriana Wrege
Alexandre de Carvalho

Dados Internacionais de Catalogação na Publicação (CIP)
SINDICATO NACIONAL DOS EDITORES DE LIVROS, RJ

Gotaas, Thor.
 Correr – A história de uma das atividades físicas mais praticadas no mundo / Thor Gotaas; [tradução Fernando Effori de Mello]. - São Paulo : Matrix, 2013.

Tradução de: Running
Inclui bibliografia

1. Corridas - História. I. Título.

13-2143. CDD: 796.426
CDU: 796.422

SUMÁRIO

Introdução 7

Capítulos

1 Mensageiros e precursores 9
2 Um traço humano primordial 25
3 Em honra aos deuses 30
4 Jogos romanos 44
5 Corridas de elefantes e contos chineses 51
6 Os monges corredores 59
7 Correndo contra cavalos 68
8 Apostas, relógios e vassouras 81
9 O Iluminismo francês e a educação de saúde alemã .. 96
10 Mensen Ernst e capitão Barclay 102
11 Coração de búfalo no café da manhã 116
12 Blefes e vantagens de largada 133
13 A retomada dos Jogos Olímpicos 151
14 Dando voltas na pista 168
15 *Sisu* finlandês 180
16 Ultracorrida como formação de nações 194
17 Corrida através da América 201
18 Teorias desclassificadas 213
19 Guerra e paz 223
20 A serviço do Estado 238
21 A milha dos sonhos 253
22 A África chega 260
23 Amando a paisagem da dor 272

24 A revolução do *jogging* 283
25 Maratonas na cidade grande 309
26 Mulheres maratonistas 318
27 Sr. Volta por Cima 342
28 Astros, negócios e *doping* 359
29 Correndo com o zen 373
30 Correndo como avestruzes 381
31 Passadas para deixar a pobreza 393
32 Quão rápido o ser humano pode correr? 404

Notas 415
Bibliografia 424
Agradecimentos 431

Introdução

É impossível escrever uma versão completa da história mundial da corrida a pé. Nas fontes mais antigas há relativamente pouco a se escolher, e com frequência elas são contestáveis. Um autor tem de tomar as fontes que existem, entrelaçá-las e tentar criar a imagem mais ampla possível.

Quanto ao período após 1800, há uma abundância de fontes interessantes, e então torna-se uma questão de escolha e exclusão.

Ainda que um livro desse tipo possa ser colorido pelo tempo e pelo lugar de seu autor – Noruega, Europa, pouco depois do ano 2000 –, eu procurei abranger o mundo todo. Também procurei escolher os fios longos e significativos que emergem em um tema tão amplo como este. Mesmo assim, o livro carrega a impressão de ser escrito por um europeu que vê o mundo a partir da Escandinávia. Isso é inevitável, tanto quanto é inevitável que o livro também carregue a impressão das preferências e simpatias de seu autor na escolha dos fatos e na seleção dos personagens.

Como o título sugere, *Correr: uma história mundial*, este livro não pretende ser senão *uma* versão da história da corrida a pé no mundo, isto é, a versão do autor.

1
Mensageiros e precursores

> Conta-se que alguns mensageiros em missões longas arrancavam o próprio cabelo e a mensagem era escrita em seu couro cabeludo. O cabelo crescia e o destinatário tinha de dar ao mensageiro um corte de cabelo a fim de ler a mensagem.
> Fonte desconhecida

Houve uma jovem em Mainz, na Alemanha, no século XVIII, que tirou a vida do próprio filho: ela ficara cheia de vergonha e desespero por ter engravidado fora do casamento. Seu crime foi descoberto. Ela foi presa, acusada e sentenciada à execução pública.

Chegou o dia determinado. No caminho do local da execução, os cidadãos olhavam para ela e sua escolta, e muitos achavam errado que uma criaturinha tão doce devesse estar nas mãos do executor. Uma nobre, tremendo de pena, achou que a garota não deveria morrer, e apressou-se a apelar ao príncipe Johann Friedrich Karl von Onstein, que escreveu uma carta de perdão e chamou seu corredor para que levasse a notícia à Suprema Corte o mais rápido possível.

Os juízes realizaram o pedido do príncipe, e as cordas em torno dos pulsos da pálida e aterrorizada menina foram desamarradas. Ela chegou a desmaiar, caindo nos braços do padre – finalmente livre daquele terrível pesadelo.

O corredor foi o herói do dia; os cidadãos o carregaram para casa triunfantes, e o príncipe o recompensou generosamente. No entanto, apavorado pela ideia de chegar tarde demais, o corredor havia arruinado a si mesmo fisicamente, e o terror criara raízes em seu coração: ele morreu pouco depois, para grande tristeza do príncipe e do povo.[1]

De cabana a cabana

O ofício de corredor ocupou milhares de homens especialmente treinados, em muitas culturas, por muitas centenas de anos. Corriam boatos de que era possível martelar pregos nos pés de um corredor, de tão duros que eles eram. Isso podia não ser verdadeiro, mas seus pés eram indubitavelmente duros, quer os mensageiros operassem na Europa, na África, na América, quer na Índia ou na China. De todos eles, os corredores incas são os mais famosos.

Quando os espanhóis chegaram à América do Sul e conquistaram o Império Inca, em 1532, esse império estendia-se das atuais fronteiras do Equador e da Colômbia até o Rio Maule, no Chile, e tinha uma população estimada em 10 milhões. O sucesso dos incas como construtores de império e governantes foi atribuído, entre muitas outras coisas, à boa comunicação e a uma bem desenvolvida rede de estradas. As estradas eram tão retas quanto possível, com o intuito de poupar tempo ao viajante, e, consequentemente, com frequência subiam por encostas íngremes por meio de longas escadas. As estradas eram escavadas em rocha ou sustentadas por muralhas, e ao longo da maior delas havia marcos miliários para mostrar as distâncias – uma milha era equivalente a seis mil passos. Havia pontes suspensas sobre os rios, feitas de lianas, e outras pontes primitivas que eram perigosas só de atravessar.

Corredores profissionais, os *chasquis* (a palavra significa "trocar", "dar e receber") asseguravam um eficiente sistema de mensageiros. Eles eram selecionados entre os melhores e mais confiáveis indivíduos, treinados desde jovens, e juravam guardar um dever de silêncio. Eles tinham orgulho de sua profissão, e a obediência à lei era a regra em um reino em que o roubo de milho de terras incas levava à sentença de morte. Os corredores viviam em pequenas cabanas ao longo das estradas – quatro ou seis homens em cada uma, dependendo de quão importantes fossem as linhas de comunicação em particular. Dois dos homens ficavam sempre sentados de prontidão à porta, vigiando a estrada. Assim que vissem um mensageiro chegando, um deles ia encontrá-lo. Ele corria ao lado do mensageiro, ouvindo a simples mensagem oral três ou quatro vezes, ou tomava o pedaço de fio com nós que continha as mensagens. O fio com nós era o sistema de cartas dos incas, e eles não possuíam nem alfabeto nem a roda. Pedaços menores de fio de cores diferentes eram amarrados a um comprimento de fio, ficando em paralelo a este ou partindo de um ponto determinado: os nós referiam-se aos números, as cores, aos significados. O próprio corredor não precisava ser capaz de ler todos os códigos de nós – ele geralmente transportava mensagens secretas, e havia especialistas para interpretá-las.

Após tomar a mensagem, um corredor corria o mais rápido que podia até a próxima cabana, alguns quilômetros adiante, e o processo se repetia, enquanto o primeiro corredor se sentava e esperava a próxima tarefa chegar. Como cada trecho era relativamente curto, eles mantinham uma velocidade alta. Carregavam todo tipo de notícia, de variada importância, de governadores de distrito ao líder supremo – o próprio Inca: notícias locais, instruções de superiores, informações sobre safras e animais de criação. Sobre as pontes e ao longo das estradas que iam da costa à região das montanhas, a mais de 4 mil metros de altitude, havia mensageiros sempre em movimento, cobrindo cerca de 320 quilômetros em 24 horas em trechos. Os mensageiros mascavam folhas de coca para renovar suas energias e as mensagens eram passadas adiante, sem interrupção, até chegarem ao destinatário.

Como seus equivalentes em muitos outros países, os mensageiros eram imediatamente reconhecíveis: eles usavam penachos altos na cabeça e anunciavam sua chegada soprando uma trombeta de concha que levavam em um cordão amarrado à cintura. Andavam armados com bastões e uma funda, para o caso de encontrarem inimigos. A todo momento havia milhares de corredores em serviço, trabalhando em turnos de quinze dias e recebendo alimentos e abrigo do Estado. Eles eram tão importantes que ganhavam a mesma quantia que os prefeitos.

Esses mensageiros transportavam ao Inca, em Cuzco, tudo o que se pode imaginar, incluindo alimentos exclusivos como moluscos e peixes marinhos. Mesmo estando localizada bem no interior, a corte podia receber à tarde peixes pescados no mar pela manhã. Havia também outro tipo de mensageiro, os *hatun-chasquis*, que faziam entregas maiores e mais pesadas, e cujo turno durava apenas meio dia.

Mensagens particularmente importantes do governante eram acompanhadas por um fio vermelho ou por um bastão com marcas. Em cada cabana havia um farol pronto para ser aceso para avisar sobre problemas sérios, como invasões ou rebeliões. Os corredores em serviço acendiam as fogueiras, e a mensagem era passada rapidamente para a capital, onde o governante e seu conselho residiam. Assim, mesmo antes de saber a causa do alarme (essa informação chegava pelo mensageiro), o líder Inca podia ordenar que o exército marchasse na direção de onde viera o alarme.[2]

Cuzco era o ponto central para os corredores do Império Inca; ela era considerada o centro do mundo, e ali ficava a residência do próprio Inca, o Filho do Sol. A cidade fica 3.500 metros acima do nível do mar, e tinha 200 mil habitantes no auge do Império Inca. Quando o império atingiu seu tamanho máximo, as regiões mais distantes ficavam a cerca de 1.600 quilômetros de Cuzco, mas as mensagens venciam essa distância em cinco dias. Mensageiros deixavam a cidade todos os dias, enquanto outros chegavam ao palácio. Quando os corredores se encontravam nas estradas, aqueles que seguiam para Cuzco sempre davam passagem aos que vinham de lá, tal era o respeito tido pela cidade.

As fontes diziam que os incas viam o ambiente natural com humildade e devoção. Isso também era verdade no caso dos mensageiros. Para os incas, até as menores coisas possuíam alma, tudo era vivo e digno de respeito, e o homem devia tentar conquistar o favor de todos os seres. Os corredores que cruzavam correndo os elevados planaltos e as montanhas não viam a natureza como uma terra de ninguém, mas como preenchida por uma rica flora de espíritos e objetos, pedras e animais, todos pertencendo ao mundo no qual o homem vivia e ao qual estava sujeito. Todos os passos que o corredor dava eram vigiados e guardados por milhões de seres. Em vez de temer o isolamento em trechos despovoados ou na escuridão da noite, o corredor inca temia que as multidões de espíritos à sua volta o abandonasse se ele não se comportasse ou não pensasse adequadamente. Eles viviam em um mundo repleto de ameaças, e jamais conseguiam ter certeza de quais males poderiam ser cometidos por inimigos e forças naturais. Os corredores sabiam que as mensagens que levavam e a velocidade de entrega eram significativas para toda a sociedade e sua sobrevivência na guerra ou na paz, em fracassos nas colheitas e em catástrofes naturais. Antes de cruzar um rio, o corredor bebia um pouco de sua água e pedia ao rio que fosse bondoso enquanto ele o atravessava. A visão de um morcego, o som de um pássaro, um sonho estranho – todas essas coisas alojavam-se na mente do mensageiro e tinham uma importância simbólica. "Ai de mim! Era para acontecer", ele pensava quando o destino o golpeava. Para os incas, tudo estava sujeito à disposição dos espíritos.[3]

Além desses mensageiros, havia outros grupos que tinham de provar sua competência em corrida. Para se tornar membro da classe alta dos incas, era necessário ter uma formação de quatro anos na qual uma prova de corrida era o teste mais importante. Nas escolas em Cuzco, esse importante grupo da elite era instruído na linguagem dos governantes, em religião e no código de nós pelos melhores mestres. Durante o último ano, eles estudavam história e faziam cursos complementares de pesquisa, geografia e astronomia. Eles não iam ser mensageiros, mas ainda assim tinham de correr.

No dia do exame, *huaracu*, no décimo mês inca (novembro), os candidatos reuniam-se na grande praça de Cuzco para rezar para o Sol, a Lua e o Trovão. Antes do exame, todos os homens tinham os cabelos cortados curtos e eram vestidos de branco, com penachos pretos na cabeça. Junto com suas famílias, o grupo inteiro ia para a colina vizinha, Huanacauri, para viver com uma dieta rígida de água e milho cru e realizar rituais e danças. Alguns dias depois, eles recebiam blusas vermelhas e brancas e dormiam em tendas, junto com os familiares. Restava uma corrida de oito quilômetros até Huanacauri, um dos locais mais sagrados em toda a região, onde, segundo a lenda, um dos irmãos do primeiro Inca havia sido transformado em pedra no topo. Antes dessa metamorfose, porém, ele recebera asas e ficara parecido com o pássaro que os incas classificavam como superior a todos os outros – o falcão, uma vez que ele é capaz de voar e arremeter muito rápido. A palavra *huaman* significava tanto "falcão" quanto "velocidade", e as muitas palavras que começavam com *hua* mostram a importância do falcão no folclore inca. Essa corrida era realizada sob o signo do falcão.

A velocidade era vital no Império Inca para reter o poder e manter a ordem, e isso era verdade tanto no caso dos mensageiros quanto no das forças militares em marcha. Falcões, corredores e soldados estavam estreitamente ligados em um país cujo único meio de transporte era a pé. Um dos grupos conquistados pelos incas foram os Cara, os quais não possuíam nem bastões de mensagem nem fios com nós, e, assim, foram presas fáceis para os incas.

Antes do dia da corrida, os organizadores colocavam imagens de animais esculpidas em halita no topo, que era a linha de chegada: as imagens representavam o falcão, a águia, o pato selvagem, o beija-flor, a cobra e a raposa. Uma vez iniciada a competição, havia muito empurra-empurra, pois todos eles estavam preparados para dar tudo de si, a fim de conquistar honra e a boa vontade dos deuses. Quando os corredores chegavam, eles agarravam essas estatuetas – o primeiro pegava as aves mais nobres, o último ficava com o réptil sem valor. Assim, cada um levava a prova de sua própria força ou fraqueza, e os espectadores sabiam a quem elogiar e de quem zombar. Não terminar a corrida era vergonhoso.

Nessa noite, os competidores dormiam no sopé da colina e, pela manhã, subiam até um pico onde dois falcões de pedra haviam sido erigidos. Ocorria então uma violenta briga entre duas equipes formadas pelos jovens, seguida por testes de suas habilidades com o arco e a funda. A seguir, vinham provas de força de vontade, nas quais eles eram espancados, mas não deviam demonstrar dor e tinham de se manter em seus postos por dez noites sem dormir. Os candidatos também tinham de ficar imóveis, sem piscar, enquanto um oficial sacudia um bastão sobre suas cabeças e ameaçava seus olhos com uma espada.

Aqueles que passavam nos exames eram recebidos pelo inca mais elevado e recebiam calças curtas especialmente costuradas, um diadema de penas e armaduras peitorais de metal. Suas orelhas eram perfuradas com agulhas de ouro para que pudessem usar pesados ornamentos – um sinal visível de pertencer à elite, os "orelhas longas". Havia ainda outras cerimônias antes que eles fossem aceitos na elite: danças e banhos rituais, a apresentação de armas e um banquete. Por fim, eles tinham de abrir uma clareira.[4]

Embora os incas também incluíssem a corrida entre as várias de atividades esportivas, tanto em grandes competições atléticas anuais quanto em eventos menores, isso é mencionado com muito menos frequência do que o sistema de mensageiros em série, que se tornou a marca distintiva do império e impressionou a todos. Os mensageiros funcionavam como o sistema nervoso do império, e foi através deles que os incas assumiram o controle e o conservaram. Os espanhóis viram a utilidade dos mensageiros e os mantiveram: um mensageiro espanhol a cavalo levava de doze a treze dias de Lima a Cuzco, enquanto os corredores cobriam a distância em três dias.

Mensageiros e corredores de truques

Desde o século XV já havia mensageiros corredores na Europa Central, quer trabalhando em período integral como mensageiros, quer realizando tarefas específicas para nobres e proprietários de terras. Há um ditado que nos conta algo importante sobre a relação do servo com seu senhor: "Tu o servirás seis dias por semana e, no sétimo, entregarás mensagens".[5]

Em 1573, em Breslau, Polônia, havia quarenta mensageiros sob a jurisdição de um mensageiro chefe. Eles tinham bons salários, turnos fixos e privilégios como dispensa do serviço militar. A Europa Central era formada por pequenos estados, o que geralmente significava que as distâncias cobertas eram curtas, porque os estados situados mais perto uns dos outros tendiam a se comunicar mais; entretanto, os mensageiros bem podiam cobrir 90 quilômetros em um dia. Eles eram remunerados de acordo com a distância da missão e não ganhavam nada quando descansavam. Mensageiros corredores eram um grupo profissional distinto na Alemanha já no início do século XVII, e isso se refletiu em uma série de nomes de família: Läufer ("corredor"), Löper e Bott ("mensageiro"). O trabalho frequentemente passava de pai para filho.

Havia regras com relação às rotas a serem tomadas e quem deveria ser informado e chamado. As jornadas podiam ser tortuosas, com muitas pessoas a informar. O ditado "um corredor e um mentiroso" sugere que os mensageiros talvez fossem propensos a exageros e mentiras quando chegavam a um local estranho, pingando de suor e prontos para retornar para casa o mais rápido possível.[6]

Para um homem que viajava muito e recolhia notícias pelo caminho, era tentador mentir quando se encontrava cercado por cidadãos inquisitivos. Havia algo de exótico na chegada de um mensageiro – registrar-se nos portões da cidade antes da corrida final até o objetivo indicado, e depois todo o ritual de gritar a notícia ou entregar documentos em uma sociedade em que muitos eram analfabetos. De fato, nem todos os mensageiros sabiam ler. Conta-se que alguns mensageiros em missões longas arrancavam o próprio cabelo e a mensagem era escrita em seu couro cabeludo. O cabelo crescia e o destinatário tinha de dar ao mensageiro um corte de cabelo para ler a mensagem. Os regulamentos determinavam que o mensageiro devia transmitir a notícia em troca de gratificações, e deixar de fazê-lo poderia custar-lhe a exclusão da profissão. Qualquer quebra do dever era severamente punida.

Em comparação com aqueles que eram mais estáveis em termos de residência, os mensageiros eram muito viajados e tinham muitos conhecimentos. Eles pertenciam a uma profissão que cruzava fronteiras nacionais e tinham muito contato com pessoas de classe social mais elevada, embora os próprios corredores tivessem origens humildes. Eles desfrutavam de considerável estima e a carreira era um trampolim para um status social mais alto.

Prejudicar ou ferir mensageiros era proibido, e eles tinham imunidade diplomática, mesmo em tempos de guerra, quando atravessavam campos de batalha carregando informações sobre negociações. A mensagem em si era bem protegida do vento e da chuva, dentro de uma cápsula no bastão ou cajado de mensagens. Alguns mensageiros guardavam vinho em um pequeno frasco na ponta do bastão e tomavam goles durante o caminho, e comiam ovos cozidos e outras provisões. Eles vestiam um uniforme especial com as cores de sua cidade e carregavam um cassetete, lança ou espada curta a fim de se proteger de cães, ladrões e outros sujeitos mal-intencionados. Sua identidade era confirmada por um distintivo e um passe contendo o brasão de armas de sua cidade.[7]

Na Alemanha, a era dos mensageiros corredores em serviço público chegou ao fim por volta de 1700. Estradas melhores e comunicações a cavalo os tornaram supérfluos à medida que o sistema postal alemão se desenvolvia, ainda que fossem necessários apenas quatro homens para entregar toda a correspondência em Berlim, em 1712. Gradualmente, os carteiros assumiram as missões dos mensageiros corredores, ao mesmo tempo em que a quantidade de correspondências aumentou com a entrega de jornais, periódicos e correspondência privada.

Os mensageiros alemães desempregados encontraram novos empregadores depois de 1700: reis e nobres empregavam arautos para anunciar sua chegada em comemorações e encontros importantes. Como carroças puxadas por cavalo raramente moviam-se mais rápido do que dez ou onze quilômetros por hora, um homem ágil conseguia facilmente ficar à frente delas.

Originalmente, os precursores tinham uma função diferente. As estradas eram tão ruins durante o século XIV que os servos corriam na frente das carruagens para encontrar a melhor trilha possível. Mais tarde, tornou-se função deles assegurar uma viagem agradável e iluminar o caminho com tochas à frente da carruagem no escuro. Eles preferiam correr emparelhados e formavam uma visão característica ao longo das estradas: um grande homem, como o sultão da Turquia, em suas viagens podia ser ouvido e visto a grande distância por causa dos sons de sinetas, rangidos de rodas da carruagem, cantos e conversas em voz alta dos corredores.

No século XVI, o sultão manteve uma criadagem de cem corredores vindos da Pérsia, que eram chamados de *peirles* – peões. Quando estavam no campo, corriam de costas ao lado da carruagem, caindo e fazendo truques para entreter o sultão. Eles eram palhaços corredores, que mantinham as companhias do sultão felizes durante suas viagens. Ele tinha favoritos entre os corredores – aqueles que pegavam bolas de prata com a boca e mastigavam-nas tal como os cavalos mastigavam a comida. Em uma das mãos eles carregavam um pedaço de fruta seca açucarada para manter a boca úmida – algo bom para se ter em um país quente como a Turquia.[8]

Um anúncio de jornal em Breslau do dia 24 de janeiro de 1798 mostra as qualidades que os aristocratas procuravam em homens desse tipo:

> Precisa-se de corredor. Procuramos um corredor jovem, com bom físico e boa aparência, bem barbeado, cabelos cortados e bem comportado, que corra rápido e sem parar por longas distâncias. Qualquer um que se encaixe na descrição acima deve manifestar interesse, antes do dia 28 deste mês, no castelo de Kratzkau, onde terá excelentes perspectivas.[9]

Se vários candidatos de igual qualidade se apresentassem, havia um processo de seleção.

Na Inglaterra, o duque de Queensbury ficava em sua sacada em Piccadilly e fazia os candidatos correrem sem parar até suarem. O corredor que suasse menos e parecesse menos exausto ganhava o emprego. "Tenho uso para você, rapaz", dizia o duque àqueles que passavam no teste – também ajudava estar bem vestido e ser elegante. Um estilo de corrida tranquilo e roupas vistosas eram o ideal. Afirma-se que os mensageiros eram atraentes para as mulheres, e ilustrações mostram-nos com boas proporções e determinados. Eles eram saudáveis e ativos, em comparação com os nobres balofos, e eram facilmente reconhecíveis por causa de seus rostos finos e corpos esbeltos.

Em um dia especialmente quente, os candidatos estavam correndo para trás e para a frente, uniformizados para o duque, o qual encontrava-se indolentemente recostado na sacada. Ele gostou de um dos homens em especial e, contente em ver um sujeito tão bom, mandou-o continuar por um longo tempo. Finalmente, o duque disse: "Para mim já basta", ao que o corredor apontou para seu uniforme elegante e emprestado e gritou: "Para mim é que já basta", e fugiu rápido demais para que alguém o alcançasse.[10]

Na Inglaterra, os mensageiros eram chamados de "peões corredores" e eram empregados pela nobreza do século XVII em diante para levar mensagens e competir por dinheiro – assim como alguns mantinham cavalos de corrida. Um peão devia ser jovem e ágil, ter pernas bem torneadas e ser solteiro. Quando ficava mais velho, podia se tornar servo de seu senhor e passar as tarefas mais enérgicas a colegas mais jovens.

Peões corredores tinham de obedecer a ordens prontamente e correr em tarefas importantes, independentemente do horário ou da estação, como, por exemplo, quando o conde de Home, na Escócia, mandou seu lacaio com uma importante mensagem a Edimburgo certa noite, a quase cinquenta quilômetros de distância. Na manhã seguinte, o conde desceu para o café da manhã e viu o corredor dormindo em um banco, roncando. Será que ele havia esquecido a tarefa e dormira a noite toda? O conde estava a ponto de castigá-lo, quando percebeu que o homem havia estado em Edimburgo durante a noite e retornara.

Qualquer que fosse o capricho que os empregadores de homens como esses tivessem, quer eles quisessem receber ou enviar algo, remédios a serem retirados com o médico, ou presentinhos de surpresa para as senhoras que admiravam, lá ia o corredor em disparada. Uma ocasião desse tipo surgiu para o duque de Landerdale quando seus servos estavam pondo a mesa para um grande jantar. Faltava uma série de peças de talheres de prata para deixar a mesa perfeita, então o duque mandou o mensageiro da casa correr até sua outra residência, a cerca de vinte quilômetros, para buscar os talheres. O jovem correu feito um possesso e retornou logo antes de os convidados entrarem para o jantar.

Corredores tinham um forte senso de status e orgulho profissional, como é demonstrado por um episódio ocorrido em Milão, Itália, em 1751. Os corredores a serviço da nobreza dali, ao notar que a polícia usava cartucheiras e sapatos com fitas multicoloridas, afirmaram que eles tinham direito exclusivo a tais acessórios e exigiram que a polícia parasse de usá-los. Diante da recusa dos policiais, os corredores atacaram um deles, obrigando-o a tirar os sapatos na rua. Os policiais foram ameaçados de morte se continuassem usando aquelas peças: "Os dois lados estavam a ponto de atacar um ao outro, quando o governador interveio e ordenou que a polícia só usasse cartucheiras azuis no futuro, e as fitas decorativas dos sapatos deveriam ser da mesma cor dos sapatos. Ambos os lados ficaram satisfeitos com isso e se separaram sem chegar a se agredir".[11]

Os mensageiros consideravam questão de honra entregar a mensagem rápido, e forçavam seus corpos sem piedade. Os jovens duravam três ou quatro anos na profissão, e muitos deles morriam preocupantemente cedo. Alguns deles, porém, aguentavam por vinte ou até quarenta anos. Um desses homens foi Joachim Heinrich Ehrke, que serviu ao Grão-Duque de Mecklenburg, na Alemanha, por 43 anos, a partir dos anos 1790. Quando envelheceu, ele treinou sucessores mais jovens e ficou encarregado de onze homens, incluindo três de seus filhos.

Ehrke levava seu trabalho como treinador a sério. Ele insistia em regras de dieta, demonstrava exercícios de respiração e instruía seus pupilos em geografia. Ele recomendava respirar pelo nariz e pressionar um lado do corpo para aliviar uma pontada – para neutralizá-la seus pupilos bebiam uma infusão de ervas. Havia uma história muito difundida, possivelmente verdadeira, ou talvez um mito, de que um deles fizera uma operação para remover o baço – sendo esse o local onde a dor era sentida – a fim de prevenir pontadas. Isso pode ter ficado apenas na intenção, mas eles realmente treinavam com sapatos pesados e corriam em areia e campos recém-arados, levantando os joelhos bem acima do normal enquanto corriam. Suas sessões de treinamento realmente forçavam-nos até o limite.

Ehrke sabia que o treinamento de corredores para emprego por nobres era uma profissão em diversos países europeus. O *Guia Médico para Corredores* de Breslau, em 1872, continha conselhos sobre como correr mais rápido, aumentar a resistência e evitar problemas estomacais. As prescrições medicinais do livro dificilmente poderiam ser chamadas de *doping*, mas o alívio por medicamentos era em si revelador, uma vez que a concorrência era intensa, e a profissão era famosa por façanhas como cobrir distâncias desafiadoras ou vencer provas contra cavalos.[12] Em terras montanhosas, ruas ou pistas estreitas, um homem podia até ganhar de uma carruagem puxada por seis cavalos, mas em boas estradas em terras planas o cavalo era superior.[13]

A nobreza dava muito valor a ter cavalos velozes e corredores resistentes, ambos sendo importantes em termos práticos e de status. Por volta de 1800, a nobreza vienense preferia corredores italianos, enquanto os franceses preferiam os bascos. Homens da Valáquia (Romênia) também eram procurados. Era uma honra conseguir um lugar na corte, deixar para trás uma região pobre e mudar-se para um alojamento oficial perto do castelo do rei, príncipe ou imperador. Os corredores das cortes traziam glória a suas famílias e ganhavam entrada para um mundo de fábulas. A corte imperial de Viena empregava catorze corredores no começo do século XVIII.

Ao fim do século XVIII, centenas de corredores haviam perdido seus empregos, e a profissão quase desapareceu como resultado de mudanças sociais. A Revolução Francesa de 1789 levou a uma demanda por mais democracia e menos luxo aristocrático, e o número de corredores também declinou drasticamente na Inglaterra e na Alemanha. A nobreza vivia de forma mais sóbria, e o emprego de corredores já não tinha o mesmo status de antes.

Havia um ditado francês – "correr como um basco" – sobre o povo das montanhas da região basca. Quando corredores bascos perderam seus empregos junto à nobreza, começaram a realizar corridas de dois homens (*korrikalaris*) – grandes eventos de apostas nos quais os participantes vestiam uma tradicional camisa larga, sandálias, calças compridas e uma faixa de tecido ao redor da cintura.

Os bascos gostavam de longas distâncias, nada menos do que 10 ou 11 quilômetros e, de preferência, 20, 25 ou mais. Ao contrário dos peões ingleses, os bascos não corriam em rotas fixas: cabia a eles encontrar a rota mais rápida para seu destino, e um bom senso topográfico e desembaraço em regiões montanhosas eram coisas que contavam muito. Apenas o início e o fim eram definidos. Uma vez que as corridas de desafio se tornaram populares na região basca, vilarejos e cidades inteiras começaram a apoiar seus homens e, para tornar a competição mais justa, rotas fixas foram definidas; isso, por sua vez, inspirou corridas solo contra o relógio.[14]

As tradições firmemente arraigadas em Viena e na Áustria levaram a nobreza a conservar corredores particulares por algumas décadas do século XIX, e os corredores ali pertenciam a uma corporação de ofício, com graus equivalentes a artífices e testes de admissão. Em Viena, o teste anual de certificação como corredor realizava-se na primavera, e o tempo de qualificação eram 17 quilômetros em 1 hora e 12 minutos. De 1822 em diante, a corrida passou a ser realizada no Parque Prater, no dia 1º de maio.[15]

Nesse ano, muitos dos cidadãos de Viena levantaram cedo para assistir ao "Festival de Corrida no Prater". As primeiras pessoas chegaram à linha de largada às cinco horas da manhã, já que a competição começaria às seis. Havia treinadores e assistentes, espectadores que haviam comprado ingressos e ocupavam uma arquibancada semelhante a uma tenda, todo tipo de gente, tanto a pé quanto a cavalo, todos vestidos para a ocasião e ansiosos pelos resultados. Em pouco tempo, havia 3 mil pessoas presentes, ouvindo a banda militar, que tocava músicas turcas.

Os dez ou doze corredores se preparavam, calçando sapatos leves de couro verde macio, roupas justas e um tipo de chapéu com as cores de seus empregadores. Em circunstâncias normais, eles usavam seus próprios uniformes vermelhos, verdes ou azuis, mas na corrida da primavera todos apareciam de branco, e apenas o chapéu revelava quem eram seus senhores. Eles traziam chicotes nas mãos – geralmente, para lidar com cães bravos ou agressivos, mas, nesse caso, era para afastar espectadores amontoados que se aproximassem demais nas estreitas ruas da cidade.

Eles eram um grupo exclusivo – um de cada senhor – e haviam se empenhado muito para alcançar a vitória. Seus senhores haviam supervisionado os treinos e instruído os treinadores durante meses antes da competição. A vitória era de grande significado, e seria o assunto da cidade por um bom tempo, mesmo fora dos círculos aristocráticos.

O iniciador gritava "Silêncio na linha!" e chamava cada homem adiante pelo nome de seu senhor. A identidade do corredor era de pouco interesse; mais atenção era dada a seu empregador, fosse vitorioso ou derrotado. Quando o tiro inicial era disparado, eles largavam em meio a gritos de incentivo, com cavaleiros e carruagens ruidosas seguindo atrás, incluindo uma carruagem com um médico e socorristas, enquanto a música no parque exaltava ainda mais a emoção. E a corrida então ganhava as ruas, ofegante e esbaforida, onde multidões incentivavam e aplaudiam, davam tapinhas nas costas dos corredores e zelavam por seus favoritos. Um corredor às vezes desabava, precisava de ajuda médica e ficava estendido ali na rua, cercado pela multidão, enquanto um médico tentava reanimá-lo. Os corredores davam tudo de si em nome de seus senhores, e sabiam que uma colocação no topo levaria a honras, a um bônus pecuniário e um lugar na galeria da fama dos corredores.

Quando o primeiro homem cruzava a linha de chegada, os gritos de "bravo!" e o nome de seu senhor ecoavam e o empregador apressava-se a se apresentar para parabenizar seu corredor e desfrutar do brilho da vitória. Momentos como esse compensavam todas as despesas e esforços envolvidos em manter um plantel de corredores.

Na chegada, os participantes eram enrolados em cobertores e recebiam bons cuidados. Ao som de fanfarra, os três primeiros eram chamados para receber seus prêmios – uma bandeira de honra adornada com uma águia era dada ao vencedor. Então, todos eles saíam desfilando sob um cartaz e um café da manhã era oferecido aos três vencedores, enquanto as apostas eram pagas. As apostas tinham seu papel, mas os austríacos não eram apostadores tão entusiásticos quanto os ingleses.

A distância dentro do Prater não era dada com exatidão, mas os tempos eram registrados, e Franz Wandrusch venceu em 40 minutos, em 1845. Mas nem os espectadores nem os corredores se interessavam por tempos, e só o que importava eram os três primeiros lugares. Havia um elemento de carnaval na coisa toda, uma vez que a ideia moderna de esporte, com recordes registrados e recordes quebrados, ainda não existia em Viena.

A corrida de primavera de 1847 no Prater foi a última. Depois da revolução de 1848 na Áustria, a competição não se repetiu e a nobreza deixou de manter corredores. Alguns deles tornaram-se servos, continuando a serviço de seus senhores; outros tornaram-se independentes, como os corredores de nobres já haviam feito em muitos países. Os melhores corredores vienenses ficaram famosos muito além das fronteiras da Áustria, e usavam seu local de origem para fins de publicidade.

A corrida de truques era uma ideia antiga que pertencia à tradição do circo. Em muitos países, particularmente na Inglaterra, as corridas haviam sido um entretenimento de feiras durante séculos. Corredores de truques alemães e austríacos excursionavam pela Europa, chegando até a Rússia, onde uma apresentação diante do czar em São Petersburgo era o ponto alto de sua fama. Era um evento prestigioso e lucrativo, mas também um excelente atestado de capacidade e algo de que se vangloriar depois. Os corredores acompanhavam acrobatas e artistas que rodavam de cidade em cidade ao longo das "rotas dos malabaristas" – as rotas que os artistas seguiam por toda a Europa entre as cortes de grandes homens e príncipes das principais cidades. Outros grupos, que não tinham sido corredores de nobres ou precursores, entraram para o ramo, formando um grupo heterogêneo de artistas itinerantes: eles geralmente vinham do sul da Europa, e eram trupes pequenas, geralmente familiares, de acrobatas que andavam sobre cordas esticadas e realizavam números de equilíbrio e força.

Assim, os corredores não estavam meramente competindo por atenção uns com os outros quando corriam rápido, bem ou longamente, e de uma forma que entretinha; eles também competiam com artistas experientes. Para fazer frente a essa afiada concorrência, os corredores tornaram-se mais versáteis e, como os artistas, tornaram-se confiantes propagandistas de si mesmos.

A simples visão de estranhos vestidos de forma incomum em uma cidadezinha parada atiçava a curiosidade e fazia os rumores correrem.

Um desfile pelas ruas instigava o interesse, particularmente se o corredor pertencesse a um grupo cujos gritos em línguas estrangeiras fossem acompanhados por instrumentos musicais. Eles assumiam posição na praça e o líder soprava sua trombeta para os quatro pontos cardeais antes de anunciar a hora e o local da apresentação. Se o desfile falhasse em aguçar suficientemente os apetites do público, a trupe contratava os tocadores de tambor da cidade para anunciar a apresentação ou mostrar folhetos e lê-los em voz alta nas portas das casas em toda a cidade. Os grupos mais abastados do ramo fixavam cartazes, mas isso custava mais do que os anúncios em jornais. E, como muitos dos habitantes não sabiam ler ou não recebiam jornal, as proclamações e o boca a boca eram mais eficazes.

Os corredores viviam de impressionar o público e de oferecer algo novo e mais espetacular a cada visita. Para se apresentar, eles precisavam da permissão da autoridade local e, em algumas cidades, eles – como outros artistas itinerantes – tinham de pagar 10% de sua renda para o fundo de ajuda aos pobres, e até um terço da renda aos habitantes necessitados.[16]

Os corredores de espetáculo não tinham nem a segurança nem os confortos dos corredores dos nobres. Eles estavam na mesma situação dos artistas da época, que agora tinham de depender de um mercado livre após terem sido sustentados pelo patrocínio aristocrático. Por outro lado, os corredores – homens ou mulheres – agora eram livres para se apresentar independentemente, contanto que tivessem permissão de um governante ou outro dignitário.[17]

Os corredores haviam sido parte da cena de rua por muitos anos, e, em meados do século XIX, as pessoas começaram a exigir algo mais, outras coisas além de apenas velocidade, para se disporem a pagar por uma apresentação. Muitos dos corredores usavam chapéus enormes e roupas coloridas e trocavam-nas durante a apresentação, sem, no entanto, simplesmente se tornarem palhaços. Wilhelm Goebel, da Prússia, que corria quatro *versts* em 12 minutos (um *verst* são 1.066 metros), enfatizava a comédia quando corria com pesos, vestindo armadura, ou carregando vovós em suas costas. Ele fazia truques de equilíbrio, tinha alguns acrobatas consigo e organizava corridas nas quais o desafiante recebia uma vantagem de 150 passos para aumentar a emoção. Os corredores corriam de frente e de costas, subindo e descendo encostas, em ruas estreitas e em grandes praças.

O corredor alemão Peter Bajus, nascido em 1795, estava entre os mais rápidos de todos. Depois que o mercado de corredores para a nobreza declinou na Alemanha e nos países vizinhos, ele se mudou para Londres e ganhou fama sendo especialmente bem-sucedido em correr por apostas. Quando retornou a sua terra natal, em 1824, o grão-duque de Hessen-Darmstadt o empregou. Bajus era incomum para sua época, por ter sido primeiro um corredor de truques e somente depois um corredor para a nobreza:

> Ele é esbelto, com um rosto mais fino, com forte constituição das pernas e fortes tendões; sua cabeça tem menos do que um oitavo de sua altura, o peito é côncavo, as pernas são bem torneadas, as orelhas levemente salientes, mãos e pés fortes. Ele nunca fica doente; não é nem um grande comedor nem um grande bebedor; fleumático por natureza; seu rosto fica pálido quando faz os mais enormes esforços, mas nunca fica muito quente; ele nunca – nem ao correr contra o vento – sentiu pressão no peito nem teve sequer uma pontada.[18]

Bajus levava 18 minutos para correr cinco quilômetros e meio, uma distância que andarilhos normais levariam uma hora para percorrer. Grande e forte como um urso, Bajus conseguia carregar 99 quilos por meia hora, sem parar, e 150 quilos por um quarto de hora. Ele era uma rara combinação, por ser ao mesmo tempo grande e ligeiro, igualmente bom em todas as distâncias, um herói popular que inspirou canções e histórias. As pessoas o chamavam de "pé de corço", e autores calcularam que, dado seu ritmo, ele poderia correr ao redor do mundo em 150 dias.

Como excelente representante de uma espécie de precursores em extinção, Peter Bajus permaneceu ativo até 1844, quando decidiu novamente pôr-se à prova em corridas por apostas. Embora o homem de 49 anos conseguisse correr quase 30 quilômetros em duas horas, ele levou um tombo em uma competição com homens mais jovens e voltou mancando para casa. Embora fosse excepcionalmente bom para sua idade, ele já não podia bater os melhores jovens.

Com exceção da Grã-Bretanha, a corrida de truques estava no auge da popularidade na Europa entre 1840 e 1850. Com o desenvolvimento do esporte moderno de meados do século XIX em diante, a corrida de truques passou a atrair menos atenção, especialmente à medida que um tipo diferente de pessoa adotava a prática de correr, e os contextos em que a corrida era praticada – as associações de ginástica, por exemplo – também estavam mudando.

Os corredores continuaram a realizar importantes missões até meados do século XIX: eles eram para a espécie humana a forma original de comunicação, de alertar seus companheiros. No entanto, à medida que cavaleiros, carroças, trens, o telégrafo e o telefone assumiram suas funções, os corredores se tornaram uma curiosidade supérflua e antiquada. Eles haviam corrido distâncias longas e curtas, sozinhos e em grupos, por entretenimento ou por dinheiro, e, quando esses motivos deixaram de existir, as pessoas encontraram outras razões para correr.

De uma perspectiva da história global, as corridas modernas e organizadas são uma atividade recente, mas a pré-história dessas corridas consiste em muito mais do que tempos de voltas e recordes, mesmo que isso faça parte do quadro geral. Seguiremos o desenvolvimento da corrida a pé desde os tempos mais antigos e veremos por que pessoas ao redor do mundo todo, em diferentes países e diferentes períodos, estão correndo. A história global da corrida a pé não é tão óbvia como se pode pensar a princípio. Ela é cheia de surpresas impressionantes e histórias curiosas, mesmo que o correr em si mesmo tenha sido sempre direto e sem rodeios.

Quando, então, os seres humanos começaram a correr?

2
Um traço humano primordial

> Os filhos dos reis tinham de correr todos os dias
> e não recebiam comida até terminar – por isso
> eles saíam de manhã.
>
> Fonte egípcia desconhecida

O biólogo Dennis Bramble e o antropólogo Daniel Lieberman afirmaram que, há dois milhões de anos, o homem se desenvolveu a partir de seus ancestrais simiescos porque ele tinha de correr longas distâncias caçando animais na savana africana. O clima havia mudado, e as grandes áreas de florestas haviam se transformado em savanas, resultando no surgimento de novas condições de vida. Isso dava à espécie *Australopithecus*, que era capaz de correr, uma importante vantagem e, com o passar do tempo, favoreceu também uma anatomia que tornou as corridas de longa distância possíveis. Se esse foi o caso, as habilidades de corrida foram importantes para a evolução humana: a anatomia e o corpo mudaram quando nossos ancestrais foram obrigados a descer ao chão e, anatomicamente falando, correr os tornou humanos.[1]

Bramble e Lieberman discordaram das teorias estabelecidas que viam o correr meramente como uma extensão do caminhar em duas pernas. O *Australopithecus* começou a fazer a primeira das duas atividades há quatro milhões e meio de anos, ao mesmo tempo em que se balançava de árvore em árvore. Mesmo que o *Homo* andasse no chão, demorou ao menos três milhões de anos para o *Homo sapiens* chegar. Durante esse período, nossos antepassados guardavam pouca semelhança com os seres humanos e, consequentemente, a capacidade de andar não pode ter sido o ponto mais decisivo de mudança na evolução humana. Comparado com o homem, o *Australopithecus* tinha pernas curtas, braços longos e um corpo simiesco musculoso. Bramble e Lieberman afirmam: "Se a seleção natural não tivesse favorecido a corrida, teríamos continuado a nos parecer mais com macacos".[2]

Os dois homens estudaram 26 características do corpo humano. Eles também estudaram fósseis do *Homo erectus*, "homem ereto", que se supõe ter vivido entre 40 mil e 1,8 milhão de anos atrás, e fósseis do *Homo habilis*, "homem habilidoso", às vezes chamado de "homem original", cujos restos têm

2,5 milhões de anos. Os tendões nas pernas e nos pés, juntas elásticas e dedos dos pés eficientes transformaram a espécie em corredores. O homem dava passos largos e seu corpo absorvia o impacto quando os pés batiam no chão: ele tinha bom equilíbrio e o esqueleto e os músculos reforçavam o corpo e o tornavam mais bem adaptado para correr sem se superaquecer, além da ajuda dos milhões de glândulas de suor.

Embora o homem tenha andar lento em comparação com muitas espécies, a capacidade de suar e tolerar o calor permitiram-lhe cansar animais mais rápidos ao caçar. Com treinamento, o homem pode atingir uma resistência extrema, e isso lhe possibilita caçar animais muito mais velozes, como antílopes, em dias quentes: os bosquímanos da África ainda perseguem antílopes até o animal se superaquecer e se tornar presa fácil.

Correr é uma característica primordial humana, e dela se fazem muitos usos diferentes.

Uma corrida real de longa distância

O rei Shulgi reinou sobre as cidades do sul da Suméria de 2094 a 2047 a.C. Ele era todo-poderoso: sacerdote e rei, general e coletor de impostos. O rei assegurava que os habitantes entregassem milho e outros produtos para os ritos do templo, sendo o templo também o banco e o escritório que pagava salários.

Em 2088 a.C., banquetes de agradecimento seriam realizados nas cidades sagradas de Nippur e Ur. O rei Shulgi prometeu comparecer a ambos os banquetes entre um pôr do sol e o seguinte, e, para isso, ele teria de correr de Nippur até Ur e voltar, uma distância total de 320 quilômetros.[3] Ele vestia trajes sagrados que ninguém mais tinha permissão de usar, com uma touca e uma camisa de materiais exclusivos e uma barba falsa. Como a maioria dos sumérios, ele era baixo e tinha um longo nariz aquilino e olhos escuros.

Depois de muitas horas, ele se aproximou de Ur, uma das cidades mais sagradas da Mesopotâmia e residência de Nana, o deus da Lua. Ele passou por campos e pomares irrigados cuja água vinha do rio Eufrates, que corria junto às muralhas da cidade. À distância, elevava-se o zigurate, a pirâmide que era a morada do deus da Lua e a meta da corrida do rei. O rei Shulgi entrou pelos portões da cidade, através de espessas muralhas de argila cozida, e continuou correndo por ruas estreitas, passando por pequenas casas, em direção à parte norte da cidade, onde todos os santuários sagrados se localizavam. Ele correu até a torre do templo de Nana, cercado por grandes muralhas e jardins, e depois subiu os muitos degraus até entrar no templo, que estava repleto de potes, tigelas e jarros com alimentos e bebida para o deus.

O rei Shulgi fez oferendas solenes de alimentos e outras coisas diante da estátua de Nana para reverenciar a apaziguar o deus. O rei era meramente um representante do deus, e era Nana quem detinha todo o poder, sendo o protetor especial de Ur.

Então, o rei Shulgi começou sua corrida a Nippur. Ele passou em frente ao templo mais antigo de Ur, onde sua filha mais velha vivia como suma sacerdotisa, e então deixou a pequena cidade.

Os sumérios habitavam terras bastante planas com boas estradas; não havia montanhas e vales, nenhum rio para atravessar, e ele corria durante a estação mais fresca. O rei Shulgi conhecia o valor de manter um ritmo estável e confortável e de não parar por muito tempo. Ele bebia água e comia tâmaras, uvas, pão e mel nas cabanas que havia a cada duas horas de caminhada ao longo da estrada. Seus servos o acompanhavam com alimentos e jarros de água e com tochas para iluminar seu caminho à noite. O rei não estava sozinho na escuridão e era bem cuidado. Era uma pequena procissão bem estranha sob o céu estrelado, com o rei à frente, alternando corrida e caminhada, e seus servos atrás, prontos a atender ao seu menor sinal.

O rei Shulgi passou por grandes parques e templos próximos a Nippur, entrou pelos portões da cidade antes do prazo e foi diretamente a um banquete para Utu, deus do Sol, e para Inana, deusa da fertilidade. Em nome de seu povo, ele fez um sacrifício diante de uma estátua. O rei havia cumprido seu dever e realizado uma grande proeza física de acordo com leis não escritas, assegurando, assim, sua fama póstuma. O rei a enfeitou com a ajuda de escribas e dos portadores da tradição oral.

Alguns dos mais antigos documentos escritos do mundo encontram-se preservados e vêm dessas cidades do sul da Mesopotâmia, "a terra entre os rios" Tigre e Eufrates, localizada no atual Iraque.[4] O povo dessa região começou a praticar a agricultura por volta de 8000 a.C. e utilizava métodos avançados de irrigação para melhorar suas colheitas. Isso levou a uma grande concentração de pessoas, e algumas das primeiras cidades cresceram na Mesopotâmia antes de 3.500 a.C. Os mensageiros corredores desempenhavam um papel central naquela que é a burocracia mais antiga que a humanidade conhece. Eles entregavam documentos oficiais por todo o reino e eram tidos em alta consideração, recebendo azeite de oliva, cerveja e terras como pagamento.[5]

Homens jovens começavam suas carreiras levando cartas entre a capital e os governadores das províncias. Mais tarde, eles conduziam fileiras de escravos e organizavam o transporte de alimentos e materiais de construção. O mensageiro Ir-Nanna fez esse trabalho tão bem que se tornou chefe da chancelaria real e de todos os mensageiros, e, depois, membro da administração e governador. A certeza de que ser um mensageiro podia levar a um avanço na hierarquia do estado atraía tipos ambiciosos, e as jornadas contínuas de um lado para outro no campo proporcionavam a eles uma excelente formação para passar para funções mais importantes.

Os arqueólogos não descobriram os restos de nenhuma arena de esportes na Suméria, mas o boxe e a luta corporal são mencionados na poesia e em textos administrativos. Os jogos eram com bola e malabaristas e acrobatas faziam apresentações em uma sociedade na qual muitos habitantes tinham tempo para o lazer e valorizavam a boa saúde física. Correr estava frequentemente ligado a festivais de cultos, e a religião e o esporte estavam intimamente relacionados, como quando os mensageiros mais rápidos do rei traziam ovelhas e cabras para serem sacrificados aos deuses antes dos festins e banquetes.

A corrida dos faraós

Um reino organizado cresceu no vale do Nilo, no Egito, entre 3100 e 3000 a.C., e há evidências arqueológicas da prática do arco e flecha, de lutas corporais, boxe e corridas de cavalos. Os egípcios também corriam, nadavam, remavam, esgrimiam e jogavam bola. Os mensageiros eram soldados corredores da infantaria, homens que escoltavam pessoas poderosas que viajavam em carruagens puxadas por cavalos, e soldados selecionados como corredores velozes.

Os reis eram mais conhecidos por um ritual de corrida que ocorria no festival de ação de graças de Heb Sed, "o festival da cauda da raposa" – o nome referia-se à cauda das roupas dos faraós, nos primórdios do Egito.

O Heb Sed começou com a fundação do estado faraônico e foi comemorado por quase 3 mil anos. No início, era um festival militar com desfiles e porta-estandartes, e incluía uma corrida na qual prisioneiros de origem aristocrática, antes de serem executados, corriam ao redor de marcas que simbolizavam as fronteiras do estado. Em épocas posteriores, apenas o rei corria.

Ramsés II (1303-1213 a.C.) ocupou o trono dos faraós do Egito por 66 anos, a partir de 1278 a.C.[6] Antes de sua coroação, ele teve de correr em um festival lotado realizado em uma das pirâmides para provar que era digno do trono. Ele estava sozinho na pista de 140 metros, mas teve ajuda de poderes sobrenaturais. Além disso, bebeu tônicos fortificantes e comeu alimentos sagrados.

Trinta anos depois, Ramsés II teve de correr a mesma distância novamente para demonstrar sua persistente vitalidade e sua capacidade de governar, e, a partir de então, teve de repetir a corrida a cada três ou quatro anos em um festival de ação de graças realizado abaixo das altas pirâmides, onde até seus súditos estavam presentes para vê-lo submeter-se ao teste. Tudo na sociedade, até mesmo a própria vida diária, dependia de Ramsés, uma vez que ele era o centro do mundo e o garantidor da harmonia. Somente ele tinha contato direto com os deuses e podia partilhar de seus grandes poderes. Como representante dos deuses, ele mantinha a criação deles, e um governante fraco e debilitado poderia colocar em perigo todo o cosmos. Ramsés realizou com sucesso essas corridas, que também marcavam simbolicamente o território do reino, até quando já estava com mais de 90 anos de idade.[7]

Arqueólogos descobriram poucos vestígios de corridas competitivas no Egito, mas há referências a pessoas como sendo "os mais velozes dos velozes" e comentários como "eu ultrapassei todos na cidade em velocidade, tanto núbios quanto egípcios".[8]

Um monumento de pedra descoberto recentemente perto da antiga estrada de Mênfis ao oásis de Faium, datado de 6 de dezembro de 685 a.C. a 5 de janeiro de 684 a.C., forneceu um pouco mais de informações sobre as corridas egípcias. O rei Taharka governava naquela época e, por ordens suas, uma pedra foi esculpida e erigida "no deserto do Oeste, a oeste do palácio", com uma inscrição relacionada ao "treinamento de corrida para o exército de Taharka, filho do Sol".[9]

O rei havia selecionado soldados que treinaram no deserto para realizar ataques relâmpagos. Em uma viagem a seu campo de treinamento, ele viu, para sua grande alegria, que eles estavam em excelente forma e organizou uma corrida de Mênfis a Faium através do deserto. O monarca acompanhou a corrida em uma carruagem, mas deixava-a de tempos em tempos para correr alguns trechos com os homens – uma prática inimaginável para um indivíduo tão poderoso. Era de grande importância para os homens que o rei pudesse literalmente mover-se em pé de igualdade com eles. Eles descansaram por duas horas em Faium, no meio da noite, antes de todos começarem a voltar a Mênfis, aonde chegaram ao amanhecer. O primeiro a chegar recebeu um pagamento adicional, e todos os que terminaram a corrida receberam um prêmio. De acordo com a pedra memorial, eles levaram quatro horas para percorrer os 48 quilômetros de Mênfis a Faium, e um pouco mais no caminho de volta, já que os homens estavam cansados e a temperatura havia subido.

Correr na Mesopotâmia e no Egito era frequentemente um ritual religioso, às vezes ligado à vida militar, e um meio de se comunicar com os deuses. Foi também uma atividade predecessora da cultura esportiva mediterrânea florescente, a dos gregos, que foi bem mais influente no desenvolvimento do esporte moderno.

3
Em honra aos deuses

Os corredores têm as pernas superdesenvolvidas.
Sócrates (469-399 a.C.)

Ageu era o nome de um garoto nascido na cidade grega de Argos por volta de 350 a.C. Não temos detalhes sobre seus anos de formação, mas confiaremos nas ricas fontes desse período sobre a corrida a pé.[1] Como outros meninos gregos nascidos livres da época, Ageu certamente teria ficado aos cuidados de um professor de ginástica, o *gymnastes*. Os meninos tinham apenas seis ou sete anos de idade quando começavam a praticar luta corporal, fazer exercícios de ginástica e correr com orientação apropriada. Eles faziam seu debute em corridas iluminadas por tochas e em festivais religiosos, corriam em séries ou um contra um em um contexto do mesmo *gymnasium* (*gymnos* = "nu"). Ageu corria nu e descalço, besuntado de azeite de oliva, em uma área de esportes coberta, para o caso de mau tempo. Havia água corrente por perto e locais para banho após o treino, amigos e professores mais velhos – tudo o de que um menino precisava para se tornar um bom homem e um bom guerreiro. Relacionamentos íntimos com homens adultos eram comuns na Grécia Antiga, embora, mais tarde, os garotos se casassem e formassem suas próprias famílias. Os pais exigiam que os filhos ficassem em companhia de homens, a fim de aprenderem sobre a vida.

Havia treinadores competentes em Argos. A cidade está entre as mais antigas da Hélade, altamente desenvolvida e protegida por muralhas a fim de manter os inimigos afastados. Ela era famosa por seus hábeis escultores e arquitetos. O inventor do disco é natural de Argos, e astrônomos subiam em uma torre para observar as estrelas. Essa é a cidade-estado na qual Ageu cresceu.

Os treinadores repassavam técnicas e explicavam a importância de correr na areia, tanto por ser difícil quanto por ser bom para as pernas.[2] Eles prendiam pesos nos pés ou usavam armadura – truques bem conhecidos nos tempos antigos. Os jovens corriam de um lado para outro dentro do estádio, mas raramente saíam pelo campo, uma vez que as competições a que eles se dedicavam eram realizadas em pistas de cerca de 200 metros de comprimento – a pista em Olímpia tinha 192 metros.[3]

Mas Ageu não era do tipo velocista; ele era de porte leve e tinha resistência.

A resistência dele aumentava ano após ano, e a longa distância era a disciplina ideal para ele.

As primeiras corridas de Ageu ocorreram em sua cidade natal, no entanto, mais tarde, o grupo de seu *gymnasium* vai para além dos muros da cidade, ansioso por aguçar suas habilidades contra outros do mesmo grupo etário, uma vez que, na Hélade, a categoria de corrida mais jovem – mesmo em Olímpia – era abaixo de 13 anos. O filósofo Aristóteles e outros advertiam contra a exploração impiedosa de corpos jovens, pois os melhores meninos corredores raramente alcançavam o topo quando adultos.

A curva de desempenho de Ageu subia, e em 327 a.C. ele decidiu participar dos Jogos Olímpicos, o que não aconteceu antes que ele tivesse adquirido experiência em competições em diferentes níveis. Ageu também trabalhava em tempo integral como mensageiro em sua cidade, sempre pronto a realizar tarefas e missões, fosse sobre guerra, banquetes, casamentos, espetáculos ou sacrifícios. Ele era um homem que todos na cidade conheciam, alguém que viam passar com comunicações importantes, alguém que estava presente quando coisas importantes estavam acontecendo.

No final do outono de 327 a.C., Ageu começou seus preparativos para os Jogos Olímpicos do ano seguinte, em agosto. Dez meses era o período de treinamento usual para atletas profissionais que visavam ao sucesso em Olímpia. Ele tinha de treinar em tempo integral, seguindo os conselhos de seu treinador sobre dieta, repouso, banho de sol, sono e técnicas. Ele tinha de evitar comer muito e beber muito vinho, e precisava vigiar seu peso, embora isso se resolvesse por si, dadas as longas sessões de treinamento, além de seu trabalho como mensageiro da cidade. Os treinadores recomendavam celibato, e atletas sérios abstinham-se de sexo antes de competições importantes a fim de aumentar sua força.

Passaram-se meses febris de melhoramentos em sua forma. Ageu treinava, sentindo-se sempre mais forte e pronto para a grande competição, pois logo a Olimpíada – o período entre os Jogos Olímpicos – terminaria. Competições menores faziam parte da preparação, junto com testes contra amigos e corridas nos campos ao redor de Argos. Ageu comunicou-se com os deuses antes de sua partida, como faziam os gregos, para buscar sucesso e boa sorte, e fez promessas que teriam de ser cumpridas se a vitória fosse sua. Ele não estava competindo sozinho: deuses e espíritos do passado estavam por toda parte e zelavam por tudo o que acontecia – os homens são meramente pequenas peças no grande jogo, até na arena de esportes. Ageu vivia em uma sociedade em que tudo estava nas mãos dos deuses: as atividades humanas, os acontecimentos, as construções, formações naturais, árvores e rios. Todas as coisas que ele via e ouvia na natureza eram sinais que ele tentava interpretar para saber se os deuses estavam contentes ou zangados. Ele também dirigia suas preces a bons atletas mais antigos de Argos, quer estivessem vivos ou mortos, buscando sua ajuda.

Foi com um senso de dever solene, pesado mas orgulhoso, que Ageu e seus acompanhantes – seu pai e seus irmãos – partiram de Argos para Élis. Ageu representaria sua cidade natal no maior e mais ilustre de todos os festivais esportivos gregos, em Olímpia, na costa oeste do Peloponeso, a cerca de 30 quilômetros do mar, onde os gregos vêm competindo desde 776 a.C. – provavelmente, por muito mais tempo. Ao crescer, Ageu ouvira histórias sobre corredores famosos, *heros*, heróis que são como semideuses, e seu sonho era alcançar o que eles alcançaram. Ele estava disposto a sofrer tormentos para alcançar o status deles e saber que aqueles que viessem depois dele mencionariam seu nome em tom solene e rezariam para estátuas erigidas em sua homenagem. Um desempenho heroico também traria glória para sua família e sua cidade e demonstraria uma conexão com os poderes divinos. Agora era a vez de Ageu encontrar os melhores entre os melhores.

Eles chegaram a Élis, que estava repleta de esportistas tensos e ambiciosos esperando pela primeira lua cheia após o solstício, o início dos Jogos Olímpicos. Ageu registrou-se com os juízes de Élis, que era onde os atletas moravam, comiam e treinavam, isolados do mundo exterior durante o último mês antes dos jogos. A mesma coisa acontecia em outros grandes jogos gregos – treinamentos coletivos e, depois, a seleção pelos juízes, para que restassem apenas os melhores para a competição de verdade. Além do quê, muitos deles vinham de longas distâncias, navegando, e as pernas já familiarizadas com o balanço do mar tinham de se ajustar à terra seca antes que os corredores pudessem dar seu melhor.

Os comandos do treinador não se aplicavam mais em Élis, embora fosse permitido a Ageu assistir às sessões de treinamento. Havia pouco mais a fazer além de treinar, comer, repousar e dormir no que não era nem uma cidade nem um vilarejo: Élis era simplesmente a residência dos sacerdotes que zelavam pelos santuários e conduziam os festivais de cultos e esportes. Todos esses esperançosos corredores deparavam-se com um duro regime nesse campo, onde os mais fracos eram rejeitados até que restassem apenas os melhores em cada disciplina. Era preciso algo especial para se qualificar para esse grande evento, realizado a cada quatro anos, e centenas de homens altamente treinados eram recusados. Os competidores restringiam-se a homens gregos nascidos de cidadãos gregos livres. Ageu sabia que isso não condizia com a realidade – a concorrência do norte da

África, do Egito e de outras regiões ao redor do Mediterrâneo era forte – e que havia competidores que haviam sido escravos e, por causa de seus talentos esportivos, haviam recebido cidadania de cidades-estado às quais eles trariam prestígio.

Dois dias antes dos jogos, Ageu e os competidores restantes foram chamados diante dos dez juízes. Eles foram convidados a participar dos jogos, e então a procissão saiu de Élis e se dirigiu a Olímpia, antigo local de culto, a uma distância de cerca de 30 quilômetros, que eles tinham de percorrer em grupo. A notável procissão começou a se mover, com os juízes à frente vestindo roupas de cor violeta e com grinaldas de flores ao redor do pescoço. Depois vinham os atletas, cercados por seus treinadores e parentes. Carruagens, cavalos e animais sacrificiais – entre eles, cem bois criados nas proximidades – vinham atrás. Bem no final vinham os espectadores, que haviam assistido aos treinos. A jornada de Élis a Olímpia levava dois dias, e havia sacrifícios de animais ao longo do caminho, portanto, estava longe de ser uma preparação ideal para um ótimo desempenho esportivo.

Os espectadores chegavam em bandos a pé, por caminhos e estradas ruins através da região montanhosa. Os que vinham de longe tinham viajado durante semanas por terra e mar para desfrutar da atmosfera em Olímpia. No dia de Ageu, todo o mundo grego, de Marselha ao Mar Negro, estava representado. Havia africanos de pele escura, árabes e raças de cabelos claros, incluindo pessoas que passaram grande parte do ano viajando ao redor de encontros de atletismo para torcer pelos favoritos de suas cidades natais.

Os espectadores estendiam o olhar sobre Olímpia, onde os que chegavam estavam se preparando para as celebrações. O local fervilhava de gente, prostitutas enfeitadas e prontas para ganhar o equivalente a um ano de salário em poucos dias, mercadores levantando suas tendas e filósofos envolvidos em intensos debates. Eles viam os templos, os banhos, o estádio, a grande pista de corrida de cavalos e a oliveira sagrada, cujas folhas seriam apanhadas para fazer coroas da vitória para os vencedores. Historiadores liam suas obras em voz alta como arautos, e os poetas ali estavam, prontos para compor versos sobre os novos vencedores. Todo o tipo de gente viera aglomerar-se no local para tirar algum lucro dos eventos, ou para assistir, ou para participar. Eles formavam uma massa heterogênea e ansiosa de pessoas que dormiam em barracas ou ao relento, mas, com exceção das prostitutas, que estavam ali para trabalhar, mulheres casadas não eram permitidas no estádio. Conta-se que aquelas que tentavam entrar escondidas eram jogadas de um penhasco próximo.

Idealmente, deveria haver paz e um estado de trégua em toda a Hélade durante os jogos – eles eram, afinal, uma grande ocasião para todos os gregos, e todas as cidades-estado queriam preservá-los.

Para Ageu, as coisas não poderiam ser mais sérias. Na Grécia Antiga, a vitória valia qualquer esforço, e os competidores de Esparta, especialmente, desprezavam a derrota. Se um corredor ganhasse de um espartano, era porque ele era mais rápido, não porque tinha uma vontade maior de vencer. A solenidade da ocasião era intensificada no primeiro dia, quando Ageu e seus ajudantes prestaram um juramento, perante os juízes e uma estátua de Zeus, de que obedeceriam às regras. Magia e feitiços faziam parte das táticas dos corredores, e alguns deles eram incrivelmente astutos.

No quarto dos cinco dias dos jogos, chegou o momento das corridas dos homens. Havia também disputas de boxe e luta corporal, corridas de cavalo, um pentatlo e outras disciplinas. Ageu estava participando da prova de longa distância, a primeira das três distâncias corridas nesse dia, e ela teve início imediatamente após o amanhecer, para evitar o calor escaldante. Ele se levantou cedo, recebeu conselhos e uma massagem de seu treinador, prestou juramentos de acordo com os rituais e fez promessas aos deuses. O enorme acampamento despertou, rostos cansados espiavam para fora das barracas, e os milhares de corpos deitados no chão por toda parte começaram a se mexer. Cerca de 40 mil pessoas esfregavam os olhos para acordar e tomar seus lugares no estádio de Olímpia enquanto os primeiros raios do sol da manhã apareciam sobre o topo das montanhas. Os primeiros espectadores chegaram durante a noite, para garantir os melhores lugares.

Ageu e mais de vinte outros competidores passaram azeite em seus corpos e esperaram ser chamados através do portão para entrar no estádio. Segundo a tradição grega, eles competiam nus. Também na guerra, a nudez era usada como tática de choque. O odor do azeite pairava ao redor dos homens enquanto eles realizavam seus exercícios de alongamento e aquecimento. Ageu ouviu o som da trombeta chamando-os para o *dolikos*, a corrida de longa distância, que em Olímpia corresponde a 24 vezes o comprimento do estádio, o equivalente a 4,6 quilômetros. Os juízes exclamavam: "Um passo à frente!", e cada homem era conduzido em uma volta, enquanto o arauto gritava seu nome e sua cidade e perguntava se algum dos presentes podia garantir seu status de homem livre e de boa reputação. Ageu recebeu um bom testemunho e, assim, passou pelo último obstáculo. Todos eles foram até a urna sagrada de prata e ali fez-se um sorteio para decidir suas posições de largada. Após o sorteio, o arauto exclamou: "Que comece a competição, ponham-se à prova, e a vitória está nas mãos de Zeus!". A espera é exasperante, com dezenas de milhares de espectadores entusiasmados a pouca distância – e fazer uma boa largada é decisivo.

O *hysplex*, a corda que marca a largada, cai no chão, e o grupo larga até o fim do estádio e volta, uma vez que os gregos não percorriam um circuito circular. Ageu entrou em seu ritmo regular, manteve uma boa posição e retornou a toda, até a vitória.

Seu treinador, seus parentes e concidadãos gritaram de alegria. Eles o carregaram triunfantes, e eram as pessoas mais felizes do mundo. Mais tarde, conversaram orgulhosamente entre as barracas, convidando pessoas para a festa de comemoração em nome de Ageu, com vinho e carne assada no menu. Comemoraram a noite toda, cantando, dançando e louvando a Zeus, que os havia presenteado com um vencedor. Olímpia ficava agitada em noites como essa, com fogueiras crepitando e o burburinho de milhares de vozes em muitas línguas e dialetos. Desta vez, no entanto, o vencedor não estava em seu meio.

Ageu queria demonstrar como era vigoroso e, imediatamente após a cerimônia da vitória, ele continuou a correr. Correu por bosques e passagens sobre rios, em trilhas e terrenos montanhosos, todos os 99 quilômetros até Argos, entrando pelos portões da cidade na mesma noite, suado e feliz. A surpresa levou a uma gritaria na cidade, celebrações nas ruas, com discursos e brindes, cumprimentos e festas. Como ele era um corredor tão bom, e havia mostrado tanta consideração pelo povo de sua cidade, planejaram uma estátua de Ageu – mas desta vez seriam duas: a do estádio de Olímpia, como era costume, e outra em sua cidade natal.[4]

Em honra a Zeus

Os Jogos Olímpicos foram os primeiros e os maiores de todos os jogos que existiram entre as mil ou mais cidades-estado gregas. Correr era importante, particularmente nas provas mais curtas, e os jogos eram batizados com o nome do vencedor dessas provas. Os Jogos Olímpicos começaram tradicionalmente com um evento – o *stade*, um *sprint* pelo comprimento do estádio. Era uma prova em honra a Zeus, em que os corredores carregavam tochas para acender a chama no altar de Zeus. Em 776 a.C., o cozinheiro grego Corobeus foi o primeiro vencedor, e seu prêmio foi uma maçã. É impossível dizer ao certo quando e por que esses jogos se originaram, mas já foi sugerido que a inspiração veio de Creta, dos fenícios do Líbano e da Síria, das estepes da Ásia Central e de imigrantes indo-europeus. Há uma alegação irlandesa de que os

Jogos Olímpicos seguiram o modelo dos Jogos de Tailteann, na Irlanda, que se supõe terem começado em 1829 a.C., embora seja impossível provar isso.[5]

A corrida a pé foi um dos eventos mais antigos do esporte grego. Fontes como a *Ilíada* e a *Odisseia* de Homero, do século VIII a.C., descrevem "Aquiles, o herói veloz" competindo em jogos funerais em honra a um homem distinto. A deusa Atalanta, sua correspondente feminina na mitologia grega, também é mencionada em corridas lendárias. O esporte e a corrida gregos cresceram a partir de um culto a ancestrais e deuses no qual a força física era vital para a autodefesa.[6]

A corrida e o esporte eram praticados em muitos lugares antes dos Jogos Olímpicos, mas esses jogos conservaram sua importância porque proporcionaram um modelo para os gregos antigos e, consequentemente, para a civilização ocidental mais de dois milênios depois.

Os Jogos Olímpicos expandiram-se para incluir outros eventos de corrida, bem como o *sprint*; havia provas de mais de dois comprimentos, uma corrida de longa distância, uma corrida de armadura e uma corrida de curta distância para meninos. Elas se tornaram a norma para jogos gregos, dos quais os melhores – os chamados "jogos de láurea" – ocorriam em ciclos em intervalos fixos. Por volta de 500 a.C., o programa era o seguinte:

> Jogos Olímpicos, julho/agosto de 500
> Jogos Nemeanos
> Jogos Ístmicos, agosto/setembro de 499
> Jogos Píticos, abril/maio ou maio/junho de 497
> Jogos Nemeanos, agosto/setembro de 497
> Jogos Ístmicos, abril/maio de 497.[7]

Cada cidade-estado organizava seu próprio encontro atlético anual além desses, e, em Atenas e Esparta, eles eram mais frequentes. Havia mais de duzentas grandes competições na Grécia, com bons prêmios, por volta do ano 150 a.C. Os melhores atletas ganhavam uma fortuna e podiam viver bem pelo resto de suas vidas. Os vencedores rodavam pelas ruas de suas cidades em uma carruagem puxada por cavalos, em meio a grande aclamação – quase trezentas carruagens, puxadas por cavalos brancos, são citadas. Os atletas podiam ganhar azeite para o resto de suas vidas, e as ânforas de azeite eram itens de troca muito comuns e tão bons quanto dinheiro. Eles frequentemente recebiam uma pensão, eram isentos de impostos e tinham moradia gratuita. Os vencedores eram convidados a esplêndidos jantares, comiam de graça nas câmaras da cidade e tinham os melhores lugares no teatro. Eles podiam ganhar um bocado simplesmente aparecendo em eventos esportivos posteriores, e podiam usar seu status como trampolim para uma carreira política.

Calculado em valores de 2008, um total de 570 mil dólares foi pago em prêmios nos Jogos Panatenaicos entre 350 e 400 a.C., para competições que incluíam música, corrida, arremesso, saltos e corrida de carruagens. O maior prêmio foi para o vencedor do *sprint* masculino – 100 ânforas de azeite, o equivalente a 40 mil dólares.

Os astros viviam do dinheiro de benfeitores ricos ou das cidades-estado e tinham sua própria associação profissional. Não havia um termo para designar "amador", sendo que o mais próximo era *idiotes*, um indivíduo inábil e ignorante.[8]

Homenagem a Hera

As mulheres gregas também corriam. Normalmente, as corredoras eram garotas, que paravam de correr após ter filhos. As mulheres espartanas eram acusadas de se expor e de ter um comportamento provocativo – e também de ser rudes e masculinizadas. De acordo com uma peça, "elas deixam o lar e saem com rapazes, com as coxas à mostra e as saias abertas. Elas disputam corridas e lutam com garotos".[9]

As garotas de Esparta davam duro nos exercícios, fazendo circuitos completos de treinamento em sua área de treino, o *dromos*, que significa "pista de corrida". Não havia povo mais robusto do que os cidadãos dessa cidade-estado, na qual cidadãos livres estavam em considerável minoria, e a existência dependia de suas fenomenais habilidades de guerra.

Meninos e meninas eram tirados de seus pais aos 7 anos de idade para se tornarem guerreiros, viver de modo simples e se tornar fortes e duros – eles zombavam da fraqueza e se consideravam invencíveis. As garotas espartanas aprendiam todas as disciplinas esportivas, inclusive luta corporal, e eram musculosas e bem constituídas. Elas não tinham escolha. A função das garotas era parir bons guerreiros em uma sociedade que, sem piedade, jogava bebês fracos em um precipício e em que os meninos eram chicoteados para que pudessem sacrificar seu sangue aos deuses e mostrar força – se não morressem com as chicotadas. Os meninos assistiam aos treinos das meninas, comentavam sobre seus corpos e escolhiam uma esposa adequada. O atletismo tinha até um significado marital em Esparta, como quando as garotas corriam *sprints* em uma corrida importante dedicada ao deus Dioniso.

As mulheres espartanas eram notórias por correrem nuas, enquanto as mulheres gregas evitavam fazer isso, ao menos após terem pelos pubianos. Entretanto, havia um ritual de fertilidade para garotas em que deveriam correr nuas em solo sagrado: os poderes férteis da terra passariam pelo corpo e garantiriam a prole.

Garotas e mulheres também viajavam em grupo para competir, e a maior competição também acontecia em Olímpia. A cada quatro anos, um mês antes dos homens, as garotas vinham a Olímpia para correr a Corrida de Hera, de 160 metros – Hera era a Rainha do Paraíso e mulher de Zeus.[10]

Nos vilarejos próximos a Élis, 16 mulheres escolhidas planejavam a próxima Corrida de Hera. Elas iam para um edifício escolhido com nove meses de antecedência para tecer um fino robe para a deusa – e é digno de nota que o ritual tinha a mesma duração de uma gravidez. Era uma tarefa laboriosa e importante, e a moda não tinha papel algum no traje que elas teciam, uma vez que o robe tecido para a Corrida de Hera permaneceu o mesmo durante 900 anos, desde 580 a.C., o período todo em que a corrida existiu.

As garotas eram divididas em três grupos etários, variando de menos de 13 anos até as mais velhas da corrida, que tinham entre 18 e 20 anos, e apenas garotas solteiras podiam participar desse rito de passagem. Havia menos confusão do que nos Jogos Olímpicos, menos espectadores e menos prestígio, mas, ainda assim, era um grande e importante evento. Ele não se degenerou em vários dias de comemoração, mas permaneceu como uma simples prova de *sprint*, e, nesse sentido, a Corrida de Hera permaneceu mais intocada do que os Jogos Olímpicos, sendo menos afetada pela corrupção e por egos competitivos.

Havia um charme feminino no local no dia da corrida. Mulheres de todas as idades assistiam e ajudavam suas protegidas. Elas se vestiam como amazonas, a raça mítica de grandes guerreiras, com saias curtas e o ombro e o seio direitos nus.

Profissões importantes e filósofos cruciais

Correr tinha mais do que apenas funções atléticas e simbólicas na Hélade, uma vez que as habilidades envolvidas eram igualmente valiosas na vida diária. Mensageiros especialmente treinados, ou "corredores do dia", conseguiam cobrir longas distâncias em 24 horas. O sistema postal na Hélade era ruim, e dependia de mensageiros corredores que levavam comunicações orais ou escritas. Eles trabalhavam em toda a Hélade, e todos os exércitos tinham muitos deles. Os corredores do dia eram proibidos de usar cavalos, porque era mais difícil para o inimigo encontrar um corredor do que um cavaleiro. Os corredores podiam viajar facilmente por caminhos e trilhas através do interior montanhoso, ou por densas florestas e ravinas e montanhas das quais os cavalos não davam conta. Havia também observadores profissionais posicionados em morros e topos de montanhas, cujo único trabalho era correr e avisar sobre a aproximação de inimigos.

Alexandre, o Grande descobriu Filônides em Creta e o empregou como mensageiro. Filônides trambém trabalhava como agrimensor, levantando as distâncias entre cidades importantes por meio da contagem do número de passos. Os gregos geralmente usavam escravos para tarefas como essas, quando precisão e confiabilidade contavam mais do que a velocidade. Dois dos generais de Alexandre, o Grande transportavam em campanhas uma tenda de couro de cabra de 200 metros de comprimento, a qual era erguida em caso de mau tempo. Filônides e seus colegas treinavam sob ela quando ventava forte ou chovia.[11]

Alexandre, que recrutou para seu exército todos os melhores corredores de uma região muito grande, era ele mesmo um corredor veloz, e acreditava que descendia diretamente do mítico corredor Aquiles. Segundo a lenda, Alexandre parava de correr porque alguém o deixava vencer – o que ele tomava como um grande insulto. Ele reconhecia o valor social e político dos esportes e dos Jogos Olímpicos, e, quando foi convidado a participar em Olímpia, respondeu: "Sim, se eu pudesse ter reis com quem competir".[12]

Escrevendo por volta de 430 a.C., o historiador Heródoto, em sua descrição das batalhas entre os atenienses e os persas na planície de Maratona, em 490 a.C., cita o mensageiro Fidípides,[13] que correu de Atenas até Esparta para buscar ajuda, chegando lá no dia seguinte. Ele provavelmente correu de volta para casa e, nesse caso, teria percorrido quase 460 quilômetros. Heródoto não menciona a viagem de volta; tampouco valoriza especialmente a distância – isso era simplesmente o que se esperava dos corredores do dia.

Há um mito segundo o qual Fidípides também foi o homem que levou as notícias da vitória grega em Maratona para Atenas, após o quê, desfaleceu e caiu morto. Isso é um tanto improvável, uma vez que Fidípides, como mensageiro experiente cuja profissão era correr, dificilmente teria morrido de exaustão, sendo os 40 quilômetros de Maratona a Atenas uma tarefa simples comparada a muitas das missões realizadas por ele ou por seus colegas.

Médicos, autores e filósofos gregos famosos escreveram sobre corrida. Sócrates queixava-se de que os corredores tinham "pernas superdesenvolvidas".[14] Aristóteles (384-322 a.C.) mencionou a corrida ao menos dezoito vezes, descrevendo técnicas e métodos de treinamento e alertando contra o excesso. Platão (429-347 a.C.) fez o mesmo; ele fora um bom lutador em combates corporais quando jovem, e seu nome lhe foi dado por seu treinador, pelo fato de ter ombros largos – *platys* é o termo grego tanto para "plano" quando para "largo".[15] No estado ideal de Platão, um estádio de corrida de 60 comprimentos (cerca de 13 quilômetros) e uma trilha de 100 comprimentos (20 quilômetros) eram parte de sua concepção.

Sólon de Atenas, um respeitado governante por volta dos anos 590 a.C., também aplaudia os garotos mais velozes de sua cidade:

> Também devemos treinar nossos jovens em corrida, da qual – quando o trajeto é longo – a coisa mais importante que eles podem aprender é economizar fôlego e força, para que possam aguentar até o final. Se, no entanto, eles estiverem correndo apenas distância curta, ela deve ser coberta na maior velocidade possível. É igualmente importante que eles pratiquem saltos sobre valas ou qualquer obstáculo no caminho, e devem fazê-lo com pesadas bolas de chumbo nas mãos.[16]

Entretanto, nem mesmo Atenas pôde ficar imune aos efeitos negativos da afluência. O autor de comédias Aristófanes (447-385 a.C.) enxergou as alarmantes mudanças em Atenas quando os jovens já não conseguiam mais correr a corrida da tocha. Jovens ricos abandonavam o treinamento para viver uma vida de leite e mel nas praças do mercado e nas luxuosas casas de banho, tornando-se espectadores em vez de participantes ativos dos esportes. Entre os cidadãos comuns, a boa forma física declinou quando suas responsabilidades militares foram assumidas por um exército profissional. Os jovens tinham menos exigências sobre si e menos coisas pelas quais se esforçar.[17]

Como todos os esportes gregos, correr estava estreitamente ligado à prática da guerra. A corrida *hoplite*, em particular, na qual os corredores usavam armaduras por dois ou três comprimentos do estádio, era uma imitação da guerra. Nos jogos de Eleutéria, em Plateias, onde os gregos celebravam a vitória pela liberdade conquistada em 479 a.C., atletas com armaduras completas corriam quinze comprimentos, e o vencedor era aclamado "o melhor grego".

A vitória simbolizava a unidade grega. A corrida começava no altar de Zeus e seu trajeto passava pelos túmulos dos heróis mortos, formando, assim, uma ligação entre os mortos, os vivos e os que estavam por nascer. Se o vencedor participasse em uma ocasião posterior e perdesse, havia um risco de que os gregos também viessem a perder sua boa sorte, assim, para desencorajar os vencedores a participar novamente, eles tinham uma lei rígida de que qualquer vencedor que perdesse era imediatamente morto.

Os velozes crotonenses

Isso não teria assustado o povo de Crotona, uma cidade costeira no extremo sul do que hoje é a Itália. A cidade produziu os mais velozes corredores do mundo grego durante muito tempo. Ente 588 e 488 a.C., 11 dos 26 vencedores da prova de *sprint* em Olímpia vieram de Crotona, e havia um provérbio: "O último dos homens de Crotona é o primeiro entre os outros gregos".[18] Quando estavam em seus melhores dias, sete dos oito finalistas em Olímpia eram de Crotona e, quando eles tiveram sua última vitória, em 476 a.C., centenas de atletas da cidade haviam tido sucesso nas grandes competições do mundo grego durante seus dois séculos mais gloriosos.

Estabeleceu-se uma tradição em Crotona, transmitida ao longo de muitas gerações. Correr oferecia uma rota para a fama e sucesso social. Jovens assistiam aos treinos dos homens mais velozes da cidade, recebiam bons conselhos e tinham orgulho de ser de uma cidade com uma fama tão difundida.

O ditado "saudável como um homem de Crotona" indicava seu estilo de vida fora da arena de esportes e demonstrava a ligação entre o bem-estar físico e as realizações esportivas. Os médicos de Crotona eram considerados excelentes, o que era importante para os corredores, e Crotona atraía jovens corredores, bem como intelectuais sérios de uma linha de pensamento mais prática vindos de todo o mundo helênico.[19]

O matemático Pitágoras mudou-se para Crotona por volta de 530 a.C., em um estágio em que o povo da cidade havia resvalado para a decadência. Pitágoras era um vegetariano, acreditava no jejum como forma de cura e enfatizava a harmonia no indivíduo. Milo, talvez o maior atleta do mundo antigo, foi um de seus pupilos. Durante a juventude de Milo, Crotona havia sido derrotada em uma grande batalha, e os ensinamentos de Pitágoras sobre simplicidade e virtudes masculinas veio ao auxílio do povo: eles correram para junto dele e foram influenciados pelos ensinamentos de um homem sábio.

A escola de Pitágoras era exclusiva e tinha uma reputação elevada; não era para pessoas que queriam levar vidas dissolutas ou abrandar as exigências do filósofo em benefício próprio. Cílon, um homem poderoso, que desejava ardentemente ser aceito como um dos pitagóricos, foi rejeitado por seu comportamento imoderado e, então, liderou um ataque aos pitagóricos na casa de Milo, matando-o e a seus amigos, e expulsando o restante dos pitagóricos de Crotona. Seguiu-se o declínio físico da população, e Crotona obteve sua última vitória olímpica vinte anos depois.

Astilo foi um dos grandes corredores de Crotona durante essa fase crítica, e conquistou a vitória dupla em Olímpia três vezes seguida nos anos após 488 a.C.; ele também venceu a corrida com armadura. Dadas as suas realizações, ele deveria ter o lugar de honra no parque de estátuas de Crotona, mas ficou tentado a representar a cidade de Siracusa, na Sicília, nos Jogos Olímpicos de 480 e 484 a.C. Os cidadãos de Crotona quebraram sua estátua, colocaram-no em prisão domiciliar, recusaram-se a reconhecer suas conquistas e cortaram todos os seus antigos privilégios. Até a família virou as costas para ele. Astilo morreu sozinho, pobre e exilado, rejeitado por seu próprio povo.

Recordes gregos?

Os gregos nunca registraram tempos de corridas. Eles estimavam a velocidade simbolicamente e faziam comparações com animais: era veloz o suficiente para apanhar uma lebre ou superar cavalos em longas distâncias? Havia relógios de água e sol na Grécia Antiga, mas eles eram imprecisos para uso em *sprints* ou em distâncias mais longas.

Os gregos dividiam o dia em manhã e tarde; eles observavam o sol e organizavam o ritmo do dia de acordo com o claro e o escuro.

"Canto do galo" era o começo da manhã, e "luz de lampião" era o começo da noite. Relógios de sol mediam as horas, mas dependiam do sol para funcionar. Relógios de água, nos quais a água corria de um recipiente para outro, como a areia na ampulheta, eram usados quando um homem falava no tribunal: ele podia falar enquanto a água corresse.

É possível que os gregos passassem sem cronômetros eficazes nos esportes, porque tempo e distância não tinham importância para eles; eles poderiam, por exemplo, ter medido facilmente as pistas de corrida com uma corda.[20]

O que importava no mundo helênico era vencer no maior número possível de esportes designados, de preferência um após o outro, e, após uma série de tais vitórias, o esportista proclamaria ser o único a ter feito algo comparável. No que se refere à corrida, o número de vitórias em grandes jogos era o que mais contava. Alguém que vencesse três corridas em um dia receberia o título de honra *Triastes* e seria admirado por isso. Não era mero acaso que as pessoas dissessem que Leônidas de Rodes, talvez o maior corredor do mundo antigo, "corria como um deus". Ele foi tricampeão nos Jogos Olímpicos de

164 a.C. e repetiu essa conquista três vezes, além de ser vitorioso em muitos outros lugares.[21]

Tomando a corrida como seu tema, Zenão de Eleia (490-430 a.C.) imaginou um dos grandes paradoxos do mundo antigo. O rápido e invencível Aquiles deveria correr contra uma tartaruga, uma competição ridiculamente injusta, uma vez que o padrão dos dois era tão desigual. Para dar à tartaruga uma chance, Aquiles concedeu-lhe uma vantagem de, digamos, dez metros, e a velocidade de Aquiles era dez vezes a da tartaruga. Se eles partissem assim, a tartaruga teria percorrido um metro, até a marca dos onze metros, quando Aquiles passasse a marca dos dez metros. Então Aquiles teria de correr mais um metro para passar à frente, ao que a tartaruga teria avançado mais dez centímetros. Zenão argumentou que eles poderiam continuar assim *ad infinitum*, com a tartaruga sempre à frente, mas com uma vantagem cada vez menor. Aquiles teria de cobrir um número infinito de distâncias cada vez menores, mas sempre ficaria um pouco atrás da tartaruga.

Todos sabem, é claro, que Aquiles superaria rapidamente a tartaruga, mas Zenão havia, ainda assim, proposto um argumento sólido, mesmo sendo um argumento que levava a uma conclusão falsa.

Esse paradoxo tem ocupado matemáticos e filósofos há séculos: há uma falha em algum lugar de sua lógica, mas ninguém ainda conseguiu apontá-la. Gilbert Pyle, um dos grandes filósofos do século XX, considerou que a fábula de Aquiles e a tartaruga era o exemplo supremo de enigma filosófico.[22]

4

Jogos romanos

> É raro que Deus permita a um
> homem correr a corrida da vida da partida
> à chegada sem tropeçar ou cair.
> Fílon (20 a.C.–50 d.C.)

O filósofo Sêneca (4 a.C.-65 d.C.) percebeu que a velhice começava a se instalar – os estoicos romanos achavam que ele já não tinha pés tão ligeiros quando saía para correr. Os estoicos acreditavam que se devia cuidar do corpo, e isso era particularmente verdadeiro no caso de Sêneca, que sofrera por muito tempo de uma saúde fraca, e experimentara todos os tipos de remédios, incluindo exercícios de corpo inteiro. Embora fosse namorador e tivesse sido exilado da Córsega por traição, ele não se esquivou de seu costume de correr. Para os estoicos e para Sêneca, a razão era a autoridade máxima, e ela lhe dizia para continuar correndo, mesmo que sua flexibilidade e resistência fossem menores do que antes. Ele se exercitava correndo, e não estava só nesse aspecto em sua época, embora não se possa dizer que representasse os cidadãos normais. Os romanos educados sabiam que correr e caminhar diminuía a gordura e deixava o homem vigoroso.

Em 50 d.C., Sêneca tinha um jovem escravo, Fário, que treinava com ele.[1] Vemos Sêneca acordando cedo certa manhã. A única luz no quarto escuro é a chama da vela. Ele dorme vestido, para que só precise amarrar suas sandálias e colocar a capa para estar pronto para sua corrida. Ele bebe um pouco de água e anda com seu escravo até a casa de banho mais próxima – as ruas não são lugar para corredores romanos, então eles vão a casas de banho, que também oferecem parques e trilhas. Ali eles encontravam conhecidos, filósofos saindo para sua caminhada matinal, sozinhos ou conversando com outros. Sêneca é um homem orgulhoso e não gosta de ser superado, então o escravo Fário fica atrás dele, apesar da grande diferença de idade: é o bom comportamento apropriado a um escravo, e também por medo de insultar seu dono.

Nesse dia, porém, eles estão emparelhados. Sêneca tem de se esforçar e sente sua posição ameaçada. Como estoico, ele vê a situação com bom senso e humor: "Vou ter de arranjar um escravo que esteja em pior forma física. Um grande homem famoso não pode ter um escravo anônimo correndo à sua frente". Ele está sendo irônico, pois Sêneca defendia fortemente a dignidade dos escravos e ajudou-os a terem melhores condições.

Sêneca, como muitos sábios e filósofos, enxergava o valor de treinar, sem necessariamente aplaudir competições. Ele não considerava uma corrida contra seu escravo um treinamento significativo, pois seria demasiado esforço. Ele estava expressando uma visão comum entre romanos cultos do primeiro século depois de Cristo. Ele odiava disputas de gladiadores; preferia sentar-se em seu calmo escritório enquanto os aplausos e aclamações ecoavam ao redor. Os esforços dos esportistas eram desperdiçados, e o público ficava cego com aquele tipo de espetáculo sangrento e de culto a heróis: um homem deveria não *apenas* treinar seu corpo, deveria treinar sua mente.

Isso não impedia que o ato de correr fornecesse ideias a um filósofo. Em uma das metáforas de Sêneca, ele sugere que um homem com um dilema moral deve respirar fundo e correr até o alto de uma colina, onde a decisão viria a ele com clareza cristalina.[2]

Se há numerosos heróis e uma abundância de fontes sobre esportes na Grécia Antiga, a história sugere uma vida sem esportes por um período considerável entre os romanos. Esses empreendedores construtores de um império fundaram sua cidade em 750 a.C., e depois entraram em longa disputa com os etruscos para ser o estado mais poderoso onde atualmente é a Itália. Os romanos aprenderam muito com os etruscos, incluindo as disputas de gladiadores, mas os romanos também observaram e visitaram a Hélade para ver os esportes gregos, particularmente depois de conquistar esse país, em 146 a.C.

Depois de 186 a.C., romanos importantes trouxeram esportistas gregos para se apresentarem em Roma. Seu motivo último era conquistar a boa vontade do povo e temperar os combates com animais e as batalhas entre grupos de guerreiros na arena com atividades exóticas como corridas, saltos e arremesso de discos. Os políticos estavam dispostos a pagar de seus próprios bolsos, e atribuíam grande importância ao fato de serem vistos pelo público quando o entretenimento começava. Isso passava a imagem de que estavam do lado do povo e partilhavam dos mesmos interesses e preferências em termos de entretenimento. O esporte em Roma era um fenômeno importado, e parte de seu fascínio residia em sua diversidade.

A elite do poder romano tinha uma atitude ambígua em relação à cultura grega. Eles admiravam os gregos por muitas coisas, mas zombavam do que chamavam de tolices gregas, como a recomendação, por parte dos intelectuais, tutores, filósofos e retóricos gregos residentes em Roma, de que os esportistas se apresentassem nus. O esporte nunca obteve no Império Romano o mesmo apoio generalizado como atividade e dever cívico que possuía na Grécia. Os romanos eram mais frequentemente espectadores do que participantes ativos, embora tenham de fato construído milhares de casas de banho multifuncionais à maneira dos gregos.

Segundo o escritor Plínio, o Velho, os romanos foram os primeiros a registrar tempos em corridas de longa distância, mas sabemos pouco sobre isso. Os romanos fizeram grandes progressos no desenvolvimento de relógios. Relógios de sol e de água tornaram-se dispositivos precisos, e seu tamanho foi reduzido a ponto de, no primeiro século d.C., haver modelos – *solaria* – de até 3,8 centímetros de tamanho, que eram usados como os relógios de bolso modernos. Os relógios de água eram mais precisos e não dependiam da luz do sol, apesar de que, como comentou Sêneca, era mais fácil os filósofos chegarem a um acordo do que os relógios de Roma concordarem. Pelos padrões modernos, a medição romana do tempo era aproximada – as horas, por exemplo, variavam em comprimento, dependendo da época do ano –, mas era possível saber o tempo com razoável precisão em longas distâncias.

Eles contavam os circuitos ou comprimentos de pista completados em uma hora ou um dia. Um homem corria 255 quilômetros no Circus Maximus, a grande arena que abrigava 250 mil espectadores, e um garoto de 8 anos corria entre 110 e 120 quilômetros por diversão. Com exceção dessas duas ocasiões, entretanto, muito poucas são as outras façanhas de resistência conhecidas.[3]

Há muito poucos indícios de mulheres corredoras no Império Romano. O mais completo mosaico existente é o das chamadas garotas de biquíni na Piazza Armerina, na Sicília, que mostra garotas escassamente vestidas correndo, dançando e jogando bola. As mulheres tinham uma juventude curta, casando-se entre os 12 e os 14 anos de idade, na época de sua primeira menstruação.[4]

Os imperadores romanos estabeleceram jogos em honra aos deuses ou a heróis mortais. Em 80 d.C., Sila mudou os Jogos Olímpicos para Roma, para celebrar uma grande vitória militar, e construiu o primeiro estádio grego da cidade. Com exceção da prova de *sprint*, que permaneceu em Olímpia nesse ano, tudo o mais ocorreu em Roma. Isso demonstrava o poder romano e sua força repressora sobre os gregos, mas também sua admiração pelas tradições gregas. Quando os romanos conquistavam novas terras, eles insistiam no estabelecimento de jogos gregos em um lugar e sua abolição em outro, sem uma razão consistente aparente.

Mais e mais festivais e jogos romanos de vários tipos incluíam esportes. O imperador Marco Aurélio amava correr e promoveu essa atividade, juntamente com outros esportes, durante os anos 170 d.C.; ela passou a ser mais popular, sem se tornar particularmente enraizada e sem competir com as disputas de gladiadores e corridas de carroças em termos de popularidade. O esporte parecia muito manso e carente de drama, e carecia de bases históricas.

Os romanos não tinham uma idade de ouro de heróis em seu passado, não tinham heróis do esporte para cultuar como semideuses. A Itália não era composta de cidades-estado desejosas de competir umas com as outras, mas sim de tribos diferentes, entre as quais a labuta diária por alimento e guerras frequentes contra os vizinhos tomavam a maior parte do tempo. Diferentemente daqueles cidadãos gregos cheios de tempo livre, eles não tinham oportunidade de treinar e de cultuar ideais físicos, embora o sistema romano fosse baseado na escravidão. Os romanos impunham muitas coisas a seus súditos, mas não o dever de praticar esportes organizados.

Muitos reconheciam o valor de treinar, e tanto Júlio César quanto Augusto frequentavam o *Campus* onde os recrutas treinavam e competiam uns com os outros – era um modelo para localidades similares em todo o império. Evidentemente, César e outros líderes militares tinham mensageiros, os quais tinham um raio de alcance de 240 quilômetros em 24 horas e eram bem pagos. Entretanto, passar dias e meses saltando, correndo e arremessando para ficar nu diante de milhares de espectadores – e correr o risco de passar vergonha – estava abaixo da dignidade de um romano. O ideal grego de que a vitória esportiva era prova de masculinidade nunca se popularizou na mesma proporção em Roma.

Há um aspecto importante no qual os jogos romanos, *ludi*, eram muito distintos dos jogos gregos. Poucas nações comemoraram de forma tão abundante e apaixonada como os romanos, fosse em honra a Júpiter ou ao sucesso de campanhas militares, quando os tesouros saqueados eram exibidos e soldados vitoriosos marchavam pelas ruas sob a aclamação da população. Os *ludi* ofereciam uma pausa da labuta diária, e seu número aumentava século após século. O desejo dos romanos pelos *ludi* parecia insaciável, e, em meados do século IV, havia nada menos que 176 *ludi* oficiais no calendário anual.

Os jogos gregos eram competitivos, quer fossem poéticos, musicais ou atléticos, enquanto os *ludi* romanos eram mais entretenimento e diversão, frequentemente realizados por homens trazidos para essa finalidade. Os esportistas gregos encontraram um novo mercado no Império Romano, visto que o número de jogos aumentou ao longo do segundo e terceiro séculos, e também quando os romanos tentaram revitalizar os Jogos Olímpicos. Os atletas estavam acostumados a viajar muito e iam aonde o dinheiro e o prestígio acenavam. Eles conheciam romanos nos ginásios por todo o império e conheciam jovens aristocratas em *Iventus* – clubes que treinavam jovens para o serviço militar ou outras funções importantes.[5]

Os esportistas que competiam no Império Romano, fosse em Túnis, na Áustria ou na França, partilhavam pouco da glória do gladiador, ao redor de quem havia uma aura que era frequentemente atraente para mulheres; sabe-se que algumas mergulhavam uma lança no sangue de gladiadores mortos e usavam-no em seus cabelos antes do casamento, a fim de obter poderes mágicos e carismáticos.

Galeno, o mais famoso médico da Antiguidade, à exceção de Hipócrates, trabalhou com gladiadores e recomendava a corrida para combater a obesidade. Moderação era a palavra-chave e o método mais comum de emagrecimento em sua época – ele viveu um século e meio depois de Sêneca, e a necessidade de emagrecer havia aumentado entre os glutões romanos. Galeno recomendava outros exercícios além da corrida, que ele considerava muito incompleta para alcançar uma harmonia muscular ideal. Ele acreditava, além disso, que correr danificava as veias, e não achava que correr ajudasse, por si só, a desenvolver um caráter viril.

Os corredores de Roma nunca alcançaram o mesmo status divino que na Hélade, como podemos ver pela ausência dos nomes de bons corredores romanos nas fontes remanescentes ou em materiais arqueológicos. Enquanto os gregos gravavam os nomes de seus esportistas e lhes dedicavam numerosas estátuas, os romanos não se davam ao trabalho de homenagear ou sequer citar seus campeões.

O mundo de Paulo

Em algum ano entre 5 a.C. e 10 a.C. nasceu um menino em Tarso, na Turquia, uma antiga cidade no cruzamento de importantes rotas de comércio. O pai do menino era um judeu da tribo de Benjamin e também um cidadão romano. Ele assegurou que Saul, mais tarde conhecido como o apóstolo Paulo, recebesse uma rígida educação farisaica. Mas o menino não ficou apenas debruçado sobre os livros: ele foi enviado a um rabino em Jerusalém, aprendeu o ofício de produzir tendas e desenvolveu um interesse duradouro por esportes, frequentando o estádio em Tarso e treinando ali. Havia eventos esportivos regulares na cidade e muitas coisas para interessar uma jovem mente inquisitiva e para lhe dar uma noção sobre as culturas grega, romana e judaica.

Por volta do ano do nascimento de Paulo, o rei Herodes viajou para Roma, uma cidade que ele conhecia bem e onde tinha boas relações com os grupos sociais mais elevados da república. Em seu caminho para lá, ele foi visitar os Jogos Olímpicos e descobriu, para sua tristeza, que estavam em declínio.

Herodes foi o fundador de muitos ginásios e se interessava por difundir os esportes gregos.

Essa era a época em que Paulo estava crescendo. Herodes havia começado a organizar jogos em Jerusalém e Cesareia, em 12 a.C., e, embora houvesse fortes protestos dos rabinos, porque o corpo era considerado pecaminoso na antiga crença judaica, os jogos em Cesareia continuaram por, pelo menos, um século e meio. Os competidores vinham "do mundo todo" e os judeus ficavam chocados, particularmente com as imagens do governante romano Augusto, em cuja honra os jogos eram realizados.

Há várias referências à prática da corrida nos escritos de Paulo. Em uma de suas cartas aos coríntios, ele escreve: "Vocês não sabem que, de todos aqueles que correm apenas um recebe o prêmio? Corram de tal forma que vocês possam vencer".[6]

Correr é uma atividade frequentemente citada na Bíblia, particularmente no Antigo Testamento. Duas corridas de longa distância, uma de cerca de 40 quilômetros e outra de cerca de 55 quilômetros, são mencionadas por volta de 1000 a.C., estando ligadas à guerra. Enquanto Paulo era influenciado pelos ideais de competição gregos e os utilizava metaforicamente, a maioria das referências bíblicas é feita ao transporte de mensagens e à corrida para finalidades práticas.[7]

Segundo a Bíblia, o rei Salomão governou um reino centrado em Israel e viveu por volta de 1000 a.C.. Ele tinha 40 mil cavalos e 10 mil corredores e organizava competições entre seus cavalos e seus homens. Esses números podem ser exagerados, mas ele certamente organizava corridas com apostas para "os sábios, os sacerdotes e os levitas".[8]

O filósofo Fílon de Alexandria (20 a.C.-50 d.C.), contemporâneo de Paulo, foi o autor judeu que mais escreveu sobre correr. Passagem após passagem, ele usa a imagem literária da corrida para explicar os dilemas e preocupações diários da vida. Um corredor na linha de largada era como um exército romano pronto para marchar, impaciente, nervoso e parado. A corrida apressada e normalmente turbulenta por dois comprimentos do estádio simbolizava a vida: "É raro que Deus permita a um homem correr a corrida da vida da partida à chegada sem tropeçar ou cair, ou evitar com sucesso tanto o infortúnio acidental quanto o intencional através de rápida carreira à frente dos outros com grande explosão de velocidade".[9]

A distância era como a própria vida. Quando um homem chega a seu auge, ele não vai mais adiante, mas pode, como os corredores em uma corrida de dois comprimentos do estádio, virar-se e voltar na mesma direção. O corredor se enfraquece à medida que se aproxima de sua meta, e o velho fica cada vez mais fraco à medida que se aproxima da morte – sua meta. Fílon também emitiu uma profecia sobre os judeus: "Eles chorarão e se lamentarão por suas injustiças, mas depois virarão e correrão o *diaulos* de volta ao bem-estar de seus antepassados".[10]

As referências de Paulo e Fílon a corridas em estádios mostra o status reconhecido da corrida mesmo entre os eruditos autores judeus.

O historiador inglês H. A. Harris estudou as atitudes judaicas com relação ao esporte grego antigo. Ele é da opinião de que os historiadores judeus subestimaram o interesse e a participação judaicos no esporte, porque a atividade era vista como "não judaica". Segundo Harris, não há evidência de que judeus ortodoxos evitassem os jogos, fosse no Egito ou na Palestina. A visão de Harris parece provável, dado que Paulo, que passou doze anos viajando pela Ásia Menor, pela Grécia e pela Macedônia para difundir a mensagem de Jesus, usava sua experiência de corrida como forma de explicar as coisas. Paulo foi decapitado pelos romanos por volta de 67 d.C. por difundir falsas doutrinas.

O cristianismo tornou-se a religião oficial de Roma em 381 d.C., e em 393 o imperador Teodósio I baniu os Jogos Olímpicos.

Os cristãos baniram o esporte, pois era visto como uma homenagem a deuses pagãos. O cristianismo ensinava que os pensamentos da humanidade deviam se concentrar na vida eterna, não no desenvolvimento e no culto do corpo, especialmente não em seu estado nu. O corpo humano era pecaminoso, mesmo que a alma estivesse salva: o corpo podia ser tentado ao pecado, à bebedeira e à luxúria, e assim conduzir os pensamentos para longe de Deus.

O esporte tornou-se, assim, um inimigo de Deus. Mesmo Paulo escreve, em sua *Segunda Epístola a Timóteo*, que há pouco valor no exercício físico, enquanto o temor a Deus é útil em todas as coisas, já que diz respeito tanto a esta vida quanto à vida por vir. Da mesma forma, o imperador baniu disputas de gladiadores, uma vez que também elas eram consideradas pagãs.

Em 420 d.C., Teodósio II ordenou a demolição do Templo de Zeus. Tribos germânicas saquearam os templos em Olímpia, e em 522, e novamente em 551 a região foi coberta por uma camada de 4,5 a 15 metros de cinzas e lama após erupções vulcânicas no Monte Kronio. A inundação por um rio tornou a região praticamente irreconhecível. Os jogos gregos continuaram a ser realizados em Antioquia, na Síria, até 510, e esses foram os últimos jogos de que sabemos.

Há tanto semelhanças quanto diferenças entre o correr na Mesopotâmia, no Egito, no Império Romano e na Grécia Antiga. Correr tinha uma função sagrada em todos os lugares, mas vencer também era de grande importância.

5
Corridas de elefantes e contos chineses

> Ele amarrou dez metros de corda à cabeça e correu
> tão rápido que ela flutuou reta no ar atrás dele – sua
> velocidade era mais alta que a de um cavalo.
> Sobre o soldado chinês Yang Dayan

Era uma vez uma tribo no norte da China que pensava que o sol se punha muito depressa – ele dava muito pouco calor e não era tão útil quanto as pessoas achavam que deveria ser. Então mandaram um jovem corredor até o céu para apanhar o sol de modo que ele ficasse presente no céu perpetuamente. O garoto perseguiu o sol de manhã até a noite e, cansado e com sede, alcançou-o no vale. Ele bebeu todo o Rio Wei e também o Rio Amarelo, e queria seguir para outro rio para bebê-lo, mas, antes que conseguisse, morreu de exaustão. Então, para o grande bem da humanidade, uma metamorfose aconteceu: seu cabelo se transformou em grama e plantas, seu sangue tornou-se um rio e seu bastão se transformou em um pomar de pêssegos. Ele não teve êxito com a missão de sua tribo, mas deu tudo à terra para que os descendentes de sua tribo pudessem realizar o plano da humanidade de cultivar a terra e conseguir alimentos.

O conto folclórico chinês "A perseguição de Kuafu atrás do sol" descreve um tempo mítico 5 mil anos antes de Cristo, quando a China estava em um estágio de transição para uma sociedade mais civilizada. Ali, como em muitas culturas, um corredor era o personagem principal de uma narrativa que explicava a origem dos elementos naturais – as coisas que criavam ordem e forneciam a base da existência. O corredor era uma figura ambulante com talentos incomuns e percepções especiais. As pessoas contavam a história de Kuafu de forma solene e respeitosa, certas da bravura de seu esforço e da importância de seu papel criativo.[1]

O estado chinês unificou-se em 221 a.C., e sua história está ligada a dinastias nas quais o poder passava de pai para filho. A dinastia Han, de 206 a.C. a 220 d.C., foi o primeiro período de grandeza da China, e coincidiu com o período em que o Império Romano estava florescendo. Entretanto, o império Han era ainda maior – o maior do mundo –, embora pouco conhecido pelos europeus (aqui podemos ver os inícios do menosprezo europeu em relação à cultura chinesa – a Europa é sempre pensada como sendo o centro do mundo).

Enterrados na história chinesa, há tesouros de riqueza incomensurável, um progresso tecnológico precoce e uma mentalidade diferente daquela do Ocidente. Os princípios de *yin*, o terreno, e *yang*, o celestial, eram conceitos-chave e simbolizavam opostos, como frio-quente e ativo-passivo. *Yin* e *yang* devem complementar um ao outro, do contrário, o equilíbrio não pode ser alcançado. O objetivo dos antigos exercícios físicos chineses era a conquista do equilíbrio, seja em exercícios de respiração, técnicas de defesa, jogos de bola ou na corrida.[2]

Há uma pintura chinesa muito conhecida, *A panela de Ling*, que mostra um imperador da dinastia Zhou (1100-771 a.C.) guiando seus súditos e escravos à aradura e semeadura da primavera. No caminho de volta ao palácio, ele promete uma rica recompensa a dois guardas, Ling e Fen, se eles conseguirem correr tão rápido quanto as carroças puxadas por cavalos. Os homens, os cavalos e os cocheiros dispararam pela estrada acidentada numa frenética corrida, e os guardas, que geralmente corriam à frente e atrás do imperador, usaram de toda a sua experiência. Os corredores chegaram primeiro e ficaram orgulhosos tanto por si mesmos quanto por seu empregador, que gostava de ter homens ágeis sob seu comando – embora o imperador também quisesse que suas carruagens viajassem o mais rápido possível. Os dois guardas suados foram os heróis do dia; o imperador cumpriu sua promessa e os recompensou. Ling usou sua recompensa para fazer uma panela na qual a história dessa corrida foi gravada.

Fontes chinesas falam principalmente sobre correr para fins práticos militares. Um contingente de homens de infantaria em boa forma era vital, homens que soubessem usar besta e lança. Os corredores tinham uma função importante na teoria militar chinesa que, na esteira de muitas guerras, havia se desenvolvido em uma arte avançada.

Sun Wuoi, um conselheiro do exército, esteve por alguns anos a serviço do imperador Wu, um dos governantes do período de 722 a 481 a.C. Sun Wuoi ordenou que os soldados corressem 145 quilômetros totalmente equipados antes de irem para seus alojamentos. Ele prometeu selecionar os 3 mil melhores para uma força especial, uma tropa em permanente prontidão, na qual correr seria uma habilidade importante. Olhando de longe os soldados que treinavam, Sun Wuoi viu uma imagem magnífica: dezenas de milhares de jovens empenhados correndo. Raras vezes tantos haviam sido reunidos para uma corrida como nesse procedimento de seleção, mesmo nesse país, o mais populoso do mundo, onde havia exércitos de várias centenas de milhares de homens. Após a seleção para a tropa especial, esses soldados proporcionaram a força que atacou o império Chu rápida e inesperadamente, pegando o inimigo de surpresa. Em um curto período, eles ocuparam regiões distantes, e, como todos eram homens altamente treinados, eles o fizeram sem perder rapidamente toda a sua força. As unidades montadas cuidavam dos objetivos de longa distância, enquanto os soldados a pé realizavam ataques surpresa mais curtos, pois eram mais flexíveis do que os animais de transporte, que precisavam ser alimentados, beber água e descansar. É claro que os corredores também precisavam disso, mas eles viviam uma vida ascética, carregando apenas as coisas mais vitais consigo, incluindo rações para vários dias. Eles bebiam água dos riachos e não permitiam que nenhum obstáculo físico os atrasasse. Eles atravessavam todo tipo de terreno, escalavam quando necessário e avançavam feito um enxame de abelhas humanas. A técnica de corrida desses soldados era influenciada pelo fato de que eles usavam armadura no peito, na barriga e nas pernas, tinham proteção para a cabeça e carregavam espadas, arcos e flechas. Em dinastias posteriores, temos informações de que os homens tinham de correr 50 quilômetros para ser aceitos no exército.

A China foi a sede de uma das primeiras ultramaratonas – distâncias maiores que os 42,19 quilômetros da maratona – do mundo. Na dinastia Yuan (1271-1368), também conhecida como dinastia mongol, uma vez que seu fundador foi Gêngis Khan, uma unidade especial – "a unidade corredora veloz" – encontrava-se em Pequim todos os anos para correr os 88 quilômetros da corrida *Gui You Chi* ("corredor rápido" em mongol). Outra corrida de mesma distância começava no mesmo período no interior da Mongólia. Os favoritos levavam seis horas para percorrer essa distância, aproximadamente o mesmo padrão das corridas modernas de longa distância.

As exigências sobre os corredores militares eram severas e guardadas por escrito. Elas eram passadas de comandante a comandante, ajustadas ou reescritas pelas novas dinastias, e se aplicavam igualmente a corredores de longas e curtas distâncias. A capacidade de *sprint* era importante no campo de batalha, mas o ideal era uma combinação de velocidade e resistência. Os guerreiros treinavam usando equipamento duplo para melhorar sua capacidade em curtas distâncias e amarravam sacos de areia e pesos às pernas. Depois, eles se sentiam leves como plumas, e praticamente voavam, à semelhança do soldado Yang Dayan, que exigiu um teste de *sprint* após ser declarado inapto para servir. Ele amarrou dez metros de corda em sua cabeça e correu tão rápido que ela flutuava reta no ar atrás dele – sua velocidade era mais alta que a de um cavalo. Mais tarde, ele foi indicado como oficial de vanguarda.

Na linha de largada contra elefantes

Há muito tempo, tocadores de tambor iam de vilarejo em vilarejo da Índia divulgando a mensagem do rei ou de um nobre sobre um evento marcado para acontecer na semana seguinte: a corrida de elefantes, uma corrida entre homens e elefantes. As pessoas sabiam que o vencedor ganharia prêmios de honra e prêmios em dinheiro, além do reconhecimento especial do rei. Multidões apareciam e tomavam seus lugares em bancos na praça em frente ao palácio, onde os esportes e peças eram apresentados. Era um evento popular junto à aristocracia e ao povo comum. Belas flâmulas tremulavam ao vento, marcando o percurso, e os controladores dos elefantes preparavam seus animais, assegurando que as vendas para os olhos estivessem em seu lugar. Os controladores tinham grande responsabilidade, uma vez que elefantes disparando sem controle podem pisotear pessoas até a morte, de modo que a largada dos elefantes e dos corredores tinha de ser sincronizada.

Os participantes faziam sua entrada solene na praça, apresentavam-se para o público com um pouco de corrida e saltos, gritavam e batiam palmas para aumentar sua coragem e ganhar a preferência dos espectadores. Enquanto isso, uma orquestra aumentava a animação e assegurava uma atmosfera alegre, pois tratava-se de um entretenimento misto, que incluía acrobatas, lutadores, dançarinos e cantores.

Homens e elefantes eram divididos em três classes, dependendo da velocidade. Os corredores e os animais eram posicionados em pontos diferentes ao redor da arena, com base em seus desempenhos anteriores. O objetivo era manter-se à frente do elefante, e o homem que aumentasse sua vantagem pela maior distância ganhava do animal e vencia a corrida. Qualquer um que fugisse da arena por medo, ou que fosse alcançado pelo elefante, era um perdedor e tinha de suportar a vergonha. Desistir passava longe das mentes desses participantes durões, e eles estavam prontos para uma aventura de fôlego. Ainda assim, seus corações saltavam nervosamente nos momentos que antecediam a largada.

> O elefante era mantido na linha de partida, com um pano sobre a cabeça, e os tratadores dos cavalos e elefantes cuidavam dele. Então o corredor era levado à frente do elefante e o pano era retirado da cabeça do animal. Assim que o elefante via o corredor, ficava louco e perseguia-o furiosamente. Se o animal ficasse completamente fora de controle, eles usavam uma manada de elefantas para recuperar o controle sobre a fera selvagem.[3]

A corrida de elefantes era um esporte arriscado, com elementos de teste de masculinidade, acompanhado pelos ecos das pesadas passadas e dos berros do elefante. Era essencial não entrar em pânico e não perder velocidade olhando nervosamente para trás. Embora um elefante possa pesar seis ou sete toneladas e parecer desajeitado, ele pode alcançar uma velocidade de 24 quilômetros por hora quando galopa.

Há elefantes domados na Índia há vários milhares de anos, e os indianos atribuem isso a poderes sobrenaturais. Eles têm um status mais elevado do que os cavalos e são portadores de *Indra*, o rei dos deuses; eles eram tanto símbolos religiosos quanto ferramentas importantes na guerra. Mas os elefantes também podem perder as estribeiras, e já mataram muitas pessoas. A certeza de que os animais poderiam facilmente matar os pequenos corredores e a crença de que eles são criaturas divinas eram fatores importantes quando os homens corriam contra elefantes: era um ato sagrado, como tantas outras coisas nesse país.

A Índia estende-se de 37º de latitude norte a 8º de latitude norte, que é a distância entre Sevilha, na Espanha, e Serra Leoa, na África. As condições geográficas e climáticas variam de neves eternas a florestas úmidas, e mais de duzentas línguas são faladas. A existência de tantos povos sugere uma antiga povoação, e muitas ondas de imigrantes chegando aos vales do Indo e do Ganges, onde a verdadeira cultura do país se desenvolveu. A contribuição mais conhecida da Índia ao bem-estar físico e espiritual é a *ioga*, que, em sânscrito, significa "unir" ou "união". Vários ramos da ioga se desenvolveram, enfatizando o controle e a harmonia físicos e mentais, com o objetivo particular de reforçar o *prana* ou *ki*, a energia da vida que mantém o corpo saudável.

Embora ioga e prana fossem importantes, muitas das figuras míticas do país – o príncipe Siddhartha Gautama (565-485 a.C.), por exemplo – também estão ligadas ao correr. Como muitos de sua classe, o príncipe era submetido a uma educação física com treinos de corpo inteiro quando estava crescendo, e isso incluía correr. Segundo a história, ele deixou sua esposa e um filho recém-nascido para dedicar sua vida ao isolamento e à meditação. Mais tarde, ele reuniu discípulos e recebeu o nome de Buda, o Iluminado. Também Krishna, um dos deuses mais cultuados da Índia, corria quando era jovem.

Os ideais físicos da civilização védica, 2000-1000 a.C., são reminiscentes dos da Grécia Antiga. A cultura física indiana, entretanto, desenvolveu-se durante um período mais longo de tempo, e também teve um festival popular de esportes, o *Samana*, com um tema religioso. Nos tempos védicos, a classe mais alta era absorvida pela dieta e higiene pessoal, pelo treinamento e correção de deformidades físicas. O corpo devia ser temperado, o homem devia esforçar-se pela perfeição e cuidar do templo de seu corpo.[4]

De acordo com a medicina ayurvédica indiana (*ayur* significa "vida" e *veda* significa "conhecimento") – um dos mais antigos sistemas de medicina ainda existentes no mundo –, correr de estômago cheio leva a desequilíbrio interno. Mas correr ao caçar era recomendável. Melhora a digestão, emagrece e deixa o corpo mais robusto.

O treinamento começava cedo para os envolvidos. Jogos eram seguidos por educação física, mesmo para meninas. Os treinadores educavam a juventude da classe guerreira – correr era o treinamento, particularmente para soldados com armas de arremessar, ou para lutadores e pugilistas. Ser rápido com os pés podia ser a diferença entre a vida e a morte em combate.

O período de 1000 a.C. a 200 d.C. foi a idade épica da Índia. Durante esse tempo, havia estádios esportivos, anfiteatros, teatros, locais para desfiles, centros de treinamento, parques de jogos, piscinas e outros recursos para o desenvolvimento dos esportes. *Samajja*, um festival esportivo, era organizado pelo rei para entreter o povo, e os esportes também faziam parte dos festivais religiosos realizados na época de colheita e na lua cheia.

Em certos eventos esportivos, a filha de algum homem poderoso podia escolher seu marido entre os príncipes que se reuniam para competir no anfiteatro. O historiador grego Ariano descreveu algo semelhante: "Quando as moças estão em idade de casar, seus pais apresentam-nas em público para que possam ser escolhidas pelo vencedor no combate corporal, pugilismo ou corrida, ou por alguém que tenha se distinguido em uma atividade masculina".[5]

Durante esse período, o sistema de bem-estar físico era regulado de acordo com as estações e com o estágio de vida das pessoas. Correr era recomendado a garotos e garotas entre os 16 e os 24 anos de idade, para desenvolver seus instintos competitivos, aumentar a boa forma e satisfazer a necessidade de movimento – a atividade devia ser realizada, de preferência, pela manhã. Caminhar era ideal para homens acima de 70 anos, assim como para mulheres acima de 50.

Os mensageiros, por outro lado, forçavam seus limites durante todo o ano. *Dak Harkara*, um dos mais extensivos sistemas de mensageiros do mundo, foi desenvolvido na Índia.

Dak é o termo híndi para "correio" ou "carta", e *Harkara* era um corredor que transportava a correspondência na Índia. Ele lembra os sistemas de outros países, com cabanas ao longo de pistas e estradas onde os homens passavam a correspondência um ao outro, descansavam e esperavam pela próxima missão. A bolsa do correio era carregada em situações difíceis, e o mensageiro corredor tinha seu bastão e sua lança como armas defensivas. Os mensageiros corredores da Índia tinham a mística e o status de heróis, e os poemas e histórias sobre esses homens corajosos eram contados em muitas línguas e dialetos.

Os corredores *dak* eram caracterizados por sua resistência, coragem e honestidade, e viviam perigosamente. Desde os primeiros dias, eles eram acompanhados por um homem que tocava um tambor para alertar as pessoas e afugentar animais perigosos – frequentemente, o homem também levava uma tocha. Em outros tempos, carregavam-se sinos, que podiam ser ouvidos a longas distâncias. Em trechos perigosos, o corredor mensageiro poderia ser escoltado por dois homens portando tochas e dois arqueiros. Eles tinham de atravessar selvas, florestas densas e montanhas independentemente do tempo, mesmo durante as monções, e havia corredores *dak* que eram pegos por tigres, afogavam-se em rios que tinham de atravessar, eram picados por cobras ou mortos por deslizamentos de neve. Ladrões e criminosos de estrada roubavam e matavam corredores *dak*, pois eles também transportavam dinheiro. O sistema postal de Marwar funcionava até em tempos de guerra, e o rei recebia cartas através de corredores até no campo de batalha.

A partir de 1584, a família Mirdha organizou o sistema postal em Marwar, no Rajastão, um dos estados principescos da Índia. Em longas corridas, os corredores *dak* cobriam estágios diários que variavam em comprimento, dependendo do terreno e da urgência da mensagem. Entre 22 e 32 quilômetros era o mínimo em caminhos por regiões montanhosas, com as paradas e tarefas necessárias no caminho. Havia muita rivalidade para conseguir incumbências importantes, e a capacidade de cobrir as maiores distâncias conferia status. Nesse aspecto, os corredores mensageiros lembravam os esportistas ambiciosos.

Datine, de Nagaur, era jovem quando começou a treinar para a vida de *dak*, e tornou-se tanto o corredor mais rápido de sua época, quanto o de maior resistência. De 80 a 88 quilômetros por dia era normal, mas em uma ocasião, com uma correspondência urgente, ele cobriu 106 quilômetros entre o amanhecer e o crepúsculo. Seu empregador ficou tão impressionado que deu a Datine o direito de montar a cavalo, normalmente restrito apenas às classes mais altas.

Corredores e cavaleiros ficavam estacionados em pontos de paragem, e as cartas tinham de ser entregues dentro de um tempo determinado por um pagamento fixado que variava dependendo da distância. Entre Délhi e Lahore, o tempo era de cinco dias. Os corredores entre Jodphur e

Monte Abu ganhavam 180 rúpias por ano – o carteiro montado em camelo, no entanto, ganhava 718 rúpias por ano, porque os animais carregavam cargas mais pesadas.[6]

Nem na China nem na Índia correr era tão comum quanto na Grécia e na região mediterrânea antigas, mas era uma entre uma série de maneiras de as pessoas comuns se manterem em forma na vida civil. Médicos e especialistas da China e da Índia reconheceram, desde os tempos mais antigos, os efeitos bons e saudáveis de correr, com considerações a respeito de idade e capacidade. Aqueles que corriam simplesmente pelo exercício raramente são mencionados em fontes históricas antigas, mas tais pessoas existiam na Ásia, correndo para melhorar suas vidas com as bênçãos dos *experts*.

6
Os monges corredores

> Um desses iniciados nos ensinamentos sagrados afirma que após muitos anos de prática os pés dos lung-gom-pa – uma vez percorrida certa distância – não tocam mais o chão, e eles planam no ar com total leveza e velocidade.
>
> Alexandra David-Néel, viajante e exploradora belgo-francesa no Tibete

Podem ser realmente verdadeiras todas aquelas histórias sobre místicos e ascetas da Ásia? Todos aqueles sábios que se fizeram enterrar vivos, aqueles ermitões que vivem em buracos por anos, isolados de seus semelhantes, tendo apenas montanhas e solidão por companhia?

Claro que não, mas algumas delas *de fato* se confirmam – tais como as histórias dos *lung-gom-pa*, os corredores incansáveis do Tibete. A escritora belgo-francesa Alexandra David-Néel, que viajou pelo Tibete durante mais de vinte anos no início do século XX, afirmou ter visto esses corredores lendários de perto.[1]

Na Planície do Norte, Chang Thang, no norte do Tibete, uma região de pastagens, selvagem e escassamente povoada, ninguém vivia a não ser nômades em barracas, quando David-Néel viajava a cavalo por ali. Ela percebeu algo se movendo a distância na planície, e seu telescópio mostrou que era um homem. Eles não tinham visto nenhuma outra pessoa em dez dias, e as pessoas raramente se aventuravam sozinhas e a pé nessas regiões. Seria um refugiado de uma caravana que fora roubada, alguém necessitando de alimentos e ajuda?

O homem movia-se rapidamente, mas também de um modo peculiar. "Parece um lama *lung-gom-pa*", disse um dos empregados tibetanos do grupo da viajante, e ninguém duvidou disso quando o homem maltrapilho chegou mais perto.[2] Seu rosto impassível e os olhos arregalados estavam fixos em um ponto no horizonte. Ele não estava correndo, mas saltando em passadas largas e regulares, como se suas pernas fossem de mola e seu corpo fosse de ar. Ele levava um punhal na mão direita e passou perto dos seis cavaleiros, aparentemente sem perceber que estava sendo observado, mas os tibetanos apearam e se curvaram até o chão em sinal de respeito.

David-Néel ficou empolgada, e queria falar com o homem, mas os empregados a desaconselharam. O corredor não devia ser perturbado porque poderia morrer se o deus que habitava dentro dele o deixasse repentinamente. David-Néel seguiu-o por três quilômetros e meio, até que ele saiu do caminho e subiu uma encosta íngreme antes de desaparecer nas montanhas, ainda em transe, e ainda com movimentos estranhos.

Quatro dias depois, eles passaram por um grupo de pastores que também haviam encontrado o corredor. Os pastores acreditavam que ele tinha vindo de um mosteiro na província de Tsang, onde os monges treinavam *lung-gom-pa*. Há uma lenda que fala de como esse mosteiro, Shalu Gompa, havia originalmente se tornado o centro desse tipo de treinamento.

O mago Yungtön e o historiador Bustön foram dois lamas que viveram no século XIV. Yungtön decidiu realizar um ritual solene a cada doze anos para ganhar controle sobre Shinjed, o Senhor da Morte, e, se o ritual não fosse realizado no tempo certo, a divindade mataria uma criatura por dia para satisfazer sua fome. Esse ritual, juntamente com preces, dava ao mago o controle sobre o Senhor da Morte por doze anos.

Bustön ouviu falar disso e visitou o templo do deus, acompanhado por três lamas. O deus exigia mais comida, e Yungtön sugeriu que um dos lamas deveria se sacrificar. Todos os três se recusaram de imediato e desapareceram, mas Bustön estava preparado para morrer. O mago, no entanto, assegurava que havia um resultado feliz do ritual e que não havia perda de vida.

Depois, Bustön e seus seguidores foram indicados para realizar o ritual a cada doze anos e, desde então, as reencarnações do Lama Bustön, mestres de Shalu Gompa, têm mantido o ritual. O número de demônios aumentou, contudo, e para reuni-los todos era necessário encontrar um corredor capaz – conhecido como "búfalo visitante" – que era escolhido entre os monges de dois mosteiros após um rígido treinamento.

O treinamento durava três anos e três meses. Um exercício importante em particular, que, como todos os outros, era praticado em completa escuridão, parecia impossível. O monge sentava-se de pernas cruzadas em uma almofada e respirava lentamente para encher seu corpo de ar, depois segurava a respiração e se lançava para cima, com as pernas ainda cruzadas e sem usar as mãos, antes de cair na mesma posição. O exercício era repetido seguidas vezes, não para transformar os monges em acrobatas, mas para torná-los leves e capazes de flutuar.

Para o teste final, o monge sentava-se em um túmulo aberto no chão, de profundidade igual à altura de um homem, e sobre o túmulo eles construíam uma cúpula da mesma altura, do nível do chão até seu topo. Assim, um homem que medisse 1,67 metro sentava-se 3,35 metros abaixo do pequeno buraco na cúpula. O teste consistia em saltar através da abertura na cúpula com as pernas cruzadas, um salto a partir de uma posição sentada. David-Néel ouviu tais proezas, mas nunca as viu por si mesma, talvez porque sejam inexequíveis.

Havia outra variação desse último exercício. Após três anos isolados em total escuridão, os monges eram emparedados em uma pequena cabana. Sete dias depois, eles deveriam sair escalando pelo lado da cabana, através de um pequeno buraco quadrado. Qualquer um que conseguisse se contorcer até sair tornava-se um "búfalo visitante".

Apenas os mosteiros em Shalu usavam métodos como esse, e alguns deles também usavam exercícios de marcha em terreno montanhoso. Além disso, *lung-gom-pa* não se destinava tanto a fortalecer os músculos, mas a formar os poderes mentais necessários para tornar possível o estranho estilo de correr. Um "búfalo visitante" começava sua missão em 11 de novembro e viajava por um mês sem parar, para arrebanhar os demônios.

David-Néel encontrou outros dois corredores no Tibete. O primeiro deles estava sentado, meditando nu sobre um outeiro, com correntes de ferro em volta do corpo. Quando viu pessoas, deu um salto e desapareceu. Os nativos disseram que o homem usava as correntes porque era tão leve que havia o risco de flutuar no ar, tal como é contado em histórias de várias outras partes do mundo. Os tibetanos acreditavam que os melhores corredores tinham corpos de uma leveza sobrenatural e que eram capazes de flutuar.

O outro corredor tinha a aparência de um peregrino pobre, do qual há muitos pelo Tibete. O homem subiu uma encosta em grande velocidade, usando típica corrida de molas, e então parou, ainda em transe. Lentamente, voltou a si e começou a falar. Ele havia praticado *lung-gom-pa*, treinando em um mosteiro, mas seu professor desaparecera e ele fora obrigado a ir para Shalu Gompa para continuar seu treinamento. À medida que a velocidade da caravana aumentava, ele passou automaticamente para os passos de mola, ajudado por palavras secretas e pelas fórmulas de seu mestre, que regulavam sua respiração em um ritmo particular e facilmente levavam a um estado de transe. Ele ficou entediado com o ritmo tranquilo da caravana e desapareceu silenciosamente uma noite, saltando pela escuridão adentro.

Os corredores se concentravam em repetir sua fórmula silenciosamente para si mesmos enquanto respiravam e davam passadas ritmadas. Eles não olhavam para os lados nem para trás, não falavam, mantinham os olhos fixos em um ponto distante e eram capazes de manter a direção e ver obstáculos mesmo em seu transe. As planícies abertas eram ideais para treinar, e eles rapidamente entravam em transe, particularmente ao entardecer. Na escuridão, os corredores continuavam por horas, com seu olhar fixo em uma estrela. Os iniciantes paravam quando a estrela desaparecia, mas os mais experientes ainda podiam vê-la dentro de si e conseguiam continuar.

No Tibete, Alexandra David-Néel encontrou corredores e andarilhos que haviam treinado exercícios avançados. Ela não acreditava em tudo o que os tibetanos lhe contavam, mas aceitou que os seguidores mais avançados do *lung-gom-pa* sentiam uma grande leveza em seus corpos e eram capazes de extrema resistência.

Montanhas sagradas e homens sagrados

Em Hiei, a montanha sagrada do Japão, vive uma ordem de monges – conhecidos como monges maratonistas – que têm de andar e correr mais longe do que a circunferência do globo para alcançar a purificação e o status de um Buda.

Os rituais têm origem em 831 d.C., quando So-o – "aquele que serve os outros" – nasceu. Com pouca idade, ele se recusava a comer carne e a pescar, e preferia a vida ascética e eremita. Aos 15 anos de idade, ele se mudou para uma pequena cabana em Hiei, para viver uma vida sagrada, e ali foi notado pelo abade Ennin. O abade iniciou So-o no misticismo tântrico e descreveu-lhe a tradição de fazer peregrinações às montanhas, uma tradição do budismo chinês. Em um sonho, So-o ouviu uma voz dizendo: "Todos os picos desta montanha são sagrados. Siga as instruções dos deuses da montanha, e vá para os lugares sagrados da montanha. Pratique isso firmemente todos os dias. E você será respeitoso com todas as coisas, então entenderá o verdadeiro Dharma".[3] Ele deveria ver tudo como uma manifestação de Buda e cultuar a natureza com seu corpo e sua alma.

Depois de sua ordenação formal como monge budista, em 856, ele construiu uma cabana no vale Mudoji. Os poderes de julgamento de So-o cresceram e suas preces curavam doenças, ajudavam mulheres em trabalho de parto, afastavam demônios e aliviavam dores de dente. Após mil dias de solidão, ele e seus assistentes construíram uma casa em Hiei, que se tornou a residência dos monges Kaihogyo (*kaihogyo* significa "o costume de andar pela montanha"). Os monges visitavam os lugares sagrados da montanha e oravam para eles, um costume também praticado em muitas montanhas sagradas do Japão.[4]

So-o morreu em 918, e, segundo a história, a montanha tocou músicas divinas naquele dia. Seus sucessores continuaram as peregrinações a Hiei, embora não se saiba ao certo exatamente como, já que os relatos desapareceram quando os templos foram saqueados em 1571. Mas já em

1310, as pessoas haviam começado a visitar locais sagrados por 100, 700 ou mil dias. "A história do santo andarilho" de 1387 descrevia uma corrida de 40 quilômetros que devia ser completada diariamente por 700 dias, seguida de nove dias de jejum. Em 1585, Koun completou mil dias dessa provação, estabelecendo, assim, um padrão exigente que ainda vale.

Os monges de Hiei são budistas Tendai. A prática das peregrinações a pé incorpora todos os aspectos do budismo Tendai: meditação, conhecimento iniciado, autossacrifício, culto à natureza e boas ações. Para se tornar um abade em um dos subtemplos de Hiei, um monge deve completar cem dias seguidos.

Os iniciantes são primeiramente acompanhados em um passeio e recebem um manual e instruções orais secretas, informações necessárias sobre o terreno e os caminhos, antes de estarem prontos para viajar sozinhos.

Vestindo roupas brancas, com uma corda amarrada na cintura e com uma faca – um lembrete para cometer suicídio se falhar em completar o teste –, o monge levanta-se à meia-noite para começar seu primeiro estágio uma hora e meia depois. Ele calça sandálias de palha, sabendo que elas se gastam rapidamente, e que terão de ser trocadas cinco vezes por dia: com o tempo seco, elas duram vários dias, mas quando as chuvas caem, elas se desfazem em algumas horas, então o monge leva vários pares de reserva.

A chuva e a neve são os piores inimigos do monge – elas destroem seus calçados, reduzem sua velocidade, desfazem caminhos e apagam seus lampiões. Nos piores períodos de chuvas, suas roupas nunca ficam secas. As roupas e o chapéu alongado não devem ser tirados, a rota deve ser seguida servilmente, e é proibido parar para comer e descansar. Preces e canções devem ser bem executadas.

As rotas são de 29 a 40 quilômetros de extensão, e o monge para por alguns segundos ou minutos diante de imagens de pedra do Buda, árvores, pedras, cumes e cachoeiras e lagos sagrados, faz os movimentos de mão corretos, reza e segue depressa. O progresso não é rápido, pois há 255 lugares de parada, e o terreno acidentado retarda o ritmo do circuito, que dura até as sete ou oito horas da manhã, dependendo do clima. Monges mais velhos criticam os jovens que apressam a corrida – é excelente estar em forma e ter leveza nos pés, mas a prática ritual correta tem a mesma importância.

Após as preces, banho, almoço, deveres do templo e jantar, o monge vai para a cama, por volta das oito horas. Este ritmo é respeitado por cem dias, com exceção do 65º e do 75º dias, quando a corrida é de 56 quilômetros de extensão e atravessa a cidade de Kyoto, com seus milhões de habitantes. Isso é para que os monges possam entender que seu esforço também é pelo benefício do mundo exterior.

As duas ou três primeiras semanas são as piores para os iniciantes. Eles não apenas têm de se lembrar de muitas coisas e encontrar o caminho através do terreno montanhoso, onde a névoa frequentemente dificulta a visibilidade, mas também criam feridas nos pés, ficam tensos e febris, sofrem de diarreia e dores nos quadris e nas pernas. Depois de um mês, o corpo começa a se acostumar com o ritmo, e depois de cerca de dois meses o monge tem um estilo calmo e relaxado.

Cem dias são meramente um aquecimento para os mais ambiciosos entre eles: alguns querem continuar por mil dias e comprometem-se a uma maratona sagrada de sete anos. Os primeiros cinco anos contêm sete períodos de cem dias, cada um envolvendo 40 quilômetros por dia. No sexto ano, os estágios são aumentados para 61 quilômetros. O clímax é alcançado no ano final, que tem 84 quilômetros por dia, durante 100 dias, antes de terminar com "meros" 40 quilômetros. Nesse estágio, os monges cobriram 46.843 quilômetros.[5]

O teste mais exigente vem após 700 dias: eles devem jejuar por nove dias, sem comer, beber, dormir ou descansar. Sob o olhar vigilante de dois monges, o monge deve sentar-se imóvel, e as únicas interrupções são rituais simples envolvendo pouco movimento. Os monges mais velhos do templo montam guarda e tocam seu ombro caso ele adormeça ou saia da posição sentada.

O monge já reduziu sua ingestão de alimentos com antecedência, então o jejum não é um grande fardo no início, mas, após cinco dias, a desidratação torna-se tão extrema que ele sente gosto de sangue na boca. Ele pode enxaguar a boca com água, mas deve cuspi-la toda. Ele pode sair ao ar livre, e nota que sua pele absorve umidade no tempo chuvoso. O tempo sem comida, sono e bebida – o jejum dura, na verdade, sete dias e meio (182 horas) no total, mas eles se referem ao período como sendo de nove dias, uma vez que o dia inicial e o dia final são incluídos – é para dar ao monge um vislumbre da morte. De acordo com o relatório, os monges originalmente jejuavam por dez dias, mas, uma vez que quase todos eles morriam, o período foi reduzido. Meses úmidos, como agosto, são inadequados, e dois monges nos tempos modernos sofreram decomposição interna e morreram nesse mês.

A ausência de comida e bebida não é, contudo, a pior parte, que é ter de sustentar a cabeça na mesma posição sem repousar. O monge torna-se mais sensível, consegue farejar alimentos a longas distâncias, e todos os seus sentidos ficam mais aguçados.

Finalmente, no nono dia, o monge senta-se diante do altar, na presença de até trezentos sacerdotes Tendai, e recebe uma bebida especial para estimulá-lo. Muitos deles desmaiam quando saem na varanda e simbolicamente viram as costas à vida. Psicólogos examinaram os monges nesse ponto, e confirmam que suas condições lembram um estágio de pré-morte. O monge foi purificado de corpo e mente, e vê o mundo com olhos novos e totalmente claros.

Depois de algumas semanas comendo, eles se recuperam e ganham novamente os quilos perdidos, tornam-se cheios de energia e vida e ansiosos para continuar.

Completar 83 quilômetros todos os dias durante cem dias requer coragem e motivação. Eles recebem muita ajuda dos companheiros monges e da população local, incluindo os chamados "empurradores", que os cutucam cuidadosamente por trás com bastões acolchoados, embora alguns recusem tal ajuda. Os monges correm por 83 quilômetros através das áreas residenciais de Kyoto, abençoando milhares de pessoas, atravessando o tráfego e correndo pelas ruas, continuando por 16 ou 17 horas, e quase sem tempo para dormir.

"Dez minutos de sono para um monge maratonista valem cinco horas de descanso normal", diz o ditado.[6] Bons auxiliares são importantes nesse estágio. Eles cuidam da comida e limpam as roupas, carregam equipamento e direcionam o tráfego quando o monge, com suas roupas antiquadas, entra no tráfego da cidade e tem de tomar cuidado com os carros. O papel dos auxiliares é hereditário.

Um total de 46 homens completou os mil dias desde 1885. Dois monges o conseguiram duas vezes, e um homem cometeu suicídio em seu 2.500º dia. Um monge, Okuno Genjun, realizou o feito três vezes, mas sem correr todos os dias de sua última sessão, quando foi carregado. A maioria dos homens estava na faixa dos 30 anos, embora Sakai tenha feito seu 2.000º dia quando tinha 61 anos. Não se sabe quantos morreram ou cometeram suicídio ao longo do caminho, mas, ao longo das trilhas, há túmulos anônimos de monges que sofreram colapso e morreram.

Esses monges não são esportistas altamente treinados, mas são acostumados aos trabalhos físicos e são fortalecidos por esses trabalhos – tais como cortar madeira, levantar e carregar coisas pesadas – e por um modo de vida simples e modesto com uma dieta vegetariana. O desjejum é feito à 1h30 da manhã, e os alimentos preferidos são macarrão, arroz, batata, soja, vegetais verdes, ervas, mel e nozes. Cinco pequenas refeições fornecem calorias e energia suficientes para realizar a maratona diária. Sakai, um dos veteranos de Hiei, consumia apenas 1.450 calorias por dia quando corria 40 quilômetros e, mesmo assim, manteve um físico robusto. Sua disposição espiritual dota-os de resistência. Aqueles que completam os mil dias juntam-se às posições mais elevadas de santos budistas.

Esses rituais laboriosos devem ser entendidos à luz dos ensinamentos budistas, que não podem ser percebidos apenas através do intelecto, mas devem também ser experimentados fisicamente. "Aprenda através de sua vista, treine com suas pernas."[7] O treinamento dos monges produz o que se chama *innen* em japonês – *in* refere-se às características relevantes à mentalidade de Buda que surgem de dentro da pessoa, e *en* são as circunstâncias em que isso ocorre.

De todas as figuras duronas de Hiei, a mais durona de todas talvez tenha sido Hakozaki Bunno, filho de uma família pobre de pescadores. Ele vivia vagando, fazendo trabalhos temporários quando jovem, e não tinha direção na vida, até que teve um despertar espiritual na cela de uma prisão, após uma bebedeira. Em outra versão da história, ele havia tentado se enforcar num parque, mas foi impedido por um sacerdote Tendai, que então o levou a Hiei. Ele deixou sua esposa e os filhos aos cuidados de parentes e mendigou até a montanha.

Os sacerdotes não estavam dispostos a aceitar esse homem desconhecido vestindo farrapos, mas um monge demonstrou boa vontade. Hakozaki começou como carregador de Okuno Genjun, um paralítico que era carregado pela montanha em sua rota diária, mas, certa vez, os carregadores fizeram uma curva muito rápida e o paralítico tombou de sua cadeira e caiu encosta abaixo. Hakozaki foi culpado e teve de se mudar para um templo diferente. Mas as portas estavam fechadas para ele ali também. "Ou eles me deixam entrar, ou vou morrer!", disse Hakozaki, e sentou-se diante da entrada. Ele permaneceu ali por quatro dias, sem comida nem água, levou vassouradas, e ainda viraram sobre ele um balde com água gelada. No quinto dia, eles o aceitaram, e Hakozaki começou sua vida monástica de frenética atividade.

Ninguém andava nem trotava tão longe, ninguém trabalhava nem rezava tanto quanto Hakozaki. Ele buscava isolamento nos vales da montanha e passava dias sentado em posição de lótus, sem prestar atenção à sua volta, antes de retornar fortalecido e inspirado para continuar suas atividades.

Um jovem montanhista procurou abrigo numa caverna durante uma tempestade e ali deu de cara com Hakozaki, que vinha jejuando havia nove dias, e parecia uma estátua. O jovem teve o maior susto de sua vida, saiu tropeçando da caverna e correu de volta para o vilarejo, horrorizado com a experiência. Hakozaki realizou jejuns de nove dias sem comida, bebida ou sono nada menos do que 36 vezes, frequentemente em um fim de ano, para purificar o corpo.

Os monges de branco têm corrido em Hiei no espírito do budismo desde o século IX, e eles lembram os esportistas pelo ascetismo, autonegação e por fazer parte de uma irmandade com rituais definidos. Eles ainda são ativos. Em muitos sentidos, eles são mais extremos do que os atletas de ponta –

monges, como as outras pessoas, chegam a extremos quando tentam superar os outros. Parece provável que algumas das mesmas motivações humanas, como a ânsia por se distinguir e realizar feitos extraordinários, são partilhadas pelos melhores corredores do mundo e pelos mais obstinados entre os monges maratonistas japoneses.

7
Correndo contra cavalos

> Os jovens de hoje se comportam diferentemente de quando eu era jovem. Naquele tempo, éramos ávidos por realizar grandes feitos; hoje em dia, os jovens são uns caseiros, querem ficar ali sentados, esfriando a barriga com hidromel e cerveja.
>
> Ancião viking, século X

"**É mentira!**", disse **Magnus Sigurdsson**.
"Não", respondeu Harald Gille, "na Irlanda há homens que correm mais rápido do que cavalos".

Essa discussão entre dois herdeiros aparentemente ocorreu em um banquete com bebidas em Oslo, no começo do século XII. Os homens estavam sentados no salão, comendo e bebendo, contando lorotas misturadas a histórias verdadeiras – e honra e orgulho estavam em jogo. Harald Gille crescera na Irlanda, mas viera para a Noruega afirmando ser filho do rei norueguês Magnus Descalço, que havia lutado em campanhas na Irlanda e deixado vários filhos para trás.

Então, Magnus Sigurdsson disse: "Pois você fará comigo uma aposta de que pode correr tão rápido quanto eu corro com meu cavalo, e você apostará sua cabeça, e eu apostarei meu anel de ouro contra ela".

Na manhã seguinte, ele chamou Harald para uma corrida. Harald veio vestindo uma saia, uma capa curta, chapéu irlandês, e tinha um cabo de lança em sua mão. Magnus marcou um percurso, mas Harald disse que era muito longo, então seu oponente prolongou-o ainda mais e disse que, ainda assim, era muito curto. Diante de uma grande multidão, a corrida começou, Harald equipado com um bastão – uma ferramenta de pastor e uma arma.

Harald correu o tempo todo emparelhado ao ombro do cavalo, e, quando chegaram ao final do percurso, Magnus disse: "Você se segurou na sela e o cavalo o puxou". Magnus tinha um cavalo incomumente veloz, vindo de Götaland. Eles correram outra corrida, e desta vez Harald correu à frente do cavalo o caminho todo. Quando chegaram ao final, Harald perguntou: "Eu segurei na sela desta vez?". "Não", disse Magnus, "desta vez você ficou atrasando o cavalo".

Agora, Magnus deixou o cavalo recuperar o fôlego. Quando estava pronto, ele deu-lhe com as esporas, e o animal disparou imediatamente. Harald ficou parado. Então, Magnus olhou para trás e gritou: "Corra agora!". Harald começou a correr e logo passou o cavalo, alcançando a linha de chegada muito à frente do outro – tão à frente que se deitou e logo pôs-se de pé, cumprimentando Magnus quando este chegou. Então, voltaram para a cidade.[1]

Harald Gille e Magnus Sigurdsson mais tarde lutaram pelo trono, e Gille mandou cegar seu rival, cortar seus pés e castrá-lo.

Os cavalos da era viking eram de uma raça de pernas curtas de pôneis islandeses, provavelmente da mesma origem dos fjording noruegueses, e depois cruzados com raças de Shetland e das ilhas Orkney. Os cavalos islandeses movem-se num passo bamboleante, ou usam um passo semelhante tanto a um bamboleio quanto ao trote puro. Eles não são a raça mais veloz de cavalo, mas podem cobrir de 390 a 450 metros em um minuto, carregando um homem de 76 quilos. Não chega a ser uma coincidência que a maioria das fontes segundo as quais homens correm contra cavalos se originem na Islândia.[2]

Entretanto, devemos ser céticos quanto a aceitar histórias com um selo marcadamente lendário como fatos, uma vez que uma boa história, em vez de um relato estritamente factual, era o que mais importava para a imaginação criativa dos *skald*. Mas os vikings foram indubitavelmente influenciados pelos impulsos esportivos da Irlanda.

Havia um grande festival esportivo na Irlanda, os Jogos Tailteann, que existiram por vários séculos na Idade Média, e somente cessaram após a invasão dos normandos, em 1168. De acordo com a lenda, os jogos Tailteann ocorreram durante 3 mil anos, e eram originalmente realizados em honra à falecida rainha Tailté, uma bela e culta rainha familiarizada com o conhecimento e a sabedoria secreta da Europa e do Leste. Ela era considerada digna da descrição: "Uma das melhores mulheres druidas do mundo ocidental".[3]

A rainha escolheu o local de seu próprio enterro, um lugar pitoresco e ensolarado nos bosques a 19 quilômetros de seu palácio favorito em Teltown. Ela ordenou que o *Aonach* (festival) fosse realizado ali. Os primeiros jogos foram organizados para o funeral da rainha, e continuaram anualmente nas mesmas datas, começando no primeiro dia de agosto e se estendendo por 30 dias.

Havia uma grande variedade de atividades: corrida, salto em distância, salto em altura, corrida com obstáculos, arremesso de lança, esgrima, luta corporal, pugilismo, natação, corrida a cavalo, corrida de carroças, salto com vara e provas de arco e flecha, bem como muitos outros testes físicos.

Havia também competições de música, canto, dança, narração de histórias e artesanato. Havia até um mercado com numerosos artigos à venda e animais em exposição – um verdadeiro pedaço da vida cotidiana em que o povo do local se misturava com os que vinham de longe e colhia ideias e influências.

Festivais semelhantes eram realizados em muitos lugares da Irlanda, mas os Jogos Tailteann eram os mais antigos, mais importantes e os maiores – e também foram um modelo para outros povos, como os vikings. Mesmo que correr não fosse a habilidade viking mais importante, a Escandinávia produziu corredores famosos no século IX.

Há, nas sagas, muitos indícios de esportes vikings. "Todos eles aprenderam esportes com Odin", dizia-se.[4] O esporte também incluía vários tipos de conhecimento mental, e um verdadeiro comandante era aquele que combinava boas habilidades mentais e competência esportiva. O rei Olav Tryggvason era "o primeiro em todos os esportes" e um bom corredor.[5]

Um menino da era viking brincava na fazenda e em pouco tempo era fortalecido. Ele corria em jogos de competição no quintal ou no campo de jogos, uma área gramada onde o povo jogava bola, dançava e se reunia. Os jovens levantavam pedras, nadavam nos fiordes, desenvolviam a imaginação e se empolgavam em atirar com bestas, cavalgar, esgrimir e disputar lutas corporais, bem como esquiar e patinar.

Claro que as ambições eram atiçadas quando os garotos ouviam histórias das viagens dos homens adultos: seus pais estavam frequentemente fora em expedições e haviam selecionado pais substitutos – *fostri* – para treinar os garotos em vários esportes. O objetivo da educação, tal como os espartanos na antiga Hélade, era produzir bons guerreiros, mas isso deveria ser feito não por imposição legal, e sim por orientação, incentivo e pela inspiração tirada da grande honra em que os guerreiros eram tidos.

Os esportistas de que temos notícias começavam com pouca idade – Olav Tryggvason começou aos 9 anos e, aos 10, estava frequentemente competindo com adultos. As pistas de corrida dos vikings eram chamadas de *skei* e ficavam num campo ou numa planície. O nome também era usado para a própria competição, quer envolvesse doma de cavalos, corrida a cavalo ou homens correndo.

A infância terminava aos 12 anos de idade, e o próximo teste de um garoto era uma expedição viking. Por volta do ano 1000, a maioridade foi aumentada para 16 anos na Islândia e 15 anos no restante da Escandinávia, e as mesmas idades valiam para as atividades esportivas. Era vergonhoso tentar evitar os esportes: "Todos os jovens vão aos jogos, mas você é do tipo de patife que só fica deitado junto ao fogo, para que sua mãe tropece nos seus pés".[6]

Já no século X, algumas pessoas mais velhas desdenhavam da letargia da juventude: "Os jovens de hoje se comportam diferentemente de quando eu era jovem. Naquele tempo, éramos ávidos por realizar grandes feitos; hoje em dia, os jovens são uns caseiros, querem ficar ali sentados, esfriando a barriga com hidromel e cerveja.[7]

O período aproximado entre 800 e 1100 na Escandinávia é normalmente chamado de Era Viking. O ataque a Lindisfarne, na Inglaterra, em 793 d.C., é o primeiro ataque viking que pode ser seguramente datado. Expedições de longa distância levavam a assentamentos permanentes no exterior, mas os vikings também faziam ataques sazonais à Inglaterra, Irlanda, França, Turquia, por rios até o interior da Rússia, e até o Mar Negro.

Quando o rei norueguês Sigurd Jorsalfare chegou a Miklagard (Istambul), o imperador perguntou se ele preferiria uma tonelada de ouro ou se ele gostaria que o imperador organizasse jogos como ele costumava fazer. Sigurd escolheu os jogos e fez com que seus homens participassem dos esportes.[8]

Mesmo durante uma viagem, era essencial manter os músculos em boas condições e não perder o ritmo – todas as habilidades deviam ser mantidas intactas. Podia parecer idílico quando um bando de guerreiros animados e barulhentos ficava absorvido ao participar de jogos em terra ou na água, mas havia também um lado muito sério nisso:

> Vemos uma frota viking parada na baía. Eles demarcaram um campo na praia e agora estão realizando jogos no gramado – por ora eles estão livres de atividades sérias. Esta é a cena do primeiro encontro entre Hjalmar e Orvar-Odd. O bando de Erik Målspage está esperando na praia, enquanto ele e seu irmão estão longe, dando adeus ao pai deles. Alguns estão praticando saltos, alguns correm, alguns arremessam pedras enormes e outros disparam flechas com seus arcos.[9]

Os escandinavos viviam segundo uma visão de mundo governada pelos deuses nórdicos. O mais importante dever de um homem livre era lutar bravamente e alcançar um lugar de honra em Valhala, o reino dos mortos. A forma mais elevada de morte era tombar em combate, do contrário, um homem não seria lembrado nem pelos deuses, nem pelos homens. Os deuses da guerra eram os mentores em uma sociedade como essa, em que as pessoas exigiam vingança de sangue.

A cada três anos, os vikings se reuniam em um mercado em Bränö, no arquipélago próximo a Gotemburgo, na Suécia. Grandes multidões iam para lá, bebiam e participavam dos entretenimentos: lutas corporais, natação, levantamento de peso, jogos de bola, prática de arco e flecha e corridas.[10]

O sueco Bertil Wahkqvist, que já estudou 106 sagas e textos escáldicos em poesia e prosa, descobriu referências a atividades esportivas em metade deles. Em mais de 300 referências, a natação veio em primeiro, com 41, seguida pelas lutas corporais (30), levantamento de peso (29) e lutas de espada (19). Correr foi mencionado 13 vezes.[11]

O esporte também era o entretenimento popular após reuniões, banquetes, festivais de inverno e casamentos, e até servos e reis poderiam se encontrar em competição nessas ocasiões. As cortes dos reis e comandantes eram os principais centros de esportes, já que eram os locais de residência de homens ativos e competitivos, do bando guerreiro do comandante e de lutadores habitantes do local. Os jogos realizados fora do salão ou da casa funcionavam como exercícios militares para o bando guerreiro em tempos de paz, e a literatura das sagas frequentemente retrata tais cenas, com o próprio comandante como espectador ou participante. Grandes homens travavam uma briga valente contra "Elle", como os vikings chamavam a velhice, e até pessoas de 60 anos participavam dos jogos. Homens velhos tinham uma necessidade particular por massagens e banhos quentes antes dos jogos, e havia pessoas especialmente treinadas para ajudar a motivá-los.

Em seu *Edda jovem*, Snorri escreve sobre o comprimento de um percurso de corrida. Quando Thor viajou para encontrar Utgard-Loki, ele foi acompanhado por Tjalvi, "o mais veloz dos homens", mas Tjalvi foi facilmente vencido pelo garoto Hugi em três corridas por um campo plano.[12] Segundo a narrativa de Snorri, Hugi ganhou de Tjalvi por uma vantagem de um tiro de flecha e meio percurso. Um tiro de flecha era o equivalente a 240 braças, e uma braça equivalia a 1,68 metro, então o percurso teria sido de aproximadamente 400 metros. Os vikings corriam ida e volta entre duas marcas, e Tjalvi e Jugi provavelmente correram 2 quilômetros.

Hugi era uma figura fantasmagórica, um produto imaginário das artes de ilusão de Utgard-Loki na forma de um menino. Embora Tjalvi fosse o mais veloz corredor conhecido, ele foi superado por Hugi, cujo nome significa "pensamento".

Correr tinha um status mais baixo do que muitas outras atividades, porque fugir de um inimigo era considerado covardia. Habilidades de cavaleiro eram consideradas muito mais elevadas, e homens proeminentes preferiam o cavalo como meio de transporte. Membros da vanguarda real, que cavalgava na frente do exército, tinham um garoto correndo ao lado, segurando uma correia. Há relatos sobre homens que subiam correndo encostas íngremes:

essa habilidade era particularmente útil em cercos, por exemplo, quando era necessário atacar uma cidade fortificada com baluartes protetores. Os homens mais habilidosos conseguiam correr quase verticalmente.

Um truque em particular era correr para a frente e para trás junto com os remos, enquanto o navio era propelido adiante. Olav Tryggvason conseguia fazer isso e, ao mesmo tempo, ainda fazia malabarismo com três objetos. Harald Gille também tinha bom equilíbrio e corria para a frente junto com os remos, enquanto o barco estava a toda velocidade, pulava para o lado e corria de volta à posição inicial.[13]

Uma série de autores de fora da Escandinávia, entre os quais alguns geógrafos italianos, referiram-se aos velozes escandinavos: "A Dinamarca produz os homens mais velozes de todas as nações". Thietmar de Mereburg declara que os habitantes de Kitawa (Kiev) consistem principalmente em "dinamarqueses velozes".[14] Harald Pés-de-Lebre ganhou o apelido devido a suas boas habilidades de corrida. Em fontes irlandesas, os vikings são descritos como corredores rápidos, e os irlandeses cortavam o cabelo atrás da cabeça para que as mãos escandinavas não tivessem em que se agarrar quando os irlandeses fugiam.

De qualquer forma, como sugere a história de Harald Gille, os escandinavos não se consideravam particularmente rápidos: os vikings achavam que os homens mais rápidos eram encontrados na Irlanda e na Escócia. Em "A Saga de Erik, o Vermelho", há uma descrição de Hake e da mulher Hekja. Eles eram dois servos escoceses que conseguiam correr mais rápido que um veado. Olav Tryggvason deu-os a Leif Eriksson, que levou os escoceses para visitar Vinland (América). Os dois escoceses foram enviados para reconhecer as terras ao sul e retornaram depois de 36 horas. Eles usavam roupas especiais que deixavam seus braços, pernas e pés nus, e, quando voltaram, trouxeram uvas, trigo selvagem e uma descrição do terreno. Então esses escoceses foram os primeiros europeus a correr na América.[15]

Os vikings não apenas corriam em pistas e em curtas distâncias; há também relatos de algumas lendárias longas corridas. Grettir Asmundsson (997-1031), "Grettir, o Forte", foi um dos grandes atletas de seu tempo, e é comemorado em sua própria saga dramática. Ele corria e nadava com rapidez, mas era particularmente extraordinário em feitos de grande força. Ele se tornou um atleta renomado, mas não lidou bem com a vida fora do esporte. Era um personagem complexo, esquentado, mas também amigável, ingênuo e esperto. Grettir era um proscrito e vivia em Drangøy – uma pequena ilha ao norte da costa da Islândia, cercada por penhascos e com apenas uma rota para subir o platô 150 metros acima do nível do mar.

Numa ocasião, Grettir encontrou Gisli, e eles começaram a lutar com espadas, mas não demorou para que Gisli jogasse fora sua espada e fugisse montanha abaixo:

> Grettir deu tempo a ele para que jogasse fora tudo o que quisesse, e cada vez que Gisli tinha uma chance, ele jogava mais roupas fora. Grettir corria apenas rápido o bastante para deixar um espaço entre eles. Gisli correu por toda a montanha, e agora ficara sem nada além de sua camisa de baixo, e estava começando a se sentir terrivelmente cansado.
> Grettir corria atrás dele, sempre perto o suficiente para agarrá-lo. Gisli não parou até chegar bem na beira da água, mas o gelo se abrira, e era difícil passar por ele. Mesmo assim, Gisli ia saltar direto na água, mas Grettir o agarrou, e agora podia-se ver quão mais forte Grettir era.[16]

Após terem corrido 12 quilômetros, Grettir deu uma surra em Gisli com um feixe de galhos.

Como esportistas, os vikings superaram muitos dos povos europeus de sua época. As crônicas daqueles que eles atacaram os amaldiçoam duramente, mas também expressam perplexidade com sua coragem, força e destreza esportiva. Os escandinavos eram mais bem treinados desde a infância, e frequentemente tinham boa constituição. Sem forçar comparações, poderíamos afirmar que eles eram os gregos de sua época em termos de atletismo.

Subindo e descendo montanhas nas Highlands

A Escócia é rica em tradições de corrida. Os chefes de clãs das Highlands escocesas organizavam competições de corrida, arremessos e levantamento para encontrar bons guarda-costas e mensageiros rápidos. O rei Malcolm Canmore organizou um desses processos seletivos e também prometeu uma bolsa de ouro e uma boa espada ao primeiro homem que chegasse ao topo da montanha Craig Coinnich e voltasse:

> Todos os participantes largaram, e os dois irmãos MacGregor – os favoritos – estavam na frente. No último momento, o terceiro irmão MacGregor juntou-se ao grupo, e o mais jovem ultrapassou seus irmãos mais velhos no topo e perguntou: "Vamos dividir o prêmio?". "Cada um por si", foi a resposta. Ao

descerem correndo, ele estava em segundo lugar, e então passou seu irmão mais velho. Enquanto ele o ultrapassava, o mais velho o agarrou pelo kilt, mas o irmão mais novo arrancou o kilt e conseguiu vencer – sem kilt.[17]

Assim terminou a primeira corrida montanhesa registrada na Escócia.

Desde o século XIII os escoceses se reúnem nos Jogos das Highlands para competir em lançamento de tronco, arremesso de martelo, corrida e outros esportes. Há poucos países além desse em que as tradições de eventos desse tipo sobrevivem até o período moderno. Após a Batalha de Bannockburn, em 1314, quando os escoceses derrotaram os ingleses nas Guerras de Libertação, os vencedores convidaram a população de Ceres a organizar jogos em comemoração à vitória. Raphael Holmshead, cronista inglês do século XVI, faz referência aos clãs escoceses e a seu treinamento: "Eles se mantinham em forma e velozes praticando a caça ou correndo dos cumes aos vales, ou dos vales até os cumes".[18]

Festivais de corrida italianos

Em Verona, na Itália, os habitantes costumavam se reunir para uma corrida anual – a *Corsa del Palio*, "a corrida do pano verde" – na qual os corredores corriam nus, e o vencedor era presenteado com um pano verde. O homem que chegava por último também recebia um troféu, um humilhante galo que qualquer um podia lhe tomar enquanto ele fazia seu circuito obrigatório pela cidade para receber a zombaria dos cidadãos. A corrida começou por volta de 1207 para comemorar a vitória da cidade-estado de Verona sobre os condes de San Bonifazio e a família Montecchi. Ela é mencionada por Dante (1265-1321) na *Divina Comédia*, Canto XV, linhas 121-4:

> Então ele se virou para trás e parecia um daqueles
> que correm pelo pano verde em Verona
> através da planície, e parecia um dos que vencem,
> não um dos que perdem.

Dante também descreve uma corrida no inferno, uma eterna dança circular com nada além de dor e tormento, e nenhuma chance de descansar, e em que os corredores são impelidos adiante por insetos que picam. Ele descreve o diabo como um corredor veloz, que bate as asas a toda velocidade.

A corrida de Verona acontecia no primeiro domingo da quaresma e era uma comemoração para toda a cidade, um dos festivais anuais dos cidadãos, e não um evento esportivo no sentido moderno. Sabemos qual era o percurso da corrida, e que ele estava sujeito a mudanças pelo administrador da cidade. Inicialmente, partia do bairro do Tombo e, depois, da vizinha Santa Lucia, e seguia sinuosamente ao longo das muralhas do sul da cidade, passando a Porta al Palio e atravessando um campo plano. Depois, voltava diagonalmente, adentrava os muros da cidade, tomava uma rua principal e seguia até o palácio de San Fermo.

Em 1393, uma segunda corrida foi adicionada, e o primeiro prêmio foi trocado por um pano vermelho, igual ao do vencedor da corrida de cavalos realizada no mesmo dia. As mulheres agora corriam por um pano verde, e tinham de ser "mulheres respeitáveis" – porém, se nenhuma mulher respeitável quisesse participar, prostitutas tinham permissão para correr. Imediatamente após 1450, a data foi mudada para a última quinta-feira antes do Carnaval, que geralmente é em fevereiro.

Não há relatos das corridas de Verona, nenhuma descrição detalhada dos preparativos e das comemorações posteriores, mas sabemos que a entrega de prêmios era um evento importante, e que o público parabenizava os vencedores e gritava com os perdedores durante a volta conjunta de honra. A tradição sobreviveu até o século XIX, com os corredores treinando com antecedência para evitar aquele vergonhoso último lugar. Faziam-se grandes esforços nas estreitas ruas, e o evento era lotado de espectadores que torciam, ansiosos para saber quem ganharia. Com o passar do tempo, a corrida tornou-se cada vez mais um evento esportivo.[19]

Durante os séculos XIII, XIV e XV, cidades de toda a Itália estabeleceram corridas anuais para homens, mulheres, crianças, cavalos e burros. A mais especial entre as corridas de mulheres era realizada em Ferrara, no norte da Itália, em que as mais velozes recebiam um pano vermelho, mas mesmo as que ficavam mais para trás recebiam prêmios. Nessas cidades italianas, cercadas por muralhas e bastiões, onde famílias nobres protegiam-se em torres em tempos de guerra, havia uma cultura de corrida cuja origem última pode ser estabelecida nos *ludi* dos romanos.

Durante a Idade Média, a Itália foi também uma importante guardiã europeia do conhecimento clássico grego. Tendo lido textos gregos antigos, o professor Pietro-Paulo Vergera (1348-1419), de Pádua, afirmava que as pessoas precisavam de jogos e treinamento e que deveriam respeitar seus corpos. Tais declarações soavam radicais para muitas pessoas, mas, entre os filósofos das cortes das cidades-estado italianas, o conceito de *l'uomo universale* – o homem completo, inteiro – tornou-se um lema importante em um período no qual as ideias humanistas estavam encontrando solo fértil. E, durante o mesmo período, as casas principescas atacavam umas às outras, e precisavam de soldados em boas condições físicas.

Durante os séculos XIV e XV, muitos intelectuais gregos fugiram do império bizantino e se refugiaram na Itália. Eles trouxeram consigo um interesse renovado na cultura e na história da Antiguidade clássica. Em 1430, o político e escritor Mateo Palmieri escreveu seu livro *Da vida civil*, cujo terceiro volume toma Olímpia como seu tópico.[20]

O humanista italiano Polidoro Virgílio descreveu os quatro grandes jogos atléticos da Grécia Antiga em sua enciclopédia *De Inventoribus Rerum*, de 1499. O trabalho teve vinte edições em latim, e houve quase o mesmo número de traduções, a primeira delas para o alemão, em 1537. A publicação de livros na Itália, particularmente em Veneza, levou a um crescente interesse em história grega em toda a Europa. Leitores afluentes da Itália, França, Alemanha, Holanda e Inglaterra começaram a reconhecer as tradições atléticas dos gregos.

Em 1530, o cardeal Sadoleto publicou seu *De Libris Recte Instituendis*, no qual recomendava a corrida em vez de exercícios de base militar. Os séculos antes da publicação do livro haviam visto o florescimento da Idade da Cavalaria na Europa, mas, em uma citação referente à província italiana da Lombardia, o autor especula se os grandes homens do futuro poderiam encontrar mérito em jogos ao ar livre: "Veem-se jovens cavalheiros passando o tempo em lutas corporais, corridas e saltos com pessoas do vilarejo. Não creio que lhes fará algum mal".[21]

As corridas de mulheres eram um traço típico da Itália desse período.[22] Nos carnavais, como os realizados em Florença e outras cidades italianas, as corridas de mulheres eram parte das festividades, e corridas para prostitutas aconteciam também em vários outros países europeus, tanto na época do Carnaval quanto fora dela – em 1501, ninguém menos que o papa Alexandre IV convidou pessoas para uma dessas corridas em Roma.

Quando Castruccio Castracani, da cidade-estado de Lucca, queria humilhar os habitantes de Florença, que ele estava sitiando na época, ele organizava uma corrida de prostitutas, junto com outros eventos esportivos, próximo aos muros da cidade. Após sua morte, os florentinos vingaram-se enviando suas próprias prostitutas para competir diante dos muros de Lucca como um insulto simbólico à sua honra.

As prostitutas eram alvo de caçoada enquanto corriam. Quando uma competição era por dinheiro em vez de roupas, era considerado aceitável que espectadores fizessem as mulheres tropeçar e cair, para a diversão de quem assistia. As mulheres, no entanto, mostravam seu tino comercial, e, tendo em mente os futuros clientes, às vezes corriam completamente nuas. Após as corridas, as prostitutas distribuíam prêmios – roupas e tecidos de cores que simbolizavam as prostitutas da cidade, as quais eram reconhecíveis pelas roupas especiais e vivamente coloridas que usavam.

As prostitutas viviam em ruas específicas e maquiavam-se de forma diferente. As mulheres tinham de passar por testes de admissão para entrar para essa comunidade com caráter de corporação de ofício, em que as refeições eram comunais e as despesas diárias eram divididas, criando um sentido de solidariedade e orgulho profissional. As prostitutas podem ter desfrutado de mais liberdade do que a maioria das mulheres, mas elas também eram estigmatizadas.

Mesmo mulheres comuns participavam das corridas, algumas com tinas de água na cabeça ou com baldes nas mãos, e o objetivo era não derramá-la. Um passo em falso era o bastante para ficar ensopada e ser o alvo de muito riso. Às vezes, as mulheres nas corridas chamavam uma à outra para brigar, como as garotas pastoras de Württemberg, na Alemanha. O ancião da cidade corria atrás delas para manter o controle e evitar trapaças, arranhões, puxões de cabelo e pancadas, mas ainda assim as brigas aconteciam, e resultavam em empurrões, rasteiras e lutas na grama: todos ficavam fascinados por garotas e mulheres brigando, talvez porque elas estivessem colocando de lado todas as inibições e se comportando de forma inadequada.

Nus em nome de Deus

A seita adamita surgiu na Boêmia, em 1419, como um movimento crítico contra a corrupção da igreja católica e do papa em Roma. Os adamitas protestavam contra a desintegração da moralidade da igreja correndo nus pelas ruas e, assim, causando sensação em uma sociedade na qual a nudez e o corpo eram percebidos como pecaminosos. Um grupo nu correndo a toda velocidade por ruas estreitas e praças lotadas era como uma invasão demoníaca, e causava choque e revolta. Era uma quebra de todas as normas aceitas pelas pessoas, que circulavam quietamente com suas túnicas, capas e capuzes, e tornava-se ainda mais chocante por causa da nudez ritual dos adamitas durante seus cultos religiosos.

Os adamitas do século XV eram meramente uma nova variante de uma velha seita que havia surgido nos séculos II, III e IV em regiões do norte da África e no Egito, em que se praticava o nudismo sagrado durante cultos comunitários. A seita tinha adeptos nos Países Baixos no século XIV, e também na Boêmia e na Alemanha, um século depois. Muitos de seus membros estabeleceram-se em ilhas do rio Nezarka, na Boêmia, antes de serem expulsos, em 1421.

Os adamitas chamavam a si mesmos de "os santos dos últimos dias", e, como quaisquer outras seitas do juízo final, eles acreditavam que Deus falava diretamente com eles e mais ninguém, dando-lhes um último aviso sobre a desintegração moral da humanidade. Eles repreendiam toda a sociedade – uma sociedade que estava estruturada em torno da igreja, e na qual o governo dos sacerdotes era frequentemente a regra.

Eles protestavam contra muitas coisas, incluindo o casamento. Acreditavam em relacionamentos de amor livre, amor por atração e alegria espontânea, em vez de casamentos arranjados com relacionamentos eróticos ao lado. Citavam as opiniões de Jesus sobre publicanos e pecadores e sustentavam que até as pessoas virtuosas e respeitadas do século XV teriam dificuldade de entrar no reino de Deus. Correndo nus, eles tentavam transmitir às pessoas comuns sua mensagem sobre o estado de pureza e inocência. Alcançaram notoriedade e foram descritos como loucos. Segundo uma crônica medieval, os adamitas eram queimados como bruxos.[23]

O riso e o entretenimento popular

O historiador e sociólogo cultural alemão Henning Eichberg afirmou que o esporte popular na Europa dos séculos XVI e XVII, incluindo a corrida, pertencia a uma "cultura do riso": oferecia um espetáculo motivador de riso que reunia as pessoas.[24] O esporte era realizado nas proximidades de todos os lugares, nas ruas e em áreas normalmente dadas a outras atividades, não em arenas de esportes especialmente demarcadas. Comédias de costumes e riso eram ingredientes importantes. Se a corrida envolvesse obstáculos, se fosse uma caçada que dependia de pegar ou ser pego, ou fosse uma corrida de sacos, era popular e criava situações divertidas. O esporte popular tinha mais estratégias do que seus descendentes modernos.[25]

O bobo era fundamental para o esporte e os jogos populares na Idade Média. Ele andava a esmo, pregando peças, cutucando pessoas com sua espada de madeira se elas rompessem com os costumes normais, e espalhava risos ao seu redor. Ele premiava os aspectos mais tolos da competição esportiva, e o público ria.

Malabaristas e acrobatas faziam parte da cena quando corredores, saltadores, arremessadores e levantadores de pedras encontravam-se em combate. Esses especialistas em comédia criavam uma atmosfera alegre, e os risos e deboches também eram dirigidos a grupos externos ou à nobreza e às classes mais altas, cuja arrogância provocava as pessoas comuns. Correr pertencia a uma tradição carnavalesca em que as normas usuais ficavam inoperantes e coisas proibidas podiam passar sem punição.

A nobreza e os clérigos da Europa Central tomaram parte nessas diversões até o século XVI, e, como as pessoas comuns também podiam rir deles, tais diversões forneciam um alívio, bem como uma forma de entretenimento. Sacerdotes e nobres sentiam-se profundamente desconfortáveis quando se viam cercados por centenas ou milhares de espectadores bêbados e animados. Eles raramente tinham chance de vencer competições de corrida ou levantamento, e, como eram feitos de bobos nas poucas horas em que as pessoas comuns ficavam no controle, os nobres e clérigos pararam de frequentar jogos desse tipo. A partir do século XVI, muitas autoridades da Europa Central proibiram tais diversões, temendo que levassem a uma quebra da autoridade e minassem a moralidade dos habitantes. Essa "cultura do riso e da força" foi reprimida em muitos lugares durante os séculos XVIII e XIX – porém, não na Grã-Bretanha.

8
Apostas, relógios e vassouras

As estradas foram bloqueadas e as pessoas brigaram até seus punhos sangrarem e seus dentes quebrarem. Houve tanta bebedeira e tantos feridos que o xerife teve de prender a mulher e colocá-la na cadeia para restaurar a ordem.

Sobre a ocasião da tentativa de uma mulher de 70 anos, da Escócia, de caminhar e correr 154 quilômetros em 24 horas, em 1830.

Ele era chamado de "O Açougueiro Voador de Leeds", e ganhava mais dinheiro com corridas do que cortando carnes. O açougueiro Preston foi um dos melhores corredores de longa distância da Inglaterra nos anos 1680, um tático astuto capaz de tapear e convencer qualquer um quando surgia a necessidade. Em 1688, Preston enfrentou o favorito do rei na corte em uma competição assistida por 6 mil espectadores. Poucas pessoas achavam que o açougueiro tinha chance, pois conheciam a qualidade do lacaio do rei – ele fora selecionado entre esforçados candidatos, e sua única ocupação era correr por toda parte, obedecendo às ordens de seu senhor. Um açougueiro anônimo tinha pouco a oferecer – assim pensavam os espectadores, esvaziando os bolsos para apostar. E alguns deles apostaram quantias excessivas de dinheiro no homem do rei.

Aconteceu que Preston alcançou a chegada alguns passos à frente, e um bom número de pessoas foi arrastando os pés para casa naquele dia, tendo apostado tudo o que tinha – ricos em experiência, mas pobres de bolso. Não era a primeira vez que as palavras "falido" e "quebrado" eram mencionadas após uma corrida com apostas, mas Preston e seus assistentes podiam contar seus ganhos e planejar o próximo golpe em algum outro lugar do país.

Mas os rumores corriam mais rápido do que o açougueiro. Onde quer que tentasse armar uma nova competição, a resposta era não, porque ninguém estava preparado para arriscar seu dinheiro contra um talento daquele tipo. Preston mudou-se para Londres, para desaparecer na multidão, e adotou uma nova identidade como moleiro. A serviço de um nobre, com um novo nome e uma aparência sempre diferente, novas roupas e uma barba – e com as roupas de um ofício diferente –, Preston aplicava seus blefes nas corridas por apostas sem ser descoberto. Preston atuava numa época em que, como resultado de melhores meios de medição e melhores relógios, apostar em corridas era uma prática em expansão na Inglaterra.[1]

A rainha Elizabeth havia padronizado a milha inglesa em seu comprimento atual de 5.280 pés (1.609 metros) em 1588. A milha, entretanto, havia se originado no Império Romano, quando os romanos mediam distâncias em passos duplos. Mil passos duplos de um soldado romano (*mille passus*) chegavam a aproximadamente 1.479 metros. Eles instalavam marcos de milha (*millarium*) ao longo das estradas romanas a cada mil passos para marcar a distância de Roma. Quando o Império Romano caiu, os marcos de milha permaneceram, e novos governantes aplicaram diferentes sistemas de comprimento a eles.

Durante o século XVII, um inglês, Edmund Gunter, fez uma corrente de ferro de medição de 26 pés de comprimento (20 metros) que era usada para instalar marcos de milha ao longo de estradas com pedágios.[2] Isso precedeu um avanço histórico na tecnologia dos relógios.

A necessidade por relógios havia surgido nos mosteiros, para anunciar as horas de preces – a palavra inglesa *clock* (relógio) deriva do latim *clocca*, que significa "sino de igreja". Os mosteiros os utilizavam mais para proclamar os horários do dia reservados a rituais regulares do que para simplesmente medir o tempo, mas, no curso do século XIV, mais e mais igrejas e sedes de cidades também arranjaram sinos para tocar a cada passagem de hora. Os residentes agora podiam "ouvir" o tempo e, gradualmente, uma nova consciência do tempo se desenvolveu. Relógios mecânicos entraram em uso a partir de 1330, e houve um novo e significativo avanço quando o alemão Peter Henlein inventou o relógio a corda logo após 1500.

Entre 1556 e 1580, o turco Taqi-al-Din, que era um fantástico cientista de todas as áreas, inventou os primeiros relógios capazes de medir o tempo em minutos e segundos. Ele os utilizava como relógios astronômicos para determinar, por exemplo, a posição das estrelas.

A mola de pêndulo foi inventada em 1670 e, em pouco tempo, os melhores relógios tinham uma precisão de menos de 10 segundos por dia. Os segundos puderam ser medidos a partir de 1721, e o cronômetro veio dez anos depois.[3] A marcação do tempo em corridas de cavalo aumentou a certeza de tempos precisos, e a medição precisa tornou-se possível a qualquer um que possuísse ou tomasse emprestado um relógio, em cooperação com um relojoeiro para supervisionar a marcação do tempo.

Os ingleses foram provavelmente os primeiros a registrar tempos exatos de corridas. Corridas a cavalo com apostas contra o relógio haviam começado já em 1606, e sabemos de alguns casos de corredores pedestres que tiveram seus tempos marcados após 1661. Junto com as apostas veio a ideia de "competições contra o tempo" e tornou-se mais comum manter registros de tempos para distâncias específicas.

Apostar em esportes não chegava a ser novidade na Grã-Bretanha, mas, daí em diante, os britânicos começaram a apostar em esportes que eram praticados *apenas* em função das apostas, que eram organizados por apostadores e *bookmakers*, os quais pagavam uma proporção dos lucros aos esportistas. A "corrida contra o tempo", em certo sentido, também simbolizou a chegada da era industrial, na qual a Grã-Bretanha liderou o caminho.

Foi na Grã-Bretanha, portanto, que se originou o registro de tempos, e registros de corridas de cavalos eram mantidos já no início do século XVIII, em grande medida para informar a criação de novos vencedores. Embora os tempos de corrida, tanto para homens quanto para mulheres, fossem medidos na Grã-Bretanha no século XVIII, nenhuma lista de registros foi publicada em forma de livro até o século seguinte.

Os britânicos apostavam em quase qualquer coisa, incluindo corridas entre pessoas com deficiências ou entre velhos e crianças. Eles apostavam em tempos, número de voltas, a ordem em que os participantes estariam em um dado momento – realmente qualquer coisa relacionada a corredores e tempos. Havia corridas em pernas de pau e corridas com muletas, homens com uma perna de madeira contra outros com a mesma limitação, homens gordos competindo com um homem magro carregando alguém nas costas, e assim por diante. Em 1763, um peixeiro tentou correr do Hyde Park até o décimo sétimo marco de milha em Brendford com uma carga de 25 quilos sobre a cabeça. Ele levou 45 minutos, e venceu sua aposta, que era de fazê-lo em menos de uma hora. Para tornar os resultados menos previsíveis, as competições podiam ser realizadas com o melhor concorrente usando botas pesadas e o mais lento com sapatos leves ou descalço. Apostar não era apenas um fenômeno britânico, também ocorreu em outros países, geralmente para pagamento em gêneros como cerveja e destilados.[4]

Um padre francês chamado Le Blanc viveu na Inglaterra de 1737 a 1747. Um jovem nobre conhecido dele fazia todo o possível para se tornar o campeão de corridas na Inglaterra, empenhado em competições com homens de classes superiores que precisavam correr para ganhar a vida. Levado por um desejo de fama, e não por dinheiro – a família tinha muito do segundo –, o jovem aristocrata vivia uma vida frugal e esforçava-se aos limites do corpo. Parecia improvável que ele chegasse a alcançar o nível dos altamente motivados trabalhadores e homens do campo, mas, após treinar tenazmente, ele bateu todos os "plebeus" profissionais – e o padrão destes era elevado em meados do século XVIII. O jovem nobre ganhou muito dinheiro com apostas, particularmente apostando em si mesmo. O padre francês simplesmente não entendia por que ele desejava abandonar todos os prazeres da vida, viver à base de dietas, beber misturas estranhas, flagelar-se com esforços até ficar molhado de suor, receber massagens e tomar banhos de vapor. Le Blanc acreditava que o desejo pela fama esportiva só podia surgir em uma mente doentia, e advertia contra isso.[5]

A maioria dos historiadores do esporte concorda que a marcação de tempo é um dos critérios do esporte moderno, como distinção do esporte popular. Entretanto, Allen Guttmann, dos Estados Unidos, enfatiza que é impossível traçar uma linha e dizer que ali começa o moderno – os processos históricos são muito complicados e difíceis de rastrear para que isso seja possível. Ele afirma que o esporte moderno é caracterizado por ser secular, isto é, não ter um componente religioso, e ser aberto a todos: "O esporte moderno também é especializado, racionalizado, burocraticamente organizado e, obviamente, organizado por uma espécie de mania pela quantificação e pelos recordes, que tornam a quantificação possível."[6]

"Olimpicks" de Dover

Entre os eventos esportivos mais inusitados do século XVII estavam os "Mr. Robert Dover's Olimpick Games" ("Jogos 'Olimpicks' do Sr. Robert Dover"), realizados em Costwold Hills, na Inglaterra, entre 1604 e 1612, por iniciativa do dito Robert Dover. O rei James I deu permissão para os jogos, e eles eram realizados na quinta e na sexta-feira da semana de Pentecostes.

Robert Dover nasceu em Norfolk em 1582, filho de John Dover, gentil-homem, e estudou em Cambridge, tentou o sacerdócio, estudou leis e experimentou fazer várias coisas, antes de seguir sua carreira no esporte. Em 1611, casado e com filhos, mudou-se para Saintbury, em Costwolds.[7]

Ali ele se envolveu nos jogos que levam seu nome, embora não saibamos se ele os inventou ou recuperou. A melhor fonte contemporânea dos jogos – o livro *Annalia Dubrensia*, de 1636, que está em forma de versos – elogia o trabalho de Dover, e as 33 contribuições que o livro contém em apoio à iniciativa de Dover são uma declaração algo política.[8]

Os contribuintes eram poetas bem conhecidos, e viam os jogos como uma revitalização da vida popular inglesa, uma ocasião inofensiva e positiva, não sendo, em absoluto, tão moralmente deletérios como os puritanos afirmavam. O livro também levava os jogos à atenção da nação, uma vez que a aristocracia local comparecia, e o rei apoiava o evento.

Os jogos eram um protesto contra as visões estritas dos puritanos sobre esportes e diversões. Os puritanos reconheciam a importância da recreação e não condenavam todos os esportes, mas eram contra os que levavam a apostas e consumo de bebidas, pois consideravam que evocavam os festivais pagãos. Eles também objetavam à morte de animais por entretenimento – brigas de galo, por exemplo – e a quebras do sabá. Os puritanos acreditavam que mesmo atividades menores no dia de descanso levavam á perdição eterna, e que os pecadores queimariam no inferno por toda a eternidade. O medo do pecado e do inferno permeavam a vida, e havia alguns donos de terras puritanos que impediam seus servos e trabalhadores rurais de participar de esportes aos domingos.

Milhares de pessoas de todas as classes sociais viajavam até 96 quilômetros a pé e de carruagem para comparecer aos jogos de Costwold. Em um anfiteatro natural coberto de grama, elas podiam assistir a Robert Dover, montado a cavalo e cerimonialmente vestido com uma capa e um chapéu emplumado do guarda-roupa real, chegando à frente do desfile. Os cavalos e os homens estavam todos enfeitados com fitas amarelas e rendiam homenagens a Dover como Rei dos Jogos. Ele era respeitado e admirado, nobre e jovial, e tinha amigos em todas as classes sociais.

Barracas haviam sido erguidas para a nobreza, enquanto o povo comum sentava-se no chão, comendo e bebendo enquanto assistia. Os sons de uma corneta de caça e um canhão abriam os procedimentos. Corrida de cavalos, caçadas, lutas corporais, esgrima, danças, arremesso de martelos e corridas eram apenas algumas das atividades, com centenas de participantes competindo por troféus de prata e honrarias. Era algo único e espetacular, um evento para se assistir ano após ano, uma memória para a vida toda.

Robert Dover incomodava os puritanos em muitos sentidos. O grande penacho resplandecente em seu chapéu anunciava que ele não era um puritano: eles não usavam penas em seus chapéus, e alguns deles eram contra usar chapéus elegantes. Os Olimpicks de Dover tinham o bom senso de evitar o sabá, mas os puritanos não gostavam do fato de os jogos serem realizados na semana de Pentecostes e tinham receio de que as festividades saíssem do controle e levassem a bebedeiras e brigas.

Enquanto realizava uma viagem real, em 1617, o rei James I ficou sabendo que os puritanos impediam o povo de Lancashire de praticar jogos e esportes legais após a igreja, nos domingos ao final da tarde. Ele lançou o *The Book of Sports* ("O livro dos esportes"), que proclamava o direito das pessoas de se divertirem – mesmo aos domingos – e declarava que a recreação lhes fazia bem. Essa proclamação deveria ser lida em voz alta em todas as igrejas paroquiais da Inglaterra, e qualquer um que se recusasse a fazê-lo seria processado.

O próprio Dover nunca declarou nenhuma razão em particular para iniciar seus jogos, mas parece provável que tenha sido simplesmente por prazer. Em *Annalia Dubrensia*, Dover e seus amigos referem-se aos Jogos Olímpicos na Hélade e comparam os jogos de Costwold a eles. Entretanto, é improvável que a ideia tenha se originado em um desejo de recriar os jogos gregos: eles preferiam um evento de espírito inglês e adequado às condições da época.

Os Olimpicks de Dover eram realizados anualmente, assim como vários outros eventos. Não havia, no entanto, corpos nus besuntados de óleo à mostra na arena, e os competidores ingleses usavam roupas pesadas. Tudo se passava à maneira inglesa, de um modo alinhado ao clima e às proibições morais do país. A alma era mais importante que o corpo, e a salvação e a certeza da vida eterna eram mais valorizadas do que a autoafirmação. Havia, na época, certos livros que recomendavam o cultivo do corpo, mas tais ideias ainda não tinham tido nenhuma circulação mais ampla.

Dover tinha jeito para espetáculos e entretenimento. O Castelo de Dover, uma pequena imitação móvel de três das residências reais, atraía visitantes curiosos. O castelo era grande o suficiente para que as pessoas entrassem e forte o suficiente para carregar pequenos canhões com munição verdadeira. Os canhões eram potentes o suficiente para precisar da permissão real para disparar de seu castelo durante os jogos – um dos pontos altos para os espectadores.

Robert Dover morreu em 1652, mesmo ano em que o último de seus jogos, por alguns anos, foi realizado. Mas quando os Suarts reassumiram o trono, em 1660, após o interlúdio da Commonwealth, os Olimpicks foram revividos pela família de Dover e continuaram até 1852. Mais tarde, foram novamente revividos, e ainda estão em existência, cerca de quatrocentos anos após seu início.

É bem possível que William Shakespeare tenha sido um dos espectadores do século XVII, uma vez que produções populares desse tipo lhe interessavam. Ele conhecia sobre corrida e referiu-se à prática em várias peças. Na primeira cena de *Henrique IV, Parte 2*, o rebelde Morton chega ao conde da Nortúmbria e informa-o de que os rebeldes perderam a Batalha de Shrewsbury:

"Dize, Morton, tu vieste de Shrewsbury?"
"Vim correndo de Shrewsbury, meu nobre senhor."

A distância é de 560 quilômetros, factível para um soldado em forma. Morton havia estado no lado derrotado e correu para anunciar a derrota.

"Eu daria mil libras como poderia correr tão rápido quanto podes", diz Falstaff a Poins em *Henrique IV*. Em *Henrique VI, Parte 3*, o conde de Warwick está descansando após uma batalha: "Exausto de esforços, como os corredores numa corrida, deito-me um pouco para respirar".[9]

Mulheres corredoras

Shakespeare também estava familiarizado com as chamadas "corridas de bata" para mulheres, que foram comuns na Inglaterra e na Escócia por cerca de duzentos anos a partir do século XVII. Eram geralmente corridas em curtas distâncias. O nome vem do prêmio, que geralmente era uma bata, embora anáguas, saias, chapéus, aventais, pernas de carneiro, açúcar, chá e dinheiro sejam todos listados por Peter Radford, a autoridade em corridas de bata, e ele mesmo um velocista de nível internacional nos anos 1960.[10]

As mulheres, geralmente entre duas e seis delas, corriam em dias santos, festivais da igreja, dias de festa locais, em corridas de cavalo, dias de feira, casamentos, partidas de críquete e outras ocasiões. E havia diferentes categorias de idade para as sub-15, sub-20 e sub-25, ou acima de 35, e assim por diante.

As corridas de bata ocorriam em locais e datas fixos, ano após ano. Os prêmios eram anunciados e exibidos em um poste ou árvore, durante os dias que antecediam a competição. Prêmios em dinheiro eram doados por pessoas ricas da vizinhança e reunidos por um comitê, cuja função também era assegurar que as mulheres enfeitassem suas vassouras. A temporada durava de abril a outubro, chegando ao auge em maio e junho.

Peter Radford descobriu a maioria das corridas de bata no condado de Kent – havia ali, no mínimo, 20 corridas anuais durante o século XVIII. A mais antiga e mais importante delas teve início em 1639, quando Sir Dudley Digges, rico juiz e funcionário público de múltiplos talentos, faleceu e deixou £ 20 anuais (£ 2.300 em valores de 2008) ao jovem rapaz e à jovem moça que vencessem uma corrida, a qual ficou conhecida como "The Running Lands Race" ("Competição das Terras de Corrida"), em 19 de maio. Ela foi realizada em Old Wives Lees, onde também foi realizada, em 1º de maio, a corrida classificatória para a corrida principal. Outra corrida classificatória foi realizada em Sheldwich, a 8 quilômetros dali. Para entrar na competição principal, os participantes tinham de vencer a rodada classificatória.

A The Running Lands Race continuou por boa parte do século XIX. Garotas e mulheres mantinham-se de olho na competição, assim como suas mães e avós tinham feito, por diversão, por prestígio e pelo prêmio.

Embora o prêmio tenha variado durante o século XVIII, e a vencedora nem sempre recebia £ 10, ainda era uma considerável soma de dinheiro. Uma jovem criada ganhava £ 2 por ano, mais alimentação, roupas e acomodação, de modo que a vitória equivaleria a cinco vezes o valor de sua renda. Não sabemos a distância corrida em Old Wives Lees, mas, no solstício de verão, um mês depois, também se organizavam corridas ali, e as distâncias eram de 200 metros para mulheres e 400 metros para homens.

As competições em Kent eram organizadas em um padrão que tinha Old Wives Lees como centro. A pouco mais de três quilômetros dali, em Brabourne Lees, vencedoras de corridas anteriores não podiam participar, nem ninguém que tivesse vencido em Old Wives Lees. A exclusão destinava-se a dar chance a outras, e essa regra também se aplicava em outros lugares de Kent. A vencedora da maior corrida do país tinha de aceitar que haveria poucas oportunidades futuras para competir, e talvez desistisse das competições. Mas, ao que parece, as vencedoras anteriores queriam correr novamente, e não se incomodavam em caminhar por quatro ou cinco horas para correr em vilarejos onde as regras de exclusão não se aplicavam. Segundo Peter Radford, essa é a mais antiga rede conhecida de corridas para mulheres do mundo.[11]

Corridas de bata comuns eram, na maioria das vezes, parte de uma programação maior de entretenimento na qual os homens às vezes escalavam postes escorregadios ou rapazes disputavam lutas corporais enquanto os espectadores riam deles – assim como riam das mulheres correndo.

Visitantes de outras partes da Europa comentaram sobre tais corridas. As mulheres às vezes eram pesadas, como jóqueis, para fins de apostas, mesmo que o peso não contasse muito. Um episódio do romance *Evelina*, de 1778, mostra as formas grotescas que isso podia assumir: duas mulheres bem idosas são descritas correndo uma contra a outra, para grande divertimento do organizador da classe mais alta. As mulheres se esforçam ofegantes, tropeçam uma na outra e caem, mas os encarregados das apostas exigem o reinício, pois há £ 100 em jogo. Era aceitável explorar os idosos por entretenimento, e as mulheres sujeitavam-se a passar vergonha porque precisavam do dinheiro.[12]

As roupas das mulheres inglesas dos séculos XVIII e XIX não eram nada propícias a corridas. As longas saias e saiotes impediam que dessem passadas de comprimento completo, enroscando em suas pernas e nas de outras competidoras. Às vezes, mulheres com pouca roupa eram anunciadas para atrair mais público, como em uma partida de críquete em Walworth Common, em 1744, quando, como atração extra, duas prostitutas de rua da cidade apareceram com roupas íntimas. O organizador se preparou para um grande afluxo de pessoas por causa disso – era interessante, tão exótico quanto as corredoras.

Em 1740, William Somerville descreveu Fusca, uma mulher cigana em Gloucestershire, que "olhava o grande prêmio com olhos gulosos", e cujas pernas imundas enojavam os espectadores. Ela escorregou e caiu, para a diversão dos observadores, mas se levantou e saiu correndo.

Fusca estaria pouco preocupada com os risos e a vergonha, uma vez que os ciganos estavam fora de quaisquer normas sociais, e usavam esse fato em proveito próprio. Eles estavam dispostos a trabalhos que as pessoas comuns consideravam inferiores, e havia uma crença geral de que os ciganos eram impuros. Eles eram considerados primitivos, fora da comunidade da igreja e portadores de uma imoralidade contagiosa. Correr não era uma ocupação impura, mas os ciganos andavam muito e frequentemente eram velozes – e era fácil combinar corridas de bata com um estilo de vida desenraizado.

Cães podiam causar caos nessas competições, e há ilustrações do século XVIII mostrando mulheres tropeçando neles. Um aviso em Sandwich, em 1739, declara que "qualquer cão que se aproxime será baleado". Onze anos depois, lemos: "Deixem seus cães em casa, ou eles serão baleados".[13]

As mulheres britânicas também corriam longas distâncias por apostas já no início do século XVIII, e ainda mais frequentemente no século seguinte. Emma Mathilda Freeman tinha 8 anos em 1823, mas não vivia como a maioria das crianças de sua idade: seu pai e sua mãe organizavam apostas em sua filha, e, naquele ano, ela completou uma corrida de 48 quilômetros e outra de 64 quilômetros. A garotinha era impressionante – uma sensação mirim que dava o melhor de si por seus pais e mostrava a resistência de que uma menina pequena era capaz.

As corredoras e andarilhas competitivas da Grã-Bretanha do início do século XIX variavam de muito jovens até aquelas na faixa dos 70 anos de idade. Casadas ou solteiras, solteironas ou viúvas, todas vinham das classes sociais mais baixas. No fundo da escala estavam os indivíduos e famílias itinerantes que arrecadavam dinheiro e pagamentos em espécie dos espectadores e organizavam apostas no ato.

"Vocês querem apostar que esta mulher pode correr longas distâncias?", gritava um homem, apontando para sua mãe, Mary Motulullen, uma mulher com mais de 60 anos de idade, da Irlanda. Seu rosto vazio e enrugado e sua constituição magra eram um estímulo garantido para os homens apostarem contra ela, e, como um dono de circo com um animal exótico em exposição, seu filho apontava para a mãe e instigava os ouvintes com comentários descarados.

"Dinheiro fácil!", pensavam os homens na Inglaterra, olhando para seus pés descalços e roupas esfarrapadas, vendo os estragos da velhice e uma criatura imersa em pobreza. Mãe e filho, aparentemente indigentes e estrangeiros, ficavam parados na praça ou em frente a tavernas da Inglaterra, prontos para aceitar quaisquer desafios em distâncias de 32 a 148 quilômetros.

Mary Motulullen vivia viajando com seus dois filhos nos anos 1820. Pessoas que os conheceram em outubro de 1826 e os ouviram falar sobre percorrer 144 quilômetros dentro de 24 horas duvidavam de que isso fosse possível. Mary partiu, descalça como sempre, mas encontrou outras dificuldades – piores que a distância. Os que haviam apostado contra ela tentavam fazê-la desistir, oferecendo-lhe subornos para que pudessem ganhar suas apostas. Isso só a deixou mais determinada, e ela chegou no prazo. Em outra ocasião, ao fazer 148 quilômetros em 24 horas em Lincolnshire, ela chegou oito minutos atrasada porque um grupo de tipos mal-encarados bloqueou a rua, cuspiu nela e a atrasou.

As aglomerações de gente, as bebedeiras, os gritos, ruas estreitas em vilarejos fechados, tudo isso podia fazer do trabalho de Mary uma peregrinação a Canossa. Em outros dias, as circunstâncias ao redor podiam lhe sorrir, como, por exemplo, quando 6 mil pessoas viram-na cruzar a linha de chegada usando um belo chapéu novo com laços – doado por um torcedor – ao som de rebecas e pandeiros. Ela tinha um carisma especial, era uma excêntrica e uma heroína popular ao mesmo tempo, e provava que a velhice não era impedimento para longos e difíceis desempenhos de pedestrianismo quando a força motriz era escapar da pobreza.[14]

Em 1833, uma escocesa de 70 anos causou tumulto quando tentou fazer 154 quilômetros em 24 horas na estrada entre Paisley e Renfrew. As estradas foram bloqueadas e as pessoas brigaram até seus punhos sangrarem e seus dentes quebrarem. Houve tanta bebedeira e tantos feridos que o xerife teve de prender a mulher e colocá-la na cadeia para restaurar a ordem.

No início do século XIX, o apoio a diversões e feiras nos vilarejos britânicos começou a diminuir. Velhos costumes mudavam à medida que as pessoas se mudavam para as cidades, e a sociedade britânica foi transformada pela industrialização. Mas, embora as corridas de bata tenham desaparecido em muitos lugares, o interesse em corridas de mulheres por apostas aumentou e chegou ao auge nos anos 1820. Entretanto, com a era vitoriana, duas décadas depois, uma nova visão sobre as mulheres prevaleceu. As mulheres passaram a ser consideradas criaturas fracas, inadequadas para exercícios físicos cansativos, e, após os anos 1840, a corrida ou o pedestrianismo feito por mulheres chegou ao fim, ou ao menos os jornais pararam de escrever a respeito.

Fato ou invenção?

Quem foi o primeiro a correr uma milha (1,6 quilômetro) em menos de quatro minutos? É de conhecimento comum entre os interessados em corrida que o inglês Roger Bannister quebrou a mítica barreira com seus 3 minutos e 59,4 segundos em Oxford, em 6 de maio de 1954.

O professor Peter Radford conta uma versão diferente. Ele estudou a corrida a pé na Grã-Bretanha antes de 1800 mais profundamente do qualquer outra pessoa, e acredita ter evidências de que essa barreira foi quebrada já no século XVIII. Em Londres, em 9 de maio de 1770, o vendedor de rua James Parrott saiu de Charterhouse Wall, na Goswell Road, atravessou a rua, virou à direita e seguiu pela Old Street em um ótimo ritmo, incentivado por observadores, correndo por uma aposta de 15 guinéus contra 5 de que ele faria a milha dentro de quatro minutos.[15]

Poderíamos perguntar por que James Parrot é tão pouco conhecido na história da corrida a pé. Em primeiro lugar, o homem e seu feito foram apenas recentemente descobertos por Radford. Em segundo, os estatísticos modernos, compreensivelmente, recusam-se a acreditar em seu tempo. Eles são da opinião de que nenhum corredor em um passado distante como 1770 poderia ter alcançado um padrão tão alto. Além disso, nem o tempo nem a distância foram ratificados de acordo com os critérios modernos, embora tudo tenha sido relatado como fato em um jornal daquela mesma semana. Para os ouvidos dos céticos, isso soa como uma inverdade da era do esporte não organizado.

Eles pensam o mesmo sobre um homem chamado Powell, que correu uma milha em quatro minutos em 1787 por uma aposta de 1.000 guinéus (cerca de £ 780.000 em valores de 2008).

Em 1796, um terceiro homem, de nome Weller, empolgou os apostadores quando lhe propuseram correr uma milha em quatro minutos. Ele tinha muita experiência em correr comercialmente dentro e nos arredores de Oxford, e desafiou quaisquer outros três homens de qualquer lugar da Inglaterra para uma competição. Segundo os jornais, ele cruzou a linha de chegada em 3 minutos e 58 segundos, oferecendo, assim, a primeira milha relatada com precisão, realizada dentro de quatro minutos e noticiada pela imprensa. A data foi 10 de outubro de 1796.

Jornais do século XVIII também informavam sobre distâncias entre 20 e 30 milhas (32-48 quilômetros) e Peter Radford recalculou-as em relação à distância da maratona moderna, de 42,195 quilômetros. Segundo seus cálculos, um corredor suíço fez a maratona em menos de 2 horas e 10 minutos em 1769. Outro sujeito de fôlego, provavelmente um italiano, terminou em 2 horas e 11 minutos em 1753. Em termos de distâncias absolutas, os jornais noticiaram que James Appleby levou 57 minutos para cobrir 19,108 quilômetros em 1730. Nessa corrida, Thomas Phillips chegou 15 segundos atrás dele. Ambos depois correram 6,436 quilômetros em 18 minutos – tempos que ainda pertencem a um padrão elevado 200 anos depois.

Os especialistas modernos estão certos em questionar a marcação de distâncias e tempos, mas nem tudo era deixado ao acaso. Na Inglaterra, em 1770, as distâncias eram medidas com equipamentos usados na agricultura, e eram corretos até os últimos centímetros. E, diferentemente de países com medidas regionais de distância, a Inglaterra tinha um padrão nacional. As corridas, além disso, frequentemente envolviam uma aposta entre duas partes, e tudo, incluindo a marcação de tempo, tinha de ser feito corretamente: cada lado indicaria um árbitro, e, se não conseguissem concordar sobre coisas práticas como tempo e distância, um juiz era nomeado.

Como Peter Radford acertadamente argumenta, porém, eles nem sempre mediam o tempo e a distância com exatidão no século XVIII, mesmo que tivessem os meios para fazê-lo. Ambos os lados concordavam que certa discrepância no número de jardas ou segundos era irrelevante para a aposta. Radford descobriu, ainda assim, que os desempenhos de corredores específicos em diferentes distâncias e lugares eram equivalentes e concluiu que havia pouca inconsistência, seja em termos de medição ou de contagem de tempo nas corridas que ele estudou. No caso de Pinwire, por exemplo, que venceu 102 corridas entre 1729 e 1732, temos os tempos de duas de suas participações: 52 minutos e 3 segundos para 16 quilômetros em 1733, e 64 minutos para 19 quilômetros em 1738. Esses dois tempos equivalem-se estreitamente: se a distância ou o tempo, ou ambos estavam errados na primeira corrida, devem estar errados na mesma medida na segunda corrida em 1738.

Radford descobriu indivíduos específicos com até vinte resultados consistentes, e acredita que devemos reconsiderar nossa atitude em relação aos esportistas do século XVIII. Talvez eles tenham tido um desempenho de nível mais alto do que se imaginava anteriormente. Supõe-se que os cavalos de corrida de 250 anos atrás corriam tão rápido quanto os de hoje, então é possível que os esportistas fizessem o mesmo, especialmente uma vez que sabemos que os melhores deles levavam a corrida muito a sério e que competiam por grandes somas em dinheiro. Na Inglaterra, as corridas com apostas projetavam grandes astros.

Entretanto, é difícil acreditar que as descobertas de Radford nos deem todo o panorama, e ele concordaria com isso dizendo: "Estou apenas relatando o que descubro".¹⁶ Sabemos que os recordes têm melhorado de forma estável desde o final do século XIX, e parece ilógico que os melhores competidores de cem anos antes daquele tenham alcançado um padrão muito mais elevado. Fomos educados para acreditar que o progresso esportivo é linear, não que há períodos de estagnação e declínio seguidos por novos sucessos.

Antes da industrialização, contudo, a população da Grã-Bretanha do século XVIII desfrutava de boas condições físicas. Os registros da dieta na marinha britânica durante esse século mostram que os alimentos eram adequados, e parece provável que a dieta média do século XVIII na Grã--Bretanha foi boa até a industrialização realmente decolar.

Muitos cresciam e viviam em zonas rurais. Andavam muito e realizavam trabalhos fisicamente pesados desde jovens. Em uma sociedade relativamente pobre, em que era possível ganhar muitos anos de salário em uma única corrida, havia um grupo de bons corredores e praticantes de caminhadas competitivas – uma elite que investia aquele pouco a mais e elevava o nível. Seu físico básico era muito melhor do que o de seus sucessores que se mudaram para as cidades e ali cresceram no século XIX, trabalhando nas indústrias. Condições de vida horríveis, má dieta e má higiene combinadas com um trabalho exaustivo em um ambiente insalubre minaram a saúde dos habitantes das cidades. A população urbana tinha piores precondições e reservas mais baixas do que o necessário para bons corredores, bem como menos espaço aberto para correr e menos ar puro para respirar.

É impossível saber ao certo se alguém correu uma milha em menos de quatro minutos durante os anos 1790, mas é importante ressaltar que mesmo a história da corrida a pé pode conter grandes surpresas. A história *sempre* contém surpresas, se alguém escavar suficientemente fundo e em lugares pouco familiares. Novos conhecimentos históricos que desafiam visões estabelecidas são facilmente postos de lado como invenções, mesmo quando se trata de algo tão concreto quanto correr. Os seres humanos de todos os períodos gostaram de se considerar melhores do que os que vieram antes, e é difícil para nós imaginar que nossos predecessores, com tecnologias mais simples e desenvolvimento científico mais baixo, realizaram muitas coisas tão bem quanto as gerações posteriores.

Peter Radford apresentou as descobertas de sua pesquisa em 2004, em conexão com as comemorações do 50º aniversário do recorde de Roger Bannister. As reações às suas descobertas se dividiram. O Dr. Greg Whyte, diretor de ciências do English Institute of Sport, afirmou:

O esporte naquela época era mais aberto do que quando os vitorianos introduziram a ética amadora, tornando mais difícil para a classe trabalhadora participar, e fazendo também do esporte algo para as classes mais altas.[17]

Tampouco Bob Phillips, autor do livro *3.59.4*, sobre o recorde de Roger Bannister em 1954, descarta tempos de "super-homem" no início do século XVIII. Mas Mel Watman, um dos principais estatísticos do atletismo britânico, teve dúvidas tanto em relação à marcação dos tempos quanto às distâncias no que concerne à corrida de Parrot em 1770. Ele acreditou que era algo que os jornais noticiavam, mas que não se sustentaria em face de uma investigação. O grande herói de Watman na corrida de uma milha foi Walter George, que estabeleceu o recorde mundial dessa distância com seus 4 minutos e 12,75 segundos em 1886. Esse recorde permaneceu por 37 anos, e Watman considerou improvável que alguém que vivera um século antes pudesse correr tão rápido.

Sem roupas nem vergonha

Corredores nus fizeram uma aparição na Inglaterra em meados do século XVII – os jornais referiam-se a eles como *In Puris Naturalibus*. Philip Kinder descreveu uma corrida de duas ou três milhas entre "um garoto nu" e "dois oponentes nus por inteiro" no meio do inverno em Derbyshire.[18]

Em 1681, três ou quatro rapazes correram nus, exceto por um pano que cobria suas partes íntimas. Embora milhares de pessoas estivessem assistindo, não podemos dizer ao certo quantas roupas eles vestiam, porque os observadores e escritores têm, ao longo das épocas, diferentes interpretações da nudez e de roupas mínimas.

Parece provável que haja uma gradação da nudez em dezenove casos do norte da Inglaterra e da região de Londres que Peter Radford investigou. O garoto de Derbyshire é simplesmente declarado "nu", enquanto os outros dois são descritos como "nus por inteiro", o que dificilmente significaria outra coisa senão completamente nus.

Não estamos lidando com atos espontâneos de autoexposição, como, por exemplo, o fenômeno do "streaking" que ocorreu nos Estados Unidos, Canadá, Inglaterra, Austrália, Itália, França e outros lugares durante os anos 1970, e que estavam ligados a partidas de futebol e rúgbi. Esses "streakers" aproveitavam-se do elemento surpresa para tirar as roupas e correrem nus pelo campo em grandes estádios quando a ocasião era televisionada.

No século XVIII, correr nu era frequentemente anunciado com antecedência e atraía centenas ou até milhares de espectadores. Os participantes não tentavam esconder sua identidade nem pareciam envergonhados: na verdade, eles queriam mesmo atenção, assim como os escassamente vestidos dos tempos modernos. Mas, ao contrário de agora, nem todos os corredores nus eram presos, embora houvesse tanto advertências quanto prisões na sequência desses eventos, que tendiam a acontecer de manhã bem cedo.

As mulheres eram frequentemente advertidas a não tirar suas roupas, e, além disso, homens e mulheres não corriam nus juntos. Em 1725, em Londres, duas mulheres planejaram aparecer *in puris naturalibus*, mas foi-lhes ordenado que usassem calcinhas e coletes. Dez anos depois, duas mulheres quase nuas em Londres foram repreendidas e avisadas de que, no futuro, deveriam conservar as calcinhas e os coletes em nome da decência. Os homens tinham mais liberdade e provocavam diferentes reações na ala masculina do público.

Peter Radford acredita que o puritanismo inglês, que foi especialmente poderoso na primeira metade do século XVII, provocava essa nudez pública. Os corredores nus talvez estivessem conscientemente fazendo algo que os puritanos desaprovavam e consideravam pecaminoso.

No caso do incidente do século XVII em Derbyshire, Radford acredita que os dois garotos e o escritor Philip Kinder tinham conhecimento de que, na Grécia Antiga, os esportistas corriam nus. O termo *Gymnipaida*, empregado por Kinder para se referir aos garotos, sugere que ele conhecia a história e a tradição gregas. Ao jogar fora as roupas, os garotos estavam prestando uma homenagem a uma época que era familiar, pelo menos, às classes mais altas. As pessoas eram fascinadas pelo estilo clássico na arte, e, entre os anos 1720 e 1770, estima-se que 50 mil pinturas e 500 mil estampas e gravuras entraram na Inglaterra vindas apenas da Itália, da França e dos Países Baixos. Aqueles que possuíam meios de comprar arte e pendurá-la em suas paredes cercavam-se de imagens do corpo nu. Isso influenciou o gosto da classe alta da Grã-Bretanha em matéria de arte, literatura e arquitetura, e, se os autores e pintores podiam se inspirar na época clássica, os esportistas podiam fazer o mesmo.

O costume de correr nu desapareceu da Inglaterra no século XIX. As normas de vestimenta desse período significavam que os corredores nus arriscavam-se a ser presos, pagar pesadas multas ou ser encarcerados em um asilo.

9
O Iluminismo francês e a educação de saúde alemã

As mulheres não foram feitas para correr;
elas fogem para ser alcançadas.

Jean-Jacques Rousseau

Em 1762, o filósofo francês Jean-Jacques Rousseau completou seu livro *Emílio ou da Educação*. O livro fazia parte de uma extensa obra que viria a ter enorme importância para o desenvolvimento da cultura ocidental.

Rousseau entendia que a infância era diferente da vida adulta, que ela era um estágio separado, e não apenas uma preparação para a maturidade. Como educador, ele recomendava a liberdade e a naturalidade selvagem – como filósofo, ele acreditava que a civilização havia destruído a "naturalidade" do homem. Ele queria permitir que as crianças ganhassem experiência e recebessem cuidados, mas não fossem mimadas. Devia-se deixar que elas brincassem em seus primeiros anos, antes de começar um regime mais estruturado a partir dos 12 anos de idade. A educação de Emílio era um experimento intelectual e uma utopia pedagógica na qual um garoto é separado de seus pais e criado por um tutor privado: "Certa vez, tentei dar treinamento de corrida a um garoto desatento e preguiçoso. Ele não teria se envolvido por conta própria em exercícios desse tipo, nem em qualquer outro esforço físico, embora estivesse destinado a uma carreira militar".[1]

O desafio era transformar um malandro arrogante em um "veloz Aquiles" e, de resto, fazer isso sem dar broncas, já que um aristocrata não podia receber ordens. Era um caso de encontrar o elemento pedagógico na corrida.

Rousseau sempre levava dois bolinhos no bolso quando ele e o garoto saíam para caminhar à tarde. Certo dia, o garoto encontrou o bolo a mais no bolso de Rousseau e pediu a ele. Ele não teve permissão para ganhá-lo – Rousseau queria o doce para si ou para dá-lo como prêmio àquele que, entre dois garotos que brincavam por perto, ganhasse uma corrida. Ele mostrou-lhes o bolo e sugeriu uma corrida; o percurso foi marcado, e os garotos partiram ao sinal dado. Um deles ganhou, agarrou o bolinho e o devorou.

Isso não causou impacto no preguiçoso companheiro de Rousseau. A educação das crianças leva tempo e exige paciência, então eles continuaram suas caminhadas, sempre levando consigo os bolinhos, e, em cada ocasião, os garotos ganhavam alguns pedaços do bolo como prêmio após a corrida, e, em cada ocasião, Rousseau e seu pupilo sentavam e assistiam. Transeuntes paravam e observavam, torciam e aplaudiam, depois que as notícias tinham se espalhado e tornado o evento um assunto muito discutido na vizinhança. O aristocrático menino também começou a se envolver na competição, e pulava e gritava entusiasmado.[2]

Ele acabou se cansando de ver os deliciosos pedaços de bolo desaparecerem nas bocas dos outros meninos e viu que a corrida servia para *algo*. Ele começou a treinar em segredo, e, em tom de brincadeira, pediu para receber o bolo. "Não", foi a resposta, ao que o garoto ficou bravo: "Ponha o bolo em uma pedra, marque o percurso e veremos!".[3]

Exasperado por Rousseau, ele correu e venceu, e teve sua recompensa, depois do que o aristocrático rapazinho se entusiasmou por correr, e não precisou nem de elogios nem de incentivo. Ele dividia seu bolo com os outros, pois correr o havia tornado nobre e generoso, mas Rousseau havia guiado o resultado, influenciando-o em suas escolhas de distância. Ele queria que o garoto soubesse a diferença que a distância do percurso fazia.[4]

O garoto gradualmente entendeu que era vantajoso escolher a rota mais curta. Ele olhava para o comprimento do percurso e o media em passos, mas uma criança é mto impaciente para fazer isso por muito tempo. Ele preferia treinar, então, praticava julgar as distâncias a olho, até que se tornou capaz de definir a distância até um pedaço de bolo com a precisão de um topógrafo. Assim, Rousseau passou-o para um tópico diferente: a visão humana e a capacidade de julgar rapidamente as distâncias na vida diária, o que também pode ser desenvolvido pela corrida.

Emílio tornou-se um jovem e, numa reunião social, estava comendo bolos e lembrando-se dos jogos da infância. Ele ainda podia correr? É claro que podia! Eles arranjaram um marco de chegada e colocaram um bolo em cima, enquanto Emílio e outros três jovens se preparavam para participar. Emílio disparou e alcançou a chegada antes que os outros tivessem sequer pegado embalo. Ele recebeu o prêmio de sua amiga Sophie e dividiu-o com os outros competidores.

"Eu o desafio!" disse Sophie a Emílio, erguendo as saias para deixá-las curtas o bastante e tomando tanto cuidado em mostrar suas belas pernas quanto em correr. Ela disparou ao sinal de largada, enquanto Emílio continuou parado.

Sua vantagem cresceu tanto que ele teve de dar tudo de si para alcançá-la, mas, para ser cavalheiro, "permite que Sophie toque a chegada primeiro e grita "Sophie é a vencedora". Nesse ponto, entretanto, Rousseau faz comentários depreciativos sobre as mulheres:

> As mulheres não foram feitas para correr; elas fogem para ser alcançadas. Correr não é a única coisa que elas fazem mal, mas é a única coisa que fazem desajeitadamente; seus cotovelos colados aos lados do corpo e apontando para trás ficam ridículos, e os saltos altos nos quais se empoleiram deixam-nas parecidas com gafanhotos tentando correr em vez de saltar.[5]

Rousseau tinha novas ideias em muitas áreas, mas pouca fé nas mulheres como corredoras. Elas eram, é claro, prejudicadas por suas roupas: a moda para garotas e senhoras na França de sua época, com suas anáguas, saiotes e saiões, e mesmo os corpetes, permitiam-lhes pouco movimento. A postura e o desenvolvimento físico das meninas em fase de crescimento eram afetados por suas roupas.

Foi na França, em 1796, que o primeiro *sprint* de 100 metros medido em distância e tempo foi realizado, sendo que o metro (do grego *metron* = "medida") fora definido na França, em 1791. A unidade fora proposta para o uso moderno pelo cientista italiano Tito Livio Burattini, em 1675, inspirado pelo inglês John Wilkins, que havia descrito um sistema universal de medições sete anos antes.

Em 1791, a Assembleia Nacional da França aceitou uma proposta da Academia de Ciência de que o metro deveria ser equivalente a dez milionésimos do comprimento do meridiano do Equador ao Polo Norte passando por Paris. Medições posteriores mostraram que a definição não era absolutamente exata. Enquanto isso, porém, eles tinham moldado o primeiro protótipo de bronze do metro na França em 1795, e ele se desviou da exata medida em um quinto de milímetro. Em 1812, a França tornou-se a primeira nação a introduzir o sistema métrico.

A Convenção do Metro de 20 de maio de 1875 foi um tratado científico internacional pelo qual muitos países concordavam em passar para o sistema métrico, e novas barras protótipos de platina e índio foram moldadas em 1889. A padronização foi, é claro, significativa para todos esses povos, incluindo os corredores, que queriam medir o tempo e a distância com exatidão.

Filantropos alemães

O Emílio de Rousseau e sua educação natural inspiraram pensadores de muitos países, não menos na Alemanha, onde Johann C. F. GutsMuths escreveu o seguinte em seu livro *Gymnastik für die Jugend,* de 1793: "Quase o dia todo é passado em posição sentada imóvel; como a energia dos jovens pode ser desenvolvida?".[6]

A frequência à escola tinha se tornado obrigatória em vários países durante o século XVIII, embora essa medida estivesse longe de incluir todas as crianças.

Os filantropos da Alemanha, um grupo de homens que tinham a educação como missão de vida, estabeleceram várias escolas em que a "educação natural" era praticada – mais uma vez, a influência dos gregos é evidente.

Há uma linha histórica de desenvolvimento que, apesar de interrompida algumas vezes, parte da sabedoria grega antiga sobre o esporte. Muitas pessoas tomaram conhecimento disso através da leitura dos clássicos, e, de fato, deveria realmente ser evidente: com toda a nossa espiritualidade e religiosidade, como foi que viemos a esquecer o cuidado com o corpo? Reformadores ao longo dos séculos enxergaram o valor de nossa herança da Hélade e apresentaram as ideias antigas – que frequentemente pareciam ser pioneiras, uma vez que o conhecimento havia quase desaparecido.

A primeira escola da Europa moderna que sabemos ter tido exercícios físicos diários em seu programa abriu em Dessau, em 1774, e seu fundador era o reformador pedagógico Johann B Basedow (1723-1790). Um dos professores dessa escola, Christian G. Salzmann, deixou-a em 1784 e abriu uma escola semelhante em Schnepfenthal, no ducado de Gotha.

Foi aí que GutsMuths trabalhou a partir de 1785 e, no ano seguinte, começou sua primeira aula de ginástica, das onze da manhã ao meio-dia, ao ar livre, cercado por um bosque de carvalhos. Ele recomendava correr, que deveria ser feito de forma planejada para que o corredor soubesse os tempos que havia alcançado e poderia, assim, tentar melhorá-los. GutsMuths acreditava que nada oferecia mais incentivo do que o sucesso. Ele foi um dos primeiros a se concentrar na marcação de tempos e nas medições das corridas para jovens, mas reconhecia que isso podia ser problemático, uma vez que os relógios de bolso de sua época marcavam apenas minutos, se tanto.

GutsMuths desenvolveu e aperfeiçoou a educação e o treinamento naturais e os jogos ao ar livre, e sua mensagem se espalhou muito além da Alemanha, através de seus livros, traduções e outras obras.[7]

GutsMuths vivia em uma região central da Europa, em um período de revoltas. A Revolução Francesa e a Guerra de Independência dos Estados Unidos haviam colocado o indivíduo no centro das coisas; o desenvolvimento futuro apontava para liberdade, igualdade e fraternidade, e para longe do feudalismo e da apatia; em teoria, de qualquer forma, todo homem possuía valor e dignidade individuais e podia influenciar sua própria vida e seu bem-estar através da ginástica. Os estados da Alemanha ainda estavam sob o peso do feudalismo na época de GutsMuths, e, quando chegou seu dia de despertar, ele viu as vastas distinções de classe na sociedade.

Ele criticava as modas de roupas que prejudicavam o desenvolvimento físico, especialmente para garotas e mulheres. "Que elas saiam ao ar livre, cuidem de seus corpos, exponham-se a todos os tipos de tempo sem ter medo disso. Nadar e se banhar são coisas boas e todas as escolas deveriam ter uma piscina", ele escreveu em 1793, soando espantosamente radical. GutsMuths ficava desanimado ao ver famílias pobres mandando seus filhos para trabalhar em período integral aos 11 ou 12 anos de idade, muito antes de estarem fisicamente prontos; e, além disso, os trabalhos que elas arranjavam eram frequentemente duros e repetitivos, e podiam com facilidade destruí--las fisicamente.[8]

Ele enfatizava que jogar era um processo vital e valioso de aprendizado, uma parte importante do desenvolvimento de um indivíduo. Outros reformadores, de visão mais militar, são mais conhecidos pela posteridade do que GutsMuths, especialmente seu conterrâneo Friedrich Ludwig Jahn (1778-1852), que foi um importante pioneiro em ginástica rotativa, mas também se interessava por corridas de curta distância e de bastão. Após muitos reveses em sua juventude, ele se tornou um cultuado herói popular alemão, a quem se atribui a forte posição da ginástica rotativa na Alemanha ao longo do século XIX. Essa forma de ginástica espalhou-se para outros países, e as recém-abertas associações de ginástica rotativa também incluíam *sprint*. Jahn pregava a mensagem "ar, céu e luz livres". A ginástica rotativa alemã e uma variante da ginástica sueca representada por Pehr Henrik Ling (1776-1839) tornaram-se amplamente conhecidas.[9]

Thomas Arnold (1795-1842), que se tornou diretor da tradicional escola particular Rugby School, na Inglaterra, em 1828, também se tornou uma figura conhecida. Arnold estudara os clássicos em Oxford e é conhecido como um pioneiro do esporte nas escolas particulares inglesas. Arnold tinha especial interesse no esporte como parte de seu projeto de educar cavalheiros cristãos, então, para ele, o esporte era um meio de alcançar algo mais do que apenas atributos físicos.

Na Rugby e em outras escolas particulares inglesas, os garotos já haviam organizado atividades para si mesmos antes da época de Arnold. Os pupilos jogavam futebol, corriam ou remavam, e corridas *cross-country* eram particularmente importantes. No popular romance *Tom Brown's Schooldays*, de 1857, o autor Thomas Hughes pintou uma imagem embelezada de suas próprias experiências em Rugby nos anos 1830. O autor acreditava apaixonadamente na formação, na ousadia e no esforço – este último era necessário em Rugby, onde os garotos às vezes faziam corridas de até 16 quilômetros. Essa história da vida em Rugby foi lida em muitos países, e as ideias ali contidas criaram raízes, assim como as reformas na ginástica, na educação e no esporte em nível escolar em muitos países europeus na primeira metade do século XIX.[10]

10
Mensen Ernst e capitão Barclay

As pessoas que o viam correr pelas estradas
e campos consideravam-no um excêntrico,
até maluco, ou possuído pelo diabo.

Sobre Mensen Ernst durante sua corrida de Paris a Moscou, em 1832

O norueguês Mensen Ernst (1795-1843) nasceu em uma família de sitiantes em Fresvik, em Sogn, como o caçula de sete filhos. Ele foi batizado Mons Monsen Øhren, mas, como muitos outros, mudou o nome no curso de sua vida. A mudança de nome era bastante natural para um homem que ia para o mar e mudava-se para outro país: Monsen Øhren tornou-se Mensen Ernst em navios britânicos.[1]

Ele foi para o mar por volta de 1812. Navegou os oceanos do mundo a bordo do Caledonia, visitando portos distantes na Índia, Austrália e China. Na África do Sul, ele venceu uma corrida – nem todos os marujos conseguiam lidar com a transição do movimento oscilante do navio para a solidez da terra. Quando Ernst foi pago em Londres, em 1818, ele já estava acostumado com os usos do mundo e era um bom linguista.

Então, ele começou a correr. Londres era o lugar perfeito para um aspirante a corredor morar, e estrangeiros iam para lá para competir. Ernst podia ganhar mais com as corridas por apostas do que com o salário de marujo, e tinha encontrado seu *métier*.

Ele deixou Londres em 1820 e mudou-se para o solar Annenrode (Anroda), entre Mühlhausen e Dingelstadt, na Alemanha: durante seu período como marujo, Ernst havia salvado a vida do sogro do dono da propriedade. Após quatro felizes anos ali, ele estava novamente na estrada, mas Annenrode continuou sendo um lugar para onde ele adorava voltar.

Ele estava preparado para correr em qualquer lugar, por pequenas ou grandes somas em dinheiro, na Suíça, Itália, Áustria, e de volta à Alemanha, vivendo frugalmente, com frutas, pão e vinho como sua dieta básica. Ele raramente comia comida quente, e carne não era parte de sua dieta regular, mas o vinho era uma predileção. Ernst era um aventureiro, e seu talento para corrida lhe possibilitou ver e experimentar a Europa como um turista esportivo, que também tinha ânsia de aprender. Ele lia muito, e entrou para círculos cultos, tinha acesso a boas bibliotecas e novos mapas para planejar suas viagens. Ele nunca voltou à Noruega, mas fez uma visita à Dinamarca no inverno de 1826, para corridas em que sua participação atraiu milhares de espectadores, inclusive o rei, em Copenhagen. Seus feitos como corredor fizeram do filho de agricultores uma celebridade que até a nobreza queria conhecer.

Diante de uma assistência de príncipes, de grandes homens e do público em geral, Ernst fazia suas demonstrações de desempenho – suas "produções" – em mais de setenta cidades, promovendo-as com cartazes que encomendava nas gráficas e os quais ele mesmo afixava. Suas visitas aos grandes homens e dignitários de uma região, e o fato de que os que tinham poder estavam entre os espectadores, forneciam boa publicidade e facilitavam seu entendimento com as autoridades. Ele vivia de sua reputação, e ela se espalhou pela aristocracia e entre as famílias reais da Europa, cujos laços familiares cruzavam todas as fronteiras. Em outubro de 1830, ele visitou Odense:

> O famoso corredor norueguês, que nos é familiar desde o ano passado, já visitou a Inglaterra e a França, incluindo Paris, no começo de julho, desde sua última passagem por aqui. Na semana passada, ele nos deu uma demonstração de sua habilidade de nível particularmente elevado ao correr com pernas de pau de aproximadamente meio metro presas aos pés. Na quarta-feira, dia 6, terceiro dia do mercado, ele correu o comprimento da cidade de Odense, da agência do correio até o Vesterport, quatro vezes em 26 minutos com pernas de pau, e fez o mesmo a pé em um tempo ainda menor. Afirma-se que ele é um homem de razoáveis posses que poderia facilmente dispensar essa forma de ganhar a vida, mas continua com ela em parte devido ao fato de sua constituição estar acostumada e precisar de tais exercícios e, em parte, sem dúvida, por ele ter tomado gosto pela vida de viajante.[2]

Corridas desse tipo em pequenas cidades tornaram-se rotineiras, mas Ernst também tinha ambição de realizar o que parecia ser uma proeza impossível.

Em 11 de julho de 1832, ele partiu de Paris para correr os 2.575 quilômetros até Moscou em quinze dias. Apostadores especulavam se isso era realizável. Imediatamente após a partida, ele foi parado por alguns camponeses bêbados que o amarraram e o jogaram em uma carroça. Ele se livrou disso propondo uma corrida contra o mais rápido dos cavalos deles. Ele continuou através da

Alemanha, entrando depois na Polônia, em direção a Cracóvia: "As pessoas que o viam correr pelas estradas e campos consideravam-no um excêntrico, até maluco, ou possuído pelo diabo".[3]

O que as pessoas viam era um sujeito pequeno, magro e de cabelos grisalhos com um rosto maltratado pelo clima, pois o esforço logo estabelece suas marcas no rosto. Ele não ia particularmente rápido, a 9,5 quilômetros por hora, e até mais devagar em terrenos montanhosos, mas a distância percorrida logo se acumulou, porque Ernst não perdia muito tempo dormindo: ele preferia dormir ao relento, deitado no chão, o que lhe permitia ter o máximo de descanso no menor tempo. Sua capacidade de passar bem com pouco sono ou descanso significavam que ele conseguia correr distâncias extras, tendo a lua e as estrelas para mantê-lo na trilha certa no escuro. O conhecimento de navegação adquirido durante seus anos no mar era vital enquanto ele avançava por terras desconhecidas com sua bússola, seu quadrante de madeira e seu mapa. Na noite de 19 de junho Ernst alcançou o solo russo perto de Chelm, com longos trechos de campos planos ainda entre ele e Moscou. Cinco dias depois, ele entrou caminhando em Borodino, onde, vinte anos antes, Napoleão havia lutado sua batalha contra os russos. Moscou estava a um dia de distância, e ele ainda tinha quarenta e oito horas antes de seu tempo acabar. Satisfeito consigo mesmo, registrou-se em um hotel para desfrutar o momento. No entanto, com os sinais óbvios de ser um viajante com pressa, e devido à sua aparência excêntrica e estrangeira, as pessoas ficaram desconfiadas: tampouco adiantou quando ele mostrou seu passe e tentou se fazer entender. O passe foi confiscado e Mensen Ernst acabou em uma cela, desesperado, mas ainda mantendo o autocontrole. O duto da chaminé oferecia a única possibilidade de fuga: ele desprendeu algumas pedras, subiu pela chaminé e saiu pelo telhado – onde foi descoberto. Felizmente, havia uma escada para descer do telhado, e ele disparou por ela e fugiu correndo. Os moradores do vilarejo não foram capazes de alcançá-lo, e Mensen Ernst estava mais uma vez na estrada, a caminho de Moscou, onde era esperado às onze da noite de 26 de junho. Às dez da manhã, um dia antes, um homem desconhecido e suado parou em frente à guarda nos portões do Kremlin. Depois que os russos entenderam a situação, e ao entregar os papéis franceses com os quais viajava, Mensen Ernst foi cordialmente saudado em um francês impecável. Após os vivas da multidão e dos brindes de boas-vindas, Ernst retirou-se para uma taverna com uma grande soma em dinheiro recém--adquirido nos bolsos. Entretanto, ele não tinha o menor desejo de dormir em uma boa cama, e preferiu um banco de madeira durante a semana toda em que esteve em Moscou. Uma mensagem anunciando sua chegada foi enviada a Paris por telégrafo semafórico, o meio de comunicação mais rápido da época.

Percorrer 2.575 quilômetros em 14 dias significa cobrir cerca de 185 quilômetros por dia. Não soa humanamente possível manter essa quilometragem por um período tão longo, mas Ernst estava em seus melhores anos, bem treinado, totalmente experiente, e precisava de pouco sono. Ele tinha de seguir sem parar por, no mínimo, dezoito a vinte horas por dia para cobrir estágios desse comprimento, mas isso não é fisicamente impossível para algumas pessoas. As estradas, no entanto, não eram sempre retas e planas, e era preciso tempo e habilidade para navegar através de terras desconhecidas, embora ele tivesse planejado sua rota com antecedência. Se havia alguém nos anos 1830 que *era capaz* de correr de Paris a Moscou em duas semanas, este alguém era Mensen Ernst.

Uma biografia alemã de Ernst por Gustav Rieck lista alguns dos lugares onde ele passou e as datas:[4]

> Chalons-sur-Marne: 11 de junho, noite
> Kaiserlautern: 13 de junho, manhã
> Mainz: 13 de junho, meio-dia
> Tinz: 16 de junho
> Sandimierz: 18 de junho, noite
> Chelm: 19 de junho, noite
> Mogilov: 21 de junho, tarde
> Smolensk: 23 de junho, manhã
> Moscou: 25 junho, manhã

A biografia de Rieck, escrita por encomenda para seu personagem principal, contém alguns erros grosseiros e um pouco de imaginação para temperar a história e torná-la mais agradável, mas também fornece fatos demonstráveis. A viagem de Ernst de Munique a Nauplion, na Grécia, no ano seguinte é bem documentada em fontes contemporâneas. Ernst levou 24 dias, 42 minutos e 30 segundos para percorrer quase 2.700 quilômetros entre 7 de junho e 1 de junho de 1833 – uma média de 153 quilômetros por dia. Levou consigo cartas do rei Ludwig para seu filho, o rei Otto da Grécia. Em vista da natureza montanhosa do terreno, essa façanha é, no mínimo, equivalente à corrida até Moscou.

Entretanto, não era apenas com longas distâncias que Mensen Ernst tinha de competir: ele tinha de cruzar rios e enfrentar estranhos, como bandidos de estrada, animais selvagens e doenças infecciosas. Por vezes, ele conseguiu evitar cidades afligidas por cólera ou pela peste, porque havia um homem nos portões da cidade avisando as pessoas do perigo. Seus documentos, carimbados com selos bem conhecidos, facilitavam sua passagem por postos de fronteira, e havia algo exótico nesse mensageiro poliglota com moedas de ouro e permissões de viagem da aristocracia nos bolsos, embora ele próprio fosse de aparência ordinária – a rainha Theresa da Baváira, por exemplo, ficou impressionada ao ver quão pequeno era o famoso corredor.

É difícil decidir qual foi seu maior feito, embora sua corrida mais longa tenha sido em 1836, quando correu de Istambul a Calcutá em quatro semanas – e depois fez a corrida de volta. A viagem toda levou 59 dias, e ele percorreu quase 8.370 quilômetros, ou 152 quilômetros por dia. Há alguma questão sobre ele ter chegado até Calcutá. Uma carta assinada de Teerã confirma que, na viagem de volta, ele levou oito dias de lá até alcançar o enviado sueco em Istambul. O que motivou a corrida era o desejo dos ingleses da Companhia das Índias Orientais de enviar expedições da Turquia para a Índia. A ideia ganhou a imaginação de Ernst, e ele propôs completar a tarefa em seis semanas, o que ele fez com muito tempo de sobra. Quando estudava um novo mapa da Ásia, antes de partir, ele reconheceu os perigos da rota e suas próprias limitações: ninguém sabia melhor do que ele quanto planejamento e esforço essas corridas exigiam.

Mas, apesar das dificuldades, ele sonhava cruzar a África ou correr até a China. Em 1842, ele foi contratado pelo príncipe Hermann von Pückler-Muskau, nobre alemão entusiasta de corridas de longa distância e de história grega. Ernst chegou à propriedade do príncipe e, em fevereiro de 1842, o nobre escreveu a um amigo: "Tudo aqui está como sempre, exceto que tomei o corredor Mensen Ernst aos meus serviços como um cavalo trotador de duas pernas com uma fantasia turca".[5]

Em consulta com o príncipe, Ernst concordou em ir para a África procurar as fontes do Nilo, território desconhecido aos europeus da época. A jornada o levou por Jerusalém e pelo Cairo, e de lá até o Nilo, onde Ernst contraiu disenteria e morreu às margens do rio em 22 de janeiro de 1843, aos 47 anos de idade. Alguns turistas o enterraram no local, e ele provavelmente jaz enterrado sob o grande lago mais tarde formado pela represa de Assuã.

A seguinte notícia apareceu no jornal alemão *Allgemeine Zeitung* em Augsburgo em 21 de março de 1843: "O famoso pedestrianista Mensen Ernst, que havia tomado como meta descobrir a fonte do Nilo Branco, contraiu disenteria e morreu em Syene, no fim de janeiro. Viajantes familiarizados aos seus grandes talentos providenciaram para que ele fosse enterrado próximo às primeiras corredeiras do Nilo".[6]

Mensen Ernst viveu antes dos recordes, percursos medidos e campeonatos oficiais, e, consequentemente, suas realizações não estão registradas em listas formais. Ele era certamente impressionante em curtas distâncias nas ruas das cidades, mas o que o distinguiu da maioria dos corredores profissionais do século XIX foi sua capacidade de correr em um ritmo estável por semanas a fio. A ambição e o desejo de testar sua própria capacidade eram motivos poderosos, e ele se empenhava em assegurar sua posição como o melhor de sua categoria e como o corredor com a força mais duradoura. É ingênuo supor que ele era movido apenas por dinheiro e aplausos. Ele foi o mensageiro mais rápido da Europa de seus dias, mais rápido do que cavalos em longas distâncias, e capaz de feitos realmente únicos.[7]

Capitão Barclay

Era um homem gigante, uma força primitiva que odiava ficar parado, preferia perambular, testando sua força e resistência. Robert Barclay Allardice (1779-1854) foi um dos homens mais ativos da Grã-Bretanha, rápido, duro e forte como um urso – um velocista, um corredor de longas distâncias, pedestrianista competitivo, levantador de peso e boxeador, tudo em um.

Sua realização mais famosa veio em 1809, quando ele partiu para uma caminhada de mil milhas (1.609 quilômetros) em mil horas. Foi o maior evento esportivo da Inglaterra de que se lembrariam os contemporâneos, e atraiu milhares de espectadores para Newmarket, 104 quilômetros ao norte de Londres.

Barclay apostava que caminharia uma milha a cada hora nas próximas seis semanas, incluindo domingos, e a aposta inicial era de 1.000 guinéus contra James Wedderburn-Webster. Mas as apostas aumentaram consideravelmente, chegando a alcançar 16 mil guinéus, o equivalente a 320 anos de salário de um trabalhador de fazenda. Além disso, diversos homens ricos – incluindo o príncipe de Gales – tinham feito apostas de £ 100 mil entre si, o equivalente a £ 40 milhões em termos atuais. Assim, havia uma grande quantidade de dinheiro em jogo, além das exigências físicas aparentemente impossíveis, pois, segundo os médicos, Barclay corria o risco de superaquecer o sangue, o que o mataria ou aleijaria permanentemente.

Nas primeiras etapas, havia poucos espectadores no percurso de meia milha (804 metros) em que Barclay caminhava indo e voltando. As notícias logo se espalharam, contudo, e as pessoas começaram a aparecer, incluindo senhoras e cavalheiros da sociedade que normalmente evitariam espetáculos populares, mas que agora chegavam em suas carruagens. Eles vinham de todas as partes, todos com suas melhores roupas: criadas, trabalhadores, lordes e duques.

Os apoiadores, assistentes e marcadores de tempo de Barclay e Wedderburn-Webster estavam posicionados respectivamente nas extremidades opostas do percurso, dormindo em tendas, e às vezes se reunindo. Pouco antes das 14h30 da quarta-feira, 12 de julho de 1809, Barclay surgiu de uma taverna cheia de apoiadores entusiasmados. Ele havia perdido peso e parecia abatido depois de seis semanas de pouco sono e muito exercício. Ainda assim, seu físico enorme era visível sob suas roupas, enquanto ele removia as bandagens de suas pernas e se preparava para a 999ª milha de caminho plano e gramado, iluminado por lampiões a gás. Os lampiões eram a última novidade para proporcionar melhor visibilidade quando ele caminhava no escuro, além de ser uma atração que chamava ainda mais espectadores. Alguns dos lampiões haviam sido quebrados, e um guarda-costas armado, o boxeador Big John Cully, andava com Barclays durante as horas de escuridão.

Ele havia caminhado dormindo, dormira em pé na linha de partida, tivera problemas no joelho e dor de dente, caminhara sob temporais e suara no calor. Ele havia mancado tanto que repórteres tinham escrito sobre um homem pronto para desistir, lutando contra a morte. Ele havia seguido os conselhos do Dr. Sandiver sobre passar óleo no corpo e usar panos quentes, experimentara o conselho de velhas senhoras, independentemente da fonte. Seu plano de corrida, no entanto, foi um sucesso: ele caminhava uma milha em uma hora, fazia uma pausa rápida para respirar e caminhava a milha seguinte no começo da hora. Isso lhe dava um descanso de uma hora e meia entre cada volta.

Às 15h37, Barclay pisou na linha de chegada ao fim de suas mil milhas. O júbilo foi geral, os sinos da igreja de Newmarket soaram e os jornalistas correram a entregar as últimas notícias do evento. Barclay entrou em uma banheira quente e imediatamente adormeceu, seu primeiro sono verdadeiro em 42 dias.

Na manhã seguinte, ele se sentia em boa forma, e caminhou pelas ruas de Newmarket – 12,70 quilos mais leve – recebendo cumprimentos e aplausos.[8]

Robert Barclay Allardice nasceu em Ury, na Escócia, em 1779, membro da nobre família Barclay, que podia traçar sua genealogia pelos sete séculos anteriores. Ele cresceu no campo, sabendo que pertencia a uma raça de durões, da qual seu avô Robert, "o Forte", era apenas um dos muitos antepassados de renome. A casa da família não tinha porta no nível do chão, para o caso de ataques inimigos, e convidados tinham de escalar uma corda para entrar na casa. Se foram as escaladas na corda ou as corridas contra outros jovens, o fato é que o jovem Barclay construiu as fundações de um físico fenomenal. Desde quando fez sua primeira aposta, em 1796, valendo 100 guinéus, de que conseguiria caminhar 9,6 quilômetros em menos de uma hora, ele tomou gosto por competição. Ganhou o dinheiro e descobriu que poderia ter um bom lucro apostando.

O pai de Barclay morreu em 1797, em um momento particularmente infeliz para a família. Ele devia muito dinheiro, mas Robert teve assegurada uma renda anual de £ 400, bem como certos direitos à propriedade. Ele se tornou o sexto *laird* de Ury, e cabia a ele endireitar as finanças. A situação tornou-se ainda pior em 1801, quando Barclay perdeu quatro apostas com "o Laird Louco" em cinco meses, perdendo um total de £ 6.175, quatro vezes a renda anual da família. Ele tinha de recuperar o dinheiro, e correr e caminhar ofereciam as melhores chances. Partiu para um novo prêmio e, no outono de 1801, fez uma nova aposta contra o mesmo homem por um total de 10 mil guinéus. Por sugestão de Lord Panmure, Barclay visitou o experiente treinador e fazendeiro arrendatário Jackey Smith, que sabia como motivar esportistas e aumentar sua confiança, mas este fazia exigências rígidas: eles só podiam dormir cinco horas por noite, tinham de ficar em uma rede por duas horas e eram acordados às quatro da manhã.

Smith o colocou em campo às seis horas, para a primeira das duas sessões de corrida do dia.

"Incline-se para a frente," dizia Smith, "encurte a passada e fique em contato com o chão".[9]

Aquilo retirava o peso de seus joelhos e protegia suas costas, especialmente quando Barclay saía para corridas de 28 quilômetros carregando uma carga pesada de manteiga ou queijo com ordens de retornar dentro de 90 minutos. Claro que aquilo era impossível, mas suas sessões de treinamento foram especialmente exigentes no outono de 1801, e eram entremeadas de frequentes banhos de vapor.

Em meados de outubro de 1801, Barclay estava pronto para sua última corrida de teste: 177 quilômetros, começando pouco antes da meia-noite, numa noite úmida. Lampiões a óleo brilhavam sobre o caminho, e uma corda fora estendida como guia, caso a visibilidade se perdesse totalmente. Barclay errou uma passagem e, ao amanhecer, estava atolado até as canelas na lama. Seu treinador fazia uma marca numa tábua a cada circuito completo e verificava o relógio; por três vezes mandou Barclay para uma cabana, para comer pão e frango e beber cerveja escura. Seguindo as instruções de seu treinador, ele se secava e ficava deitado no escuro por dez minutos em uma cabana especialmente construída, isolada de modo que toda luz e todos os ruídos eram excluídos. A ideia era concentrar o máximo possível de energia mental durante as curtas pausas. Barclay levou 19 horas e 27 minutos para terminar os 177 quilômetros, o melhor tempo para essa distância na Inglaterra, e particularmente impressionante, dadas as más condições de tempo. Ele estava pronto para vencer sua aposta com o Laird Louco, que tinha escolhido novembro porque isso significava que havia boas chances de mau tempo, vento, chuvas fortes e *fog*. Ele também acreditava que o físico humano estava no ponto mais fraco em novembro. Barclay, porém, colocou todas as dúvidas de lado e ganhou os 10 mil guinéus em tempo chuvoso: naquele dia, dez vezes a soma de sua aposta anterior fora paga a apostadores, e Barclay, que tinha apenas 22 anos, já era uma lenda, um mestre de todas as distâncias. Ele ficou obcecado por forçar seu corpo ao limite absoluto e doloroso, caminhando pelos mais longos períodos possíveis do dia. Barclay não era como outros cavalheiros – em vez de dormir em uma cama quente e tranquila, ele tinha prazer em deixar uma estalagem de beira de estrada e caminhar a noite toda.

Ele assustou muitos desafiantes, mas nem todos. Abraham Wood vivia em Manchester, e, em 1807, apesar de uma perna enfaixada, ele havia mostrado sua fantástica forma no percurso de 14 quilômetros para corridas de cavalos em Doncaster. Dizia-se que ninguém na Inglaterra podia vencer Wood, e ele desafiava qualquer um no mundo, não importando o tamanho da aposta. Barclay soube das notícias, mas preferiu correr 400 metros contra outro desafiante, e venceu em 60 segundos.

Abraham era o maior corredor, assim como Barclay era o maior caminhador, e um duelo tornou-se inevitável. A data foi marcada para 12 de outubro de 1807, e o desafio era cobrir a maior distância em 24 horas. Barclay receberia uma vantagem de 32 quilômetros, já que estaria caminhando.

Durante as oito semanas de preparação, Barclay morou na costa do sul da Inglaterra e treinou com boxeadores, enquanto Abraham Wood e seus apoiadores tinham um campo de treino nas proximidades. Barclay corria, caminhava e treinava boxe de manhã à noite, comendo 900 gramas de carne ou mais no café da manhã. Ele trotava facilmente 129 quilômetros em doze horas, mas Wood cobria 85 quilômetros em sete horas.

O duelo aconteceu em Newmarket, onde todos estavam acostumados a ver multidões se aglomerarem, mas não nessa escala. Entre os muitos espectadores estava o poeta do século XIX Lord Byron. Aqueles que haviam apostado em um cancelamento perderam, porque os dois largaram energicamente na segunda-feira, 12 de outubro, após terem marcado um novo percurso. Antes, eles tinham exigido percursos separados, Barclay preferindo um percurso de uma milha (1,6 quilômetro), iluminado e com toldos emendados em caso de chuva, enquanto Wood havia medido um percurso de três milhas (4,82 quilômetros) na vizinhança. Até o último minuto, os dois quiseram continuar separadamente com seus sofisticados arranjos, que incluíam luzes noturnas, tendas de descanso e bandeiras para marcar o percurso. Finalmente, porém, eles escolheram um novo percurso ao longo da London Road, e tudo foi organizado ali, juntamente com camareiros, assistentes e marcadores de tempo, que estavam equipados com dois relógios escolhidos e ajustados por Mr. Bramble, renomado relojoeiro de Londres.

Wood passou direto à liderança, e estava bem à frente depois de uma hora. Enquanto os dois homens descansavam e consumiam frango cozido, correram boatos de que a corrida fora comprada e que Barclay iria ganhar, mesmo que Wood estivesse na frente. Wood pareceu cansado depois de algumas horas, tirou os sapatos e correu descalço, o que logo resultou em cortes nos pés por causa da superfície áspera. Após seis horas, ele começou a perder velocidade e consultou seus ajudantes, o cirurgião e outros especialistas em sua tenda. Depois, correram notícias de que Wood havia desistido.

Os apostadores sentiram cheiro de trapaça e de uma retirada planejada. As apostas não foram pagas, e a atmosfera ficou agitada, enquanto a boataria aumentava, tornando-se cada vez mais mirabolante. Dizia-se que Wood havia se queixado de dores no estômago durante a corrida, o que explicava sua retirada. Ele desapareceu subitamente, e, dois dias depois, sua vida parecia estar em perigo – dizia-se que Barclay sentara-se junto a seu leito de enfermo e que os dois tinham apertado as mãos. Logo depois, Abraham Wood morreu – ao menos segundo os boatos.

Assim, houve grande espanto, dois dias depois, quando Wood foi visto em uma luta de boxe, vivo e bem, e nem um pouco abatido: o público vaiou e reagiu com barulho e gritaria.

Segundo os boatos, a coisa toda fora arranjada. Aqueles que tinham feito apostas estavam furiosos e apontavam o dedo para Wood como bode expiatório, o que era injusto, já que, se houve fraude, Barclay também devia estar envolvido. Depois, em uma taverna em Cambridge, os fregueses mergulharam o lugar na escuridão ao descobrir que Wood estava entre os presentes – e então jogaram-no para fora.

Barclay era o grande herói, mas ainda havia discussões sobre qual dos dois era o melhor, uma vez que o grande embate não tinha sido uma competição justa. Falou-se em sabotagem, e uma testemunha ocular disse que Wood parecia atordoado quando saiu de sua tenda depois de 35 quilômetros.

Alguém despejara veneno em sua bebida, provavelmente gotas de ópio, e ninguém sabia quem, mas não era típico de Barclay nem de Wood recorrer a táticas desonestas, uma vez que ambos se comportavam decentemente.

Extraoficialmente, Barclay tornou-se um campeão nacional entre os pedestrianistas, mas a *Sporting Magazine* recusou-se a reconhecer o título, argumentando que tal honra teria de ser ganha de maneira mais justa e rigorosa.

Um novo candidato, o tenente Fairman, da milícia real de Lancashire, era o melhor desafiante. O homenzinho desafiou Barclay e propôs dar-lhe uma vantagem de 32 quilômetros por 24 horas, mas Barclay recusou. Eles se corresponderam por três meses, discutindo as condições de seu duelo.

Fairman sugeria uma corrida de 500 milhas (804 quilômetros), enquanto Barclay preferia uma disputa em um percurso escolhido por ele em sua residência em Ury. Fairman rejeitou isso, e, frustrados com a falta de disposição de Barclay de competir em localidade neutra, os apoiadores de Fairman organizaram uma corrida de exibição de 32 quilômetros de Marble Arch, em Londres, a Harrow, ida e volta. Fairman venceu por quatro minutos, e desafiou qualquer um do reino, aliás, qualquer um do mundo, para uma competição na qual a meta seria andar ou correr a maior distância sem comer nem beber.

Barclay sentiu-se insultado e ignorou o desafio – o petulante Fairman não era um caminhador experiente e faltavam-lhe todas as qualificações sérias. Era uma questão de ego, orgulho e de ser o melhor do país, e Barclay planejava capturar a coroa e demonstrar sua superioridade duradoura.

Foi isso que levou à grande aposta de mil milhas, em 1809. A realização desse feito por Barclay atiçou uma febre nacional na Inglaterra e inspirou outros a tentar o impossível. Um homem acima do peso falhou antes de começar; outro, John Bull, propôs caminhar uma milha e meia em um milésimo de hora; um escocês sonhava em ler seis capítulos da Bíblia por hora durante seis semanas; um glutão queria comer uma linguiça por hora durante mil horas, mas desistiu depois de três. Todos os imitadores de Barclay falharam, e ele reinou absoluto em 1809.

Nos anos que se seguiram, ele praticou muito boxe e também treinou boxeadores (que praticavam muita corrida), ensinando a alguns dos mais temíveis pugilistas novos truques naquela era de punhos sem luvas. O famoso boxeador inglês Tom Cribb ficou em Ury, em 1811, para entrar em forma para uma luta contra o campeão negro americano Tom Molineux, um escravo liberto. Cribb chegou às mãos de Barclay acima do peso e sem fôlego, mas, sob um regime severo, ele perdia peso a cada semana, especialmente com corridas montanha acima, nas quais Cribb provou ser exímio. Barclay enchia seus bolsos com pedras pontiagudas e as atirava nas pernas dos pupilos enquanto eles corriam montanha acima. Cribb perdeu as estribeiras, jogou as pedras de volta e teve de persegui-lo. Barclay também amarrava o melhor braço de Cribb a uma carruagem para treinar o lutador a mantê-lo para cima: então ele conduzia a carruagem por 48 quilômetros com Cribb sendo puxado atrás por várias horas. Além disso, ele tinha que trabalhar duro na propriedade, carregando sacas de milho, cavando valas e cortando árvores, tudo isso consumindo apenas 2 litros de líquido (cerveja) por dia e seguindo uma dieta monótona de carne bovina, carne de porco e coxas de frango.

Cribb venceu a luta diante de uma multidão de 20 mil pessoas, e atribuiu muito da honra a Barclay, seu treinador, que ganhou £ 10 mil em apostas.

Quanto a essas regras rígidas de dieta e bebidas, é questionável se elas eram realmente seguidas ou se eram um ideal a perseguir. Mais tarde no século XIX, bons corredores gostavam de manter seus preparativos em segredo e mentiriam sobre dietas e treinamento para confundir os opositores: eles preferiam não sair alardeando seus métodos de treino e segredos profissionais aos quatro ventos.

Muito para treinar e pouco para beber

Uma progressão cuidadosamente planejada estava por trás das realizações de Barclay, e é um dos primeiros programas de treinamento modernos para corrida de que temos notícia. Ele prescrevia três doses razoáveis de sal de Glauber durante um período de oito dias, para purgar o corpo e torná-lo receptivo ao treinamento.

Barclay acordava às cinco horas da manhã e corria 800 metros a toda velocidade montanha acima, seguidos por 9,5 quilômetros de caminhada em ritmo moderado, antes de voltar para um café da manhã de carne bovina ou de carneiro, pão seco e cerveja. Depois vinham mais 9,5 quilômetros suaves, e às doze horas era hora de um descanso de 30 minutos, nu na cama. Depois disso, o programa exigia uma caminhada de 6,5 quilômetros antes do jantar, que consistia em mais carne bovina, carneiro, pão e cerveja. Imediatamente após a refeição, ele corria 800 metros em velocidade, seguidos de 9,5 quilômetros de caminhada acelerada. Então, às oito horas da noite Barclay ia para a cama, tendo percorrido bem mais de 32 quilômetros, a maioria em ritmo suave, exceto pela milha (1,6 quilômetro) a toda velocidade.

Após três ou quatro semanas dessa rotina, o corpo exigia uma "corrida para suar", ou seja, 6,43 quilômetros a toda velocidade, com roupas pesadas e quentes. Após a corrida, ele tomava uma "bebida para suar", quente, que consistia de alcaravia, sementes de coentro, alcaçuz e açúcar mascavo, e depois se deitava com seis ou sete xales escoceses, para suar ainda mais. Depois de 30 minutos, era hora de se levantar, tirar as roupas e secar. Barclay então passeava 3,2 quilômetros com um pesado sobretudo, antes de tomar o café da manhã de frango assado e voltar ao treino normal. O tratamento de suor era repetido várias vezes. Se o estômago reclamasse, recebia uma dose de algum vomitório uma semana antes da corrida. Além disso, Barclay recomendava atividades físicas leves para se manter em forma o dia todo – ficar sentado e imóvel era proibido e debilitante.

O treinador deveria assegurar que a dieta fosse apropriada, isto é, quase exclusivamente à base de carne, à exceção de pão e biscoitos secos. Vitela e cordeiro não eram bons, nem carne de porco, ou qualquer coisa gordurosa. Barclay preferia carne magra. Cenouras, nabos e batatas continham muita água e causavam problemas digestivos, assim como peixe. Manteiga, queijo, temperos salgados também deveriam ser evitados. Ovos também não eram adequados, exceto gemas de ovo cruas em jejum pela manhã.

Todos os líquidos, especialmente cerveja caseira, deviam ser consumidos frios, mas muito líquido fazia o estômago inchar e atrapalhava a respiração. Um litro e meio de cerveja por dia era o máximo, e qualquer bebida alcoólica mais forte que o vinho não era permitida. Barclay também não bebia leite nem água, e recomendava o mínimo possível de líquidos para evitar perturbações digestivas.

Essa dieta tem de ser vista no contexto da dieta britânica do começo do século XIX. A água disponível era geralmente impura, e havia poucas frutas fora da estação. Em comparação com muitas pessoas, Barclay comia de forma sensata, especialmente evitando alimentos muito salgados e tomando "apenas" 1,4 litro de cerveja por dia.[10]

Barclay não tinha vocação para o casamento, embora gostasse de desfrutar de uma abundância de prazeres sexuais, e, em 1816, teve uma filha com Mary Dalgarno, uma criada. Porém, ele não quis se casar, e Mary morreu em 1820, dando à luz o terceiro filho, um menino que não sobreviveu por muito tempo. Barclay estabeleceu-se em sua propriedade com suas duas filhas, uma de 4 anos, e a outra de 1 ano de idade, e passou a cuidar da fazenda. Ele se tornou juiz de corridas e competições, bem como consultor e treinador.

Mesmo com mais de cinquenta anos de idade, continuou a ser um entusiasta do pedestrianismo e da vida ao ar livre, um excêntrico cuspidor de tabaco que se recusava a deixar que a idade crescente limitasse suas atividades. Nem mesmo noites inteiras de banquete e bebidas inibiam seu desejo de se manter em forma: 3,2 quilômetros a pé após o café da manhã e depois algumas horas a cavalo eram a norma – mesmo sem ter dormido à noite. Ele empregava quase oitenta pessoas e cuidava de ovelhas e outros animais. Barclay valorizava a liberdade e praticava a educação livre: sua filha Margaret se recusava a usar sapatos no internato em Edimburgo, correndo descalça pela escola como fazia em casa.

Aos 70 anos de idade, Barclay ainda tinha a força de um urso, e gostava de impressionar seus convidados com isso. Em um jantar, ele colocou a mão no chão e disse a Darwin Galton, um homem adulto de 76 quilos, para ficar em cima dela. Então Barclay levantou-o e o colocou sobre a mesa, como havia feito 42 anos antes, quando levantara um homem de 114 quilos com um só movimento. Dessa vez, o velho Barclay impressionou seus convidados – mas acabou luxando o ombro.

Em 1854, ele teve vários derrames leves e ficou parcialmente paralisado, mas saía assim que seu corpo permitia, e forçava o corpo com trabalho e exercícios. Exercício, era sempre essa a sua prescrição contra doenças e problemas, exercícios o dia todo, mesmo mancando e com febre. Em 1º de maio de 1854, após levar um coice de um pônei na cabeça, ele adoeceu subitamente e morreu.

Tanto Mensen Ernst quanto o capitão Barclay eram movidos pela ambição e pelo senso de aventura. Eles eram artistas e esportistas, comercialmente astutos e capazes de gerar grandes somas em dinheiro e um bocado de atenção. Em toda a sua vida adulta, eles estiveram no centro dos entretenimentos que atraíam grandes multidões, e eram aclamados como super-homens. Os dois tinham uma necessidade permanente de provar que ainda contavam para alguma coisa em seu campo. Mas, diferentemente dos povos primitivos de sua era, Ernst e Barclay não corriam para manter a lei e a ordem ou para se comunicar com os deuses. Os índios americanos, por exemplo, podiam enfrentar esses dois em termos de resistência, mas suas corridas tinham origens e motivações bem diferentes.

11
Coração de búfalo no café da manhã

> Enquanto eu corria, meu corpo todo se
> cobriu de uma fina camada de gelo, que
> rachava pelo corpo todo, até em meu pênis.
> Estava completamente congelado.
>
> Jovem corredor navajo

Quando a Via Láctea se formou, ela foi disposta como uma pista de corridas, razão pela qual os índios apaches costumavam correr todo outono. Essa é a explicação que eles davam para a origem de sua corrida de revezamento para jovens – a corrida foi revelada à humanidade como uma inspiração para ajudá-la, tanto na vida diária quanto na vida cerimonial. Eles estavam imitando a criação e comungando com os deuses e os poderes do universo.[1]

Muitas tribos indígenas da Califórnia acreditavam que a Via Láctea foi criada a partir da poeira levantada em uma corrida entre o Lobo da Pradaria e o Gato Selvagem – duas figuras conhecidas na mitologia indígena que eram ferozes competidores em corridas. O Lobo da Pradaria era o representante do primeiro povo, uma raça mítica que povoou o mundo e viveu aqui antes de nós.

Os mitos dos nativos americanos continham muitas narrativas sobre corridas. Os deuses mandaram os homens correr, e os animais lhes mostraram como. Narrativas de raças míticas e sagradas definiam a natureza e as características físicas de espécies determinadas. Os corredores míticos foram os progenitores dos clãs e refletiam a organização social da humanidade.[2]

Há poucos grupos para os quais correr foi tão importante quanto para os nativos americanos. Sem cavalos e sem veículos com rodas nessa imensa terra, eles tinham de contar com seus próprios pés, e isso deixou traços nas histórias e costumes das tribos. Pesquisadores têm feito investigações desde o século XIX e descobriram uma rica tradição que se perpetuou mesmo após os povos nativos terem tido contato com o homem branco. Os corredores, na verdade, eram usados eficazmente na luta contra os colonizadores.

Mensageiros e chefes das tribos Pueblo do norte do Novo México se reuniram em Red Willow na primavera de 1680 para ouvir seu líder religioso Po'pay – "Abóbora Madura". Eles tinham muitos motivos para se vingar dos espanhóis, que os governavam desde os anos 1590, obrigando-os a aceitar o cristianismo, suprimindo suas crenças e ridicularizando seu modo de vida.

Os nativos americanos acreditavam que correr reforçava
qualidades como coragem e inteligência.

Em 1660, um padre franciscano queimou centenas de máscaras sagradas, e, em 1675, os espanhóis haviam chicoteado seus líderes religiosos, incluindo Po'pay, na praça de Santa Fé.

Os nativos americanos tinham planejado uma revolta quando o milho estivesse maduro em agosto. Os mensageiros deviam espalhar a notícia a 70 aldeias Pueblo e Hopi, a distâncias de até 480 quilômetros, por meio de símbolos inscritos em pele de veado. Os corredores partiram a pé para espalhar a mensagem, cada um em uma direção diferente.

À medida que agosto se aproximava, os mensageiros se reuniram novamente, e cada um recebeu um pedaço de corda com nós para marcar os dias que faltavam. Os aldeões deveriam cortar um nó a cada dia, até acabarem todos, e então deveriam atacar. A situação era tensa. Os espanhóis suspeitavam que algo estava em curso e enforcaram dois corredores. Os nativos americanos responderam antecipando o ataque para 10 de agosto de 1680.

Pouco se sabe sobre a revolta em si, exceto que os nativos americanos demoliram igrejas espanholas, mataram padres e queimaram documentos da igreja, e que 380 espanhóis e nativos americanos foram mortos. Nas ruínas da praça de Santa Fé, os nativos americanos ergueram um *kiva*, um local sagrado, como símbolo do domínio indígena.[3]

Endurecendo os jovens

Os navajos eram corredores velozes e sérios. "Deus falante" acordava os jovens de manhã: "Levantem-se, netos, é hora de correr para sua saúde e seu bem-estar".[4] Ele era "o avô dos deuses" para os navajos, um guia que viajava nos arco-íris e raios de sol e que se comunicava por imitações. Ele dava conselhos e avaliava iniciativa, coragem e inteligência – qualidades que eram reforçadas pela corrida. As pessoas velhas diziam que os deuses recompensavam aqueles que corriam de manhã, pois isso era particularmente benéfico.

Rex Lee Jim cresceu em Canyon de Chelly, em uma família firmemente leal aos modos tradicionais. Desde os 4 anos de idade, seu avô o acordava às 4h30 para ir correr – era uma questão de tirar proveito do nascer do sol e de ir em direção ao leste. Em longas distâncias, Rex Lee Jim cantava sobre o puma, o antílope e o veado – as chamadas canções de perna – para correr mais rápido e com mais agilidade.

O avô fervia folhas de sálvia e os garotos bebiam a poção antes de correr, para fazê-los vomitar e assim limpar o corpo. Na metade de sua corrida matinal, Rex e seus companheiros cercavam um arbusto e paravam. Rex batia em sua pele, massageava os músculos – "modelava o corpo" – e massageava seus companheiros. Um deles enfiava uma pena de águia pela goela adentro para vomitar novamente. Eles punham areia nos sapatos para endurecer os pés e seguravam pedacinhos de gelo na boca. Os jovens enchiam a boca de água e corriam com ela na boca enquanto respiravam pelo nariz para fortalecer a respiração – depois de 6,4 quilômetros, eles cuspiam a água.

No inverno, eles rolavam na neve. Depois da segunda neve do inverno, eles saíam no frio, usando apenas mocassins e acessórios menores, enquanto corriam em velocidade, sacudindo a neve das árvores em seus corpos nus. Práticas de endurecimento desse tipo tornavam-nos imunes ao frio quando adultos e baniam a indolência, fortaleciam o corpo e davam-lhes uma visão aguçada, assim como os banhos gelados de que fala outro navajo: "Fiquei na água gelada enquanto pude aguentar, rugindo e gritando para desenvolver minha voz. Depois, saí, calcei meus mocassins e corri para casa, dando grandes passadas. Enquanto eu corria, meu corpo se cobriu de uma fina camada de gelo, que rachava em todo o meu corpo, até em meu pênis. Estava completamente congelado. Isso foi o pior. Antes de chegar em casa, rolei de novo na neve".[5]

Os apaches faziam exigências ainda mais severas a seus jovens. Seus filhos eram doutrinados na juventude, aprendendo que a resistência, um alto limiar de dor e a coragem eram as coisas mais importantes na luta da vida.

Correr era parte de um regime criador de um caráter física e mentalmente forte. Um pai dizia a seu filho: "Levante-se antes do amanhecer e corra até a montanha. Volte antes que esteja claro. Você deve fazer isso, e eu obrigarei você a fazê-lo. Eu o treinarei para que você seja bom quando tiver crescido e se tornado um homem. Vou desenvolver sua vontade. E suas pernas ficarão tão desenvolvidas que ninguém conseguirá ultrapassá-lo".[6]

Eles corriam com cargas pesadas e se jogavam em águas geladas, lutavam uns com os outros e sofriam com pouco ou nenhum alimento. Os homens que lideravam o treinamento instigavam seus pupilos uns contra os outros como bois bravos. Conta-se que um treinador atirou nas pernas de um pupilo que corria montanha abaixo, para demonstrar a capacidade do garoto de evitar as balas. Os apaches riam brutalmente de tais incidentes, e era humilhante para um jovem ter medo. O período de endurecimento terminava com uma corrida de dois dias sem comida nem descanso. Depois disso, os garotos de 16 anos estavam prontos para ser plenamente bravos.

Os apaches se especializaram em ataques surpresa e retiradas rápidas. Eles se deslocavam à noite, numa corrida, e descansavam no capim alto durante o dia. O alimento era comido frio: isso fortalecia seus dentes e evitava que amolecessem posteriormente na vida, mas também significava que não havia fogueiras para denunciá-los. Durante seus primeiros ataques, os jovens corriam distâncias a mais de manhã e ao anoitecer, subiam montanhas em velocidade, urinavam nas árvores e uivavam como lobos da pradaria para trazer sucesso. Para realizar emboscadas de pilhagem, enviavam jovens bravos para correr longas distâncias à noite, sob a luz da lua cheia, e seus inimigos ficavam espantados com as distâncias que os apaches conseguiam cobrir. Gerônimo (1829-1909), o famoso chefe apache que se recusou, por muitos anos, a se curvar às leis dos homens brancos, usava táticas de surpresa no México. Seus pequenos bandos de bravos conseguiam cobrir até 120 quilômetros em 24 horas em terreno extremamente acidentado.

Uma vez alcançada a puberdade, mas antes de se casar, os garotos apaches tinham de participar de uma corrida de revezamento no outono. Os apaches acreditavam que os corredores mais rápidos eram garotos não casados e sem experiência sexual. Uma vez tendo contato sexual com uma mulher, um garoto nunca mais alcançaria a mesma velocidade e vitalidade. Aqueles que não participassem da corrida de revezamento ficariam fracos e desprezíveis. Segundo a tradição, a corrida tinha suas origens em um passado mítico, e participar trazia bênçãos e força aos jovens.

Era uma vez, num passado muito distante, um tempo em que havia muito de todos os tipos de comida simultaneamente, tanto de carne quanto de plantas. O Sol e a Lua decidiram dividir o ano, para fornecer comida variada em diferentes épocas do ano. A Lua disse: "Aposto todas as minhas frutas contra você". O Sol disse: "Aposto todos os meus animais".[7]
O Sol e a Lua concordaram em disputar uma corrida a cada quatro anos. Eles se revezavam na vitória, para que as pessoas não tivessem apenas carne ou apenas plantas, e assim asseguravam uma dieta variada para a humanidade. A corrida foi então transmitida aos apaches, que haviam testemunhado e aprendido com ela. Se eles não realizassem a cerimônia, passariam fome.[8]
Eles se dividiam em duas equipes – *Ollero* (poteiros) e *Llanero* (pessoas comuns). Os primeiros representavam o Sol e os animais; os segundos, a Lua e as plantas. Os apaches acreditavam que a Lua governava a água, determinava as estações e produzia os frutos, assim como as mulheres têm filhos. A Lua representava o lado feminino, enquanto o Sol, sendo masculino, estava ligado aos animais.[9]
Inicialmente, a corrida era organizada em função de caçadas e colheitas, mas depois o festival de três dias passou a começar em 13 de setembro.
Antes da corrida, os participantes se abstinham de carne, não fumavam e evitavam as mulheres. Eles treinavam e passavam cinzas de caule de girassol no peito dos pés, para correr mais rápido e ter articulações mais flexíveis. Eles também mascavam raiz de girassol e a esfregavam nas pernas. Os dois cercados nos quais a corrida devia acontecer simbolizavam o local da criação: o percurso era onde as plantas e os animais haviam começado a se estender ao redor da terra.
À medida que o primeiro dia de corridas se aproximava, grupos de observadores chegavam e montavam acampamento. Os homens aplainavam partes desniveladas do trajeto e construíam duas estruturas sagradas a leste e a oeste. A pista retangular ficava entre elas, e era marcada por quatro pedras de cores diferentes, embaixo de cada uma das quais eram colocadas penas frescas de aves velozes. Se uma mulher menstruada cruzasse a pista, as habilidades de corrida dos garotos seria diminuída.[10]

Após um intenso processo de seleção, a corrida de revezamento ocorria na terceira manhã. O homem responsável pela pintura nos corpos fumava e soprava fumaça em todas as direções, espalhava pólen e murmurava preces. Outros homens traziam aves mortas, cujas penas eram usadas para ornar os corredores, para ajudá-los a serem vitoriosos. Folhas de álamo eram cortadas em tiras para garantir mais velocidade. O líder e três assistentes se ajoelhavam, cantavam e jogavam pólen e tinta em pontos determinados, onde desenhavam quatro figuras na encosta. A pintura dos corredores era feita imediatamente antes da partida, e os dois melhores de cada equipe eram pintados de forma idêntica e recebiam trajes idênticos.

Após todos serem ornados com a pintura para se assemelharem a pássaros, os homens cantavam, enquanto os jovens dançavam atravessando o campo de corrida, conduzidos por duas garotas que deveriam ser dadas em casamento. Essas uniões eram parte do ritual de fertilidade, e era propício às garotas receber um marido após a corrida.

As equipes dançantes se encontravam no meio, cercadas por observadores felizes. Quatro homens mais velhos testavam o trajeto correndo devagar, simbolizando os quatro poderes e forças sobrenaturais. Quando dois dos velhos passavam um pelo outro na extremidade oeste, dois jovens corredores partiam a toda velocidade – o início da corrida, e, quando eles passavam as pedras, os próximos partiam. Então a competição era acirrada até que uma equipe ganhasse uma vantagem de dez comprimentos – a margem de vitória. O revezamento continuava até isso acontecer, ou até um lado admitir a derrota; poderia durar muitas horas, uma vez que a vontade de vencer era forte e os garotos não desistiam facilmente.

Depois, todos ficavam num estado de humor suave e gentil, e, à noite, eles se sentavam para um festim de proporções glutônicas, com danças a noite toda. Os três dias de cerimônia chegavam ao fim na manhã seguinte.

As garotas navajas e apaches também participavam de corridas de iniciação quando entravam na puberdade. No ritual navajo, o *Kinaalda*, a corrida simbolizava a força de vontade e a beleza futuras da garota. A família celebrava a primeira menstruação de uma garota por quatro dias, e ela corria três vezes por dia, cada corrida mais longa do que a anterior: isso era para ampliar seu tempo de vida, para fortalecer seu corpo e lhe trazer boa sorte na vida.

Na tribo Yorok da Califórnia, correr era parte de um processo mais amplo para pessoas jovens que incluía exercícios para o corpo todo, lutas corporais, natação e muito mais. Um jovem lendário tinha corrido pelas colinas de Terwer Creek até o topo da Montanha Vermelha, uma altitude de 914 metros. No começo, ele carregava pedras leves consigo, mas gradualmente passou a carregar rochas pesadas. O jovem tinha, então, cerca de 25 anos de idade, e deixou um monte de pedras de tamanho considerável como um duradouro memorial das centenas de corridas de treinamento de sua juventude.[11]

Garotos e garotas mais avançados da tribo Yorok realizavam um treinamento de práticas esotéricas – *hohkep* – para se comunicar com os poderes invisíveis e ganhar entendimento e autocontrole. Um tipo especial de corrida era importante nesse aspecto: um estilo planado, totalmente sem esforço, que vinha após muito contato com o mundo espiritual. Os corredores fluíam com facilidade sobre arbustos e se tornavam parte do fluxo da natureza. Corredores aspirantes desenvolviam um relacionamento estreito com as trilhas, cantando e conversando com elas, e deixando-as serem seus mestres. A trilha passava por baixo deles por conta própria, por assim dizer, e eles corriam velozmente de olhos fechados, confiando na trilha para guiá-los. Eles gradualmente experimentavam formas ainda mais difíceis de corrida, como correr vendados ao descer colinas íngremes.

A visualização era de grande importância. A energia usada pertencia ao mundo, não ao corredor, e, em vez de sentir como o pé batia na colina, devia-se sentir como a colina exercia pressão contra o pé. Pouco a pouco, eles passavam a confiar na colina, e tudo se tornava muito natural. Os pupilos eram ensinados a "ver" o ar como uma corda pela qual eles podiam se puxar por meio de técnica de respiração e movimentos de braços. O teste final nesse treinamento esotérico consistia em uma corrida de três dias nas montanhas, correndo apenas no escuro e descansando e meditando durante o dia. Correr era um meio de crescimento espiritual e também uma ferramenta para curandeiros, para quem a prática tinha funções importantes.

Os Hopi corriam para chamar a chuva – uma prática chamada de magia simpática. O chefe ia descalço e quase nu avisar os governantes das nuvens, e corria rapidamente para que as nuvens chegassem imediatamente:

> Ele corre num círculo amplo no primeiro dia, porque os chefes das nuvens moram muito longe. Ele vai para noroeste,

sudoeste, nordeste e sudeste, para chamar a atenção de todos os governantes das nuvens. Cada dia ele corre num círculo com raio menor. Queremos trazer as nuvens cada vez mais perto, para que, no dia da cerimônia, elas estejam sobre nós, e derramem sua chuva em nossas casas, e na terra ao redor.[12]

A iniciação de um corredor Raposa

Os corredores também eram importantes nos mitos dos índios Raposa. Uma narrativa da origem da tribo conta como a tribo era infeliz e confusa, e, para alcançar a sabedoria, alguns homens começaram a jejuar: eles receberam o conhecimento de como a vida em Meskwaskis, a aldeia do chefe, deveria ser organizada, e o que eles deveriam fazer para se tornar uma tribo bem unida. Essa foi a origem dos rituais dos corredores cerimoniais.

Deus colocou três homens – corredores – na terra e os dotou de talentos especiais. As pessoas os consultavam, e eles conseguiam resolver discórdias, fosse na guerra ou quando os chefes estavam em desacordo. Eles participavam de negociações e discutiam as questões mais vitais da existência com os líderes religiosos. Esses corredores previam mortes e visitavam as aldeias buscando tarefas para si:

> Aqueles chamados para serem corredores cerimoniais tinham uma vida difícil. Eles zelavam por tudo, pelas aldeias dos índios e pelo lugar onde as aldeias deviam se localizar. Eles também tinham o dever de estar presentes em campos de batalha, uma vez que entendiam os poderes místicos. Eles haviam sido abençoados por Manitou, de modo que tinham permissão para possuir esse entendimento, razão pela qual eles eram homens muito fortes e corredores velozes, além de sábios. Eles podiam ser enviados em missões por maior que fosse a distância, e, por mais que tivessem de correr, eles ainda tinham de transmitir as notícias aos índios, ou chamar o povo que vivia longe. Os corredores não deviam se recusar.[13]

Os corredores Raposa contavam sobre três corredores cerimoniais: um líder, um sucessor e um número três. O último corredor cerimonial da tribo Raposa nasceu um pouco antes de 1810: não sabemos seu nome, mas sabemos, no entanto, um pouco sobre ele, como o fato de que jejuou por dez dias para se purificar para sua iniciação.

No inverno seguinte, ele jejuou por doze dias, e sonhou que recebera ordens de ir para um rio para ser abençoado.[14] O rapaz foi ao rio, esperou e ouviu um assobio, após o quê um homem pequenino, porém belo, apareceu:

> Eu corro sem parar. Você viu como eu sou rápido? Sim, eu o abençoarei, embora eu não possa fazer nada de especial e não sirva para trabalho algum. Mas quem assumirá meu lugar?
> Você será muito, muito veloz. Você se chamará "corredor cerimonial" e é assim que as pessoas sábias o chamarão. Eles terão orgulho de você, enquanto for um homem mortal.
> Você continuará a ajudar as pessoas de todas as formas possíveis. Elas o enviarão em missões difíceis, longe de casa, e você não poderá recusar. Eu lhe darei a capacidade de ser feliz e corajoso.[15]

Esse corredor Raposa também recebeu a capacidade de ser invisível.

Ele ficou sem voz e começou a se comportar de forma diferente. Depois veio uma corrente de instruções sobre como ele devia apenas seguir o bem e não ter pensamentos maus ou aversão a seus deveres de corredor, mesmo que as tarefas fossem longas e difíceis. Ele devia sempre começar uma jornada de um ponto ao sul, jogar tabaco nos rios e cantar em honra aos deuses, o que lhe traria grande força e o tornaria imune a balas e flechas. As mulheres eram perigosas, porque eram infectadas pelo mal *manitou* – isso significava menstruação. Se houvesse uma mulher menstruada morando perto da residência do corredor, ela o destruiria. De qualquer forma, ele não devia falar mal das mulheres.

O corredor não devia se fartar de carne nem deixar comida para trás no prato de madeira que levava consigo. Se desejasse carne em viagens longas, rolinhas e codornas eram melhores, pois elas voam rápido. Ele devia se banhar todas as noites, respeitar os mais velhos e cuidar de seus pais. Devia sempre dormir ao relento, no lado sul das cabanas, e se deitar sobre uma pele de veado que ele mesmo tivesse abatido. Estava proibido de usar vermelho quando levasse notícias de uma morte, pois o sangue havia parado de fluir em um homem morto. O corredor nunca devia fazer piadas sobre suas jornadas, e era seu dever passar as informações em voz baixa, mesmo ao desempenhar o papel de arauto – todos os conselhos indígenas lhe dariam atenção de qualquer maneira. Ele nunca devia dizer nada negativo, nem dizer nomes feios, nem falar mal das pessoas ou zombar delas. O furto era proibido, e ele devia tratar as crianças com carinho.

Esse homem, o último dos corredores cerimoniais Raposa, permaneceu solteiro a vida toda e se tornou um indivíduo importante e respeitado. Por volta de 1865, ele realizou a tarefa de avisar sobre uma guerra próxima e morreu no inverno seguinte, aos 56 anos de idade, após profetizar que os índios Raposa seriam destruídos e exterminados, não por índios, mas pelo homem branco. "Quando os corredores cerimoniais não existirem mais, não haverá ninguém para dizer o que está acontecendo com vocês. Vocês acharão a vida difícil. Mesmo quando alguém morrer, não haverá ninguém para transmitir a notícia. Conservem firmemente sua religião e não abandonem suas tradições, ou o homem branco se aproveitará disso", disse o corredor cerimonial.

Meio século depois, a profecia havia quase se cumprido. Nenhuma das tribos jejuava mais, nenhuma delas era veloz ao correr nem tinha conhecimentos divinos. Alguns levavam mensagens, mas eles eram menos cuidadosos do que seus antecessores. Mesmo nos anos 1920, ainda havia aqueles que eram encarregados da vida cerimonial entre os índios Raposa, mas eles eram preguiçosos, e as tradições se tornaram vazias e desapareceram. Os jovens ignoravam sua herança do passado e adotavam os costumes dos homens brancos. Antes, os índios tinham sido cuidadosos e vigilantes, porque os corredores lhes davam uma direção e ligavam as aldeias e as famílias.

Esse também foi o caso da tribo Chemehuevi, no deserto do sul da Califórnia, onde havia uma corporação de corredores que trabalhavam para os chefes em tempos de guerra e paz. Eles se referiam uns aos outros como "primos", ligados por uma ocupação comum. Quando o antropólogo Carobeth Lairds os estudou entre as guerras, havia apenas um corredor ainda trabalhando da forma tradicional. Ele era chamado de "Pênis de Rato" e era calado e modesto. Quando corria por diversão com seus amigos, ele fazia como eles, mas, quando corria sozinho, seguia as tradições da tribo e entrava em transe.

Certa manhã, ele deixou seus amigos na ilha de Cottonwood, em Nevada, e correu em direção ao rio Gila, no Arizona. Seus amigos seguiram seus rastros e logo viram que suas passadas estavam se tornando cada vez mais longas, e suas pegadas cada vez menos visíveis na areia: era como se ele estivesse flutuando sobre ela, quase sem tocar o chão. Quando seus amigos chegaram a Fort Yuma, ouviram que Pênis de Rato já havia passado por ali havia muito tempo.

Como era de se esperar, ninguém viu sua técnica especial de corrida: Pênis de Rato não era destinatário de ajuda sobrenatural, ele corria daquela forma porque possuía o "conhecimento antigo".[16]

Correndo por sua vida

Há relatos de colonizadores e povos indígenas disputando corridas pacíficas quando se encontravam em mercados, mas John Colter acabou em uma situação muito mais séria em 1808, quando ele e seu acompanhante John Potts remavam no rio Jefferson, perto de onde a pequena cidade de Three Forks, em Montana, foi depois fundada. Os dois caçadores tinham parado para verificar suas armadilhas, e voltavam a remar em seu circuito regular, quando 500 índios Pés Negros apareceram inesperadamente na margem do rio.

Os dois queriam apenas caçar, mas houve um mal-entendido, e, de repente, Potts e um dos Pés Negros estavam caídos mortos, o caçador com várias flechas em seu corpo. Colter foi capturado, e depois observou como os Pés Negros cortaram o corpo do companheiro em pedaços.

Eles tiraram as roupas de Colter e discutiram como executá-lo. A primeira ideia foi usá-lo como alvo vivo para suas flechas, mas então o chefe perguntou se Colter era veloz na corrida. Ele tinha 35 anos de idade, era forte e ágil, preferia a vida ao ar livre, vivera em lugares selvagens e era resistente de modo geral.

"Não", respondeu taticamente – ele não era *tão veloz assim*.

Os Pés Negros deram uma chance ao caçador. Os relatos diferem sobre se os índios lhe deram uma vantagem de 90 ou 360 metros. Qualquer que tenha sido a vantagem, com sua vida em jogo, ele correu nu e descalço à frente de seis Pés Negros a persegui-lo por doze quilômetros de pradaria plana, em direção à floresta mais próxima que crescia ao longo do rio Madison.

Colter correu mais rápido do que jamais correra antes, se mantendo à frente dos Pés Negros, que davam como certa a captura daquela presa. Seus perseguidores estavam alcançando-o, e a meio caminho do Madison os pés de Colter estavam rasgados por pedras pontiagudas. Exausto e desesperado, ele viu um homem imediatamente atrás dele, alcançando-o depressa. Colter parou de repente, se virou e matou o homem.

Ele alcançou o rio Madison quando estava a ponto de desmaiar de exaustão, pulou na água, se escondeu sob uma ilha flutuante e ali ficou imóvel, enquanto seus perseguidores o procuravam. Depois do anoitecer, ele se moveu em silêncio em direção a um entreposto comercial na confluência dos rios Bighorn e Yellowstone. Cruzou Lost Trail Pass na neve, bebeu água de nascentes e viveu à base de raízes selvagens por toda a semana que sua jornada durou.

A sentinela de Fort Lisa avistou aquela figura horrível se aproximando; nu, sujo de sangue e irreconhecível, Colter desabou nos braços dos homens enviados para recebê-lo.

Poucas pessoas acreditaram na história, mas Colter não era contador de vantagens. Ele viveu por mais dois anos em lugares selvagens, antes de se mudar para Saint Louis, se casar e comprar uma fazenda perto de Dundee, em Montana. Antes de morrer de febre amarela aos 40 anos, em 1813, ele deu um relato de sua corrida, o acontecimento mais dramático de sua vida, ao naturalista John Bradbury. No livro de Bradbury de 1819, *Travels in the Interior of North America* ("Viagens pelo interior da América do Norte"), há uma versão da história baseada no relato do próprio Colter. No final dos anos 1970, foi organizada a "Corrida de Colter", uma corrida de 12,87 quilômetros em memória do acontecimento.[17]

Nas massas de gelo e na floresta tropical

Os habitantes originais de todas as Américas corriam. Durante o "Festival da Bexiga", em janeiro, os esquimós Ninivak das regiões mais frias realizavam competições de velocidade sobre o gelo e a neve em honra a seus mortos. Primeiro, eles remavam, e, imediatamente depois, corriam em um exercício duplo que treinava todo o corpo. Em um ambiente totalmente diferente, vivia o povo Paiacu, na foz do rio Amazonas, no Brasil.[18] Mais de vinte tribos nesse clima quente e úmido disputavam corridas e carregavam troncos – todos os outros esportes eram irrelevantes comparados à corrida dos troncos. Até as mulheres corriam, embora com menos frequência, e carregando troncos mais leves. Mas os homens competiam o ano todo, fosse por impulso ou em festivais fixos. Eles não precisavam de incentivo para cortar um tronco e desafiar uns aos outros.

Exploradores e pesquisadores europeus têm se referido ao costume desde o século XVI, mas ele é mais antigo do que isso. Os Krahos acreditam que seus progenitores, o Sol e a Lua, tinham esse costume e o transmitiram a seus descendentes humanos.[19]

A corrida dos troncos era realizada em percursos abertos na mata, de cerca de 1,5 quilômetro de comprimento, e direcionados aos quatro pontos dos céus – as trilhas principais. Eles cortavam arestas em troncos de um metro de comprimento e com 45 a 90 quilos, para melhor segurá-los e proporcionar maior equilíbrio aos ombros. Quando não conseguiam mais seguir adiante, o tronco era passado ao próximo homem da corrente.

Entre os xerentes, todos os garotos eram designados a uma das duas equipes tribais, e entre os apinajés as equipes dependiam de onde ficava a cabana do participante dentro da aldeia. Em outros casos, a composição das equipes variava conforme a estação do ano e o propósito da corrida. As tribos desafiavam umas às outras, o que podia facilmente acabar em rixas.

O etnógrafo Curt Nimuendajú testemunhou uma corrida na qual as equipes entoavam cânticos de boa sorte na noite anterior, estimulando o espírito de equipe. No dia da competição, eles primeiro inspecionavam o percurso e depois preparavam os troncos, posicionando-os organizadamente do lado. Os adversários anunciavam sua chegada tocando uma trompa, e as equipes começavam a cantar e marchar para se aquecer. Quatro homens levantavam um tronco até os ombros do primeiro carregador e ele partia rapidamente em direção à aldeia, acompanhado por uma multidão ruidosa de homens magros e nus que se mantinham em sua própria metade da pista.

> Para garantir um bom começo, o primeiro homem era sempre veloz. Uma perseguição intensa então se inicia. Gritando para incentivar os corredores, tocando trompas e outros instrumentos, os índios saltam à direita e à esquerda do caminho do carregador do tronco, usando ornamentos de capim e pulando sobre grama e arbustos. Após 130 metros, alguém corre até o carregador do tronco, que, sem parar, gira o corpo para poder passar o peso aos ombros de seu colega de equipe, e a corrida continua sem interrupção. E assim vai, desesperadamente, por subidas e descidas sob um sol escaldante, atravessando riachos e subindo novamente, pisando uma areia quentíssima que escorrega sob os pés.[20]

As mulheres, idosos e homens que estavam na largada logo ficam para trás.

Somente os mais vigorosos conseguiam acompanhar e garantir que novos homens assumissem o peso quando o último homem ficava tão exausto que o ritmo caía. Desesperados para ficar na frente, cada homem dava tudo de si por alguns segundos, e fazia um sinal de que estava pronto para entregar. Depois de cerca de um quilômetro, a carga voltava para os mais vigorosos da vila. A gritaria já não era tão alta, as etapas se tornavam mais curtas e penosas, e era bom ser molhado com água pelas mulheres ao longo do percurso. Mas ninguém jogava o tronco no chão, por mais à frente que estivesse em relação aos demais.

Por fim, a aldeia estava à vista. Em um grande esforço final, os corredores se esforçavam ao máximo, e carregavam o tronco por 27 a 36 metros antes de suas pernas endurecerem, mas então sempre havia novas mãos e novos ombros para levar o revezamento adiante até o ponto de chegada na aldeia, onde o tronco era largado no chão.

Não havia cenas de triunfo ou suspiros de desapontamento depois. Nem os vencedores nem os perdedores recebiam elogios ou levavam a culpa. O humor zangado, os gritos e a pressa raivosa do percurso de ainda há pouco terminavam repentinamente, e todos eram amigos novamente. O antropólogo inglês David Maybury-Lewis, incentivado pelos membros da tribo, participou de uma corrida desse tipo nos anos 1950. Nesse caso, os vencedores caçoaram dos perdedores no fim, mas os perdedores não responderam e simplesmente entraram nas cabanas para comer. A equipe vencedora pertencia à tribo Kraho, que ficava a 240 quilômetros dali, e seus membros caçoavam das habilidades de corrida dos anfitriões: eles eram incompetentes, não sabiam comemorar e festejar, só sabiam falar, e assim por diante. Ao ouvir isso, os perdedores simplesmente sorriam abertamente. No dia seguinte, as equipes se desafiaram novamente. Agora, o jogo foi virado: "Os Krahos não sabem correr", comentou um dos xerentes, com sarcasmo, embora os adversários tivessem provado sua habilidade na véspera. "Não servem para nada além de falar – é só o que os Kraho sabem fazer. Eles não trabalham. Não plantam suas roças. Só o que fazem é participar de corridas de tronco em casa, e ainda assim não sabem fazer isso direito quando vêm aqui."[21]

Alguém pode se perguntar por que as atitudes mudaram tão rapidamente. Dessa vez, os Kraho não se importaram, enquanto os xerentes estavam correndo não apenas por diversão, mas para provar algo. Maybury-Lewis, porém, não conseguiu encontrar uma explicação. Na manhã seguinte, as tribos disputaram outra corrida, dessa vez começando a muitos quilômetros da aldeia.

Os significados simbólicos e práticos do costume não estão claros. Uma série de pesquisadores acreditava que as tribos estavam competindo para melhorar suas chances no mercado de casamentos, mas os participantes variavam de quinze a cinquenta, e muitos já eram casados. Nos anos 1930, o etnógrafo Curt Nimuendajú rejeitou as sugestões de que era um ritual de casamento. Outra teoria afirmava que o tronco simbolizava um ser humano, e que os Krahos estavam tentando se proteger de influências malignas. As próprias tribos responderam a perguntas sobre o simbolismo com respostas muito vagas: parece provável que seja uma combinação de ato simbólico e esporte – com ênfase no segundo.

Tarahumara

O esporte também era uma atividade importante ente os Tarahumaras, no México. De todas as tribos de nativos americanos, eles são os mais famosos pela corrida. Eles se referem a si mesmos como *rarámuri* – "aqueles que correm", "aqueles que são de pés leves". Tarahumara é a forma espanhola do nome da tribo que vive no estado federal de Chihuahua, no norte do México. O explorador norueguês Carl Lumholtz estudou-os de perto nos anos 1890. Os Tarahumaras não conheciam nada sobre arenas esportivas e cronômetros, nada sobre o atletismo moderno – eles simplesmente corriam, como haviam feito por centenas de anos. "Não pode haver dúvida de que os Tarahumaras são os campeões do mundo em matéria de corrida, não por causa da velocidade, mas por causa da resistência. Um Tarahumara pode facilmente correr 257 quilômetros continuamente. Se um deles é enviado com uma mensagem, ele parte em um trote lento, e não para nem descansa."

Lumholtz soube de homens que haviam levado cartas de Guazapares a Chihuahua em cinco dias, uma distância de 1.000 quilômetros por estrada, durante os quais eles apenas bebiam água e comiam plantas que apanhavam no caminho. Quando trabalhavam para os mexicanos, eles geralmente recebiam a função de apanhar cavalos, que traziam em dois ou três dias. Eles também perseguiam veados, estivesse chovendo ou nevando, até que os animais ficavam tão cansados que se tornavam alvos fáceis para suas flechas.[22]

Eles tinham um gosto especial por corridas entre equipes formadas por quatro a vinte corredores, que chutavam uma pequena bola pelo caminho. A disputa podia durar horas, às vezes o dia inteiro e a noite inteira, indo e voltando em um percurso geralmente fixado no cume plano de uma montanha. Eles podiam percorrer um trajeto de 24 quilômetros até quinze vezes, chegando a um total de 265 quilômetros.

Esses índios eram treinados para desempenhos desse tipo desde muito novos, e o terreno montanhoso e acidentado de Sierra Tarahumara ajudava a criar homens rijos e incansáveis que corriam longas distâncias como algo normal. Regras especiais de dieta, celibato, rituais de boa sorte e magia eram praticados entre eles quando se tratava de corridas importantes. Os xamãs ajudavam os capitães do time, ofereciam sacrifícios a seus ancestrais e enterravam ossos humanos sob o percurso para prejudicar adversários. Se um corredor passasse por esses ossos, ele perderia força e energia. Todas as armas do arsenal de magia da tribo eram usadas para enfraquecer seus oponentes e alcançar a vitória.

Observadores apostavam bastante no resultado. Embora os índios tivessem poucas posses, eles apostavam roupas, ferramentas e até animais domésticos valiosos. Após todas as apostas serem feitas, e uma pedra ser separada para cada circuito completado em cada rodada, eles estavam prontos para largar.

O organizador da corrida fazia um discurso advertindo-os contra trapaças e toques na bola com as mãos – uma mão na bola levava direto ao inferno.

Uma vez dado o sinal de largada, os corredores largavam seus cobertores e corriam atrás da bola que tinha sido lançada à sua frente. Era uma competição barulhenta, com crânios de animais e outras coisas tilintando em seus cintos para evitar que adormecessem. Eles não disparavam num *sprint* logo de início, tudo era feito em um ritmo suave e estável de onze a treze quilômetros por hora, embora equipes velozes pudessem cobrir 29 quilômetros em duas horas.

Raras vezes na história do mundo pode ter havido espectadores tão ativos. Eles seguiam ao longo do percurso, apontando para a bola quando ela desaparecia, especialmente no escuro, e corriam alegremente longas distâncias para ter uma boa visão da competição. As mulheres ferviam água que davam a seus homens quando eles passavam, e quando a noite caía os espectadores acendiam tochas e as carregavam na frente dos corredores para iluminar as trilhas e o terreno.

Com o passar do tempo, muitos dos corredores desistiam, mas o número de espectadores e a torcida aumentavam, até que só restava um homem ou o líder abria uma vantagem muito grande sobre os outros. Não havia prêmio para o vencedor, além de honras e elogios, mas eles geralmente recebiam presentes de pessoas que haviam ganhado suas apostas.[23]

Por que os nativos americanos corriam?

Os nativos americanos corriam por muitas razões. Correr era sagrado e mítico, um cordão que ligava as pessoas, e que ligava as tribos e os deuses. Mas também era uma habilidade prática importante: "Há muito tempo, os Hopi não possuíam cavalos e tinham de caçar a pé. Eles tinham de treinar suas pernas, pensar e rezar muito para deixar suas pernas rápidas. Os homens se esforçavam ao máximo para superar uns aos outros na corrida, por isso eles corriam".[24]

Outro Hopi afirmou que eles sempre haviam corrido longe e rápido, e as nuvens se regozijavam ao ver o desenvolvimento dos jovens, elas ouviam as preces pedindo chuva. Os Hopi sabiam que correr melhorava a saúde, eliminava a tristeza, firmava o corpo e aumentava a vitalidade – basicamente os mesmos argumentos de um praticante de corrida moderno.

Correr, para os nativos americanos, era uma parte intrínseca da vida diária, algo que eles tinham de dominar tanto para fins sérios quanto prazerosos; e era uma boa maneira de progredir na vida. Algumas tribos mantiveram a tradição de correr muito depois de os colonizadores brancos os obrigarem a viver em reservas, mas mesmo essas tribos caíram na indolência.

Já foram propostas muitas teorias para explicar o que correr significava para os índios. Stewart Culin, que viajou o mundo estudando o esporte e os jogos entre povos aborígenes como seu campo principal de pesquisa, publicou *Games of the North American Indians* ("*Jogos dos Índios Norte-americanos*") em 1905.[25] Ele afirmava que tanto os jogos e práticas seculares quanto os religiosos tinham suas origens em "*idées fixes* extremamente antigas", e eram realizados para afastar doenças, fazer chover e aumentar as colheitas. As competições surgiram como parte do esforço para sobreviver e dar identidade aos povos tribais – as tradições esportivas demonstram isso. Na prática e nas narrativas de atletismo e jogos dos nativos americanos, ele descobriu reflexos de mitos de criação e origem. Eles refletiam as crenças que os nativos americanos tinham sobre seu próprio passado.

Mas muitos nativos americanos também corriam para conquistar fama e ganhar dinheiro no mundo do homem branco.

12
Blefes e vantagens de largada

> Sua dieta de treinamento foi uma caixa de charutos, seu cachimbo e tabaco – e copiosas doses de xerez.
>
> Sobre Sambo Cobo, aborígene australiano e corredor profissional nos anos 1880

No final do verão de 1861, o nativo americano Lewis Bennet, "Pé de Veado", embarcou em um navio que seguia de Nova York para a Inglaterra. O promotor de corridas inglês George Martin havia descoberto o astro de 30 anos e lhe prometido sucesso e riqueza se ele o acompanhasse à Inglaterra.

Ele via o potencial em Pé de Veado – este tinha boa figura, era ousado e carismático, qualidades que alimentavam os estereótipos dos europeus e sua percepção romântica dos nativos americanos. Romances e relatos haviam gerado vívidas fantasias sobre os nativos americanos, e cartas enviadas por amigos e parentes que haviam emigrado contavam sobre os conflitos dos colonizadores com eles, dos escalpelamentos, tortura e selvageria em uma parte do mundo onde os habitantes nativos viviam em acordo com a natureza.

Pé de Veado havia competido contra um tipo de corredor comum nos Estados Unidos dos anos 1860 – o blefador, que corria *sprints* por conta de apostas. Eles eram chamados de "ringers", e o nome se espalhou pelos quatro cantos do mundo.[1] Um *ringer* se disfarçava como um homem comum, ou como bêbado ou vagabundo. Ele chegava a uma cidade ou vilarejo, de preferência onde ninguém o conhecesse, e visitava os botequins ou onde quer que os homens se reunissem. Ele resmungava sobre suas realizações e se gabava de sua habilidade como corredor. Se o homem sabia o que estava fazendo, não demorava até que alguém fosse provocado a desafiá-lo e se dispusesse a colocar dinheiro em jogo: eles ficavam ansiosos para ver um forasteiro perder moral e dinheiro – e mais ansiosos em ganhar ambos para si.

Se o homem mais rápido da cidade já não estivesse presente, mandavam buscá-lo, e geralmente era apenas uma questão de ir para fora, estender uma corda em cada extremidade da rua e começar. Amigos do velocista local ficavam contentes em apostar em seu homem.

Então lá estavam eles, um estranho e um conhecido do local, nenhum sabendo o padrão do outro. Olhando ao longo da rua, eles viam os espectadores ansiosos, ouviam gritos e sentiam a tensão e excitação pré-corrida.

Ouvia-se o estalo da pistola disparando para cima, e eles largavam em uma nuvem de poeira, enquanto os espectadores gritavam entusiasmados – afinal, seus investimentos estavam em jogo.

O *ringer* tinha tudo a perder, mesmo que – até onde a multidão sabia – tivesse sido ele quem se propôs a passar vergonha provocando a aposta. Os melhores *ringers* sabiam exatamente o que estavam fazendo, cuidavam para que houvesse algum drama durante o percurso, ajustavam suas margens de vitória e fingiam surpresa quando ganhavam – como se fosse a primeira fez que isso tivesse acontecido.

Para o *ringer*, era só uma questão de blefar, correr e ficar calmo antes de partir rapidamente para a próxima. Se ele fosse um verdadeiro perito, ninguém suspeitaria do truque do disfarce, e ele podia seguir em frente até o *saloon* da próxima cidade, puxar um banco junto ao balcão e soltar as mentiras do próximo golpe. Se o malandro e sua verdadeira identidade fossem descobertos, no entanto, o *ringer* realmente precisaria de sua velocidade, pois provavelmente haveria ameaças e violência da parte de uma multidão enfurecida: então era hora de partir bem depressa, evitar tentar outros truques naquela região e até mudar o corte de cabelo, deixar a barba crescer e comprar roupas novas.

Henry Crandell, de Niles, em Michigan, foi um dos mais espertos *ringers* dos anos 1860. Ele agia na Califórnia, o estado da corrida do ouro, escassamente povoado mas com distritos ricos e movimentados ao redor dos garimpos. Ele ganhou tantos desafios e apostas sob o nome falso de Grainger, que foi colocado diante do homem mais rápido da Costa Oeste – e o venceu por claros 69 metros.

O prêmio habitual era ouro em pó. Em Colorado Springs, ele venceu Milliard Stone, e saiu de lá um homem rico. Imediatamente após isso, em Pueblo, no mesmo estado, ele armou uma nova competição. Crandell escreveu a Colorado Springs convidando pessoas dali a virem para Pueblo apostar nele em uma corrida fácil – ele afirmava estar com a consciência pesada por elas terem perdido tanto dinheiro apostando nele antes.

Animadas com seu gesto, e com a dica que ele havia dado, as pessoas apostaram dinheiro e posses nele, e muitas delas foram mesmo a Pueblo. Mas Crandell, que não tinha igual como velocista em nenhum dos estados próximos, deliberadamente chegou em segundo, de modo que seus "amigos" perderam. Foi um golpe certeiro.

Henry Crandell havia enganado os cidadãos de Colorado Springs pela segunda vez, e agora corria o risco de ser linchado. Segundo o jornal *The Mountaineer*, Crandell deixou a cidade de trem, levando sua bagagem e sua nova fortuna consigo. O jornal comentou que, se ele tivesse corrido com metade da velocidade com que correu até o trem, teria vencido a competição. Os visitantes de Colorado Springs estavam decepcionados e quebrados – e sem condições de pagar nem pela comida nem pela acomodação. Eles receberam uma refeição e acomodações gratuitas antes de serem mandados para casa de trem (às custas de Pueblo) no dia seguinte, agora cientes de sua incrível ingenuidade.[2]

Táticas semelhantes foram usadas por George Seward, que nasceu em New Haven, Connecticut, em 1817. Ele revelou sua velocidade e agilidade incomuns ainda menino, saltando em um cavalo empinado. Correndo sob o nome profissional de "Down East Yankee", ele venceu William Belden, um dos homens mais rápidos do país em 1841, e depois disso ninguém mais aceitava Seward em uma corrida por apostas.

Ele pensou na Inglaterra, e se registrou sob um nome falso como marujo em um navio com destino a Liverpool. Quando desembarcou, foi a uma estalagem onde corridas por apostas eram organizadas. Muitas estalagens haviam instalado pistas de corrida próximas a elas, aumentando assim o movimento quando espectadores sedentos frequentavam o bar antes e depois das corridas. Qualquer um que quisesse estrear como corredor vinha a um lugar desses e o dono organizava tudo, enviando convites e anunciando no jornal.

Seward conhecia o esquema quando chegou a uma estalagem em Liverpool. Ele ficou de olhos e ouvidos abertos, e pediu para conhecer ninguém menos do que Jack Fowler.

O quê! Esse estranho pretendia mesmo desafiar Jack Fowler, famoso por ser o homem mais veloz da Inglaterra fora de Londres, para uma corrida de 100 jardas (91,4 metros)?

"Sim", respondeu Seward, mas apenas se ele tivesse uma pequena vantagem na largada. Claro que poderia ter sua vantagem, esse novato da América, e parecia ser dinheiro fácil para os ingleses.

Seward ficou por perto da estalagem nos dias anteriores à corrida. Ele estava com suas roupas de marujo, falava com um forte sotaque estrangeiro e ouvia os risos e provocações dos ingleses, que estavam se divertindo à custa desse americano ingênuo. Os sorrisos ficaram mais abertos quando Seward passeou pela pista no dia da corrida usando um elegante chapéu, botas longas e calças, como se aquilo fosse um traje adequado para *sprints*. Então, Seward tirou a camisa e as botas pesadas e trotou um pouco com meias-calças de seda e sapatos de corrida, repentinamente transformado em um corredor completo. Ele largou – e venceu – diante de uma multidão cujos queixos caíram de espanto.

Seward não arranjou mais corridas em Liverpool, mas viajou pela Inglaterra, competindo com grande sucesso em distâncias de 100 jardas (91,4 metros) a uma milha (1,6 quilômetro), e, às vezes, em corridas de obstáculos e barreiras. Para fomentar revanches, ele ganhava pelo mínimo possível, mais interessado na vitória e no lucro do que em tempos. Seu recorde de 9,25 segundos nas 100 jardas foi estabelecido em Hammersmith no outono de 1844, e atesta sua enorme habilidade, assim como seus melhores tempos em 120 jardas (110 metros, 11 1/8 segundos) e 200 jardas (183 metros, 19,5 segundos).[3]

Quando convertidos em metros, esses tempos permaneceram em um nível de elite internacional por algum tempo, mesmo no século XX, apesar de Seward competir em condições primitivas, largando em pé, sem rebites nos calçados, e correndo em pistas desniveladas e mal preparadas. Depois de mais de 25 anos como profissional, ele se estabeleceu em Liverpool e retornou a seu antigo ramo como artesão de artigos de prata.[4]

Seward viveu bem do atletismo porque a tradição de corridas por apostas estava firmemente enraizada tanto nos Estados Unidos quanto na Grã-Bretanha.

Um "índio" na cidade

Eram esses astros que Pé de Veado ia desafiar quando desembarcou na Inglaterra, no final do verão de 1861, tendo sido bem treinado por seu empresário George Martin em como se comportar do modo considerado como "a maneira indígena".

Pé de Veado foi uma sensação na Inglaterra, e, segundo Martin, nunca havia competido antes, tendo apenas corrido para caçar suas presas no mundo selvagem. Ele não deveria entender inglês, e seu treinador Jack MacDonald se comunicava usando uma linguagem de sinais. Martin vazava histórias e casos pitorescos à imprensa, que, dado seu poder de criar e sustentar mitos, aumentava-os um pouco por conta própria. A imagem de Pé de Veado como um filho da natureza instigava interesse na poluída e barulhenta cidade de Londres, e o senso de espetáculo de seu empresário significava que tudo era ainda mais inflado.

Pé de Veado apelava a um público mais amplo do que apenas o público de esportes. Ele era parte da tradição europeia de exibir "selvagens nativos", quer fossem africanos, aborígenes ou pigmeus. Havia uma indústria mundial do exótico e do pouco familiar em meados do século XIX, e, sempre que alguma coisa espetacular aparecia em qualquer lugar do mundo, fossem animais vivos ou fósseis, o empresário americano P. T. Barnum e outros como ele iam buscá-los. Então, a visita de um nativo americano à Inglaterra durante a Guerra Civil Americana (1861-1865) era muito oportuna.

Quando Pé de Veado fez sua estreia no Metropolitan Ground, ele começou andando pela pista, vestindo pele de lobo e usando um cocar, uma réplica exata do estereótipo que os espectadores tinham de um "bom índio". Em sua primeira corrida de 9,65 quilômetros, Pé de Veado demonstrou suas táticas costumeiras de *fartlek*. Ele flertava com os espectadores, e a torcida e admiração pelo nobre selvagem cresciam a cada *sprint*. Ele continuou nesse ritmo variado e perdeu com um tempo de pouco mais de 32 minutos e 30 segundos.

Os espectadores e jornalistas britânicos ficaram extasiados. Um jornalista do *New York Clipper*, entretanto, enxergou a enganação no desempenho de Pé de Veado mais facilmente do que os ingleses – para um americano, ele era menos exótico. Por ordem de seu treinador, Pé de Veado competia conforme um plano pelo qual ele venceria e perderia corridas alternadas, para manter o interesse em alta.

Pé de Veado corria com o torso nu, usando grossos anéis nos dedos e sinetas nos tornozelos. Ele bradava triunfantes gritos de guerra durante sua arrancada final, e seu rosto era manchado de pinturas de guerra. Ele mentia em resposta a perguntas sobre alimentação e sono, e fazia tudo o que Martin pedia para reforçar seu mito vendável.

Artistas o pintavam e vendiam litografias aos milhares, que as pessoas penduravam em suas paredes. Pé de Veado conheceu o príncipe de Gales e outros membros da nobreza, e era o centro de recepções e convidado de honra em casas importantes. Quando as senhoras começaram a cercar a arena para admirar seu torso bronzeado, ele começou a se cobrir. Em 16 de dezembro de 1861, sua última aparição do outono, Pé de Veado estava abatido, além de receber algumas críticas na imprensa britânica.

Depois de várias alegações de fraude nas corridas e rumores de que Pé de Veado tinha um problema de alcoolismo e de que estava com saudades de casa, ele partiu para a ofensiva em 1862 e estabeleceu um recorde mundial extraoficial de 18,41 quilômetros em uma corrida de uma hora. Quando deixou a Inglaterra em 1863, após uma temporada de vinte meses, ele era popular e havia inspirado muitas pessoas a adquirir o hábito de correr.

O nome Pé de Veado nutria todas as fantasias sobre sua gloriosa raça – ele tinha a mesma aura e potência de Hiawatha, o menino índio do poema de Henry W. Longfellow, que corria a velocidades sobre-humanas. De uma forma estranha, Pé de Veado encontrou um nicho na consciência nacional inglesa e estimulou a curiosidade dos ingleses pelos chamados povos primitivos.

Truques imaginosos

Na segunda metade do século XIX, correr profissionalmente era uma atividade particularmente forte na Grã-Bretanha, nos Estados Unidos, na África do Sul e na Nova Zelândia – com exceção dos Estados Unidos, todos membros do império britânico.

Grandes competições, principalmente para velocistas, eram realizadas em Londres, Sheffield, Manchester, Birmingham e Newcastle. Uma duradoura tradição de corridas de velocidade começou em 1870 no campo Powderhall Grounds, em Edimburgo, na Escócia, e ainda continua – está agora em seu terceiro século.

E o Stawell Gift, em Stawell, na Austrália, que começou em 1879 como uma corrida de brincadeira entre garimpeiros, ainda é um evento anual. A mais variada cultura de corrida profissional da última parte do século XIX cresceu na Austrália, que, em 1868, havia recebido quase 100 mil condenados britânicos.

A descoberta do ouro na Austrália em 1850 atraiu caçadores de fortuna do mundo todo. Em pouco tempo, os garimpeiros já se desafiavam para corridas por ouro em pó ou pepitas, com seus colegas como espectadores na torcida. Em uma sociedade tipicamente masculina desse tipo, com seu forte espírito de pioneirismo, atletismo e corrida se tornavam uma das muitas medidas da força de um homem.

Tanto a corrida amadora como a profissional, na Austrália e em outros lugares, durante esse período, frequentemente assumiam a forma de corridas com vantagem de largada. Tais vantagens quase não existem hoje em dia, embora fossem comuns por toda parte em corridas profissionais e, às vezes, corridas amadoras, até a Segunda Guerra Mundial – e mesmo depois, em alguns lugares.

O princípio é, ao mesmo tempo, simples e complicado. Corredores mais lentos começam primeiro e correm distâncias mais curtas do que os melhores corredores. Eles recebem uma vantagem. Teoricamente, isso significa que quaisquer desigualdades de padrão são niveladas na partida para tornar o resultado e as apostas menos previsíveis. O peculiar nesse tipo de corrida profissional é que seus praticantes não tentavam vencer todas as competições, ou nem sequer buscavam o melhor tempo possível: eles tinham como meta corridas específicas, geralmente anos à frente, e treinavam e competiam com elas em mente. Os treinadores guiavam o processo e ensinavam os corredores a construir a capacidade necessária para as grandes ocasiões e assim aumentar suas chances de vencer. Era um tipo engenhoso de subdesempenho, mas sempre com o grande alvo em mente.

Havia pelo menos cem corredores profissionais ganhando a vida nesse esporte em Sydney e Melbourne entre 1885 e 1890. Um treinador podia ter até seis ou sete homens em seu plantel, todos competindo simultaneamente. Como o esporte girava quase exclusivamente ao redor dos *sprints*, ele era dominado pelos corredores naturalmente talentosos que não precisavam de muito treinamento. O aborígene Sambo Combo, que correu 91,4 metros em 9,1 segundos em 1888, era um corredor desse tipo. Dizia-se que "sua dieta de treino era uma caixa de charutos, seu cachimbo e tabaco, e copiosas doses de xerez".[5]

As competições eram muitas vezes dramáticas, como, por exemplo, quando o irlandês Higgins se encontrou com o australiano Tom Cusack na cidade natal do segundo, Wangaratta, em 1869. Os patriotas locais pensaram em sabotar Higgins quando ele chegou duas semanas antes do evento com seu treinador e dois assistentes. Quando Higgins demonstrou estar em ótima forma, os habitantes de Wangaratta ficaram preocupados, e há alguma suspeita de envenenamento como causa do horrível mal-estar do irlandês na véspera da corrida. Os espectadores até jogavam pedras e o ameaçavam pela janela enquanto ele se trocava no vestiário.

Higgins ainda estava abrindo caminho pela multidão quando o tiro de largada para as 100 jardas (91,4 metros) foi disparado muito cedo, mas os dois terminaram empatados na chegada. Um espectador deu um soco em Higgins. Na corrida seguinte, Cusack saiu antecipado novamente e venceu – e novamente Higgins caiu de costas no chão, atingido por um soco. Quando Higgins venceu as 300 jardas, e eles empataram em pontos, os torcedores de Cusack ficaram encolerizados e jogaram ainda mais pedras na janela do vestiário.

Higgins se alinhou para a corrida final, as 200 jardas, aparentemente inabalável com as trapaças e ameaças e com a pressão da multidão sobre ele. Um limpador de chaminé local que havia subido numa árvore caiu junto de Higgins na pista, mas Higgins continuou e, para grande irritação da turba, venceu. Após a chegada, Higgins correu o mais rápido que pôde e se trancou no hotel, temendo por sua vida e com bons motivos para ficar bem longe da multidão. Os apoiadores financeiros de Cusack perderam 3 mil libras naquele dia, que se somam a duas outras derrotas imediatamente anteriores.[6]

Essa cultura de corrida sem lei levou a reportagens épicas que beneficiaram o restante do esporte.

Foi no Carrington Ground, em Sydney, Austrália, em 1887, que o corredor aborígene Bobby McDonald saltou de uma posição agachada e assumiu uma clara liderança em uma prova de *sprint*. Os observadores e competidores ficaram atônitos: que tipo de estilo de largada era esse? Na próxima rodada, que foi a semifinal, McDonald reconheceu que tinha uma vantagem e novamente assumiu uma clara liderança, vencendo facilmente. Após algumas sérias discussões e insinuações de trapaça e vantagem injusta, o juiz baniu o novo estilo de largada na final.

Em sua corrida seguinte, McDonald novamente adotou uma postura agachada, disparou à frente e levou o primeiro lugar. Seus oponentes protestaram e os juízes negaram-lhe permissão para usar a técnica.

McDonald havia descoberto essa posição de largada por acaso. Ele tendia a sentir frio antes da largada de uma prova e se agachava para se abrigar do vento, no que depois se tornou a posição de "em suas marcas". Certa noite, enquanto estava parado nessa posição, o sinaleiro disparou com sua pistola inesperadamente; McDonald largou instintivamente e notou que sua aceleração era mais rápida e seu equilíbrio melhor do que numa largada em pé. Mas ele teve de parar de usá-la quando os juízes estabeleceram uma proibição.

Harry Bushell, um corredor australiano, estava experimentando essa posição por volta da mesma época. Ele cavava dois pequenos buracos para lhe dar um apoio inicial, e percebeu que chegava a sua velocidade máxima mais rápido dessa forma. Quando jogou fora os pedaços de cortiça que os corredores da época apertavam nos punhos quando se esforçavam ao máximo, descobriu que relaxava mais e alcançava um fluxo melhor.

Depois de muito praticar, Bushell experimentou a posição agachada no Carrington Handicap e venceu. O público viu claramente a vantagem do método, mas um dos competidores protestou. O júri rejeitou o protesto, e dali em diante a largada agachada se espalhou pela Austrália e pelo resto do mundo.[7]

Não podemos ter certeza se ele foi o primeiro a fazê-lo, mas havia um aborígene nos anos 1890 que participou de um *sprint* no Carrington Ground. Ele recebeu uma boa vantagem de largada e apareceu pronto a dar o seu melhor sob os lampiões de gás – embora a largada e a chegada do percurso estivessem completamente no escuro. O empresário do aborígene pintou um corredor branco de preto, para que as pessoas o tomassem pelo aborígene.

Ao comando de largada, o corredor pintado disparou da escuridão e venceu, mas continuou a toda velocidade ao entrar novamente no escuro. Ele vestiu rapidamente um casaco pesado e foi levado embora na surdina, enquanto o aborígene – que, enquanto isso, estava escondido e com um traje de corrida idêntico – trotou de volta até os juízes e foi proclamado vencedor. Ele e seus apoiadores ganharam um bocado de dinheiro.[8]

Corredores australianos famosos das cidades também visitavam os distritos do interior para desafiar heróis locais. Um bookmaker os acompanhava, sendo que a quantidade de dinheiro vivo em sua carteira determinava as somas que podiam ser apostadas nesse ramo inescrupuloso de negócios.

Um grupo chegou a uma competição em Hungerford, Nova Gales do Sul, e inscreveu seu velocista sob um nome falso. Como sempre, no hotel se discutia sobre a corrida e se os visitantes conseguiriam vencer os rapazes da casa.

"Nosso homem é imbatível", diziam os homens de Hungerford.

"Em nosso grupo há uma mulher que consegue vencê-lo", dizia um dos visitantes, sarcasticamente.

O grupo da cidade imediatamente aceitou o desafio de colocar seu homem para competir contra a mulher.

"Está bem, mas apenas à noite, e na rua principal", disseram os visitantes, sabendo que a iluminação era ruim.

Naquela noite, o percurso foi medido em passos, o público compareceu em peso, e todos os olhos estavam fixos na mulher. Ela correu à toda e venceu de forma sensacional, desaparecendo depois com a mesma rapidez pelo hotel adentro, antes de seguir rapidamente para uma cidade vizinha.

Ali, a ágil senhora decidiu aparecer em um concerto de caridade, mas alguns dos homens de Hungerford a reconheceram no palco e se dirigiram a ela com rudeza, ao que a dama pulou do tablado e desapareceu novamente: aqui, como em outros lugares, o golpista disfarçado tinha de ser rápido. Esse velocista de rosto liso era um expert em vestir roupas femininas e bancar a mulher nesses trajes.[9]

Fraudes de entretenimento desse tipo enfureciam aqueles que, no final do século XIX e início do século XX, exigiam um atletismo amador puro e limpo.

Para entender o atletismo amador, nesse caso as corridas, não basta estar familiarizado com as regras do amadorismo; é necessário também saber a quê os amadores se opunham, isto é, a forma como as corridas profissionais funcionavam. Examinando estas últimas, as atitudes dos amadores se tornam mais compreensíveis. "Não queremos que seja assim!", diziam eles. Ninguém era mais familiarizado com as corridas profissionais do que os britânicos, razão pela qual eles ocuparam uma posição central nas associações amadoras por muitos anos.

Os amadores não gostavam da forma como os profissionais trapaceavam para arranjar decisões de largada e assegurar que teriam posições de largada vantajosas em grandes competições. Eles também reclamavam que os participantes apostavam nas próprias corridas e ganhavam dinheiro assim.

Os profissionais também aprendiam a correr "mortos", isto é, a produzir um desempenho pior do que eram capazes, para enganar os oponentes.

Isso podia ser feito de várias formas, tais como treinar duro na manhã ou imediatamente antes da competição, de modo que o corredor ficava incapaz de produzir seu melhor desempenho – reduzir a velocidade durante a corrida era, é claro, muito fácil de detectar. E, mesmo que aqueles que determinavam as largadas soubessem das fraudes, ainda assim era melhor trapacear discretamente. O australiano Roger Best explicou esse método de se tornar mais lento quando estava no auge da forma: "Eu ia para a Universidade Monash, no caminho da competição, e fazia duas corridas de 400 metros a toda velocidade, uma após a outra, para ficar com enjoo. Depois, eu ia para a competição". Durante dois anos, ele nunca foi acusado de trapacear ou de mostrar um desempenho abaixo de seu melhor.[10]

Outros eram menos competentes nos blefes. O australiano John Whitson diminuiu suas chances de vencer em grandes competições porque não conseguia reduzir seu ritmo em corridas que decidiriam sua vantagem sem ficar muito óbvio. Após uma sessão de treinamento, o treinador de um amigo lhe trouxe um par de palmilhas para colocar em seus sapatos de corrida:

> Ele havia coberto o lado de baixo das palmilhas com chumbo, e cada uma delas pesava quase 300 gramas. Por toda aquela temporada, eu corri com esses pesos de chumbo. A única forma de ser pego era se alguém estivesse por perto quando você tirava os sapatos, e tinha de apanhá-los você mesmo, porque eles pareciam sapatos de corrida normais com palmilhas. Mas você não podia deixar ninguém levantar sua bolsa de treinamento, porque era a mais pesada da cidade. Atravessei a temporada toda sem uma palavra dos juízes.[11]

Corredores de média e longa distâncias tinham uma escolha mais variada de truques do que os velocistas. Os corredores podiam correr do lado de fora da pista ou se posicionar de modo a ficar engarrafados e bloqueados no *sprint* final. Eles podiam tomar bebidas gaseificadas e comer hambúrgueres ou outros alimentos inadequados antes da largada, ou um grupo deles podia sair para um treino pesado de corrida antes de uma competição importante. A ideia era tapear os juízes, que circulavam pelo campo verificando os desempenhos dos participantes com vistas a estabelecer futuras vantagens de largada.[12]

Na Austrália dos anos 1920, tudo isso se tornou positivamente um esquema mafioso, graças à "Black Hand Gang" ("Gangue da Mão Negra") – um grupo que recrutava corredores e fraudava sistematicamente as competições. As atividades da gangue causaram repercussões muito além da Commonwealth da Austrália e tornou-se tão poderosa que desafiava autoridades oficiais. Os jovens recrutados pela gangue seguiam ordens rígidas de não dar informações sobre ela, e foram necessários dez anos de investigações, intermináveis audiências e muito trabalho de detetive para pôr um fim à quadrilha.

Seis dias de uma vez

Essas corridas duravam seis dias, porque no sétimo dia Deus e os homens deveriam descansar. As corridas de seis dias eram mais populares nos Estados Unidos e na Inglaterra durante os anos 1880. Eram realizadas em ambiente fechado, dentro de armazéns ou nos recém-construídos ringues de patinação, e os espectadores passavam longas horas bocejando, comendo, fumando e apostando. As competições eram chamadas de "Vá como quiser", e era exatamente isso que os participantes faziam, andando, trotando ou cambaleando de exaustão.

A primeira corrida de seis dias para bicicletas foi organizada em Birmingham em 1875; as competições de seis dias a pé se inspiraram nisso, mas eram muito mais comerciais. Os participantes podiam se deslocar da forma que preferissem: eles geralmente corriam no começo, andavam mais tarde e cambaleavam no fim desses eventos de resistência bizarros. Tudo acontecia em condições cuidadosamente reguladas, sendo que as jardas e milhas eram meticulosamente contadas.

Para nós, pode parecer insuportavelmente tedioso correr e se arrastar penosamente em pistas curtas, mal ventiladas em ambientes fechados, com até 50 voltas por milha – as pistas chegavam a ter apenas 32 metros de comprimento – com espectadores assistindo muito de perto, mas corridas de seis dias eram espetáculos recentes, ainda que tediosamente arrastados.

O americano Edward Payson Weston (1839-1929) foi uma figura importante na origem e na popularidade dos eventos de seis dias. Ele era um pedestrianista e animador, não um corredor, cujos feitos a partir de 1861 receberam enorme cobertura da imprensa. Embora ele caminhasse sozinho em vez de se arriscar a derrotas, seus feitos intensificaram a rivalidade entre pedestrianistas e corredores de longa distância na Grã-Bretanha. Nos anos seguintes a 1877, ele visitou a Grã-Bretanha várias vezes, e ali também consolidou seu nome.[13]

Os anos 1870 e 1880 testemunharam uma onda de duros desafios de 12, 24, 48 e 72 horas, ou de 25, 50 e 100 milhas.[14] Um exercício puramente voltado a apostas nos Estados Unidos se chamava "andar na prancha" e consistia em andar em uma tábua ou bancada que podia ser de 4,5 a 14 metros de comprimento, pelo máximo número possível de horas – 100 horas não estavam fora de questão para homens ou mulheres.[15]

Muitos dos que participavam das competições de seis dias em Nova York nos anos 1880 vinham de fazendas de batata empobrecidas da Irlanda e estavam preparados para fazer qualquer sacrifício necessário para vencer, mas, assim como os irlandeses, havia os escandinavos, alemães e italianos. Eles eram competidores com ambições internacionais que haviam atravessado o Atlântico para enfrentar novos oponentes e encontrar novos mercados. Assim como os americanos na Europa despertavam interesse, desembarques recentes de europeus eram bem-vindos nos Estados Unidos. Eles eram conhecidos por apelidos espirituosos, e suas carreiras raramente duravam muito nesse ramo impiedoso de trapaças, corridas arranjadas e fama breve.

No final dos anos 1880, o interesse em corridas de seis dias decaiu em Nova York e outras cidades americanas, mas o que havia começado como um fenômeno metropolitano se espalhou para cidadezinhas, acampamentos de madeireiras e comunidades mineradoras – qualquer lugar com uma grande população masculina. A coesa turma dos corredores de longa distância, tal como uma trupe circense, se mudou para Nevada, Michigan, Wisconsin e outros estados. A febre do ouro no Alasca no final dos anos 1890 atraiu corredores em busca de um novo mercado. Como capitalistas, eles seguiam para onde houvesse fortunas sendo feitas e onde o dinheiro fosse fácil. Em Nome, no Alasca, eles competiam em grandes cabanas de madeira, diante de um público de rudes garimpeiros que desafiavam o frio para viver em um povoado que cresceu do nada para 18 mil habitantes em dois ou três anos.

Também as mulheres, particularmente da Grã-Bretanha e dos Estados Unidos, competiam em corridas de seis dias e de longas distâncias. Os homens tendiam a alternar trotes e caminhadas, enquanto as mulheres quase sempre caminhavam, em parte porque correr não ficava bem para elas, mas também por causa de suas roupas: saias longas com anáguas por baixo eram os únicos trajes socialmente aceitos para mulheres.

Era um ramo de negócios de entretenimento pura e simplesmente, assim como entre os homens, mas também uma parte da luta por mais exercícios para mulheres, no mesmo período em que elas estavam recebendo o direito à educação superior em vários países. Colégios apenas para garotas foram abertos na Grã-Bretanha, nos Estados Unidos e em outros lugares nos anos

1860 e 1870, e as mulheres começaram a alcançar direitos no que antes eram domínios masculinos. Elas se exercitavam em seus internatos e caminhavam muito, mas eram aconselhadas a evitar se esforçar muito fisicamente, para não prejudicar sua fertilidade. A possibilidade de que os exercícios prejudicassem a capacidade de parir foi uma causa de medo entre as mulheres, maridos e pais por muitos anos.

Provas de resistência eram parte do espírito da época. Duas mulheres inglesas nadaram 9,6 quilômetros no rio Tâmisa em Londres em meados dos anos 1870, enquanto milhares assistiam das margens. Homens e mulheres marchavam competindo uns contra os outros em picadeiros de circo, como um teste da resistência das mulheres – isso ganhava as manchetes dos jornais nos dois lados do Atlântico.

Bertha von Hillern veio da Alemanha, mas na segunda metade dos anos 1870 ela foi desafiada em vários duelos duramente disputados nos Estados Unidos contra a americana de nascimento Mary Marshall. Quando disputaram caminhada uma contra a outra por seis dias em Chicago e Nova York em 1875 e 1876, milhares de espectadores ficaram em pé do lado de fora do campo, pois todos os ingressos estavam esgotados.

Em duas exibições no Music Hall de Boston, em 1876, mais de dez mil pessoas pagaram para ter um vislumbre dessa mulher elegante e bem vestida, cujo retrato era vendido aos milhares e cujo chapéu era última moda, conforme se dizia. Von Hillern era um bom exemplo para as mulheres que queriam aderir a exercícios físicos. Essa jovem modesta e profundamente religiosa se preocupava com o que as pessoas cristãs pensavam dela e temia a ira de Deus: embora tivesse 20 anos recém-completados, ao contrário de muitas estrelas femininas do esporte, ela não era apresentada como um símbolo sexual.

Seu principal público nos Estados Unidos era formado de cidadãos respeitáveis, clérigos, advogados, senhoras distintas e médicos. Os homens da área médica aplaudiam suas realizações e apontavam para ela como modelo feminino de exercícios físicos e cuidados com o corpo. Apesar de sua popularidade, ou talvez por causa disso, ela deixou de se apresentar e se estabeleceu com uma vida respeitável em Boston. Caminhadas de longa distância eram uma forma de subir no mundo e, no caso dela, ganhar dinheiro, fazer um nome e ter um bom casamento.

Madame Anderson, da Inglaterra, era um total contraste em relação a Von Hillern: uma mulher musculosa e extrovertida de meia-idade, que havia sido atriz e palhaça antes de entrar para o ramo de caminhadas competitivas em seu país natal em 1877. Enquanto Von Hillern havia geralmente completado suas demonstrações em um prazo de 24 horas, madame Anderson continuava por dias e semanas, e chegou perto do melhor dos homens em termos de quilômetros percorridos. Ela treinava com William Gale, um dos melhores treinadores de resistência da época, e cantava, dava cambalhotas e fazia pequenos discursos. Ela teve muitos apoiadores em sua estrada para o sucesso: seu marido, seu empresário e um assistente médico. Por trás das apresentações de Anderson, que eram temperadas por uma ingestão masculina de álcool durante as competições, escondia-se uma inteligente e bem treinada mulher de negócios que se considerava ética em tudo o que fazia.

Anderson era um desafio maior aos ideais da época do que Von Hillern. Ela era uma mulher casada duas vezes, meio judia e vinda da classe trabalhadora, que começou a fazer a própria fortuna de forma sistemática. Muitos na Grã-Bretanha ficavam irritados tanto pelo fato de que ela competia no sabá quanto por ir para os Estados Unidos em 1878 ganhar dinheiro e conquistar mais fama. A reação americana foi semelhante quando, em São Francisco, em 1879, ela se enrolou na bandeira americana durante a volta final e agradeceu a Deus pelas dezenas de milhares de dólares que havia ganhado.[16]

Havia mais de cem pedestrianistas femininas profissionais competindo nas cidades dos Estados Unidos no ano em que Anderson chegou a Nova York. Mulheres boxeadoras e trapezistas se arriscavam nesse ramo, juntamente com jovens recém-saídas dos navios de imigrantes da Europa.

O interesse por corridas femininas de seis dias passou rapidamente durante os anos 1880, e vale a pena especular por quê. Avisos das alas médicas e religiosas tiveram um efeito sobre as mulheres, assim como a prisão de competidoras e proibições locais. Após a novidade inicial, o interesse havia se acalmado, e os locais apertados, insalubres e de alto risco de incêndio deram má fama aos eventos. Havia também o fato de que os fenômenos de entretenimento tinham um ciclo de vida curto nos Estados Unidos, uma sociedade em constante mudança na busca pelo dinheiro, mas as corridas de seis dias para mulheres nos anos 1870 e 1880 foram, assim mesmo, um primeiro florescimento de orgulho físico das mulheres e um indicador interessante do futuro.[17]

Os inícios dos esportes de pista modernos

Desenvolvimentos na Grã-Bretanha da segunda metade do século XIX tiveram enorme significado para o esporte e o atletismo. Uma fonte importante de inspiração veio dos Jogos das Highlands, na Escócia. Esses jogos de múltiplas modalidades, que incluíam a primeira corrida montanhesa da Escócia, têm raízes que remontam ao século XI, e sobreviveram através dos séculos para celebrar as culturas escocesa e celta. A tradição era forte nas *highlands* escocesas, terra natal dos clãs, e os jogos, incluindo carregamento de troncos, arremesso de pesos e corrida, se espalharam no século XIX para a Inglaterra, Estados Unidos, Canadá e pelas muitas colônias britânicas com imigrantes escoceses. Eles são uma maneira de homenagear o país natal e celebrar a solidariedade entre conterrâneos. O atletismo moderno é parcialmente inspirado nas disciplinas dos Jogos das Highlands.

O mundo tinha a atenção voltada para a Grã-Bretanha nesse período, e os escoceses e ingleses assumiram a liderança em muitas atividades esportivas que depois se tornaram olímpicas simplesmente porque os britânicos se engajavam nelas. Para entender a ascensão do esporte e da corrida modernos, é essencial saber o que acontecia na Grã-Bretanha no século XIX. Também é importante ter em mente a tradição florescente da corrida profissional, que atraiu todas as classes sociais e, portanto, obrigou a classe alta inglesa a definir seus próprios esportes – sem prêmios em dinheiro e, idealmente, sem corrupção e trapaça.

O pedestrianismo, que na Grã-Bretanha abrangia tanto competições de caminhada quanto de corrida, mas que aqui se refere apenas à segunda, era principalmente um esporte das classes trabalhadoras, em um país onde a consciência de classe era muito forte. Os cavalheiros ingleses, com muito tempo livre, propriedades e fortunas, pertenciam a um nível social totalmente diferente da maioria dos corredores em meados do século XIX. Havia alguns, como Sir John Astley (1828-1894), que fora um oficial e entrou para as corridas em companhia de homens das classes mais baixas, que se referiam a si mesmos como amadores. Quando ele estava em seu auge, nos anos 1850, "amador" sugeria cavalheiro, estivesse ele competindo por dinheiro ou não; de resto, um cavalheiro não *precisava* ganhar dinheiro com o esporte, o que, por sua vez, implicava um grau de superioridade. Estritamente falando, um cavalheiro não precisava trabalhar, ele vivia dos juros de sua fortuna ou das rendas de sua propriedade.

O que acontecia nas principais universidades inglesas, Oxford e Cambridge, tinha importantes efeitos desencadeadores. Esses eram lugares onde os homens das classes mais altas passavam importantes anos de formação e construíam amizades duradouras. Em 1850, o Exeter College, em Oxford, organizou uma corrida, e outras faculdades de Oxford e Cambridge seguiram a trilha, começando a desenvolver apreço pelo atletismo, no qual correr era uma atividade essencial.

Esse interesse estava relacionado ao que ficou conhecido como Cristianismo Musculoso, uma educação para moços em que o atletismo era uma ferramenta para criar cavalheiros cristãos. Isso se espalhou por outros países, primeiramente para colégios internos, mas depois através das Associações Cristãs de Moços (ACMs).

Diversas associações atléticas foram fundadas na Inglaterra no começo dos anos 1860, a mais importante das quais era o Amateur Athletics Club (AAC), fundado em Londres em 1866 por John Chambers, que se formara em Cambridge naquele ano. Os convites para o primeiro evento no ano seguinte declaravam que ele estava aberto a "qualquer cavalheiro amador".[18] Porém, cavalheiros que tivessem participado de competições abertas ou com largadas com vantagem não podiam participar de nada organizado pelo Amateur Athletics Club: foi, portanto, um grupo exclusivo desde o início.

Chambers é chamado de arquiteto do atletismo moderno, e seu objetivo era reunir, de todas as universidades do país, incluindo a Escócia e a Irlanda, todos os talentos atléticos interessados em seguir os princípios do amadorismo.

A palavra francesa *amateur*, derivada do latim *amatorem* = "amante", foi usada pela primeira vez na França perto do fim do século XVIII, para denotar uma pessoa com interesse em arte, arquitetura ou qualquer outra coisa, mas sem expectativa de vantagem econômica. Era, na verdade, um termo de elogio em muitas línguas. Em inglês, a palavra "amateur" havia sido usada em relação à prática do remo e do críquete desde o século XVIII. Conforme a revista *Bell's Life in London, and Sporting Chronicle* em 1835, um amador era alguém que remava mas não trabalhava no mar nem ganhava a vida remando. Aqueles que recebiam treinamento gratuito e extraíam lucro da atividade não eram considerados amadores. O *The Rowing Almanac* de 1861 definia um amador através da listagem das universidades, escolas e instituições que haviam criado tais indivíduos "superiores". Profissionais, trabalhadores e artesãos estavam excluídos.

O Amateur Athletic Club deu sua própria definição em 1866: "Um amador é uma pessoa que nunca participou de uma competição aberta, nem para ganhar dinheiro, nem recebeu dinheiro para aparecer, e que nunca teve o atletismo como meio de sustento". Entretanto, eles não mencionavam competições privadas ou apostas. Em 1867, eles fizeram uma importante exclusão adicional: "e que não é um artesão nem trabalhador". No ano seguinte, eles mudaram a expressão inicial para: "Um amador é qualquer cavalheiro que...".[19]

Como qualquer outro clube de cavalheiros, seu objetivo era ser autosseletivo e estabelecer suas próprias condições, e eles queriam excluir homens trabalhadores cujo trabalho lhes proporcionasse treinamento.

Ferreiros e pedreiros, por exemplo, eram tremendamente fortes e tendiam a ser bons em eventos de arremesso, enquanto pastores e outros homens com trabalhos ao ar livre que exigiam que caminhassem tinham vantagem quando se tratava de correr.

No final dos anos 1870, diferentes grupos disputavam sobre o futuro do esporte. Tudo girava em torno da necessidade de chegar a um acordo sobre um campeonato comum para todo o país, sobre a inclusão de grupos ocupacionais que estavam excluídos e a remoção da palavra "cavalheiro" dos critérios de filiação.

Em 1880, três jovens – Clement N. Jackson, Montague Shearman e Bernhard R. Wise – propuseram à Amateur Athletic Association (AAA) pôr fim aos desentendimentos e reunir todo o país na primeira associação nacional desse tipo no mundo. A definição da palavra "amador" era um tópico importante quando os delegados se encontraram na reunião inaugural no salão de banquetes do Randolph Hotel em Oxford, em 24 de abril de 1880. Até os mais conservadores aceitaram a inclusão de grupos ocupacionais anteriormente excluídos. Embora mais grupos fossem agora incluídos do que o permitido por estatutos anteriores, muitos ainda continuavam excluídos, e as discussões sobre quem estava em desacordo com as regras do amadorismo, bem como o que essas regras significavam, marcariam o atletismo e outros ramos do esporte por um século ou mais. Mas essa nova organização também colocou em movimento o duradouro processo de padronização de recordes.

O registro de recordes de corrida não tem uma longa história. Os primeiros recordes atléticos oficiais foram registrados em 1864, durante uma competição entre as equipes das universidades de Oxford e Cambridge, e há um manual de treinamento de atletismo de 1868 que menciona os melhores desempenhos na Inglaterra. O *Oxford English Dictionary* cita 1883 e 1884 como os primeiros anos em que "record" foi especificamente usado em relação a desempenhos esportivos excepcionais. Montague Shearman, o historiador de esportes inglês, usou a palavra em seu livro, *Athletics and Football*, de 1887, e sabia que seus leitores iriam se familiarizar com ele; entretanto, ficava chateado com a obsessão norte-americana por recordes. Em nenhum outro país havia tanta fixação por recordes, e Shearman tinha uma grande preocupação de que tal obsessão levasse o atletismo à direção errada e rompesse com os ideais do esporte amador inglês.

A introdução de recordes nacionais de corrida necessitava de uma padronização das pistas, da marcação de distâncias exatas e da existência de marcadores de tempo confiáveis – um processo que levou muitos anos para se completar em diferentes países. Os recordes de corrida não são tão "naturais" ou óbvios quanto se pode pensar. Eles exigem tecnologia, padronização e uma atitude mental que apenas se tornou comum a partir do final do século XIX, sob a influência de desenvolvimentos sociais na Europa.[20] As normas da sociedade industrial foram transferidas para o esporte e se tornaram predominantes ali, colocando como objetivo a produção de resultados quantificáveis. É claro que isso minava as tradições circenses e carnavalescas do esporte.

O desenvolvimento do esporte regulado foi gradual. Para um observador posterior, o esporte sério do período inicial é frequentemente motivo de diversão, uma vez que parece tão inocente e cômico, embora os praticantes fossem profundamente sérios. A Inglaterra vitoriana idealizava o comportamento contido e o "jogar pelo jogo em si". Na visão das classes altas, essa era uma atitude mais aculturada e civilizada do que as abordagens grosseiras das classes baixas em relação ao esporte.

A corrida profissional contava como uma das abordagens grosseiras. Ela é menosprezada nos livros de história porque os ideais amadores tinham se tornado dominantes, e porque eram os amadores que escreviam a história – sem deixar espaço suficiente, ou mesmo espaço algum, para os profissionais. O conceito do amador no esporte apenas se tornou difundido com o crescimento do esporte moderno no final do século XIX e início do século XX. Antes disso, ele não fora um assunto: agora, no entanto, se tornava importante por causa da chegada de um grande evento esportivo internacional – os Jogos Olímpicos.

13
A retomada dos Jogos Olímpicos

> Os corredores cuspiam poeira, tossiam e vomitavam. William Garcia, da Califórnia, quase morreu de intoxicação, e acabou em um hospital com sangramentos no estômago causados pela poeira.
> Após a maratona em um dia especialmente quente durante as Olimpíadas de St. Louis de 1904

É um mito que tenha sido apenas o francês Pierre Frédy, barão de Coubertin, quem redescobriu os Jogos Olímpicos e os restaurou em 1896. Um período muito longo de desenvolvimento precedeu isso. No final do século XIX, o estádio de Olímpia estava revelado para todos verem, após mais de um milênio de obscuridade e de um enorme esforço arqueológico.

Arqueólogos franceses, alemães e ingleses vinham visitando e se propondo a escavar Olímpia desde o século XVIII. No início do século XIX, os Jogos Olímpicos eram bem conhecidos dos antiquários europeus, e uma série de expedições inglesas foi a Olímpia, que a população local estava usando como pedreira. Um dos ingleses, William Martin Leake, chegou ali no inverno de 1805, com a intenção de "adquirir mais conhecimentos sobre este importante e interessante país para as autoridades britânicas". Os franceses empreenderam as primeiras escavações extensivas em Olímpia em 1829, mesmo ano em que a Grécia declarou sua independência dos turcos.[1]

Em 1883, arrebatada pela recente conquista da independência e pela herança clássica emergindo da terra, a cidade de Pirgos propôs a reintrodução dos Jogos Olímpicos. Um grego rico, Evangelios Zappa, se ofereceu entusiasticamente para pagar todos os custos, e deixou de herança toda a sua fortuna para esse fim. Os fundos dessa fonte financiaram os Jogos Olímpicos de Atenas em 1859, 1870, 1875, 1877 e 1888/9.

Em 1874, o Kaiser Guilherme I fez um acordo com a Grécia de que todos os achados arqueológicos deveriam pertencer aos gregos, mas que os alemães teriam o direito de publicar os resultados das escavações. A escavação foi conduzida de 1875 a 1880 pelo arqueólogo alemão Ernst Curtius. Seus livros venderam em grande quantidade por toda a Europa e estimularam o interesse pela era clássica.

Os franceses ficaram com inveja de sua arqui-inimiga Alemanha estar sistematicamente escavando e reconstruindo essa magnífica era da história europeia. Se os alemães estavam descobrindo alguns dos esplendores da Antiguidade, os franceses teriam de arranjar alguma contribuição no mesmo campo.

Foi isso que inspirou o aristocrata Pierre de Coubertin, nascido em Paris em 1 de janeiro de 1863. Seu pai era um artista e sua mãe uma musicista de alto nível, e ambos eram muito interessados em história. Sua mãe inculcou nos filhos um respeito pelo passado, e Coubertin também adquiriu grande entendimento sobre o mundo clássico na escola jesuíta que frequentou em Paris. Como dever familiar, Coubertin estudou Direito, mas importantes impulsos de sua criação continuaram com ele depois de adulto. Quando praticava vários esportes, como esgrima, equitação, boxe e remo em seu tempo de estudante, ele descobriu que proporcionavam equilíbrio a sua existência. O projeto de Coubertin cresceu dessas experiências e de seu forte desejo de revitalizar o sistema francês de educação para que abrangesse mais do que ficar sentado e aprender por repetição. E em Paris ele podia ver que os tempos estavam mudando a uma velocidade cada vez maior, com ferrovias, industrialização e um ritmo de vida mais acelerado.

Coubertin foi para a Inglaterra em 1883, com a intenção de conhecer e levar qualquer coisa de útil que pudesse aprender para a França, onde o desenvolvimento do esporte era agora um tema de vigorosos debates. Ele visitou os colégios internos ingleses e irlandeses e perguntou a alunos e professores sobre suas vidas diárias, nas quais o esporte tinha um papel significativo. Escreveu extensivamente sobre suas pesquisas em artigos, cartas e livros, para disseminar sua visão da forma mais eficaz possível.[2] Em 1888 ele foi indicado secretário do Comitê para a Promoção da Educação Física em Escolas na França, uma posição ideal para ele. Após uma visita de estudos aos Estados Unidos dois anos depois, ele chegou à conclusão de que, ao contrário dos muitos "jogos" que tinham sido organizados no período moderno entre 1612 e 1880, os Jogos Olímpicos deveriam se tornar realmente internacionais. Jogos com "Olímpico" no título haviam sido organizados em, pelo menos, treze locais diferentes, mas, quer tivessem ocorrido na Suécia, Canadá, Estados Unidos, Alemanha, Grécia, Iugoslávia, França ou Inglaterra, todos tinham sido essencialmente de caráter local.

Em 1890, Coubertin compareceu a um modelo inglês, os Much Wenlock Olympian Games, em Shropshire, e tais jogos lhe forneceram o estímulo decisivo. Cheio de entusiasmo, ele subiu ao púlpito da Sorbonne mais tarde naquele ano e, no final de uma palestra sobre o esporte moderno, declarou que "os Jogos Olímpicos devem ser restabelecidos – para o mundo todo!"

Ele lançou a ideia de que a reintrodução moderna dos ideais gregos antigos não era apenas uma questão de culto ao corpo, mas também de harmonia entre a mente e o corpo. A conquista da paz entre as nações era um argumento a mais, segundo o qual os participantes dos jogos eram embaixadores da paz.

A maioria da plateia na Sorbonne considerou sua proposta impossível, mas ele teve uma oportunidade mais favorável para promovê-la no congresso dos esportes em Paris, em 1894, cujo propósito era padronizar as regras do esporte amador internacional. Apesar de muito esforço de *lobby*, os delegados de nove dos países ali representados pareceram céticos quando a questão foi tratada, mas, quando posta em votação, a proposta ganhou a maioria.

Coubertin venceu a votação porque era persistente, tinha bons contatos e porque a própria época estava a seu favor: maior internacionalização, melhores meios de transporte e interesse da imprensa estavam tornando o esporte internacional organizado uma inevitabilidade. A disseminação da civilização europeia e, particularmente, das disciplinas esportivas estava no espírito da era colonial; claro que todos os países tinham suas próprias variedades locais de esporte que não se encaixavam no programa olímpico. A existência dos Jogos Olímpicos, no entanto, foi incerta durante sua primeira década, e levaria tempo para que eles encontrassem sua forma.

Uma proposta que marcou época

Por que não organizar uma corrida em memória do mensageiro que correu de Maratona a Atenas com a notícia da vitória sobre os persas em 490 a.C., e depois morreu de exaustão?

Essa sugestão foi feita pelo francês Michel Bréal em 1892, em meio aos planejamentos para ressuscitar os Jogos Olímpicos em Atenas. Coubertin estava um tanto cético com relação a uma distância tão longa. "Eu doarei uma taça para a corrida", disse Bréal, antes da votação de sua proposta.[4] Ele sugeriu um percurso de Maratona até Pnyx, uma colina em Atenas – de uma planície fora da cidade até o tradicional ponto de encontro da antiga Atenas. Seria um teste de vontade com ecos históricos.[5]

A ideia foi recebida com entusiasmo na Grécia, onde acendeu fagulhas patrióticas. A planície de Maratona seria o início da longa corrida, e os corredores entrariam no recém-construído estádio olímpico de Atenas, uma distância de 40 quilômetros. Assim, foi o amor de um acadêmico pela história que esteve por trás dessa primeira maratona, e ninguém nos anos 1890 se preocupou se o mito era historicamente acurado.

Corridas organizadas de 40 quilômetros ou mais não são mencionadas em fontes gregas ou romanas antigas – as corridas mais longas de que há referência têm um décimo disso. A maratona como evento esportivo não tem raízes históricas, foi uma *idée fixe*. O mito está relacionado a um mensageiro chamado Fidípides ou Filípides, e *ele*, de qualquer forma, não é uma figura de fantasia. O que é duvidoso são quaisquer conexões entre ele e o mito.[6]

Em 490 a.C. o exército persa planejava tomar Atenas e desembarcou perto da planície de Maratona, um local estrategicamente importante para desembarques. Duzentos ou trezentos barcos de soldados, mil cavalos e uma poderosa máquina de guerra se prepararam. Os atenienses deixaram sua cidade para atacar o inimigo, e enviaram Filípides, um mensageiro experiente, para percorrer os 240 quilômetros até Esparta e pedir ajuda. Embora tenha chegado lá e entregado a mensagem no dia seguinte, os espartanos não poderiam mandar ajuda até a próxima lua cheia, cerca de seis dias depois, porque estavam celebrando um festival religioso. O mensageiro partiu de volta para Atenas, e, no caminho, o deus Pã prometeu ajudar.

Parecia imprudência os atenienses atacarem: as forças atenienses somavam 10 mil homens contra 25 mil guerreiros persas. Mas a astúcia, a coragem e a surpresa funcionaram a favor dos atenienses. Eles se formaram antes do amanhecer e correram 1,6 quilômetro para fazer um ataque relâmpago, destemidos e determinados a esmagar o inimigo. Uma vez dentro do alcance das flechas persas, os atenienses aumentaram a velocidade, fazendo os persas recuarem; a súbita aparição dessa horda levou pânico aos corações dos persas, que acreditaram que os atenienses estavam possuídos pelo diabo. A batalha chegou ao corpo a corpo com espadas, flechas e punhos, antes de os persas fugirem em direção ao mar e voltarem a seus navios. Durante as poucas horas que a batalha durou, os persas perderam 6.400 homens, em comparação com as perdas atenienses, de 192 homens.[7]

A vitória em Maratona foi um enorme triunfo dos atenienses. Essa foi a primeira derrota verdadeira que os persas haviam sofrido, e a batalha foi, consequentemente, de grande importância na história ateniense e grega.

O historiador grego Heródoto (cerca de 484-425 a.C.) falou com soldados que haviam lutado ali e baseou seu relato em fontes contemporâneas. Ele não menciona Filípides, nem ninguém mais correndo de Maratona a Atenas e anunciando a vitória antes de cair morto. Sem dúvida, alguém realizou essa importante tarefa, e pode-se imaginar a alegria e o orgulho com que ele informou os cidadãos ansiosos e tensos que tinham ficado esperando pelo pior. Mensageiros como Filípides eram regularmente usados para realizar tais missões, mas não há informação de que ele tenha estado presente na batalha e, dada sua larga experiência como corredor, parece improvável que ele morresse após uma distância relativamente tão curta.

O satirista grego Luciano (cerca de 125-após 180 d.C.) foi o primeiro a declarar que Filípides foi o mensageiro da vitória,[8] mas essa, a única fonte a sugerir que foi Filípides, foi escrita mais de seiscentos anos após o fato. Plutarco (cerca de 46-120 d.C.) cita um mensageiro diferente, Eucles, que havia retornado do estrangeiro e marchado a Maratona a tempo de participar da batalha. Ele correu de volta à cidade totalmente equipado, e caiu morto após anunciar a notícia às autoridades atenienses. Segundo Plutarco, a maioria dos historiadores gregos de sua época achava que Eucles era o nome do mensageiro, embora houvesse aqueles que acreditavam que fora Tersipo. O que o debate mostra, no entanto, é que os mitos viveram por séculos após a batalha; e muito depois disso, novamente o mito relacionado a Filípides se tornava conhecido nos círculos acadêmicos no resto da Europa.

A luta grega por independência no início do século XX levou a um renovado interesse por estudos gregos e a entusiastas encantados com a história grega. O poeta inglês Lord Byron (1788-1824) viajou pela Grécia e lutou junto com os revolucionários gregos. Ele visitou a planície de Maratona, que lhe causou uma poderosa impressão poética:

> A montanha observa Maratona, e Maratona observa o mar;
> e ali refletindo sozinho por uma hora, sonhei que a Grécia
> ainda podia ser livre, pois, estando sobre o túmulo dos persas,
> eu não podia julgar-me escravo.[9]

O poeta Robert Browning (1812-1889) também sonhava com a Idade de Ouro da Grécia, e em seu elogio poético "Pheidippides" ele dá ao mensageiro a honra de ter trazido o aviso aos espartanos e, depois, ter feito a corrida fatal de Maratona a Atenas.[10]

Muitos poetas tiraram seu material básico do mesmo panorama mitológico, e suas contribuições literárias, juntamente com o florescimento dos estudos gregos e a força do patriotismo grego – particularmente o segundo, no caso do organizador dos Jogos Olímpicos de 1896 –, significaram que a proposta de Bréal de uma longa corrida foi aceita. Era o que Pierre de Coubertin precisava, o elo final na cadeia entre os Jogos Olímpicos antigos e os modernos. Os próprios gregos deram especial atenção à corrida da maratona: era algo sobre o que falar, algo sobre o que se podiam formar expectativas, incluindo as dos potenciais participantes. Em contraste com os eventos de pistas curtas nos quais os ingleses e americanos se destacavam, os gregos viam a maratona como uma chance de se afirmarem.

O carregador de água

Em 1895, Spiridon Louis estava cumprindo seu serviço militar como cavalariço do general Mavromichalis. Ao passarem pelo canteiro de obras do novo estádio olímpico, certo dia, o general lhe contou sobre a gloriosa corrida de Maratona, que envolveria corredores de muitos países.

"Eu gostaria de estar entre eles. Sou bom corredor, general", disse-lhe Louis.[11]

"Você, Spiridon? Você? Correndo?", respondeu o general, batendo levemente na cabeça de Louis com seus dedos, como se estivesse ajudando-o a entender a mensagem.

Quando Louis terminou seu serviço militar e foi para casa, já havia vários corredores e um lutador em seu vilarejo natal treinando para os Jogos Olímpicos. Os gregos estavam bem preparados para a maratona. Contagiados pelo germe olímpico e, além disso, inspirados pelas doações de gregos ricos, como Georgios Averoff e Ionnis Lambros – que, esperando uma vitória grega, haviam doado um antigo vaso como prêmio adicional ao vencedor –, garotos gregos pobres e descalços vinham treinando com semanas de antecedência. Espalhara-se por toda a Grécia que a demanda era por homens de resistência, por pastores, por prodígios natos. A quilômetros de distância de Atenas, garotos camponeses e trabalhadores treinavam, e, segundo rumores, três jovens morreram por causa de treinamento excessivo.[12]

Os gregos realizaram duas corridas de triagem. Na primeira delas, em 10 de março de 1896, competiram doze homens. Um andarilho competitivo experiente, Karilahos Vasilakos, venceu essa primeira maratona da história em um tempo de 3 horas e 18 minutos. Em uma segunda triagem, apenas cinco dias antes do evento olímpico, 38 homens participaram, e o melhor tempo foi de 3 horas e 11 minutos. O desconhecido Spiridon Louis chegou em quinto.

Carlo Airoldi, um bom corredor de longas distâncias italiano, queria participar dos Jogos Olímpicos. Ele partiu de Milão a pé rumo à Grécia em 12 de março de 1896, e vinte dias depois chegou a Ragusa (Dubrovnik) na Croácia, de onde tomou um barco para Corfu, e daí para Patrasso, na Grécia. Ele então andou o resto do caminho até Atenas – uma distância total de caminhada de 1.336 quilômetros. Ele pediu para participar, mas os juízes gregos recusaram, porque o italiano havia competido por dinheiro em corridas de estrada e havia corrido contra cavalos e ciclistas no Circo de Buffalo Bill. Ele teve de caminhar de volta para casa, decepcionado, uma das primeiras vítimas do princípio do amadorismo na história olímpica.[13]

Em 9 de abril de 1896, na véspera da competição, os corredores foram transportados de Atenas para o vilarejo de Maratona, uma viagem lenta e sacolejante de quatro horas. O prefeito de Maratona deu-lhes as boas-vindas e os exortou a comer e beber bem para se preparar para seus exercícios.

"Há algo mais de que vocês precisem?"

"Traga-nos mais vinho, senhor prefeito", disseram os corredores, e comeram, riram, cantaram e se banquetearam até tarde da noite.[14]

Dos dezoito inscritos para a prova, um alemão não identificado desistiu. Nada menos do que treze dos restantes representavam a Grécia, e os outros quatro eram Edwin "Teddy" Flack, da Austrália, Albin Lermusiaux, da França, Gyula Kellner, da Hungria, e o norte-americano Arthur Blake. Dos estrangeiros na linha de partida, apenas o húngaro já havia corrido uma distância de 42 quilômetros antes. Flack havia vencido os 800 metros no mesmo dia da viagem a Maratona e, três dias antes disso, Flack, Blake e Lermusiaux tinham levado, respectivamente, ouro, prata e bronze nos 1.500 metros. Era um caso de pernas fortes para médias distâncias contra a coragem, o patriotismo e as preces dos gregos ao Todo-poderoso. Durante uma missa na igreja de Maratona, na manhã da corrida, os fiéis haviam sussurrado preces pela vitória grega, e muitos dos corredores tinham se ajoelhado e feito o sinal da cruz.

Spiridon Louis e os outros três de seu vilarejo amarraram os cordões dos belos sapatos de corrida que seus amigos tinham se cotizado para comprar e fizeram alguns circuitos na vizinhança para lasseá-los. Na estalagem, o médico da corrida bateu leve e cuidadosamente em seus joelhos com um martelinho – quatro vezes no caso de Louis – e comentou: "Talvez ele consiga", quando o joelho reagiu positivamente.

Cada homem foi servido de leite e duas cervejas às 11h. O tiro de largada foi disparado às 14h em 10 de abril de 1896, e lá foi um grupo carnavalesco de corredores vestidos levemente, ciclistas, soldados montados para desimpedir a estrada e, finalmente, a alguma distância atrás, carruagens repletas de médicos alertas. Toda a população local ao longo da rota saiu para assistir, e, para a maioria deles, era a primeira competição atlética que tinham visto. Eles torciam e aplaudiam a todos e lhes ofereciam comida e bebida.

Os velozes estrangeiros foram direto para a dianteira, cada um acompanhado por um ciclista. O francês estava bem posicionado na liderança, e, quando atravessou o vilarejo de Pikermi, aproximadamente no meio do percurso, estava um pouco à frente do australiano, do americano e do húngaro. Spiridon Louis parecia em boa forma, aceitou uma caneca de vinho de seu padrasto e perguntou a que distância estavam os líderes. "Eu vou alcançá-los", prometeu.[15]

O francês chegou ao vilarejo de Harvati, o marco de 24 quilômetros, em 1 hora e 34 minutos, o australiano em 1 hora e 35 minutos e o americano em 1 hora e 38. Vasilakos e Louis, os dois melhores gregos, vinham imediatamente atrás deles.[16]

Em um trecho montanhoso, um pouco depois, o francês gritou para seu assistente, que veio correndo massageá-lo e esfregá-lo com destilados, e, enquanto estavam parados, cercados por observadores curiosos, o australiano o ultrapassou e assumiu a liderança pela primeira vez. Aos 32 quilômetros, o francês caiu e foi apoiado até uma carruagem. O australiano Flack também tinha as pernas trêmulas, e estava prestes a desistir quando Spiridon Louis apareceu a seu lado.

Esse foi o ponto em que o instinto de vitória realmente tomou conta de Louis pela primeira vez. Um oficial disparou para o alto de alegria e gritou: "Vida longa à Hélade!", enquanto o grego e o australiano corriam ombro a ombro. Louis observava de canto de olho para ter certeza de que seu rival não ganhava vantagem antes de sua própria arrancada. Um pouco mais tarde, o australiano começou a cambalear, tendo de desistir, e tombou em uma carruagem.

O general Papadiamantopoulos, sinaleiro da partida, veio cavalgando ao lado de Louis:

"Quer algo para beber?"

"Água."[17]

Em vez disso, deram-lhe conhaque, que ele imediatamente cuspiu. O general ofereceu-lhe um lenço e Louis enxugou o suor do rosto, mas deixou cair o lenço. Estava prestes a apanhá-lo quando o general disse: "Poupe sua força!". Louis ainda se sentia em boa forma, e correu ainda mais quando um conhecido de seu vilarejo natal lhe deu um copo de vinho. Um tiro simbólico foi disparado nos limites da cidade. O barulho ficou ensurdecedor, visto que os espectadores nas ruas soltavam foguetes, e Louis recebia gomos de laranja e propostas de casamento.

Rumores sobre como estava indo a corrida circulavam entre os 70 mil espectadores no estádio, e, quando o ciclista alemão August Goedrich entrou pedalando e anunciou que o australiano estava na frente, uma onda de suspiros desapontados se espalhou pelo estádio. Mas, apenas um pouco depois, entrou o sinaleiro montado a cavalo, coberto da poeira de sua cavalgada, e foi direto ao rei Georgios, no pódio real.

Poucos minutos depois, ergueu-se um rugido de triunfo, quando uma figura suada, queimada de sol e vestida de branco passou pelos portões do estádio. Chapéus voavam pelo ar, e as pessoas gritavam e se abraçavam. O passado e o presente se tornaram um na figura de Spiridon Louis, que carregava nos ombros a orgulhosa herança do passado grego clássico, e que recebeu o maior e mais triunfante rugido ouvido na Hélade desde os dias da grandeza de Olímpia. O rei e o príncipe gregos desceram e correram ao seu lado, profundamente emocionados como os outros espectadores, quando Louis, confundido pelo estádio, perguntou a um espectador onde era a linha de chegada. Feliz e exausto, ele completou a corrida em 2 horas, 58 minutos e 50 segundos, e depois caiu.

Ele estava com fome, e recebeu leite e biscoitos, assim como os outros, que passaram cambaleando pela chegada. Nove homens completaram a corrida, sendo que o último deles levou 3 horas, 58 minutos e 50 segundos. O único estrangeiro era Gyula Kellner, o qual registrou um protesto de que Belokas, o terceiro colocado, tinha recebido uma carona de carruagem no caminho. Um inquérito confirmou o protesto, e o húngaro passou para o terceiro lugar, atrás de dois gregos.

Louis tinha 23 anos e vinha do vilarejo de Amaroussion, perto de Atenas. Ele não era um atleta de muito treinamento; era um trabalhador diligente que recolhia água de uma nascente perto de sua casa e a levava a cavalo e de carroça pelos 15 quilômetros até Atenas, ele próprio andando rapidamente ou trotando junto à carroça.

Louis recebeu sua medalha de ouro, um diploma de vencedor e uma oferta do rei Georgios – "Você pode ter o que quiser!". Louis, no entanto, disse não a tudo, exceto pela oferta de uma carroça melhor e um cavalo mais vigoroso para transportar água. Ele também recebeu propostas de casamento e de bons empregos, e uma fábrica de chocolate prometera ao vencedor chocolate grátis para o resto da vida. Louis permaneceu na mesma condição social e nunca mais voltou a competir. Há poucos atletas que conquistaram tanto apenas participando de duas corridas em suas vidas, e ambas dentro do espaço de uma semana.[18]

Uma mulher durona

A maratona de 1896 foi restrita a homens, mas havia também uma mulher que queria participar. Nas semanas anteriores aos Jogos Olímpicos, Stamata Revithi deixou sua casa em Pireu e caminhou até Atenas, determinada a tentar a sorte na cidade após a cruel perda de um filho de 7 anos. A pobre mulher tinha 30 anos de idade, mas parecia mais velha ao caminhar levando consigo seus poucos pertences e um bebê de 17 meses.[19]

Na estrada ela encontrou um corredor que lhe perguntou por que ela caminhava tão devagar e sozinha. Ele a encorajou, deu-lhe dinheiro e a aconselhou a aparecer na corrida masculina que partia de Maratona.

Stamata gostou da sugestão. Ela era forte e persistente, e certamente conseguiria completar a corrida. Mas ela tinha vergonha – não ficaria bem para uma mulher correr sozinha. Ainda assim, seria uma realização – e poderia levar à celebridade e vantagens para seu filho.

Stamata chegou a Maratona na véspera da largada masculina, e disse aos jornalistas que iria correr até Atenas, não importando o que o comitê de juízes pudesse dizer.

"Você chegará a Atenas depois que todos os espectadores tiverem ido embora", comentou um homem.

"Não vou, não", respondeu Stamata, teimosamente.

Era arriscado para mulheres correr pelas ruas usando pouca roupa, uma vez que a visão de muita perna ou muita pele nua causava ofensa, então Stamata usou uma saia até os joelhos e escondeu os braços em uma tipoia. Na manhã do dia da corrida, ela pediu uma bênção ao idoso padre de Maratona, e ele negou, pois os juízes não tinham dado permissão a ela para correr.

Ninguém sabe exatamente o que aconteceu, além do fato de que Stamata Revithi não teve permissão para participar. Entretanto, ela realmente correu no dia seguinte à competição masculina, e conseguiu que o prefeito testemunhasse a hora e o local e assinasse um documento manuscrito.

Ela chegou a Atenas em cinco horas e meia, tendo se atrasado em razão de várias longas pausas. Ela se interessava por barcos e havia parado para olhá-los, vindo a conhecer alguém que confirmaria o horário do dia.

"Por que você está correndo tão longe e se esgotando?"

"Para que o rei possa, talvez, dar a meu filho algum tipo de posição no futuro. E agora estou indo direto ao secretário do Comitê Olímpico Grego, para lhe dizer quantas horas eu levei para correr de Maratona a Atenas, e que quem quiser pode correr contra mim."[20]

Ela tirou suas sandálias de sola de madeira e continuou correndo a pé. Nada se sabe sobre seu destino posterior – mas ela não foi esquecida.

A continuação da maratona

A sugestão original de Bréal fora de apenas uma corrida de maratona, já que pertencia a um mito com local fixo e específico. A corrida carecia de lastro histórico em outros países. Mas o sucesso de Spiridon Louis e a aura ao seu redor, juntamente com os artigos da imprensa mundial após os jogos, criaram um entusiasmo duradouro e forneceram solo fértil para mais do mesmo. A maratona adquiriu vida própria e se espalhou para Paris, no verão de 1896, e dali para os Estados Unidos, Hungria, Noruega e Dinamarca no outono do mesmo ano olímpico. Dois anos depois, a Alemanha e a Itália também organizaram suas primeiras maratonas, e em 1899 a Suécia se tornou o nono país a organizar uma corrida.

A delegação norte-americana em Atenas havia tido muitos membros de Boston, e eles também foram inspirados pela maratona. Em Boston, vasculharam sua própria história, e, em 1897, organizaram uma maratona em memória de Paul Revere e William Dawes, que, durante a Guerra de Independência, nos anos 1770, haviam empreendido uma longa cavalgada noturna para avisar os fazendeiros de Massachusetts que as tropas britânicas estavam avançando. Como era natural, a corrida em memória deles foi organizada para 19 de abril, o Patriots' Day.[21]

Grande parte da razão do sucesso da maratona de Boston vem dessa ligação com um importante evento nacional. Ela caiu imediatamente nas graças do povo, e em 1902 já atraía multidões de, pelo menos, 100 mil pessoas, tornando-a o evento esportivo mais assistido. Hoje, 110 anos depois, ela é a mais antiga corrida desse tipo, e ainda é popular.

Embora a maratona tenha conquistado vida independente para si mesma fora das Olimpíadas, dentro dos Jogos Olímpicos houve um pouco de tentativa e erro antes de o evento encontrar sua forma final. Os Jogos de Paris, em 1900, foram realizados conjuntamente com a Exposição Mundial, de 14 de maio a 28 de outubro, sendo que os eventos atléticos se realizaram em julho, e os espectadores nem sempre sabiam que aqueles eram realmente os Jogos Olímpicos. Os Jogos de Paris não tiveram cerimônias de abertura e encerramento, e não se esperava que a retomada dos jogos proposta por Coubertin tivesse vida longa nem grande status.[22]

Astros profissionais como Len Hurst, da Inglaterra, o maratonista mais veloz da época, não tiveram permissão para participar. Consequentemente, aqueles que largaram em 19 de julho de 1900 não eram os melhores maratonistas do mundo: havia dezesseis homens de sete nações com lenços nas mãos ou quepes altos, ou qualquer coisa que os protegesse do sol. A temperatura chegava a 39ºC.[23]

Vários deles pararam mais cedo por causa do calor, além do quê, uma má marcação de percurso e a insuficiência de auxiliares dificultavam as coisas para aqueles que não conheciam a região. O francês Touquet-Denis dobrou uma esquina errada e parou em um café para uma bebida: só serviam cerveja, e ele bebeu dois copos antes de desistir. Depois de 14,5 quilômetros, os corredores cruzavam com ovelhas e vacas passeando pela estrada, e motocicletas, carros e pedestres atravessando as vias tornavam a corrida difícil nas ruas e vielas de Paris. Michel Théato venceu em 2 horas, 59 minutos e 45 segundos, cinco minutos na frente de Emile Champion, dando à França o primeiro e segundo lugares. Cerca de noventa anos depois, soube-se que Théato tinha nascido em Luxemburgo e havia representado o país errado.

As Olimpíadas de St. Louis em 1904 nos Estados Unidos também coincidiram com uma Exposição Mundial. Os primeiros dois competidores negros da África, Len Tau e Jan Mashiani, apareceram na maratona,[24] assim como Felxz Carvajal de Soto, um carteiro de Cuba que pagou sua passagem de navio para Nova Orleans fazendo corridas de exibição em seu país. De Nova Orleans, ele pegou carona até St. Louis, aprendendo inglês no caminho.

O dia da corrida de 1904 foi também um dia quente, e os corredores sofreram muito com a sede. Os únicos pontos onde havia água facilmente disponível eram uma caixa d'água após 9,5 quilômetros e um poço perto da estrada, um pouco mais adiante. Corredores desidratados paravam por câimbras, ou desistiam, incapazes de suportar mais. Enquanto ainda estavam na prova, viam-se cercados de carros, tanto os que os escoltavam quanto o tráfego geral que passava, o que levantava poeira e agravava os efeitos da escassez de água. Os corredores cuspiam poeira, tossiam e vomitavam. William Garcia, da Califórnia, quase morreu de intoxicação, e acabou em um hospital com sangramentos no estômago causados pela poeira.

Os diferentes níveis de apoio e assistência aos corredores tornavam a competição injusta. O vencedor, Thomas Kicks, dos Estados Unidos, certamente não era o melhor do grupo, mas recebeu ajuda. Num dado ponto da rota, ele encontrou um grupo a passeio comendo pêssegos. "Posso pegar alguns, por favor?" Hicks perguntou à toa, antes de agarrar dois e comê-los enquanto corria. Seu carro de apoio também o resfriava com esponjas, além de lhe dar água e estimulantes artificiais. Aos 29 quilômetros, ele tomou uma combinação de estricnina – uma substância branca e amarga – e claras de ovo. A estricnina, que estimula o sistema nervoso central, também é usada em venenos para rato, e a dosagem tinha de ser exata para evitar o envenenamento. A substância poderia, no pior dos casos, ser fatal.[25]

Hicks abriu uma larga diferença, mas quis desistir, então seus ajudantes lhe deram o preparado. Ele ficou pálido após a primeira dose de estricnina, e depois tomou outra, junto com duas claras de ovo e uma forte bebida alcoólica. Mancando, ele continuou, recebendo mais claras, bebida alcoólica e esponjadas, antes de entrar no estádio, onde a premiação já estava em andamento.

O norte-americano Fred Lorz havia chegado um quarto de hora antes, e as pessoas pensaram que ele fosse o vencedor. Lorz havia desistido depois de 14,5 quilômetros e seguira em um carro até cerca de 4,8 quilômetros da chegada, quando o carro quebrou. Em vez de sentar sob o sol escaldante e esperar os mecânicos, ele continuou a pé, passando por Hicks no caminho. Ele terminou em 3 horas e 13 minutos, e aceitou a aclamação da multidão. Sustentou a brincadeira até que Hicks chegou, admitindo, então, o fingimento.

O melhor desempenho do dia foi o do francês Albert Corey, que levou o segundo lugar sem ter recebido nenhuma ajuda. Felix Carvajal de Soto, que chegou em quarto, foi pegando maçãs de pomares pelo caminho, e tinha de perguntar às pessoas para que lado era a rota.

A próxima maratona olímpica, em Londres em 1908, foi importante em vários sentidos. A distância exata, 42,195 quilômetros, foi estabelecida, sendo que a razão da distância era que a princesa de Gales queria que seus filhos assistissem à largada, e por isso a linha de partida foi mudada para dentro das terras do castelo de Windsor. Eles então mediram a distância de lá até o camarote real no estádio White City, a maior arena esportiva do mundo, com capacidade para 90 mil pessoas. Essa se tornou a distância padrão da maratona a partir dos Jogos Olímpicos de 1924, embora a distância aproximada de 40 quilômetros fosse a norma por muitos anos.

Desastre

A maratona de 1908 também testemunhou o drama do pequeno italiano Dorando Pietri, que, cambaleando, ganhou seu lugar nos livros de história. Nos últimos 9,5 quilômetros ele conseguiu, a duras penas, assumir a liderança à frente do sul-africano Charles Hefferson. Hefferson aceitou um copo de champanhe de um espectador, esperando que isso o fortificasse, mas, ao contrário, sofreu cólicas estomacais. Alcançar o líder consumiu as forças de Pietri, mas ele continuou, necessitando de toda a sua vontade de ferro para se manter em pé. Uma vez dentro do estádio White City, ele virou à direita em vez de à esquerda, depois cambaleou, foi para a esquerda e caiu. Num esforço sobre-humano, colocou-se de pé e continuou. Tentava correr, mas não conseguia. Tentava andar, mas caía, levantando-se de novo e caindo várias vezes, feito um bêbado. Despejavam água sobre ele, massageavam-no e gritavam para ele, enquanto o estádio inteiro rugia como uma tempestade no mar. Quando estava a 45 metros da chegada, o corredor que vinha em segundo entrou no estádio.

> Vendo seu oponente se aproximar, Dorando como que se recompõe, volta a ficar em pé e faz um esforço medonho para correr. Hayes se esforça atrás dele, a menos de 45 metros. E Dorando realmente corre para a chegada. Ele finalmente vai colher os louros! Mas ainda não! A dois metros ou dois metros e meio da chegada, ele cai. Os italianos gritam como loucos com seu herói caído. Eles o levantam, e ele penosamente segue e cruza a linha. É imediatamente recebido nos braços de amigos jubilosos, que o tratam como uma criança, o colocam em uma maca e o levam a uma ambulância. Apenas 32 segundos depois, Hayes chega – mas sem nenhuma ajuda –, cruza a linha e se joga no chão. Mãos solidárias o apanham em sua queda, e ele também é levado para a ambulância.[26]

Os corredores estavam sofrendo de desidratação e queda nos níveis de carboidrato. Eles haviam comido um bom bife no café da manhã, acompanhado por dois ovos crus, torrada e chá. As estações oficiais de alimentos forneciam pudim de arroz, uvas passas, bananas, água mineral e leite – e estimulantes artificiais quando necessário. Mas os assistentes que acompanhavam os corredores de bicicleta não podiam fornecer estimulantes como *brandy* e arsênico.

Os Estados Unidos registraram uma queixa de que Pietri tinha recebido ajuda na chegada, e a queixa foi corretamente aceita. Pietri foi desqualificado por aceitar ajuda, e o norte-americano John Hayes foi o vencedor.

O rumor naquela noite foi de que Pietri estava morto. Sua condição ficou crítica durante algumas horas, mas ele se recuperou e foi ao estádio no dia seguinte para a cerimônia das medalhas, aparentemente despreocupado. Ele parecia um novo homem, pronto para receber tanto a aclamação da multidão quanto um prêmio especial da rainha. Hayes ganhou a medalha de ouro sem ganhar os corações da multidão. Pietri foi o vencedor moral.

Os cambaleios e quedas de Pietri mudaram a percepção das pessoas sobre a maratona. Até então, a maioria das pessoas tinha uma impressão positiva do evento, mesmo que os participantes fossem vistos como ascetas excêntricos com necessidade de se impor tormentos. Na esteira do culto a Spiridon que se seguiu às Olimpíadas de Atenas em 1896, a maratona havia se tornado um feito hercúleo, algo novo, não totalmente estudado, mas com uma base histórica.

Em 1908, quando o primeiro a chegar parecia estar prestes a imitar o mito original e morrer no final, desencadeou-se um debate internacional sobre se o evento podia ser justificado. O italiano era o bobo em algum drama bárbaro? A maratona era prejudicial?

Pietri afirmou que o júbilo da multidão na chegada o confundiu e causou um curto-circuito mental em um estágio em que seu corpo já estava no ponto de saturação. Também foi sugerido que Pietri tomou estimulantes, que podem, evidentemente, ter tido o efeito oposto do que se pretendia e causado reações repentinas e imprevistas de natureza debilitante.

A maratona é prejudicial?

Críticos acreditavam que a corrida de 1908 simbolizava uma espécie de fanatismo esportivo que estava sendo promovido pelos Jogos Olímpicos, uma ânsia excessiva de aumentar os limites do desempenho humano diante de dezenas de milhares de espectadores. Autores proeminentes no campo dos esportes na Grã-Bretanha, Alemanha, Estados Unidos, Escandinávia e em outros lugares defendiam a mesma visão. A maratona havia se tornado um ramo doente da árvore esportiva. Mas poucos dos comentadores tinham experiência em corridas de maratona, e o que os participantes pensavam não contava para nada.

A corrida de 1908 também teve uma sequela política. O presidente norte-americano Theodore Roosevelt era cético em relação a uma forma de competição que levava a tanta confusão e discórdia, mas, ainda assim, ficava contente em usar conquistas esportivas como formadoras da força nacional. Ele gostava de apertar as mãos dos astros do esporte e tê-los ao seu redor. Em cartas particulares, ele expressou sua irritação com o comportamento dos dirigentes no estádio White City, e, em sua mente patriótica, acreditava que os britânicos estavam tentando evitar uma vitória americana.[27]

Durante o verão e o outono de 1908, Dorando Pietri foi o esportista mais famoso do mundo. Sua desqualificação tinha meramente reforçado a simpatia mundial por esse homenzinho com seus olhos grandes e bigode elegante. Uma campanha de arrecadação em seu benefício levantou 300 libras, e, na Itália, os potes de arrecadação ficaram cheios. Em Londres, imediatamente após os jogos, Pietri conseguia encher teatros – as pessoas se levantavam para aplaudi-lo onde quer que ele mostrasse o rosto. Havia algo galante em Dorando Pietri. Sua conduta era modesta e honorável, e ele era encantador para pessoas da mídia e do entretenimento: autores de resenhas e cartunistas de muitos países transformavam os acontecimentos em arte vendável, com norte-americanos cantarolando a melodia "Dorando", de Irving Berlin, e o filme olímpico enchendo cinemas da Europa e dos Estados Unidos o outono inteiro.

O público exigia mais corridas entre Hayes e Dorando, mas ambos haviam deixado as fileiras dos amadores, Dorando como resultado da enxurrada de presentes que recebeu após as Olimpíadas, e Hayes por causa de seu emprego na loja de departamentos Bloomingdale's, em Nova York, onde ele passava o tempo treinando no telhado do alto edifício, mais do que trabalhando.

Promotores de eventos americanos queriam lucrar com os acontecimentos de Londres, mas, para garantir boas receitas, qualquer evento teria de ser realizado em uma arena, para que o público pagasse um bom preço pelos ingressos e assistisse de perto. Nos Estados Unidos, isso significava uma arena em ambiente fechado. Cerca de quatro meses depois dos jogos de Londres, Dorando e Hayes apareceram diante de uma multidão de 12 mil pessoas em Nova York. Eles foram conduzidos como boxeadores para dentro de uma arena onde a fumaça de cigarros era espessa e as apostas acrescentavam uma animação extra. Ambos estavam vestidos com as mesmas roupas usadas em Londres, exceto pelo anúncio de charuto no colete de Dorando. Havia patrocinadores generosos em eventos desse nível. Nesse ambiente caótico, o italiano teve sua vingança, incitado por imigrantes italianos que saltaram na pista e correram as duas últimas voltas com ele.

Uma onda de maratonas varreu o Reino Unido, com indivíduos desafiando uns aos outros por consideráveis somas em dinheiro e apoiadores se aproveitando dos negócios como podiam. A atração do lucro levava bons corredores de longa distância ao circo da maratona. Entre 1908 e 1911, a demanda do público era tão grande que a imprensa a chamava de "maratonamania" ou de "febre da maratona".

Os críticos do esporte profissional, e particularmente da maratona, consideravam essas competições lucrativas na esteira das Olimpíadas de 1908 como um desenvolvimento indesejado. Mas os críticos não podiam negar que o crescimento do esporte organizado produzia novos heróis: homens de carne e osso, mas que eram elevados a um status sagrado que satisfazia as necessidades primárias da humanidade por heróis. Os heróis proporcionam certeza e inspiração, agem como precursores de caminhos em um mundo vasto e imprevisível. Havia algo ao mesmo tempo reconhecível e sobre-humano nas façanhas dos maratonistas, uma espécie de mística arrebatadora no ar quando Dorando Pietri e seus oponentes corriam, como que num drama clássico. Havia uma reminiscência de devotos religiosos nos maratonistas, algo que remetia à vida monástica. Será que eles alcançavam um entendimento que era negado a outros?

O drama de Dorando levou ao exame médico de muitos corredores de longas distâncias e ao debate entre os médicos sobre se a prática da maratona podia ser justificada. A morte por insolação do corredor português Francisco Lázaro nas Olimpíadas de Estocolmo em 1912 aumentou o debate. Ele desabou após 28 quilômetros, e, embora tenha recebido tratamento médico rapidamente, morreu após ficar inconsciente por 14 horas.

Dados os acontecimentos de 1908 e 1912, é fácil entender por que o interesse por correr maratonas declinou nos anos seguintes. A discussão sobre se correr fazia mal ao coração continuou por anos, e os médicos se enganavam ao interpretar uma baixa pulsação arterial em repouso e um coração grande como prejudiciais. Eles acreditavam que o sangue bombeado por um coração excessivamente grande exerce níveis perigosos de estresse sobre as paredes arteriais, e que um coração "martelando" encurtava a vida do corredor.

A maratona era a modalidade ameaçada, apesar das pesquisas na maratona de Boston, que mostravam que o coração podia tolerar tais cargas. Era muito menos prejudicial do que muitas outras atividades dos jovens.

A investigação mais minuciosa foi realizada nos Estados Unidos em 1909. Um médico organizou uma maratona em Pittsburgh naquele ano, e todos os 55 inscritos preencheram formulários documentando seu histórico médico, dieta, treinamento e consumo de tabaco e álcool. Os médicos mediram o tamanho e o som de seus corações, verificaram suas pulsações e colheram amostras de urina antes e depois da corrida. Apesar do percurso difícil e montanhoso, os médicos não conseguiram encontrar nenhum dano permanente aos órgãos dos corredores.

Entretanto, as dúvidas sobre eventos de grande resistência não desapareceram rapidamente. Tanto os especialistas quanto o público permaneciam céticos, porque esses eventos eram novos. Eles simbolizavam a nova e agitada era do final do século XIX e de todo o século XX – uma era que exigia maior eficiência na produtividade industrial, e na qual o relógio se tornou o poderoso árbitro da vida profissional.[28]

14
Dando voltas na pista

> Ele liderou a prova toda, e ia vencer facilmente,
> quando uma ovelha desgarrada conseguiu chegar
> à pista e parou, provavelmente confusa com a
> grande velocidade do corredor. O atleta colidiu
> com a ovelha, quebrando as pernas do animal,
> e completou seu quarto de milha em
> pouco mais de 50 segundos.
>
> No Campeonato Inglês de Corrida em 1868

O desenvolvimento dos Jogos Olímpicos, do atletismo organizado e de campeonatos nacionais levou a uma ruptura com o que haviam sido as principais arenas de corrida no passado – feiras e festivais, exposições e competições por apostas, todas independentes de clubes e associações esportivas. Entretanto, nem todas essas tradições desapareceram, embora a organização da corrida adotasse formas novas e mais fixas.

Na Europa Central, corridas tradicionais com mulheres carregando baldes na cabeça, ou ovos em colheres, simbolizavam as atividades do dia a dia delas. As corridas de touros em Pamplona e outras cidades do País Basco demonstravam a coragem dos jovens. Os animais eram conduzidos pelas ruas na manhã das touradas que ocorriam na praça de touros à tarde, e os jovens corriam à frente deles com o risco de acabarem empalados nos chifres.

As corridas *cross country* de modelo britânico apareceram em vários continentes a partir do final do século XIX, e eram particularmente fortes na Grã-Bretanha e na Bélgica. Entretanto, corridas de orientação, uma invenção norueguesa/sueca que começou em 1895, e corridas de montanha, com sua longa e rica tradição, acabaram não fixando raízes em muitos países. Correr como forma de exercício era pouco relevante por volta de 1900, embora uma quantidade moderada fosse recomendada, especialmente nos manuais de treinamento ingleses. Caminhar era considerado a forma saudável de relaxamento para aqueles que não caminhavam o suficiente em suas atividades cotidianas.

O corredor é um tipo conhecido e uma figura lendária na tradição de contar histórias de muitos países – um homem que, em contos folclóricos, corre até o fim do mundo para buscar água e realiza façanhas sobre-humanas.

Na Nova Zelândia, contava-se a lenda do corredor maori Te Houtaewa, que correu 160 quilômetros ao longo da praia para buscar comida. Em Gales, o mais famoso corredor na memória popular era o pastor Guto Nythbran Morgan, do século XVIII: quando jovem, ele apanhou uma lebre e pegou um pássaro no ar, mas caiu e morreu após a lendária corrida. Na Irlanda, Finn McCool organizou uma corrida de mulheres para encontrar uma esposa, apenas para ver a vencedora fugir com um parente mais jovem: uma montanha foi batizada com o nome do evento.

Em muitas dessas histórias, fato e mito se fundem: das três referidas acima, todas tratam de pessoas reais que se tornaram envoltas em uma aura de folclore. O mesmo é verdadeiro em relação a Alexis Lapointe, do Canadá, um país com rica tradição de corridas com raquetes de neve.

Lapointe nasceu em 1860, na região de Charlevoix, na província francófona de Quebec. Ele era de uma família de catorze pessoas. Durante seu crescimento, ele tinha dificuldade de parar quieto em uma cadeira, e passava o dia todo correndo pelas redondezas. Conta a lenda que, em sua infância, ele fazia cavalinhos de madeira e brincava com eles, totalmente fascinado pelos animais e tendo a certeza de ser um cavalo que nascera num corpo humano por engano. Na juventude, ele se chicoteava para estimular seus músculos e saía para longos passeios, correndo ou caminhando. Assim começou uma vida inquieta, na qual ele revelou uma resistência fora do comum.

Em uma ocasião, ele e seu pai estavam parados em um atracadouro em La Malbaie, esperando para tomar o barco das onze horas para Bagotville. Seu pai se recusou a levá-lo e Alexis ficou animado: "Quando você chegar a Bagotville, eu estarei lá, esperando para puxar a corda de atracar!".[1] Ele se chicoteou e disparou a correr, cobrindo todos os 145 quilômetros, e estava esperando no cais quando seu pai desembarcou em Bagotville naquela noite.

Ele ganhou muitos apelidos como resultado de suas incontáveis aparições em feiras em toda a província de Quebec: *le Surcheval* ("supercavalo"), *le Cheval Du Nord* ("o cavalo do norte") ou "cavalo voador de Saguenay". Sua corrida mais famosa foi contra um garanhão, Seigneur Duggan de La Malbaie, que ele venceu em uma longa distância.

Lapointe era um homem simples, mas esperto o suficiente para lucrar com sua natureza excêntrica. Ele conseguia dançar a noite inteira sem se cansar, gostava de impressionar as mulheres e era rápido em cortejá-las, embora sempre recebesse um não como resposta. Ele simplesmente possuía muita força masculina, e era difícil para um sujeito tão cheio de energia encarar os riscos e a rejeição das mulheres.

Sua força e resistência declinaram depois dos 50 anos de idade, como notou um de seus colegas de trabalho em um canteiro de obras em Matapédia: "Ainda se falava bem dele, mas como de uma estrela meio apagada. Diziam que ele já não conseguia correr mais rápido do que um cavalo normal".[2]

A lenda de Alexis Lapointe virou tema de livros e histórias em quadrinhos. Ele também virou nome de ruas e canções, e até um balé foi escrito sobre ele.

Metros e milhas

Um traço definidor do atletismo moderno é o comprimento fixo e medido das pistas e estádios. O cenário das corridas competitivas é regulado e reflete a era industrial, que construiu estádios para desempenhos mensuráveis. Metros medidos, jardas medidas e cronômetros se tornaram necessários na corrida moderna, do contrário, uma competição não seria levada a sério pelos juízes e organizadores do esporte, que o considerariam inferior e incompleto. A padronização internacional das medidas e do tempo no final do século XIX também se espalhou para o esporte.

O lema do movimento olímpico é *citius, altius, fortius* – mais veloz, mais alto, mais forte – e ele forçava os desenvolvimentos a avançar a um ritmo inesperado. Os recordes e a ideia de novos recordes em diferentes níveis, a melhoria constante e a recusa de se aceitar a estagnação, bem como um fascínio pela ideia de que só *um pouco* mais rápido sempre era possível – essas são as características do esporte moderno. Segundo Pierre de Coubertin, a ideia dos recordes tem a mesma posição na ideologia olímpica que a força da gravidade ocupa na mecânica newtoniana. Ela acarreta uma noção constante e romântica sobre o progresso da humanidade e do indivíduo.[3]

"Tempo é o que se mede com um relógio", declarou Albert Einstein, dizendo muito sobre a mentalidade das pessoas no século XX, embora bem soubesse que o tempo não é sempre percebido da mesma forma. Mas, contando-se com relógios precisos, ninguém poderia duvidar dos desempenhos nas corridas, e elas poderiam então ser registradas em um sistema que tornava a comparação possível. A marcação do tempo até os segundos foi uma precondição para o desenvolvimento da corrida moderna.

Poucos ramos do esporte são tão brutalmente mensuráveis quanto correr em uma pista. Você começa, corre, e termina, enquanto os tempos são marcados e as colocações registradas. Mas, para se fazer isso, tinha de haver um sistema padronizado e verificável para garantir o comprimento da pista e a marcação do tempo.

No final do século XIX, as pistas de corrida eram de tamanhos e formatos diferentes. Havia pistas curtas e longas, e até em forma de "U", como nas Olimpíadas de 1896, em que os lados longos tinham mais de 200 metros. Nos anos 1880, o inglês Montague Shearman argumentava que uma pista de corrida tinha de ser tão reta quanto possível, e as curvas deveriam ser curtas: um formato de ângulo reto com lados iguais era o ideal, não o formato retangular que acabou se tornando a norma.

O atletismo moderno começou em pistas de corrida de cavalos, campos, prados, planícies ou estradas – áreas planas que possuíam uma superfície razoavelmente lisa e separada dos pastos por cercas. No campeonato nacional inglês de 1868, na pista de Beaufort House, em Londres, o velocista Edward Colbeck fazia um *sprint* rumo à linha de chegada em uma corrida de um quarto de milha (aproximadamente 400 metros): "Ele liderou a prova toda, e ia vencer facilmente, quando uma ovelha desgarrada conseguiu chegar à pista e parou, provavelmente confusa com a grande velocidade do corredor. O atleta colidiu com a ovelha, quebrando as pernas do animal, e completou seu quarto de milha em 50 segundos e dois quintos".[4]

Muitas pistas europeias fora da Grã-Bretanha mediam 500 metros, assim como a pista das Olimpíadas de Paris em 1900, que fazia dos 1.500 metros uma distância natural para um evento. Nas Olimpíadas de Londres, oito anos depois, a pista media um terço de uma milha, ou 563,45 metros. Não era de admirar que a elite mundial ficasse confusa quando, em Estocolmo, em 1912, seus atletas se viram competindo em um estádio em que as voltas mediam 383 metros.

Após as Olimpíadas de 1920 e 1924 terem sido disputadas em pistas de 500 metros, a pista de Amsterdã em 1928 media 400 metros, e essa se tornou a norma.[5] Era um meio-termo entre metros e milhas – um quarto de milha é pouco menos que 402 metros. Durante o século XX, esse padrão se espalhou pelo mundo todo.

Para que os recordes fossem ratificados, a superfície deveria ser lisa, e a pista não podia subir ou descer muito. A pista de Astor, em Birmingham, tinha uma inclinação de dois metros em uma volta, e não era algo extremo. Os corredores do início do século XX, e por muitas décadas depois, competiram em superfícies com depressões e lombadas e com curvaturas em todas as direções. As pistas dos maiores estádios, no entanto, estavam sendo niveladas e aplainadas.

Os tempos recordes nem sempre eram ratificados, algumas vezes devido a suspeitas sobre condições de vento ou irregularidades relacionadas à pista, outras vezes porque se suspeitava de trapaças. As corridas eram dominadas pelos europeus e norte-americanos, e eles tinham uma tendência a ser um pouco céticos quanto à marcação do tempo e às condições em outras partes do mundo.

Em Tóquio, em 1902, por exemplo, o corredor japonês Minoru Fujii correu 100 metros em 10,24 segundos – 36 centésimos melhor do que o melhor do mundo. Juízes e autoridades do Japão escreveram em vão às associações atléticas dos Estados Unidos e da Grã-Bretanha para ter o tempo aceito como o melhor. Eles descreveram o sistema eletrônico de marcação de tempo usado e sua precisão e confiabilidade, mas isso não ajudou. Seu sistema era semelhante ao inventado pelo professor C. H. McCloud em Montreal, e foi usado pela primeira vez em 1883: era acionado por um interruptor quando o tiro de largada era disparado, e interrompido quando o vencedor partia um fio ou cabo gêmeo. Os impulsos elétricos de largada e chegada eram registrados em uma fita, que era regulada por um cronômetro. A princípio, os tempos poderiam ser medidos com precisão de centésimos de segundo. No caso de Fujii, em 1902, no entanto, havia uma falta de informações precisas sobre as condições do vento e sobre a distância e a inclinação da pista. Fujii nunca competiu na Europa nem nos Estados Unidos, mas se o tivesse feito com sucesso é possível que seu tempo tivesse sido ratificado como o recorde mundial.

Sapatos para o conforto e sapatos para a dor

Após um longo período de desenvolvimento, também os sapatos de corrida foram especialmente adaptados e padronizados. Sandálias, que talvez tenham sido calçados de corrida usados para caça há 10 mil anos, foram descobertos na caverna de Fort Rock, em Oregon. Nos milênios seguintes, muitas pessoas desenvolveram as habilidades e a tecnologia para costurar roupas, sandálias e calçados mais robustos, mas sabemos pouco sobre calçados especificamente para corrida.

Entre os gregos antigos, apenas os mensageiros usavam calçados, e muitos simplesmente passavam sem eles. O imperador romano Diocleciano (244-311 d.C.) gostava que os corredores usassem *Gallicae Cursuriae*, calçados de couro com solado único e tiras ao redor dos tornozelos, em vez dos calçados de sola dupla dos lavradores. Os romanos tinham a preocupação de que os calçados de corrida deviam ser funcionais e tão leves quanto possível.[6]

Sapatos especiais para corrida só apareceram na Inglaterra no século XIX.

Em 1839, Charles Goodyear descobriu um método de converter a borracha em uma matéria-prima prática – ela não era comumente usada antes devido a sua baixa tolerância tanto ao calor quanto ao frio. Goodyear aqueceu borracha crua e enxofre até derreterem, e quando o material esfriou, ele descobriu que tinha uma substância estável e elástica adequada para uma gama maior de usos do que era possível antes. Esse processo foi chamado de vulcanização e levou ao crescimento da indústria da borracha.

Nas décadas seguintes, a borracha foi usada para muitas finalidades, incluindo sapatos de corrida. O inglês Sir John Astley, que corria em meados do século XIX, escreveu sobre ter "sapatos de borracha que serviam tão bem quanto luvas".[7] Astley também se referiu a um competidor em 1852 como usando "um excelente par de sapatos com rebites". Havia muito tempo que os sapateiros tentavam satisfazer os pedidos de corredores exigentes.

Os sapatos com rebites foram patenteados na Inglaterra para o críquete em 1861. Quatro anos depois, Lord Spencer encomendou um par de sapatos com rebites para correr – bastante parecidos com os de críquete, mas pesando não mais do que 280 gramas. Três rebites na frente e um no calcanhar os tornavam adequados para corridas de longa distância e no campo.

Sapatos de corrida, com e sem rebites, foram usados em muitos países a partir dos anos 1890. Especialmente em maratonas, era extremamente importante ter calçados confortáveis e adequados – dores e bolhas eram a ruína de maratonistas que usavam sapatos duros e pesados.

Jock Semple, que competiu na Maratona de Boston nos anos 1920, colocava os pés em salmoura por meia hora todas as noites, para torná-los mais resistentes à fricção de seus sapatos. Pessoas engraxavam os pés com óleos e muitos outros remédios caseiros, e Semple pertencia a um grupo de homens que discutiam problemas de pés tanto quanto falavam de treinamento. Maratonistas desesperados experimentavam sapatos para tênis, boliche, ou faziam suas próprias solas recortadas de pneus de automóvel.

Adolf "Adi" Dassler, um esportista alemão, viu a crescente necessidade por modelos especiais e começou a fazer sapatos para diferentes disciplinas atléticas. Ele fez o primeiro par à mão, usando tecido de vela como material principal no banheiro de sua mãe, em 1920. Nesses anos imediatamente após a Primeira Guerra Mundial, Dassler fez seus sapatos de seda de paraquedas e couro de capacetes: sapatos leves com rebites se tornaram a especialidade de Dassler. Seu irmão Rudolf "Rudi" se juntou a ele em 1924, e eles fundaram a Gebrüder Dassler Shuhfabrik ("Fábrica de Sapatos dos Irmãos Dassler") em sua cidade natal, Herzogenaurach, dezenove quilômetros a nordeste de Nuremberg. Eles fabricavam cinquenta pares por dia nessa fase, e viam um potencial muito maior. Essa dupla empreendedora distribuiu seus sapatos de graça para esportistas de elite, fez duradouros contatos internacionais e reconheceu o valor de grandes eventos esportivos como vitrine para seus produtos. O predomínio dos Dassler nos Jogos Olímpicos começou quando Jesse Owens usou os sapatos deles nas Olimpíadas de 1936, e os irmãos venderam 200 mil pares no ano anterior à eclosão da Segunda Guerra Mundial.

Apesar de seu sucesso, os irmãos tinham dificuldade de cooperar entre si, e, em 1948, seguiram caminhos separados. Rudi Dassler fundou a Puma, enquanto a empresa de Adi Dassler operava sob o nome de Adidas – as primeiras sílabas de seu nome. A rivalidade entre eles era acirrada, mas a Adidas assumiu a liderança e se tornou a marca registrada esportiva mais conhecida do mundo por muitos anos.[8]

O esporte como imperialismo

A Grã-Bretanha usava conscientemente o esporte para divulgar seus costumes e sua cultura. O Quênia, um país que mais tarde produziu bons corredores de longa distância, é um exemplo disso.

Não há fontes escritas sobre corridas antes de os britânicos dominarem o país em 1888, e não há jornais antes de 1901. Mas correr era uma habilidade importante para muitas atividades da vida, incluindo jogos e competições. Já em 1876, o geógrafo francês Elisée Reclus notou que os altos e esguios masai eram feitos para correr. Eles corriam alegremente 96 quilômetros para entregar uma mensagem.[9]

De 1901 em diante, as competições de corrida no Quênia seguiam o modelo britânico, com diferentes classes para europeus, africanos e asiáticos. Os campeonatos eram organizados sob a égide dos militares, e as corridas atraíam milhares de espectadores.

Muitos dos oficiais britânicos da administração colonial tinham passado pelas universidades de Oxford e Cambridge, ambas com uma forte tradição atlética. Como embaixadores da civilização britânica, eles saíam para correr em muitas partes do mundo, e divulgavam os ideais britânicos, incluindo os esportivos. A introdução do esporte britânico organizado, nesse caso a corrida no Quênia, não apenas melhorava a forma física dos esportistas e soldados, mas também funcionava como forma de controle social.

O Quênia não era uma nação natural: foi dividido, para a conveniência do poder colonial, em uma multiplicidade de agrupamentos que atravessavam áreas tribais. Em uma nação "construída" desse tipo, era necessário que os africanos tentassem imitar os padrões de vida e pensamento de seus governantes brancos: eles deviam colocar de lado quaisquer atitudes anti-imperialistas e adotar costumes mais "civilizados". No Quênia, durante os anos 1920, o atletismo se tornou mais comum em escolas, no sistema prisional, na polícia e no exército. Os campeonatos nacionais dessas instituições vieram a ser significantes no longo prazo. Os masai eram céticos sobre participar do atletismo britânico, acreditando que era uma forma tortuosa de recrutamento para o exército, e seu comportamento esportivo não era o típico dos cavalheiros, como os britânicos desejavam.

Em 1922, a Associação Africana e Árabe de Esportes (AASA, na sigla em inglês) foi fundada no Quênia por iniciativa dos britânicos, e, dois anos depois, uma seção de atletismo foi formada. A partir de 1924, o esporte no Quênia foi dividido em linhas étnicas.

Os britânicos desejavam controlar as atividades de lazer dos africanos para distanciá-los de qualquer ativismo político que pudesse minar o poder colonial. Os governantes coloniais europeus em toda a África viam o continente com olhos etnocêntricos, e os métodos usados pelos britânicos no Quênia eram bem organizados. Eles privaram os quenianos de sua própria cultura e introduziram em seu lugar modelos europeus. O esporte europeu gradualmente marginalizou as práticas e disciplinas tradicionais africanas por meio do sistema educacional das escolas públicas e missionárias, do exército, da polícia e do serviço prisional. No Quênia, foi o atletismo, especialmente a corrida, que se espalhou mais amplamente, embora os corredores não tenham alcançado um notável padrão elevado antes da Segunda Guerra Mundial: a tradição de visar ao mais alto nível internacional ainda não havia se estabelecido. Em sua primeira excursão fora do Quênia, em Uganda em 1934, o melhor corredor queniano produziu tempos bastante comuns, de 30 minutos e 57 segundos em 9,5 quilômetros, e 4 minutos e 35 segundos em 1,6 quilômetro.[10]

A seus próprios olhos, as razões colonialistas para incentivar o esporte eram elevadas: eles desejavam promover os mesmos traços de caráter da Grã--Bretanha, onde se supunha que o esporte formava o caráter e desenvolvia a lealdade, a confiabilidade e a alegria. Suas metas não eram diferentes das dos missionários cristãos. Para a mentalidade britânica, formar o "caráter" era mais importante do que fomentar o desenvolvimento intelectual dos africanos. Educação demais poderia ser uma ameaça ao poder colonial, e não havia desejo de incentivar africanos cultos que poderiam criticar o sistema.

Chegam as mulheres

As mulheres também foram logo aceitas na família dos corredores de pistas. Nos anos 1890 houve desenvolvimentos significativos nas faculdades para mulheres, onde uma caminhada diária já constava do programa havia décadas.

As mulheres do Vassar College, no estado de Nova York, foram pioneiras no atletismo e na corrida, e campos de esportes eram o ponto de encontro mais popular da escola. As mulheres começaram a participar do atletismo nos anos 1890, tendo a corrida de 201 metros como a distância mais longa. As mulheres de Vassar corriam *sprints* usando as roupas mais leves da época, enquanto a mulher que disparava o tiro inicial usava uma saia longa e um chapéu enorme. Fotografias de Vassar mostram mulheres felizes, rindo e se abraçando após corridas de revezamento e de obstáculos. As mulheres eram capazes de participar de todos os esportes, embora fosse ridículo comparar os padrões com os dos homens – elas precisavam estabelecer seus próprios padrões.[11]

Em 1903, foi registrado que Agnes Wood fez os 201 metros em 30,3 segundos. Ela corria em um círculo, e seu tempo não é mau para uma pista com curvas que não favorecia o *sprint*. Havia poucos homens presentes (se é que havia), apenas alunas e professoras, e tudo seguia conforme o entendimento das mulheres sobre os ditames de decência. Elas se vestiam de forma respeitável, embora pernas nuas pudessem ser vistas de relance, embaixo de saias que gradualmente se tornavam mais curtas conforme as modas mudavam.

O atletismo e a corrida para jovens norte-americanas no início do século XX eram um fenômeno dos brancos das classes altas. Correr também era recomendado para mulheres em vários outros países, particularmente na Inglaterra e na França, pelos especialistas da época – que geralmente eram homens.

Essa era a época das sufragistas. Mulheres nos Estados Unidos, na Grã-Bretanha e em outros lugares exigiam o direito de votar, bem como outros direitos no campo do trabalho. Em 1893, a Nova Zelândia foi o primeiro país a introduzir o voto para mulheres, e outros países seguiram o exemplo. Operárias faziam greve, para a irritação dos donos das fábricas. Em Chicago, em 3 de maio de 1908, elas organizaram o primeiro dia das mulheres, e houve uma crescente consciência entre muitas mulheres das classes altas e baixas com relação aos direitos de seu sexo.

As mais extremas delas recorriam a ações militantes. Em Londres, multidões de mulheres enfurecidas marchavam pelas ruas, gritando *slogans*, quebrando janelas, arrombando lojas e clamando por direitos iguais. Suas líderes acabaram na cadeia, fizeram greves de fome e alcançaram o status de mártires.[12]

Agitadoras feministas contribuíram para uma aceleração do desenvolvimento dentro do esporte feminino. Por que elas deveriam ser excluídas dessas novas atividades? Elas também não foram criadas para crescer e florescer vigorosamente? As pioneiras dentro dos movimentos de mulheres encontravam resistência e ridicularização, como frequentemente ocorre com pioneiros, mas também tiveram seus apoiadores masculinos.

Um apoiador, o Dr. Harry Eaton Stewart, junto com várias outras figuras de autoridade, indicaram as jovens norte-americanas na direção de um *meeting* internacional de mulheres organizado em Paris em 1922 pela Associação Internacional para o Atletismo Feminino, que ali havia sido fundada um ano antes. Pioneiras de cinco nações participaram em Paris, em agosto de 1922, diante de 20 mil espectadores.[13]

As mulheres do início do século XX corriam principalmente em provas de velocidade. Nos países de língua inglesa, 201 metros eram considerados como longa distância, mas, na Alemanha, 500 e 1.000 metros também estavam incluídos nos programas femininos. Os muitos *meetings* internacionais de mulheres dos anos 1920, juntamente com um vigoroso *lobby*, abriram o caminho para outras distâncias e para a inclusão das mulheres nos Jogos Olímpicos, embora o próprio Pierre de Coubertin desaprovasse o esporte em nível de elite para mulheres.

Em 1928, o atletismo feminino foi incluído nas Olimpíadas pela primeira vez. O primeiro dos ouros em corrida foi para uma norte-americana inexperiente de 17 anos de idade, Elizabeth "Betty" Robinson, que correu os 100 metros em 12,2 segundos.

Sua cidade natal, Riverdale, em Illinois, era tão pequena que ela tinha de tomar trem para ir à escola em Harvey, a duas estações de distância. A estação de Harvey ficava em uma colina, e, um dia, o trem estava prestes a subir o morro e Betty ainda estava bem abaixo. Um professor parado na plataforma viu a garota e achou que ela perderia o trem, pois o guarda já estava soprando o apito. Betty correu o mais rápido que pôde, saltou os degraus até a plataforma em quatro longas passadas, e pulou no assento, ao lado do surpreso professor.

"Vamos ter de marcar seu tempo em 45 metros", disse ele.[14]

Eles fizeram isso no corredor, no final do dia de aulas. Quando o professor viu seu tempo, percebeu que a garota devia ser inscrita em grandes competições, algo que Betty nunca imaginara, e sobre o que, na verdade, nunca ouvira falar – ela simplesmente sempre gostara de correr, e fora sempre a mais rápida entre as colegas de escola. Seus professores ajudaram, dando-lhe sapatos com rebites e inscrevendo-a em *meetings*. Em sua segunda corrida, ela estabeleceu um recorde mundial nos 100 metros de 12 segundos cravados. Seu terceiro *meeting* foi a qualificação para as Olimpíadas. Aquele *sprint* espontâneo até o trem teve consequências inesperadas.

Os próximos Jogos Olímpicos, quatro anos depois, seriam realizados em Los Angeles, solo caseiro para Betty, e ela era a favorita. Em um dia de treino em 1931, o tempo estava tão quente que as mulheres não conseguiam treinar e, como corredoras, não tinham permissão para nadar. Para se refrescar, Betty pediu a seu primo, que era meio-proprietário de um aeroplano, que a levasse para um voo de refresco na cabine aberta.

O avião subiu a 400 pés e, de repente, entrou em um giro, perdeu altitude rapidamente e caiu em solo macio. Betty sofreu ferimentos múltiplos, quebrou a perna e os quadris. Seu joelho ficou duro, e os médicos disseram que ela teria de usar bengala e nunca mais poderia competir novamente. Despesas médicas altas e reabilitação de longo prazo puseram fim a seu treinamento.

Três anos depois, ela tentou correr por diversão. Funcionou: ela voltou para seu antigo clube e se qualificou para as Olimpíadas de 1936, apesar do joelho duro. Em Berlim, ela correu na equipe norte-americana e ganhou a prova de revezamento de 4 x 100 metros.

Mesmo na época de Betty Robinson, os velocistas tentavam qualquer moda que pudesse ajudá-los a alcançar melhores resultados. O velocista norte-americano Eddie Tolan mascava goma nos 100 metros, e achava que aumentava sua cadência de corrida e velocidade – suas pernas acompanhavam o ritmo das mascadas. Seu amigo Jesse Owens testou-se contra um dos grandes fenômenos físicos do período entreguerras, o sapateador e astro de cinema norte-americano Bill "Bojangles" Robinson (1878-1949), que conseguia fazer 91 metros de costas em inacreditáveis 13,5 segundos. Owens correu 69 metros de frente, e Robinson, 50 de costas, e o corredor de 22 anos bateu por pouco o dançarino de 57 anos: o segredo era olhar as marcas da pista para evitar virar o pescoço sobre os ombros.

No filme *Little Colonel*, Bojangles desceu dançando um lance de escadas com a estrela mirim Shirley Temple. A parte mais espetacular foi quando Robinson sapateou de costas escada acima.

Algumas pessoas costumavam correr de costas como forma de treinar – boxeadores em especial. Em 1926, o campeão de pesos pesados Gene Tunney se preparou para sua luta contra o lendário Jack Dempsey correndo entre 6 e 12 quilômetros de costas todas as manhãs, lutando com a sombra pelo caminho. Quando lutam em proximidade, os boxeadores passam boa parte do tempo se movendo para trás, e isso logo os deixa cansados. Tunney bateu Dempsey e deu muito dos créditos a essas sessões de corridas de costas. Muhammad Ali fez a mesma coisa décadas depois, cansando seu oponente ao dançar para trás.

Os gregos e outros especialistas em tempos antigos sabiam que correr para trás aumenta a resistência, fortalece os músculos da perna e da coxa e melhora a velocidade e o equilíbrio. Os chineses caminham e correm dessa maneira há milhares de anos, e os taoistas rastejam de costas – há uma teoria filosófica e muscular por trás dos exercícios dos monges. Pesquisas posteriores demonstraram que correr para trás queima 20% mais calorias do que correr da forma normal.[15]

Nas primeiras décadas do século XX, a corrida e competições em pista se tornaram esportes estabelecidos em muitos países, mas ainda havia preconceitos a serem superados e novas atitudes a serem criadas antes que essas práticas pudessem alcançar aceitação universal.

15
Sisu finlandês

> Nurmi e aqueles como ele são como animais na floresta. Eles começam a correr por uma profunda compulsão, porque uma estranha paisagem de sonhos os chamou com seus mistérios encantados.
>
> Jack Schuhmacher sobre corredores finlandeses

Os três jovens irmãos Kolehmainen saem para uma corrida vestindo sobretudos e calças longas. Os superintendentes de um sanatório local lhes disseram que se vestissem assim para não assustar as pessoas que eles encontrassem, nem parecer que eram pacientes fugitivos. Se fossem tomados por pacientes, eles correriam o risco de ser denunciados e presos.

Na Finlândia de 1906, muitas pessoas caminham, e o fazem por longas distâncias e frequentemente, mas poucas pessoas correm. Um corredor está quebrando o limite de velocidade socialmente aceitável para deslocamentos de pedestres. Um corredor está se excedendo nas coisas, está afobado, e nenhuma pessoa sensata e seguidora da lei precisa estar com tanta pressa. Passar da caminhada para a corrida é indigno, apenas crianças fazem isso.

Os irmãos Kolehmainen, de Kuopio, sabiam disso. Um treinamento de corrida também é um exercício de autocontrole, de não respirar muito fortemente, não agitar os braços por todos os lados, de não parecer exausto. Ao encontrar pessoas na estrada ou na floresta, é importante parecer normal e calmo, de modo a não levantar suspeita. Razão pela qual eles saem para treinar quando há muito pouca gente por perto para vê-los, no escuro e de manhã, e vão aonde as chances de serem vistos são menores. Há algo levemente criminoso na forma como se esgueiram, indo o mais longe possível, para não serem vistos. "Venha ver alguém correndo nu!" é o que as pessoas dizem quando veem esportistas vestindo calças curtas e mangas curtas. Naquela época, "nu" não significava necessariamente estar completamente sem roupas.[1]

Há uma sensação geral, também, de que pessoas de corpo forte, sejam jovens ou adultas, não devem ficar perdendo tempo e energia em atividades improdutivas. "Vocês são preguiçosos!", era o que o pequeno grupo de corredores ouvia das pessoas, porque o esporte estava tomando o lugar do resto, e muitas outras coisas. Quando homens trabalhavam 60 ou mais horas por semana, geralmente em trabalhos físicos pesados, descanso e sono eram coisas sensatas a fazer com o resto do tempo. Era fácil corredores sofrerem de consciência pesada quando sua exaustão vinha do treinamento e da competição.

Os irmãos Kolehmainen são, de fato, esquiadores *cross country*, mas estão tomando cada vez mais gosto pela corrida. Johannes, especialmente, é talentoso, e o atletismo logo será mais importante do que esquiar – e as Olimpíadas de 1912 na Suécia estão chamando.

Nos Jogos Olímpicos, "Hannes" Kolehmainen leva o ouro nos 5.000 metros, nos 10.000 metros e na corrida *cross country*. Ele também estabelece recordes mundiais. Fica zangado quando a bandeira russa é hasteada enquanto ele sobe no pódio, zangado pela Rússia receber a honra pelas medalhas de ouro finlandesas, pois a Finlândia – após séculos de domínio sueco e russo – está empenhada em sua independência. Johannes Kolehmainen tornou-se um herói popular finlandês, e a corrida de longa distância logo se tornou um esporte nacional finlandês: a era do culto ao herói havia chegado, e alguns anos tinham se passado desde quando os irmãos Kolehmainen tinham de treinar de casacos e calças longas. Como uma atividade outrora criticada como sendo apenas para excêntricos de repente se tornou um bem comum?

Os Jogos Olímpicos de 1912 foram um evento histórico crucial.

Imediatamente após as Olimpíadas de 1912, Laura Pikhala descreveu o relacionamento estreito entre corridas de longa distância e o esqui *cross country*. Não era verdade que essas duas disciplinas tinham uma história paralela, com raízes na antiga cultura finlandesa, mas isso se tornou a visão aceita e parte integrante do mito. Assim, as corridas de longa distância foram cobertas com as cores nacionais finlandesas e, assim como o esqui *cross country*, foram vistas em um contexto nacional maior.

Isso aconteceu numa fase em que a Finlândia tinha poucos heróis e precisava reforçar sua identidade. Corredores com *sisu* ("força de vontade", derivada da palavra finlandesa *sisus*, "algo de dentro", "algo interno") expressavam o coração e o impulso da jovem nação e se tornaram símbolos da "finlandesidade", após o país ter alcançado a independência da Rússia, em 1917. O conceito cultural de *sisu* foi transferido para o âmbito esportivo e se tornou uma marca peculiar dos finlandeses, fornecendo aquele pouco a mais de força de vontade com que se pode contar quando há dificuldades.

As corridas de longa distância chegaram tarde à Finlândia, em comparação com outros países escandinavos. A primeira maratona finlandesa foi realizada em 1906, dez anos depois das maratonas ocorridas nos países vizinhos. Foi vencida em um tempo de 3 horas e 15 minutos pelo pedreiro

Kaarlo Nieminen, que havia iniciado treinamentos sérios de longa distância um ano antes – o primeiro finlandês a fazê-lo.[2]

Corridas de longa distância não eram comuns na sociedade camponesa tradicional da Finlândia. Em 1883, o carpinteiro finlandês K. J. Johansson aceitou o desafio feito por Adolf Dibbels, de Viena, para participar de uma corrida de uma hora perto da estação ferroviária em Helsinque. O finlandês começou muito atrasado para se qualificar para o prêmio em dinheiro, mas manteve uma média de velocidade mais alta do que Dibbels. Essa corrida já foi aclamada algumas vezes como o início do milagre da corrida finlandesa, mas, de acordo com o pesquisador Erkki Vetteniemi, não há ligação real entre ela e corridas de longa distância posteriores.[3] É verdade que a introdução do esporte moderno na Finlândia pode ser datado nos anos 1880, mas isso envolvia esqui *cross country*, ciclismo e ginástica. Para encontrar os impulsos decisivos que levaram às corridas de longa distância na Finlândia, é necessário olhar para o sul.

O finlandês Emil Karlsson estudou encadernação de livros na Alemanha e na Dinamarca e participou da cena das corridas em Copenhague. Ao voltar para casa, em 1897, ele fundou o Clube Esportivo de Pedestrianismo Helsingfors, que durou três anos, e organizou competições em estradas, parques e pistas de corridas de cavalo e velódromos.

Selo em homenagem a "Hannes" Kolehmainen,
que estabeleceu novos recordes em 1912.

Mas eles eram apenas um grupo pequeno. Os finlandeses tinham mais atração por outros esportes, como ciclismo e esqui *cross country*, principalmente porque eram reconhecidamente tradicionais. O poema épico nacional *Kalevala* descreve corridas de esqui, e bons esquiadores *cross country* se tornaram figuras nacionais nos anos 1890. Famílias inteiras saíam para passeios de esqui no frio do inverno, e dizia-se que esquiar era moralmente benéfico. Muitos finlandeses que começaram no esqui *cross country* se converteram à corrida com considerável sucesso.

Um artigo de um jornal esportivo finlandês de 1898 listava os esportes por ordem de seus benefícios e sua importância. Como era de se esperar, correr não é mencionado na pesquisa, pois em 1898 ainda era uma atividade praticamente desconhecida. Correr era uma atividade da qual revistas de humor ainda caçoavam, como sendo uma moda estúpida, maluquice de jovens ou algo feito por fanáticos por saúde em spas. No que dizia respeito às organizações de atletismo, na Finlândia, até o outono de 1899, nenhuma corrida era realizada numa distância maior do que 9,65 quilômetros.

Os defensores da educação física na Finlândia vinham recomendando corridas curtas como parte de sua filosofia de ginástica havia décadas, e corridas de saco e *sprints* eram comuns em feiras desde os anos 1890. A primeira competição da qual conhecemos os resultados foi organizada em 1871 por Viktor Heikel, que havia estudado ginástica na Suécia e na Alemanha.[4] Nos chamados *meetings* de Aquiles entre 1882 e 1884, que também incluíam ginástica, e em que se usava um cronômetro, crianças corriam 70 metros e estudantes corriam 356 metros – um terço de uma *versta*. Heikel enfatizava técnica e postura e alertava contra a sobrecarga do corpo em corridas de mais de 3 quilômetros – justamente a distância que se tornou o coração e a alma do milagre da corrida finlandesa.

Rosto de pedra

Há uma foto de Paavo Nurmi de terno e gravata, curvando-se levemente para a frente, como se estivesse em posição de largada, acompanhado por um homem e uma mulher elegantemente vestidos, que pareciam, ambos, sinaleiros de partida brandindo pistolas. A fotografia foi tirada em Hollywood em 1924, e Nurmi sorri enigmaticamente, com os olhos dirigidos ao chão. O fotógrafo conseguiu espreitar e preservar o sorriso naquele rosto magro – um sorriso talvez causado por estar com o casal da foto, os atores Douglas Fairbanks e Mary Pickford, dois dos maiores e mais populares astros do cinema mudo. Eles talvez conseguissem fazer Paavo Nurmi soltar a máscara de esfinge que geralmente usava. Ele era um mistério, esse prodígio finlandês que estabeleceu recordes mundiais com a regularidade de uma máquina ao longo dos anos 1920.

Paavo Nurmi nasceu em Turku, na Finlândia, em 1897, o mais velho de quatro filhos sobreviventes. Eles eram uma família rigidamente cristã, que morava em um quarto e alugava a cozinha para uma família da classe trabalhadora. Seu pai, Jonah Frederik, era de origem camponesa, mas se tornou carpinteiro quando se casou com Mathilda Wihelmina. Ele não tinha boa saúde, seu coração era fraco, e ele sofria de ataques de desmaio. Quando morreu, aos 50 anos de idade, Paavo – que mal completara 13 anos – se tornou o provedor da família.

Nessa época, ele já havia traçado o curso de sua vida: seria um corredor, tendo herdado o talento e a constituição enérgica de sua mãe, que também era veloz.

Após a morte do pai, Paavo deixou a escola e foi trabalhar. Ele se tornou garoto de recados, fortalecendo tanto as pernas quanto a força de vontade ao arrastar pesados carrinhos de mão pelas colinas de Turku. Tornou-se vegetariano por causa do esporte e parou de beber café. Durante seis anos, Nurmi não consumiu carne, café, chá, álcool nem tabaco, vivendo uma vida de tal disciplina e ascetismo, que ficou isolado dos outros de sua idade. Enquanto eles ficavam nos cafés, ele ia correr na floresta perto de casa, sempre sozinho, sempre sério e sempre decidido.

Ele adotou uma visão de longo prazo. No verão de 1912, milhares de garotos finlandeses começaram a treinar, inspirados pela medalha de ouro de Johannes Kolehmainen. Muitos deles tinham esgotamento por excesso de treino, mas não Nurmi, que durante os anos que se seguiram dividiu suas energias em três ou quatro sessões semanais de 1,6 a 6,4 quilômetros. Ele começou a competir seriamente aos 17 anos de idade, e na temporada seguinte alcançou os 3.000 metros em 9 minutos e 30 segundos, e os 5.000 metros em 15 minutos e 57 segundos, mas ele era lento e carecia de uma boa arrancada final. Depois de muito praticar com *sprints* intermitentes e treinamentos de velocidade, ele não tinha medo de ninguém. Nurmi passou a esquiar menos e começou a viver de forma menos ascética – começou a comer carne e beber chá e café, embora em pequenas doses. Porém, cereais e derivados de leite continuaram sendo sua principal dieta.

Aos 19 anos de idade, Nurmi estendeu seu programa de treinamento. Adicionou a ele muita caminhada – até 24 quilômetros por dia –, além de corridas de 1,6 a 6,4 quilômetros cinco vezes por semana, com arrancadas embutidas. Essas sessões eram seguidas de ginástica concentrada. Paavo Nurmi iniciou seu serviço militar em 1919, e surpreendia a todos, correndo totalmente equipado nas longas marchas em vez de marchar, superando a todos, fosse na estrada ou na floresta.[5]

A temporada de 1919 marcou a virada em sua vida. Ele começou a correr com um cronômetro, tanto nos treinos como em competições, desenvolvendo assim um senso de ritmo. O cronômetro apertado no punho se tornou sua marca, e ele o jogava no espaço interior à pista ao se aproximar da chegada, certo de que seu ritmo era o correto. Seus competidores ficavam irritados, e os espectadores, fascinados, quando Nurmi olhava de relance para o ponteiro dos segundos enquanto corria. O que ele estava planejando? O cronômetro adicionava um elemento matemático a sua corrida, e as pessoas perceberam que era possível calcular corridas. Nurmi não desejava esmagar recordes por grandes margens – melhorias pequenas e frequentes eram mais adequadas ao seu estilo.

Nurmi costumava ir para a ferrovia para aumentar sua velocidade e o tamanho de sua passada. Em 1920, ele correu ao lado do trem de Turku a Littois por 2,4 quilômetros num ritmo mais rápido que o usual, e dando passadas maiores – ele corria à direita do trem com a mão esquerda no último vagão. Persistiu em fazer isso atrás de trens em baixa velocidade, alongando sua passada e aumentando sua capacidade, enquanto os passageiros olhavam e apontavam. Em trechos planos e de subida, tudo ia bem; nas descidas, a velocidade realmente aumentava, mas isso também ajudava.

A Finlândia, já então independente, enviou uma equipe para as Olimpíadas de Antuérpia em 1920. Seu astro e esperança de medalha era Nurmi, e ele levou o ouro nos 10.000 metros e a prata nos 5.000 metros.

Ao longo dos anos 1920, Paavo Nurmi e seus companheiros corredores finlandeses brilharam como estrelas nos céus. O milagre da corrida finlandesa fascinava igualmente jornalistas, espectadores e autoridades médicas. Os finlandeses eram os mais velozes do mundo em distâncias acima de 1.500 metros, e estabeleceram mais de 70 recordes mundiais entre 1912 e 1940. Eles pareciam praticamente imbatíveis, esses três ou quatro homens correndo um atrás do outro, vigorosos, com rostos magros e maçãs do rosto altas, homens aparentemente feitos especialmente para correr.

Após ter vencido os 1.500 e 5.000 metros no curso de pouco mais de duas horas nas Olimpíadas de 1924, Nurmi saiu para dançar em uma boate. Um jornalista finlandês ficou surpreso ao ver o campeão na pista de dança, mas Nurmi conhecia o valor de dançar e ter um relaxamento após um programa de corrida tão estrito.[6] Ele ganhou cinco ouros olímpicos em seis dias, três em provas individuais e dois em provas em equipe.

Após completar seu serviço militar, Nurmi seguiu para um curso técnico em Helsinque, onde morou na casa de uma mulher idosa. De manhã cedo, ele saía do quarto para longas marchas de treinamento. Uma mulher de uma fazenda perto da cidade correu ao celeiro para guardar os animais ao ver essa figura estranha e veloz, usando casaco de pele de carneiro e botas do exército, com uma pesada mochila nas costas. O andarilho aparecia no escuro em intervalos regulares, e a mulher imaginou que fosse alguém não muito certo da cabeça. Estava errada: era Paavo Nurmi, fazendo seus dezenove quilômetros com uma mochila de trinta quilos nas costas antes de ir para a faculdade; todos os dias, às oito horas da manhã, ele já estava em sua carteira assistindo à aula.[7]

Nessa fase, o estilo de corrida de Nurmi começara a se estabilizar no que seria seu padrão característico. Ele corria movendo intensamente os braços bem distante dos lados do corpo, e seu corpo parecia ser levado para a frente por passadas largas e irresistíveis, com muito uso dos quadris. Era um estilo de corrida que exigia quadris fortes e a capacidade de dar largas passadas sem induzir rigidez – muitos corredores tentaram copiar o estilo num esforço para alcançá-lo.

Os Estados Unidos também queriam seu quinhão de Nurmi. Na viagem através do Atlântico, ele correu no convés e passou horas na banheira para manter os músculos flexíveis para sua chegada a Nova York em 9 de dezembro de 1924. Em vez de se instalar em uma luxuosa propriedade, ele preferiu morar com um amigo finlandês em um simples porão na periferia da cidade. Sua taciturnidade causava ainda mais sensação nos Estados Unidos do que na Europa.

Nurmi treinava e competia, correndo em três ou quatro eventos em ambiente fechado por semana, geralmente tarde da noite, em pequenas pistas cercadas com curvas fechadas e espectadores fumantes a pouca distância. Ele não estava acostumado à luz dos refletores e à confusão após os eventos, e o programa não terminava antes da meia-noite, quando ele – como atração principal – havia cruzado a linha de chegada. Depois, vinha a volta para casa, de modo que, geralmente, eram duas horas da manhã antes que ele fosse dormir, mas ele ainda se levantava às sete horas e não tirava um cochilo durante o dia. A mesma rotina continuou, semana após semana, com doze corridas em cada uma, em janeiro e fevereiro, e quinze em março. Além disso, havia os longos deslocamentos de carro e de trem, mãos de estranhos a apertar, sessões de fotos com figuras proeminentes, visitas a escolas, corridas de demonstração em acampamentos do exército, visitas a universidades –

sempre um novo lugar e uma nova razão para ele demonstrar sua corrida. Nurmi não tinha planejado ficar tanto tempo nos Estados Unidos, mas sua popularidade atrasou sua volta para casa.

O atletismo em locais fechados atraía grandes multidões nos Estados Unidos. Em todas as cidades e universidades havia arenas ou ginásios de esportes de vários tipos, e de todo tipo de piso – madeira, concreto, ladrilhos ou apenas terra. Eles podiam ser facilmente convertidos em picadeiros de circos, arenas de boxe ou pistas de corrida com retas curtas e curvas fechadas. Mais do que as pistas de corridas de cavalos, os locais de atletismo fechados ofereciam o palco perfeito para duelos e pesadas apostas. Assistido por Hugo Quist, seu empresário e intérprete, Nurmi se tornou o rei desse universo, e juntos conquistaram praticamente todo o continente.

Como cura para a fadiga das viagens, Nurmi saltava do trem quando ele parava e corria toda a extensão da plataforma. Aí vem ele, o escandinavo que nunca descansa e nunca se esquiva dos treinos – mesmo de terno e gravata, ele está pronto para tudo! Entre as sessões de sauna com aquele calor e umidade que só um finlandês consegue tolerar, ele tomava os pesados tapas de Quist na mesa de massagem; e mesmo em viagem ele mantinha a rotina de duchas frias e chicotadas com ramos de vidoeiro depois da sauna.

Os jornais o revelavam como um personagem feito para a galeria da fama. O magnata do jornalismo Randolph Hearst poderia destruir um homem para o resto de sua vida com um artigo de fofoca, mas podia transformar outros em semideuses se isso vendesse mais jornais. Nurmi era uma força primitiva da Europa, um puro-sangue que fazia bem aos negócios de Hearst.

Nurmi representava uma parte do mundo que os americanos romanceavam. Muitos deles eram imigrantes recentes com saudades do velho país – ou, antes, de sua percepção do velho país. A mística de Nurmi era reforçada pelo fato de que ele não dava entrevistas. Quando os jornalistas avançavam até esprêmê-lo, enquanto os fotógrafos tiravam fotos de todos os ângulos, e não conseguiam nada de Nurmi, então iam embora e escreviam suas próprias versões, elogiando ou criticando com base – no melhor dos casos – em informações de seu empresário. A taciturnidade pode ser tomada como arrogância, não importando que Nurmi precisasse de um intérprete. Essa mistura de proximidade e distância é que foi tão eficaz na criação do mito Nurmi: nenhum outro corredor estrangeiro antes ou depois dele foi tão celebrado pelos norte-americanos, e, no entanto, tão misterioso para eles. Nurmi rapidamente se tornou uma lenda.

Nurmi era enormemente importante para a Finlândia, e seu valor de publicidade imediata foi estimado em muitos milhões de dólares. Sem que ninguém pedisse, um banqueiro norte-americano telegrafou a um negociante em Genebra e ofereceu empréstimos favoráveis à Finlândia: se um país podia produzir um fenômeno tão único, ele merecia crédito. Imigrantes finlandeses donos de lojas nos Estados Unidos anunciavam seus artigos usando o nome de Nurmi, assim como desempregados ganhavam empregos com base em afirmações de que conheciam o herói da terra natal. Os finlandeses passaram a ser vistos como uma raça obstinada e tenaz.

Os recordes em locais fechados caíam como dominós. Distâncias pouco comuns – jardas, milhas, meias milhas, quartos de milha, oitavos de milha – significaram que Nurmi quebrou mais de trinta recordes em cerca de cinquenta corridas. E como o público gostava de ver os tempos melhorados, organizavam-se corridas com distâncias incomuns para que os organizadores pudessem anunciar um novo recorde ao fim do evento. Nurmi perdeu apenas uma corrida, e deixou de terminar apenas uma vez.

Havia poucos corredores capazes de bater Nurmi, mas na Costa Oeste dos Estados Unidos havia histórias de nativos americanos que eram imbatíveis em longas distâncias. No final de abril, Nurmi competiu com nativos americanos em uma corrida de 4,8 quilômetros realizada no estádio de Los Angeles. Diante de uma multidão de 40 mil pessoas, ele se distanciou facilmente dos índios Hopi em uma competição entre o homem branco e os habitantes originais do país.

Uma fotografia foi tirada após a prova, mostrando um Nurmi de aparência severa em pé, segurando sua taça e flores entre dois dos organizadores. Os dois funcionários gorduchos, posando de terno e gravata, estão estourando de orgulho, como se tivessem descoberto uma pepita de ouro. Quem observa percebe uma profunda satisfação no magro e ascético Nurmi – ele parece um homem de outro planeta pensando: "Eu sou o vencedor. Sou o melhor corredor do mundo e ninguém pode tirar isso de mim". Muitos anos de disciplina e esforço são revelados nessa enigmática expressão. É a compensação, e a pequena vingança do forasteiro, enquanto as massas aplaudem. Ele geralmente ficava assim em frente de uma plateia arrebatadora, satisfeito, mas determinado a melhorar e conservar seu lugar no topo, penosamente consciente de que havia sempre alguém em seu ombro.

As acusações usuais de profissionalismo foram feitas contra Nurmi durante essa turnê americana de 1925. Uma série de promotores de eventos buscou tentá-lo com pagamentos adicionais ilegais, sabendo muito bem que isso poderia levar à perda de seu status de amador. Alguns atletas sugeriam que os americanos estavam tentando enredar competidores europeus em arranjos financeiros, para excluí-los antes dos Jogos Olímpicos.⁸

Nurmi frequentemente recebia e recusava ofertas profissionais, como 60 mil dólares para aparecer em um circo por cinco meses e quase 25 mil dólares para filmar. Um dono de teatro de Nova York queria contratar o finlandês para correr em uma esteira, para demonstrar a velocidade que um ser humano podia atingir com suas pernas.⁹

Entretanto, Paavo Nurmi com frequência competia recebendo pagamento ilegal. As razões são bastante compreensíveis: ele era de origem pobre, arcava com a responsabilidade de prover a família e, depois de todos os sacrifícios que se impusera, ele estava em condições de garantir seu futuro. Sendo um homem financeiramente astuto, ele depois investiu em propriedades em Helsinque e ficou mais rico do que a maioria dos esportistas.

O caráter vago das regras do amadorismo abria caminho para métodos alternativos de pagamento. Digamos que um grande astro exigisse dinheiro ilegal por aparição – 800 dólares parecem ter sido a taxa usual para os maiores astros nos Estados Unidos em grandes eventos nos anos 1920.¹⁰ Após o evento, seu promotor aparecia no quarto do hotel do competidor com os bolsos cheios de notas, ou com a soma tratada em um envelope, tudo dependendo de ter havido quebra de recordes naquele dia. "Aposto 800 dólares como você não consegue saltar sobre essa cadeira", o promotor podia dizer. "Aposto que consigo", o competidor respondia, antes de saltar sobre a cadeira. O pagamento proibido era então convertido em uma aposta sem impedimentos.

Todos os envolvidos conheciam o esquema, mas poucos pensavam em denunciá-los, pois eles mesmos eram geralmente culpados. Subornos podiam comprar um silêncio de longo prazo por várias gerações. Os esportistas que eram acusados negavam todas as alegações, pois conheciam os pecados de seus oponentes. Claro que também havia amadores genuínos no nível mais alto que não quebravam as regras.

Sua turnê pelos Estados Unidos em 1925 teve seu preço para a constituição de ferro de Nurmi. Nas distâncias olímpicas de 1.500, 5.000 e 10.000 metros, ele nunca bateu seus recordes de 1924 de 3 minutos e 52,6 segundos, 14 minutos e 28,2 segundos, e 30 minutos e 6,2 segundos, respectivamente. Ele entrou em uma espiral descendente na qual suas margens de vitória ficaram menores, e suas derrotas, mais frequentes.

Ele pretendia que a temporada de 1928 fosse sua última, mas, em vez disso, partiu em outra turnê, agora mais curta, pelos Estados Unidos no inverno seguinte, e logo estava novamente em plena forma, mais forte do que nunca nas distâncias mais longas, e seriamente dedicado a alcançar o auge de sua carreira com um ouro na maratona nas Olimpíadas de Los Angeles em 1932.

Esse sonho foi esmagado. Na primavera de 1932, ele foi desqualificado pela Federação Internacional de Atletismo Amador após alegações de profissionalismo. Foi para Los Angeles e continuou forçando seus limites, na esperança de receber permissão para competir. Zangado com sua exclusão, e com um pé machucado, Nurmi mal conseguia andar, muito menos correr, mas continuou se esforçando contra a lesão, e esperou uma revogação até o fim.

Nurmi não teve permissão para participar e preferiu não assistir aos 10.000 metros e à maratona; segundo disse, ele teria vencido a segunda por cinco minutos.

A Federação Finlandesa de Atletismo se recusou a aceitar a proibição internacional. As autoridades do atletismo da Finlândia conheciam bem a moralidade dupla em muitos níveis do esporte, e não estavam dispostas a cortar as pernas do maior herói nacional, por assim dizer. Nurmi continuou competindo em sua terra natal e obteve sua última vitória nos 10.000 metros no outono de 1934, aos 37 anos de idade.

"Correr está no sangue de todo finlandês"

Muitas pessoas tentaram explicar o milagre da corrida finlandesa. Os finlandeses eram mais aptos para correr do que outras raças como resultado de seu *sisu*?

O *Helsingen Sanomat*, o maior jornal da Finlândia, alimentava o mito de os esportistas do país estarem no nível em que se encontravam por causa do trabalho duro e da labuta física dos camponeses. Na Finlândia, como em muitos países, a elite socioeconômica propagava mitos nacionais elevando aspectos extraídos das pessoas comuns e os transformavam em um bem nacional. A elite social da Finlândia se banhava no brilho do que era criado pelos esforços das classes mais baixas.

Muitas comunidades locais da Finlândia eram dependentes da agricultura e silvicultura. O *Helsingen Sanomat* e outros jornais consideravam a falta de indústrias e de uma infraestrutura moderna como um ponto forte quando se tratava de conquistas no atletismo: o que era, na verdade, uma desvantagem e a causa da grande emigração para os Estados Unidos e a Suécia – a quase ausência de indústrias e de empregos diversificados – era mostrado como uma carta de trunfo da Finlândia no campo das corridas internacionais.

Trabalho duro era uma virtude finlandesa. A imagem dos finlandeses como um povo forte da floresta se espalhou pelo mundo. Quando os finlandeses eram chamados de esportistas "natos", os homens aos quais isso se referia vinham de uma origem camponesa e dos estratos sociais mais baixos. Não é de admirar que os finlandeses ficassem espantados ao descobrir que o esporte, em muitos outros países, estava ligado ao estudo acadêmico.

Os principais esportistas finlandeses frequentemente falavam de ter feito trabalhos físicos duros desde os 5 ou 6 anos de idade. Para esses rapazes do trabalho duro das fazendas, fossem eles da Finlândia ou de outro lugar, gastar dias inteiros com esportes como eles faziam em eventos de representação era algo a que não estavam acostumados.

Nos anos 1930, o alemão Jack Schumacher recorreu à paisagem e às condições físicas do país para explicar o milagre da corrida finlandesa. O clima e a topografia dotaram os finlandeses de tenacidade e *sisu*:

> Correr está no sangue de todo finlandês. Quando você vê as florestas puras e profundas, os amplos campos férteis com suas típicas casas de trabalhadores pintadas de vermelho, os cumes dos morros com grupos de árvores, o horizonte de um azul infinito que se funde em lagos, então você é arrebatado pela excitação e sente a necessidade de correr – porque não temos asas para voar. Apenas correr com pés leves por essa paisagem nórdica, milha após milha, hora após hora. Nurmi e aqueles iguais a ele são como animais na floresta. Eles começam a correr por uma profunda compulsão, porque uma estranha paisagem de sonhos os chamou com seus mistérios encantados.
>
> Não é apenas a perseguição de recordes, elogios e honrarias que impele os filhos da Escandinávia a realizações quase sobre-humanas. Seus tempos dignos de admiração são uma forma de agradecer à Mãe Terra.[11]

Mas se o clima era a razão do sucesso, a Suécia e a Noruega deveriam ter produzido corredores igualmente bons entre as guerras. A Suécia alcançou um bom padrão, mas a Noruega – mais parecida com a Finlândia em números populacionais – ficou muito atrás. Não havia uma cultura difundida de corridas de longa distância na Noruega, os noruegueses treinavam menos, e os especialistas em treinamento noruegueses alertavam contra o treino excessivo e o esgotamento.

Os finlandeses eram melhores porque treinavam mais, e treinavam da forma mais inteligente na época. Eles tinham as melhores estruturas de apoio e dedicavam a isso mais esforço. Muitos finlandeses no período entre as guerras e nas décadas anteriores cresceram em circunstâncias simples e desenvolveram a dureza física e mental necessária em corridas de longa distância. Eles viviam em pequenas fazendas na floresta, caminhavam muito durante seu crescimento, trabalhavam nos campos e rachavam lenha. As forças da natureza lhes davam uma vantagem. Mas isso não chega a ser uma exclusividade da Finlândia: em países por toda a Europa as pessoas trabalhavam duro para sobreviver, e longas caminhadas para a escola e trabalho infantil eram comuns. As visões de Schumacher foram formadas pela reputação dos finlandeses e por todas as histórias sobre eles: em campeonatos internacionais, eles eram tímidos, eram conhecidos pela natureza taciturna e o olhar baixo – um tipo de humildade que se tornava autoconfiança nas grandes arenas de corrida. Havia uma aura em torno dos corredores finlandeses que era reforçada por seu silêncio e falta de habilidades linguísticas e, é claro, porque é fácil ficar tentado a especular sobre o desconhecido e o exótico. No caso dos finlandeses, os mitos que surgiram e existiram no estrangeiro também se tornaram os tijolos que grandes autores finlandeses usaram na construção de uma identidade nacional.

A difundida cultura da corrida na Finlândia foi um fator determinante em seu sucesso, mas ninguém pode negar que correr longas distâncias apelava a algo no caráter nacional finlandês. Era uma variante moderna da labuta de cortar árvores nas florestas – algo para mostrar ao resto do mundo antes de trazer os louros para casa. A distância era como o tempo passado na sauna, em que o que importava era aguentar o máximo de tempo na temperatura mais alta possível. Na hora doía, mas depois era doce. E com a prática se podia aprender a aguentar muito.

É impossível escolher o maior momento da corrida finlandesa. O que nos dá a *impressão* de ser, talvez, o maior momento veio em 1952, quando a Finlândia sediou as Olimpíadas em Helsinque.

O estádio está lotado de espectadores para a cerimônia de abertura, e a Finlândia é o foco das atenções do mundo. As equipes entram e vão desfilando até que todas elas são reunidas atrás de suas bandeiras.

Então vem o que todos esperavam – a tocha olímpica chega, conduzida pelo braço erguido de um pequeno homem que corre suavemente. O estilo e as longas passadas são familiares, o corredor é solene e compenetrado. O reboar jubiloso que o saúda enche os céus nesse claro verão finlandês: "Paavo Nurmi!". O nome ressoa pelo estádio, e as vozes dos locutores de rádio enviam a cena para todos os cantos do mundo. É ele mesmo, o homem que é o símbolo do *sisu* finlandês, ainda impudentemente vigoroso e misterioso, ainda que seus cabelos estejam mais finos. Dezenas de milhares de espectadores sentem na pele um arrepio, e homens feitos têm lágrimas nos olhos ao se levantar e aplaudir e gritar.

Paavo Nurmi e a Finlândia se fundem em uma unidade. Ele é o exemplar premiado de *sisu* da nação, e a lembra da independência que desejou e conquistou após séculos de domínio estrangeiro. Ele é um estranho e maravilhoso exemplo do que algo tão simples quanto correr pode fazer por um homem e por uma nação.

16
Ultracorrida como formação de nações

Eu considerava os índios os piores
parasitas humanos, mas eu vi a luz.

Jacobo Dalevuelta sobre os Tarahumara, no México, após eles
terem corrido longa e velozmente nos anos 1920

Duas tradições duradouras de corrida de longa distância, as *ekiden* **no** Japão e as *Comrades* na África do Sul, se originaram durante a Primeira Guerra Mundial.

A primeira *ekiden* entre a antiga e a moderna capital do Japão, Quioto e Tóquio, foi organizada em 1917 para comemorar o quinquagésimo aniversário de Tóquio. A distância era de 507 quilômetros em 23 estágios, e a corrida ocorria em três dias, em estradas comuns.

O nome *ekiden* é um composto das palavras *eki*, "uma estação" e *den*, "transmitir", e foi criado em 1917 pelo poeta Toki Zemmaro, que trabalhava para o *Yomiuri Shimbun*, o jornal que patrocinou a corrida desde o início. Assim, de forma bem parecida à corrida de ciclismo da Volta da França, a competição foi uma criação da imprensa nacional: no Japão, como na França, os jornais reconheciam a possibilidade de aumentar a circulação tendo seus próprios eventos esportivos.

A ideia, no entanto, tinha raízes na cultura japonesa. O velho sistema de transporte puxado por cavalos havia funcionado por um princípio de revezamento, com estações ao longo das principais estradas onde os viajantes podiam trocar de cavalos enquanto permaneciam no mesmo coche. Pessoas, cartas e encomendas importantes eram transportadas dessa forma, e a ideia por trás da *ekiden* era imitar e comemorar o sistema de transporte antigo. Usando corredores, a corrida também simbolizava o Japão novo, moderno e eficiente.

O jornal promoveu uma grande campanha publicitária em 1917 para atrair participantes. Quarenta e seis homens foram escolhidos e divididos em duas equipes, com 23 estudantes de Tóquio em uma e 23 professores e estudantes do município de Aichi na outra.

A corrida caiu imediatamente no gosto do público, instigando a animação em todo o Japão, e, à medida que os corredores se aproximavam da chegada em Tóquio, recebiam a torcida de 100 mil espectadores. A *ekiden* tornou-se o evento esportivo mais acompanhado no Japão e inspirou corridas semelhantes em todo o país.

Shizo Kanaguri, que correu na maratona das Olimpíadas de Estocolmo em 1912 e foi o pai da maratona japonesa, queria treinar corredores de nível internacional. Ele viu o sucesso da primeira *ekiden* e insistiu com as universidades da cidade para iniciar uma. Em 1920, quatro universidades cooperaram na *ekiden* Hakone, que ia de Tóquio à região montanhosa de Hakone e retornava à cidade. Novos projetos desse tipo também refletiam a crescente atenção prestada aos esportes ocidentais no Japão.

Nesse período inicial, a *ekiden* Hakone era realizada de uma forma um tanto descomprometida. Os corredores partiam à tarde porque os alunos tinham aulas pela manhã, e eles podiam escolher a própria rota: só o que importava era ir da largada até a chegada.

Quando a 78ª *ekiden* Hakone foi disputada, entre quinze equipes universitárias, em 2002, um quarto dos telespectadores do país assistiu às transmissões ao vivo, e centenas de milhares de pessoas ladearam as estradas. A corrida consistiu em dez estágios, cinco em cada direção, totalizando 216 quilômetros, com um tempo de cerca de onze horas. O desejo de participar dessa corrida incentivou muitos japoneses a cursarem universidades.

Em uma *ekiden*, cada corredor corre de uma estação até a seguinte, carregando um pedaço de pano, o *tasuki*, que então é passado adiante. Cada pedaço representa o corredor, a equipe, a empresa ou a região à qual a equipe pertence, e qualquer mudança na posição das equipes é recebida com alegria ou desapontamento pelos observadores. Tudo apela ao senso de patriotismo local japonês, ou de lealdade à empresa – lealdade que, durante o século XX, podia durar toda a vida de trabalho de um funcionário. Superficialmente, os *tasuki* são iguais aos bastões nas provas de revezamento, mas eles têm um significado simbólico mais profundo. O que torna a *ekiden* tão especial e tão popular é a combinação da competitividade tradicional com um espírito unicamente japonês.

O fato de que os participantes estão contribuindo para um esforço em equipe, unindo forças e demonstrando lealdade ao grupo, explica por que as *ekiden* fizeram sucesso, uma vez que tais atitudes são altamente apreciadas no Japão, e eram ainda mais fortes na época em que essas corridas começaram.

A *ekiden* mais longa é a "*Ekiden* Copa Príncipe Takamatsu Nishinippon ao Redor de Kyushu", que, com seus 1.064 quilômetros e 72 estágios, é provavelmente a mais longa prova de revezamento do mundo.[1]

"Camaradas"

Vic Clapham, de Londres, emigrou ainda menino com seus pais para Cape Colony, na África do Sul. Ele se alistou como condutor de ambulância na eclosão da Guerra dos Bôeres (1899-1902) com apenas 13 anos de idade. Na Primeira Guerra Mundial, entrou para a 8ª Infantaria Sul-Africana, e marchou cerca de 2.730 quilômetros através das savanas do leste da África na perseguição ao batalhão de Glen Paul Von Lettow-Vorbeck – este último, um general alemão que empregava táticas de guerrilha. Havia colônias alemãs na África Oriental Alemã (atual Tanzânia), e as forças do general queriam evitar se encontrar com os sul-africanos em combate.

Durante esses tempos difíceis, Clapham viu sofrimento, morte e destruição, mas também viu uma solidariedade que ele valorizava. Depois que a guerra terminou, em 1918, ele queria comemorar a longa marcha e os camaradas que tombaram; queria, para isso, uma corrida que refletisse um pouco das dificuldades. Ele recorreu às autoridades do atletismo da África do Sul e também à League of Comrades ("Liga dos Camaradas"), uma associação de antigos soldados – na qual os *comrades* eram colegas, amigos ou aliados militares.

Inspirado por uma marcha de Brighton a Londres, Clapham propôs uma corrida de 90 quilômetros de Pietermaritzburgo a Durban, mas a associação dos soldados protestou, argumentando que a ideia era irrealista – quem seria capaz de completá-la? Clapham acreditava, entretanto, que se cidadãos comuns colhidos nas ruas e uniformizados podiam marchar através de metade da África carregando 25 quilos nas costas, como ele e seus camaradas haviam feito, corredores bem treinados podiam correr noventa quilômetros sem carga. Em 1919 e 1920, sua proposta foi rejeitada, mas em 1921 a associação concordou com o evento, e ele começou na prefeitura de Pietermaritzburgo, em 24 de maio – o Dia da Commonwealth – daquele ano. Trinta e quatro participantes brancos foram corajosos o suficiente para se inscrever, e W. Rowan venceu em 8 horas e 59 minutos.

No ano seguinte, a corrida foi realizada na direção oposta, tal como tem sido desde então. A primeira mulher – Frances Hayward – completou-a já em 1923, e em 1931 uma professora de escola chamada Geraldine Watson se inscreveu depois de apenas seis semanas de treinamento, e a completou por três anos seguidos, levando 9 horas e 31 minutos em sua última corrida, após uma preparação de seis meses. Nas décadas seguintes, a *Comrades Race* foi um fator que contribuiu para a África do Sul produzir os melhores ultracorredores – aqueles que buscam distâncias maiores do que a da maratona – do mundo.

Notícias sobre a *Comrades* chegaram a muitas partes do mundo.[2] Na Suécia, ela ajudou a inspirar a *Vasaloppet*, uma corrida de esqui de noventa quilômetros fundada em 1922, em memória de um feito heroico histórico sueco.

A *Comrades* também levou a novos argumentos no debate sobre se álcool e corrida combinam. Esse debate durou várias décadas, com alguns resultados divertidos, como a obrigatoriedade de servir cerveja no final de corridas de longa distância para restabelecer o equilíbrio de líquidos – era um período em que a água bebida nas cidades era impura. Corredores exaustos recebiam garrafas de cerveja e engoliam o conteúdo, sendo essa a melhor alternativa disponível. O ar ao redor da linha de chegada era tomado por um cheiro de suor e álcool, e corredores de padrão internacional consideravam uma rápida ingestão de álcool necessária à saúde.

Arthur F. H. Newton nasceu na Inglaterra, mas viveu na África do Sul, onde foi fazendeiro nos anos 1920. Ele provavelmente correu mais longe do que qualquer pessoa naquela década, e experimentou muitas coisas, inclusive álcool, embora seu uso já tivesse uma má reputação entre os esportistas da época, ao menos com relação a competições. Havia histórias, por exemplo, sobre o sul-africano Charles Hefferson, que perdeu o ouro na maratona olímpica em 1908 após aceitar champanhe de um espectador, bem como outros corredores que tinham desmaiado por consumir mais álcool do que era sensato.

Newton acreditava que o álcool tinha um efeito positivo se utilizado da forma certa, assim como as drogas, quando o corpo estava totalmente exausto. Ele realizou um experimento no qual reduziu seu treinamento diário para menos do que seus 19 quilômetros usuais, com o objetivo de induzir uma sobrecarga e níveis incomuns de exaustão com uma corrida de 64 quilômetros, quando foi testar os efeitos do álcool.[3]

Após fazer 56 quilômetros, Newton tomou uma mistura de uma colher de sobremesa de *brandy* para seis partes de água, trazida para ele por seu vizinho, que também era seu assistente de treinos. Ele então continuou, refrescado e em um ritmo mais rápido, e o efeito durou por cinco ou seis quilômetros, quase a distância que faltava para a chegada. Isso o impeliu a fazer mais experimentos.

Na vez seguinte, correndo uma distância de maratona, ele aumentou a quantidade de álcool em 50%, e a tomou antes dos mesmos trechos de descida. Foi como se alguém o tivesse esmurrado: o álcool paralisou suas pernas e ele quase não conseguiu correr. Recuperou-se lentamente e terminou num ritmo arrastado, tendo certeza absoluta de que a dose tinha sido muito alta.

Newton então repetiu o primeiro experimento e descobriu o mesmo efeito positivo: uma pequena adição de álcool podia ser útil perto do fim da *Comrades*, seu grande objetivo da temporada.

Ele realmente tomou uma dose medida após 77 quilômetros, e venceu por meia hora, evidentemente não apenas por causa do álcool. Ele depois concluiu que o álcool era desnecessário, e o abandonava quando competia. Entretanto, mantinha sua convicção de que uma gota de álcool tinha um bom efeito no *sprint* final – quase como um choque para que o corpo rendesse mais.

Pela salvação da nação

Muitas pessoas se levantaram anormalmente cedo na cidade mexicana de Pachuca, em 7 de novembro de 1926. Até mesmo o prefeito da cidade e o governador do estado de Hidalgo estavam presentes entre os espectadores às 3h05 da manhã, quando três nativos americanos começaram sua corrida até a Cidade do México, a 97 quilômetros de distância, ao som de fogos de artifício, enquanto a estrada era iluminada pelos faróis dos carros e motocicletas. Os corredores tinham sinetas penduradas em seus cintos, como uma indicação audível de que eram membros da tribo Tarahumara, embora estivessem cobertos com as cores mexicanas: verde, vermelho e branco.[4]

Os corredores atraíam bastante atenção. Os sinos das igrejas locais tocavam ao longo do caminho, chamando os espectadores, que viram um dos índios desistir na metade do caminho. Ao se aproximarem da Cidade do México, a caravana de carros que os seguia causou um engarrafamento. Os Tarahumara chegaram ao estádio nacional tendo levado 9 horas e 37 minutos para percorrer os 97 quilômetros.

Tomás Zaffiro e Leoncio San Miguel se tornaram heróis nacionais após estabelecer um recorde mundial não oficial na distância incomum de 97 quilômetros. Os dois índios falavam apenas um pouco de espanhol, e não conseguiram entender tudo quando as autoridades mexicanas lhes entregaram os prêmios: dois lenços de seda vermelhos, muito algodão branco e dois arados.

Os organizadores tinham vários motivos inconfessos para usar uma tribo indígena para demonstrar a resistência e as habilidades atléticas mexicanas. Eles esperavam que 97 quilômetros se tornassem uma distância olímpica, de preferência em Amsterdã, em 1928, e, nesse caso, os Tarahumara poderiam vencer e trazer honra ao México. Um ouro olímpico ajudaria a remover o estereótipo do mexicano preguiçoso.

O México estava em fase de reconstrução, após uma sangrenta revolução e consideráveis lutas por dez anos, até 1921. Os dois corredores Tarahumara simbolizavam o esforço de incluir os grupos nativos do país em um México novo e orgulhoso, no qual haveria menos discriminação. Os Tarahumara eram idealmente adequados para o papel de super-homens atléticos.

Recrutando os Tarahumara, os mexicanos seguiam as ideias de uma das figuras culturais e artísticas mais conhecidas do país, conhecida como "Dr. Atl". Com a aproximação das Olimpíadas de 1924, as primeiras de que o México participava, ele exigia que o país fosse representado por robustos indígenas, e não por cidadãos "civilizados e afeminados" das classes altas. Se eles queriam ganhar os prestigiosos eventos de corrida nas Olimpíadas, teriam de contar com os Tarahumara.

O objetivo desse plano era unir força primitiva e modernidade. Os dois Tarahumara que estabeleceram o recorde de 97 quilômetros em 1926 conseguiram isso em uma estrada nova que acabara de ser aberta ao tráfego motorizado de todo o país, e sua corrida significava que mesmo os mais pobres do país poderiam ser incluídos no processo de modernização. Correr também podia contribuir para uma solução do chamado "problema indígena" do país, pois o analfabetismo e a falta de escolas mantinham as comunidades indígenas locais sob um jugo impiedoso.

Tudo isso beneficiaria a Revolução Mexicana e o presidente, general Plutarco Elias Calles, que acreditava em avanços para os povos nativos.

A notícia sobre os dois Tarahumara chegou à imprensa mundial e criou grande sensação, particularmente nos Estados Unidos, onde os mexicanos eram vistos como preguiçosos e inadequados para o atletismo de alto nível.

Os Tarahumara receberam muita atenção em várias corridas longas no final dos anos 1920, especialmente após terem reduzido o tempo dos 97 quilômetros para 7 horas e 30 minutos. Mas o Comitê Olímpico Internacional não aceitava a distância proposta como modalidade olímpica – tampouco aceitavam a maratona feminina. José Torres representou o México nas Olimpíadas de Amsterdã em 1928, e terminou no que, para o México, era um decepcionante 21º lugar. Os corredores da tribo Tarahumara, porém, conservaram seu status mítico no México, apesar de seus desempenhos variáveis no mundo desenvolvido. O poeta Alfonso Reyes escreveu um famoso poema em homenagem a eles:

> Os melhores maratonistas do mundo,
> nutridos na carne ácida do veado,
> Eles serão os primeiros a trazer as notícias triunfantes
> no dia em que saltarmos a muralha de nossos cinco sentidos.[6]

Esses Tarahumara eram a contribuição do novo México a um mundo no qual o esporte se tornava cada vez mais significativo como meio de autoafirmação. Os Tarahumara reforçaram preconceitos quando, como filhos da natureza, mostraram uma fascinação infantil por invenções como o gramofone e os filmes. Depois da corrida de Pachuca à Cidade do México, um deles disse: "Somos fortes porque vivemos ao ar livre. A veneração dá asas a nossos pés. Apenas então pode um homem ser feliz".[7]

Essa campanha no México, usando os Tarahumara como mascotes da tenacidade, ocorreu aproximadamente na mesma época de um dos mais fascinantes eventos da história da corrida mundial.

17
Corrida através da América

> Mas o inglês não conseguia consumir alimento sólido por causa de um dente inflamado. Ele viveu à base de uma dieta líquida por várias semanas e sofreu terrivelmente. Deveria ter escutado seu dentista na terra natal, que o aconselhou, antes de viajar, a arrancar todos os dentes para evitar problemas.
>
> Sobre Peter Gavuzzi, da Inglaterra, participante
> da corrida através da América em 1928

O homem de negócios C. C. Pyle previu lucros enormes quando, na primavera de 1928, anunciou uma corrida a pé atravessando os Estados Unidos, com o mesmo espírito da Volta da França no ciclismo. Seria um evento que engajaria toda a nação. Ninguém jamais organizara uma corrida comparável, certamente não com 25 mil dólares como primeiro prêmio, e com um total de 48 mil dólares de prêmios em dinheiro. Um médico declarou que a corrida encurtaria as vidas dos participantes em cinco a dez anos, e que havia a possibilidade de que ninguém a completasse, mesmo que os corredores fossem os homens de ferro do mundo escolhidos a dedo.

Era principalmente por dinheiro. Os críticos de Pyle afirmavam que ele estava vendendo as personalidades dos corredores e uma imagem construída, mais do que promovendo o esporte real. Mas era assim que as coisas eram nos Estados Unidos nos anos 1920, com testes bizarros de resistência como maratonas de dança, proezas ousadas de natação, e o marujo Shipwreck Kelly ("Naufrágio Kelly") ganhando a vida se sentando no topo de mastros de bandeiras por dias a fio. Tudo era uma questão de ir um pouco além.

Os corredores fariam propaganda de sapatos assinados, tônicos capilares, creme para os pés, patins e muitas outras coisas, e a empresa de café Maxwell House serviria bebidas grátis com uma van no formato do maior bule de café do mundo. Pyle assinou um contrato com todos os participantes dando-lhe o direito à metade dos ganhos deles que pudessem ser diretamente atribuídos a sua organização da corrida. Ele esperava criar novos astros que receberiam ofertas de contratos de cinema e teatro, ou teriam novos produtos com seus nomes.

Pyle também apelava para o patriotismo local. Todas as pequenas cidades que os corredores atravessassem seriam cobertas pela mídia nacional, e jornalistas e fotógrafos divulgariam as notícias a todos os cantos do globo. Esse era seu principal argumento quando exigia que cidades pagassem a *ele* para que a caravana passasse por elas. Como um leiloeiro, Pyle atraía lances das cidades ao longo da Rota 66, de Los Angeles a Chicago, uma das primeiras *highways* dos Estados Unidos, e da qual apenas um terço era pavimentado. Se as pessoas pudessem correr nessa rota, isso tranquilizaria os motoristas e abriria o caminho para mais tráfego.[1]

Jornais do mundo todo escreveram sobre essa corrida louca através de um continente, partindo de Los Angeles, a cidade dos filmes, e chegando a Nova York, com seus arranha-céus. Ela atraiu aventureiros, andarilhos competitivos e os astros das corridas, todos vendo a fama e grandes ganhos acenando para eles. A competição instigava sentimentos nacionais: "Isso é para nós ganharmos", pensavam norte-americanos, finlandeses, italianos, britânicos, alemães, gregos e muitas outras nacionalidades. Muitos dos mais fortes corredores e andarilhos masculinos do mundo tiraram licença de seus trabalhos por meses, outros simplesmente os abandonaram. Alguns deles estavam desempregados, mas todos se apressaram a juntar dinheiro para a passagem e a taxa de inscrição, geralmente angariando contribuições locais, e partiram para a Califórnia como se estivessem entrando na corrida do ouro.

No início de 1928, quase 300 homens haviam manifestado interesse, incluindo diversos astros internacionais. Em janeiro de 1928, eles se reuniram, vindos de longe, os melhores com seus treinadores, para treinar nas colinas ao redor de Hollywood. Um acampamento de treinamento organizado foi aberto em 12 de fevereiro, três semanas antes da largada, em um vilarejo de tendas no Old Ascott Raceway, em Los Angeles. Todos os dias às 6h da manhã os homens saíam do vilarejo em grupos para trotar por cerca de três quilômetros.

Surgiram vários favoritos. Willie Kolehmainen, um dos três lendários irmãos finlandeses, tinha ambições e o apoio de duas nações atrás de si, pois ele havia se tornado cidadão norte-americano. Arthur Newton parecia forte depois de seu recorde mundial de 160 quilômetros. Ele depositava confiança em seus preparativos de treinamento e dieta e em sua típica passada curta em longas distâncias – que parecia um tanto afetada, mas usava um mínimo de energia. Para completar sua energia, ele tomava tragos de uma mistura especial feita por ele mesmo, composta de meio litro de suco de limão, muito açúcar e meia colher de chá de sal. Newton fumava charutos alegremente todas as manhãs antes de treinar, e dava mais tragadas depois, enquanto seu massagista de sempre amassava suas pernas finas.

Newton era excêntrico, mas não tanto quanto Lucien Frost, uma das grandes mascotes da corrida. Esse ator de 43 anos de idade era um barbudo e cabeludo membro de uma seita religiosa, e aparecia vestindo uma longa bata: ele atuara no filme *Rei dos Reis* e corria com a mesma roupa que usara para o papel de Moisés. Quando o vento soprava por trás dele, os cabelos e a barba entravam em seus olhos e o cegavam; quando o vento soprava contra, a barba e os cabelos o atrasavam. Frost encontrou uma solução – quando o vento soprava em suas costas, ele abria a barba como uma vela.

A corrida começou em 4 de março, partindo do Old Ascott Raceway. No estilo típico de Pyle, uma pequena bomba foi detonada, causando tremores nas redondezas, e lá foram os 199 homens com idades entre 16 e 63 anos.

Cem mil espectadores ladearam a estrada no primeiro dia e assistiram ao carnaval da corrida passar em diferentes velocidades. Atrás dos magros especialistas em maratonas e andarilhos competitivos bamboleando os quadris vinham senhores de idade com bengalas, que, mesmo assim, completaram o estágio mais rápido do que um garoto que tocava uma guitarra havaiana e arrastava os pés junto com dois cães. Havia homens de ceroulas, roupas de uso diário e sapatos inadequados; havia ex-ciclistas, ex-boxeadores e Roy McMurtry, que só tinha um braço. Da Inglaterra havia Charles W. Hart, que fora derrotado por dois cavalos em uma corrida de seis dias. O maratonista aquático alemão Fred Kamler viera para terra firme tentar a sorte, e era um daqueles no grupo que nunca haviam corrido competitivamente antes. Raras vezes um bando tão estranhamente heterogêneo aparecera na mesma linha de largada.

As regras eram simples. Todos os participantes largavam ao mesmo tempo, e, quando cruzavam a linha de chegada do estágio daquele dia, seus tempos eram registrados e o total calculado. Qualquer um que não terminasse antes da meia-noite era desqualificado. O competidor com melhor tempo total a chegar a Nova York seria o vencedor.

No quinto dia, eles chegaram a Mojave Wells, no deserto, um lugar com apenas uma bomba d'água. No dia seguinte, havia pontos de parada montados nos poços ao longo da estrada, mas Pyle não conseguiu fornecer o suficiente para beber nos trechos entre as bombas. Muitos corredores passaram sede e sofreram queimaduras de sol. Em alguns lugares, haviam despejado óleo na superfície da estrada, formando uma crosta arenosa que se quebrava sob os pés dos corredores. É fácil entender por que mais de um quarto dos competidores desistiu naquela primeira semana, entre eles Adam Ziolkowski, que pisou em cacos de vidro e teve cortes graves. Ele ficou na região, ganhando a vida colhendo batatas em uma fazenda da Califórnia, antes de aparecer em Nova York cinco meses depois do final da prova.

As noites eram ocupadas com a alimentação, massagens e escalda-pés. Os corredores tinham de vender o programa da corrida, ou ser entrevistados pela única estação de rádio móvel dos Estados Unidos – o rádio ainda estava em sua infância, mas Pyle tirou o máximo de proveito dele. Já no início da competição, os corredores ficaram irritados por Pyle se acomodar em alto estilo em um *trailer* especialmente construído, chamado "América", anunciado como sendo o melhor do tipo. Tinha água quente e fria, um chuveiro, refrigerador elétrico, luzes de leitura e era muito luxuoso.

Pyle também levava um *sideshow* ("show paralelo") consigo, uma forma de entretenimento com raízes profundas nos Estados Unidos. Ele consistia em mulheres gordas, engolidores de fogo, engolidores de espadas, serpentes e tudo o que pudesse causar sensação em pequenas cidades, o que incluía – no caso de Pyle – um cão de cinco pernas e o cadáver mumificado de um bandido de Oklahoma. Com essas atrações, que armavam suas tendas onde quer que o estágio do dia fosse terminar, Pyle esperava atrair mais espectadores e aumentar seus lucros. Não era exatamente uma máquina de dinheiro, mas tinha bom público em alguns lugares e dava um toque exótico desejável à caravana. Um pouco como Pyle desejara, havia uma mistura de confusão, entretenimento e frustração dia e noite, se bem que, na realidade, ele não estava ganhando dinheiro suficiente, já que as centenas de milhares de espectadores ao longo das estradas viam os corredores sem pagar um centavo. Houve momentos em que Pyle achou que estava oferecendo uma atração grátis.

Depois de doze dias, ainda havia 110 homens resistindo. A cada dia, alguém desabava ao longo do caminho, ou na chegada, ou anunciava, de manhã, que não podia continuar devido a exaustão, lesões, infecções ou dor nos pés. Vários foram derrubados por carros ou motocicletas, um teve um colapso nervoso e outro sofreu de saudades de casa irremediáveis. Mas havia outros que abandonavam em protesto contra o regime rigoroso de Pyle.

Antes de começarem, Pyle tinha uma forte crença na resistência dos nativos americanos, mas eles se mostraram incapazes de aguentar semanas de corrida na estrada e desistiram. Willie Kolehmainen desistiu após três dias por causa de um ferimento, e mesmo Arthur Newton, que por algum tempo ficou na liderança, teve de desistir antes do marco de 600 milhas (965 quilômetros). Newton tinha sido a grande atração internacional e, para mantê-lo participante de alguma forma, Pyle o nomeou consultor dos corredores: era vital ter um nome grande e famoso envolvido.

Com Newton fora, a competição ficou mais aberta. O novo homem na liderança era Andy Payne, um índio Cherokee de 20 anos de idade de Oklahoma que avançava posições à medida que os astros desistiam.

Harry Gunn, de Los Angeles, um dos andarilhos, aceitou a ajuda de dois carros de apoio particulares e de seu pai, o rico F. F. "Dick" Gunn, que apostara 75 mil dólares como seu filho iria até o fim. Ele prometera ao garoto uma soma equivalente ao primeiro prêmio se ele o fizesse. Desde o primeiro dia, Harry andava deliberadamente de cinco a sete quilômetros por hora, evitando lesões e exaustão, em contraste com muitos que trotavam e logo ficavam com os pés doloridos ou desistiam. Ele trocava os sapatos com frequência, dormia em confortáveis leitos de hotel e comia comida boa em restaurantes. Enquanto os outros competidores tentavam descansar em tendas barulhentas, ele estava deitado na banheira, sendo massageado por seu treinador. Mas o tempo mostraria que não havia como comprar a vitória ou uma boa colocação: o vencedor teria de correr, não apenas caminhar.

Depois de dezesseis dias, o grupo estava reduzido à metade. Andy Payne liderava com uma hora sobre Arne Souminen, um massagista nascido na Finlândia que fechara sua clínica em Chicago para participar – ele estava convencido de que sua experiência profissional e sua automassagem lhe dariam uma vantagem considerável.

Alguns dias depois de assumir a liderança, suas amígdalas incharam. Ele diminuiu o ritmo e continuou bravamente, com uma febre alta e dores ao engolir. Gradualmente, ele se recuperou, voltando a ter um desempenho normal depois de seis dias. A essa altura, Souminen estava três horas à frente de Payne, e logo atrás dele estava o inglês Peter Gavuzzi, um desafiante particularmente perigoso.

Uma tempestade os atingiu em um estágio no Novo México. Ventos fortes e redemoinhos de areia tornaram praticamente impossível correr. A areia cortava a visibilidade dos corredores e motoristas trombavam, com homens exaustos lutando para continuar na direção certa. Gavuzzi deu uma arrancada e viu sua chance de passar o líder, enquanto os juízes alertavam os veículos que se aproximavam sobre o que estava acontecendo. Os homens cruzaram, cambaleando, a linha de chegada, sedentos, com a boca cheia de areia e o corpo coberto por ela. Eles tinham corrido durante horas com as mãos cobrindo o rosto. Vários deles se perderam naquele dia, mas Gavuzzi subiu para o segundo lugar.

Em uma reunião geral, os corredores exigiram comida melhor e algo mais do que barracas com beliches imundos à noite – as roupas de cama somente foram lavadas uma vez em toda a viagem (no Texas). Os sentimentos contra Pyle ficaram ainda mais acirrados porque, além de tudo isso, tinha havido um dia em que o acampamento no deserto ficara completamente sem água. Os corredores eram como a tripulação de um navio planejando um motim, mas suas ameaças não foram adiante, uma vez que precisavam de toda a sua energia para correr.

À medida que a corrida seguia, menos competidores dormiam nas barracas. No começo, diferentes nacionalidades haviam partilhado barracas, mas, conforme os números diminuíam, ou quando a caravana chegava atrasada ao ponto designado, muitos dos que podiam pagar preferiam dormir em outro lugar. Além de tudo o mais, as barracas não ofereciam proteção contra o barulho dos *sideshows* e de todas as outras atividades. Para os corredores negros, porém, não era fácil escapar das barracas, mesmo que eles tivessem dinheiro: leis de segregação racial tornavam difícil para eles encontrar acomodações alternativas.

Haviam sido prometidos aos competidores alimentos (frutas e vegetais) frescos e bons pratos de carne – e no acampamento de treinamento eles tinham isso. Mas no caminho através dos Estados Unidos a dieta era monótona, consistindo, na maioria das vezes, em uma carne moída com batatas muito condimentada, servida em pratos não lavados. Os corredores ficavam ainda mais irritados porque Pyle comia uma boa comida em seu *trailer*, vivendo geralmente como um lorde.

Em Albuquerque, no Novo México, as autoridades da cidade se recusaram a pagar uma contribuição de cinco mil dólares para hospedar a corrida, e a caravana toda acampou no deserto, fora da cidade. A combinação da natureza irredutível de Pyle com autoridades locais desconfiadas significava que a rota estava sempre sendo alterada, às vezes durante um estágio, após o dia ter começado, fazendo com que os corredores recebessem mensagens e contramensagens dos juízes nos carros. Pyle prometia que as coisas iriam melhorar quando eles chegassem a áreas mais populosas, mas nem todos acreditavam em suas promessas.

Muitos competidores continuaram porque não tinham mais nada a fazer e nenhum emprego ao qual voltar. Isso era particularmente verdadeiro no caso da retaguarda de vinte a trinta homens, que estavam levando a corrida não tão seriamente. Quando a vanguarda partia em um ritmo estável de manhã, severamente determinada a manter ou melhorar sua colocação, a retaguarda perambulava até um refeitório para tomar café. Eles não estavam com pressa, e viviam como vagabundos. Se chegavam a um lago, mergulhavam e tomavam banho. Eles pescavam, dormiam e se divertiam através do país, na companhia dos cães que haviam se ligado a eles. O mais conhecido dos cães se arrastou com eles por semanas, a partir do Arizona. Alguns da retaguarda tinham as despesas cobertas por seus estados de origem e viviam bem por conta disso. Mike Kelley era o líder dessa gangue de sabotadores da concepção de Pyle: eles costumavam se esconder no escuro, perto da linha de chegada, e a cruzavam cinco minutos para a meia-noite, pouco antes do prazo.[2]

Após 1.616 quilômetros, Souminen tinha levado 167 horas e 55 minutos, e estava apenas quatro horas à frente de Payne e Gavuzzi, mas Souminem caiu no gelo, no Texas, e sofreu uma grave lesão de ligamento. Quando foi obrigado a desistir, Johny Salo, outro finlandês que emigrara para os Estados Unidos, subiu para o terceiro lugar.

A vida na estrada era ao mesmo tempo variada e monótona. Os corredores estavam sujeitos a todos os humores da natureza, sozinhos em longos trechos planos, sob céus enormes, e penosamente cientes de que cada passo levava-os apenas um pouco mais perto da chegada. O sinal para despertar às vezes tocava às 4h da manhã, para que eles pudessem começar antes das 5h e evitar o pior do calor. No Texas, a neve, o vento e o frio levavam a unhas partidas e ulcerações nas extremidades, e, quando o veículo de apoio com comida e equipamentos de dormir atolou na lama a caminho de Groom, todos foram obrigados a arranjar a própria comida e acomodação. O andarilho competitivo canadense Philip Granville, que descobriu que correr era mais eficiente, e venceu seu primeiro estágio no Texas, telegrafou para casa pedindo mil dólares. Esse saudável complemento financeiro ilustra as diferenças de classe no grupo. Aqueles com mais dinheiro viviam mais confortavelmente; os que estavam quebrados se assemelhavam mais a mendigos do que a esportistas, com roupas esfarrapadas e queimaduras de sol, preparados para comer e beber qualquer coisa quando cruzavam a linha de chegada no final da tarde ou à noite.

Um dia, no Texas, houve um primeiro prêmio de 500 dólares para o vencedor do estágio. Isso fez com que alguns apertassem o passo, e Peter Gavuzzi levou o dinheiro. As autoridades de Oklahoma ofereceram mil dólares ao primeiro que cruzasse a divisa do estado. Isso inspirou Ed "Xeique" Gardner, que usava um pano de xeique na cabeça e era um dos poucos corredores negros na corrida. Ele era um homem de táticas imprevisíveis: podia repentinamente disparar e vencer um estágio e no dia seguinte dormir e roncar à beira do caminho, entre refeições com estranhos. Graças a pessoas hospitaleiras, Gardner ganhou peso ao longo do caminho – ele era perito em encontrar mulheres que o alimentavam bem. Era continuamente convidado para passar a noite, e geralmente havia uma banda local negra para recebê-lo na chegada, no final de um estágio. Festas em sua homenagem iam até a meia-noite, e ele gostava de estar no centro das coisas. Mas a hospitalidade reduziu seu ritmo.

Segundo rumores, os telegramas que Gardner recebia continham instruções de *bookmakers* de Seattle dizendo-lhe em que posição ele deveria terminar os estágios para que eles pudessem controlar as apostas. No Texas, a Ku Klux Klan o agarrou e o reteve fisicamente, para que Andy Payne pudesse cruzar a divisa do estado e entrar em Oklahoma primeiro. Eles toleravam que nativos americanos ganhassem o prêmio, mas não um negro. Quando a Klan percebeu que brancos e negros estavam competindo juntos, incendiaram o carro de apoio de Ed Gardner.

Oklahoma foi uma jornada triunfal para Payne, que estava envolvido em disputa apertada com Gavuzzi. Os dois dividiam as vitórias dos estágios sem muito tempo de vantagem: apenas meia hora os separava, e eles sabiam que o terceiro colocado estava cerca de vinte horas atrás deles. Em Oklahoma City, devido à sensacional liderança de Payne ali, a corrida ganhou o tipo de atenção com que Pyle havia sonhado: os espectadores corriam e pedalavam ao lado da estrada, e motocicletas da polícia buzinavam para afastar aqueles que chegavam muito perto.

Vários outros corredores cruzaram primeiro as fronteiras estaduais de seus estados de origem, e eram saudados com festas de boas-vindas, mesmo quando sua posição geral estava lá atrás. Os competidores aliviavam o ritmo para permitir que os favoritos locais vencessem. Pyle reconhecia o valor dessas festas espalhafatosas. Mas quando ninguém estava preparado para pagar o suficiente por um estágio no Missouri, e Pyle ordenou um desvio da Rota 66, a população de Carthage se sentiu enganada e reagiu furiosamente. Eles cobriram o carro-chefe com saraivadas de ovos podres e gritaram com Pyle, que estava em segurança atrás dos vidros.

Após 50 dias, eles passaram o marco de 2.000 milhas (3.219 quilômetros) e o grupo de 73 homens mostrava sinais de exaustão e lesões. Muitos deles se sentiam tapeados por Pyle, acreditando que ele os induzira a entrar num pesadelo interminável que podia lhes causar problemas duradouros de saúde.

Um fluxo estável de rumores azedou ainda mais a situação. Alguns competidores estavam trapaceando e pegando caronas em carros? Os treinadores dos corredores líderes vigiavam atentamente os corredores mais próximos aos seus em termos de tempo geral, mas as suspeitas se confirmaram quando um bom corredor se escondeu sob uma pilha de roupas na traseira do carro de seu treinador e ficou ali por doze quilômetros. Ele foi desqualificado, assim como dois outros bem atrás, que pediam caronas.

Muitos dos corredores e juízes suspeitavam de conduta desonesta por parte de Lucien "Moisés" Frost. Ele geralmente chegava por último todas as noites, mas era impossível verificar todos a cada quilômetro do caminho.

Entretanto, quando um dos juízes notou um longo feixe de fios de barba tremulando para fora do porta-malas de um carro que passava, ele ordenou que o motorista parasse; Frost foi encontrado encolhido no porta-malas feito um prisioneiro em fuga. Cheio de vergonha e remorso, ele fez um discurso lacrimoso ao juiz principal, propondo caminhar o trecho que fizera de carro e receber uma penalidade de tempo, mas não adiantou. Tampouco adiantaram os argumentos de que a desqualificação arruinaria sua carreira de ator. Frost recebeu de volta seus cem dólares de depósito de transporte e foi para casa.

Um pouco antes de St. Louis, no Missouri, Gavuzzi assumiu a liderança geral de Payne, e na própria St. Louis os dois terminaram o estágio juntos pela vigésima vez. A imprensa notou duas coisas em Gavuzzi – suas corridas "gêmeas" com Payne e a barba que ele estava deixando crescer. Uma barba em um jovem era o bastante para uma manchete numa década em que barbas eram apenas para idosos. Pyle incentivava os corredores a fazer coisas que fossem "pasto" para os jornalistas criarem suas matérias, por isso ele ficou furioso quando, pouco antes de Chicago, Gavuzzi entrou numa barbearia e raspou toda a barba. Ele também jurou ficar bem barbeado pelo resto da corrida.

"Dê-me uma barba postiça e eu a coloco para entrar em Chicago", disse Gavuzzi.

Mas Pyle não queria se meter em um engodo tão óbvio.

"Só pedimos para você correr e deixar crescer a barba. Agora você está se esquivando de metade do seu dever."[3]

Entrando em Chicago, Pyle quebrou seu princípio de nunca correr ao lado dos competidores, correndo com o finlandês Olli Wantinnen, que tinha sido atingido por um carro e estava com várias costelas quebradas. Pyle correu com o pequeno finlandês de 41 quilos por algum tempo, para animar a atmosfera.

A essa altura, no entanto, Pyle estava em profundas dificuldades financeiras. Ele tinha investido pesadamente em um banco em Illinois no qual perdeu muito dinheiro, e precisava conversar com advogados para evitar perder seu *trailer* "América". Em Chicago, a organização por trás da Rota 66 não queria pagar sua parte porque a corrida havia se desviado da rota com muita frequência. Pyle estava quase 200 mil dólares no vermelho e corria o risco de ter de cancelar tudo, faltando ainda 1.448 quilômetros de percurso. Ou ele tentava fugir dos credores ou teria de encontrar algo depressa. Então, F. F. "Dick" Gunn veio em seu socorro. Ele prometeu pagar as dívidas mais urgentes de Pyle e cobrir o restante das despesas até Nova York.

A competição estava levando mais tempo do que o planejado, então Pyle aumentou as distâncias dos estágios para, no mínimo, 64 quilômetros. Ele e outros haviam subestimado a resistência dos corredores: os muito céticos haviam calculado que ninguém poderia chegar a Nova York, enquanto Pyle acreditara que dez ou doze conseguiriam, e agora ele queria descartar os mais lentos para cortar despesas de alimentação. Mais cinco desistiram logo após o aumento dos estágios, mas isso ainda deixava 65 teimosos resistindo.

Havia agora um duelo real na dianteira. Em Indiana, Peter Gavuzzi tinha aumentado a vantagem sobre Andy Payne para mais de seis horas. Mas o inglês não conseguia consumir alimento sólido por causa de um dente inflamado. Ele viveu à base de uma dieta líquida por várias semanas e sofreu terrivelmente. Ele deveria ter escutado seu dentista na terra natal, que o aconselhara, antes de viajar, a extrair todos os dentes para evitar problemas. Gavuzzi, que a imprensa batizara de "O Homem de Ferro", não queria desistir, embora estivesse perdendo força, mas, após uma visita ao dentista, ele foi tirado da prova.

Andy Payne estava agora na liderança pela terceira vez, 24 horas à frente de Johnny Salo, um estivador de Nova Jersey que começara a corrida fora de forma e sem realizações pregressas. Ele estava dez horas à frente do terceiro colocado e quase 24 horas à frente do quarto. Salo esperava tomar a liderança, e cortava uma hora aqui, uma hora e meia acolá. Mas nem mesmo um esforço sobre-humano no estágio mais longo surtiu efeito – 119 quilômetros em terreno montanhoso, que Salo cobriu em doze horas.

A corrida criou uma grande empolgação em Nova Jersey, especialmente quando Johny Salo passou por sua cidade natal, Passiac. Ele foi imediatamente nomeado policial, com um salário de 2 mil dólares por ano. Quando os corredores se alinharam no estádio municipal, na noite de 26 de maio, para começar o último estágio até a cidade de Nova York, havia mais de 20 mil espectadores torcendo. Uma fila de veículos motorizados seguiu Salo, que, junto com vários outros, estabeleceu um ótimo ritmo. Todos eles saltaram no mesmo *ferryboat*, empolgados por estarem se aproximando da chegada, finalmente.

Os carros da caravana dos corredores deixaram a estação do *ferryboat* primeiro e seguiram para a chegada. Pyle deu ordens para que os carros não fossem lavados, e que tudo tinha de parecer empoeirado, enlameado e autêntico, como prova de que haviam cruzado o continente. Uma visão como aquela passando pelas ruas de Nova York estimularia mais gente a ir para a linha de chegada, no Madison Square Garden (MSG). A chegada metropolitana, entretanto, foi um anticlímax após o sucesso em Nova Jersey, e apenas 4 mil pessoas estavam lá para receber a caravana, que conseguiu fazer um circuito antes que Salo e os corredores mais velozes chegassem, após um *sprint* de dezenove minutos desde o *ferryboat*.

Houve algumas cenas estranhas dentro do MSG. Pyle gritava com os corredores para que corressem para valer, dessem um *sprint* até a chegada para fazer um final adequado, mas os corredores preferiam caminhar e trotar. Para animar as coisas, foram oferecidos 100 dólares ao mais rápido em uma milha, e todos eles se alinharam, mas após alguns metros de rapidez, a maioria voltou ao ritmo lento. Seis homens, no entanto, fizeram um esforço intenso para ganhar, e o vencedor levou suas cinco notas de 20 dólares ao chegar.

George Jussick fumava um cigarro após outro e trotava ao mesmo tempo, como fizera em toda a viagem. O competidor Eugene Germaine, de Montreal, tinha a parte de baixo da perna esquerda inchada ao dobro da largura de sua outra perna. Os espectadores viram homens caminhando penosamente e mancando – mais de quarenta participantes haviam chegado ao fim, mesmo não tendo chance de vencer. Eles viram T. "Cotton" Josephs, de 16 anos de idade, o mais jovem da corrida, que recebeu uma bebida e foi parabenizado por seu irmão mais novo. Seu pai, Henry Josephs, pobre e desempregado, estivera com ele a corrida toda, depois de conseguir juntar 50 dólares para comprar um carro e acompanhar o filho. Cotton esperava ajudar a família não tanto com uma vitória, mas terminando a corrida e, assim, talvez, conseguindo alguma fama que pudesse se converter em ganhos. Bem perto da linha de chegada, o carro de Josephs quebrou e teve de ser empurrado.

Salo venceu o estágio final, mas Andy Payne foi o vencedor geral, com 573 horas, 4 minutos e 34 segundos, com boas quinze horas à frente de Salo. O terceiro lugar ficou com Philip Granville, o andarilho que corria.

Poucas pessoas acreditaram que Pyle seria capaz de pagar os prêmios no tempo tratado, uma semana após a chegada. Em sua maioria, os corredores pareciam satisfeitos em ter terminado e se contentavam em ir a um hospital para ser examinados. Andy Paine, aliás, estava quase um quilo mais pesado do que na largada.

Andy Payne, um homem modesto, agora tinha as atenções de todo o país voltadas para ele. Encontrou-se com políticos de todos os tipos, incluindo o presidente dos Estados Unidos. Ele se casou, estudou Direito e foi um homem popular pelo resto da vida – e foi sempre lembrado como o vencedor da corrida do século.

Após a entrega dos prêmios, Pyle não era mais o protetor dos competidores. Ele pensava em um futuro como promotor de esportes e lutou para evitar as ações judiciais de credores irados. As queixas chegavam de todos os lados, até dos que trabalharam na caravana, pois tinham recebido muito pouco pagamento. Embora estivesse à beira da falência e cercado de inquéritos furiosos, Pyle ainda incubava ideias comerciais: remédios para bolhas de água e cuidado para os pés, um livro sobre quiropodia. Tendo estudado problemas dos pés por três meses, ninguém sabia mais sobre o assunto do que ele. Qualquer um que comprasse seu remédio para os pés, o C. C. Pyle's Patent Foot Box, receberia também o livro que ele planejava escrever sobre quiropodia. Pyle profetizava que centenas de milhares de norte-americanos começariam a correr maratonas após sua grande corrida, e haveria uma demanda por novos produtos. A maratona se tornou uma moda de curto prazo nos Estados Unidos durante esses anos e proporcionou bons ganhos aos inventores. O próprio Pyle acreditava que faria fortuna com esses malucos, que queriam espontaneamente correr longas distâncias.

Entretanto, o desejo de Pyle não se realizou, nem em 1928, nem no ano seguinte, quando ele organizou outra corrida através dos Estados Unidos, dessa vez começando na cidade de Nova York.

18
Teorias desclassificadas

O negro se sai bem em certas modalidades porque é mais próximo do homem primitivo do que os brancos. Não faz muito tempo que sua capacidade de correr e saltar era uma questão de vida ou morte para ele na selva.

Dean Cromwell, em 1941, treinador de atletismo da
equipe olímpica norte-americana em Berlim, em 1936

O termo *eugenia* vem do grego e significa "de boa linhagem". Ele foi introduzido na ciência moderna pelo cientista inglês Francis Galton, em 1882. Eugenia é o mesmo que higiene hereditária – ensinando como uma população pode ser melhorada através da hereditariedade, uma ideia que tem sido aceita desde a Antiguidade. Mas eugenia não é o mesmo que higiene racial, embora os conceitos sejam tratados como se fossem sinônimos, já que a eugenia não toma como ponto de partida o avanço de uma raça específica.

Após europeus brancos terem conquistado e colonizado grandes áreas do globo, a teoria racial foi aceita no início do século XX por acadêmicos reconhecidos na Europa e na América do Norte. Considerou-se que as raças indígena e negra sofriam de uma inferioridade moral herdada, em parte porque morriam em grandes números por doenças introduzidas pelos conquistadores, que tinham maior resistência a elas. Como eram, frequentemente, analfabetas, suas raças eram consideradas, para o pensamento europeu, como sendo de nível cultural mais baixo. E não eram cristãs.

Duas semanas antes das Olimpíadas de 1904 em St. Louis, nos Estados Unidos, foram organizadas uma exposição e uma série de provas – chamadas de "Dias Antropológicos" – nas quais indivíduos não ocidentais eram testados em ramos do esporte ocidental. Os testados, definidos pelos organizadores como "selvagens" e "não aculturados", eram africanos, asiáticos e nativos americanos especialmente selecionados para esse objetivo entre pessoas que estavam na Exposição Internacional que ocorria em St. Louis ao mesmo tempo que os Jogos Olímpicos.[1]

Os africanos eram definidos como um só grupo, embora este fosse formado por zulus, pigmeus e aborígenes. Os organizadores dividiram todos os "nativos" em oito grupos, e eles foram testados nas modalidades olímpicas, mas também recebiam exercícios considerados mais apropriados para eles, como escalar mastros.

Além de mostrar aos norte-americanos modernos exemplos de estágios anteriores de cultura humana, o objetivo era investigar a competência dos nativos nos esportes do Ocidente. Havia especulações sobre se eles eram avantajados por seu nível cultural mais baixo, por sua tecnologia mais primitiva e pelo fato de que viviam mais próximos de condições naturais. Esse tipo de pesquisa era levado a sério por grandes autoridades antropológicas da época, e era um período em que as atitudes dos europeus e norte-americanos em relação a muitas raças eram caracterizadas pela etnocentricidade colonial. Parte do espírito da época era a exposição de "nativos" em Feiras Internacionais.

Os nativos mostraram-se decepcionantes como corredores. Com um tempo de 5 minutos e 38 segundos, o mais rápido deles em 1 milha (1,6 quilômetro) era lento – muito atrás dos melhores corredores olímpicos. Os nativos careciam da atitude e da abordagem corretas para correr em uma pista: "Previsivelmente, os nativos provaram não saber nada sobre corridas de velocidade. Com oito ou dez deles na linha de partida, foi muito difícil explicar-lhes que deveriam correr quando o tiro de largada fosse dado. Quando alcançavam a fita de chegada, alguns deles paravam e outros corriam por baixo dela, em vez de levá-la no peito".[2]

Embora o Dr. William J. McGee, presidente da Associação Antropológica Americana e um dos idealizadores do teste, fosse cético em relação ao valor científico do evento, seus pontos de vista foram emudecidos pela estridência dos que não queriam manifestações de dúvidas sobre esses resultados recém-confirmados demonstrando a inferioridade atlética dos nativos. O relatório oficial produzido após os "Dias Antropológicos" concluía que os resultados mereciam ser utilizados em aulas e na literatura para estudantes.

Atitudes desse tipo sobreviveram por muito tempo e podem ser encontradas em uma enciclopédia sueca de esportes de 1943. O autor refere-se aos testes de 1904 e conclui que "é impossível fazer de negros africanos estrelas dos esportes". Em corrida, por exemplo, eles não tinham a capacidade de explorar e dosar seus próprios recursos físicos – então, o ponto fraco era percebido como estando também no plano intelectual.

Raças nórdicas – assim chamadas – eram vistas como a mola mestra da civilização europeia. Diferentes características eram atribuídas a diferentes raças, e os adeptos dessas teorias faziam uma divisão grosseira de raças em caucasoide, mongoloide e negroide. A doutrina da superioridade da raça ariana encontrou solo fértil, particularmente na Alemanha nazista durante os anos 1930. Leis de esterilização que muitos países introduziram nesse período mostram um desejo por parte das autoridades de evitar que indivíduos classificados como inferiores se reproduzissem. Com esse panorama, é fácil perceber como um debate sobre corrida e raça pôde vir a existir entre as guerras.

O velocista inglês Harry F. V. Edwards, que competia em nível de elite internacional nos anos 1920, declarou com um suspiro sentido: "Durante anos ouvimos dizer que todos os negros sabem cantar e dançar. De agora em diante, ouviremos o chavão de que todos os negros sabem correr e saltar".[3]

Antes da Segunda Guerra Mundial, as corridas internacionais em todas as distâncias eram dominadas por brancos. Velocistas negros foram muito bem-sucedidos durante os anos 1930, e os especialistas discutiam se a raça tinha alguma relevância, particularmente nas Olimpíadas de 1936, em Berlim. A questão era se os negros originários da África Ocidental – de onde tinham vindo os escravos para os Estados Unidos, Brasil e Caribe – eram mais aptos para velocidades do que os brancos.

O ditador alemão Adolf Hitler era da opinião de que os negros não deveriam competir contra os brancos em curtas distâncias, porque os negros eram superiores. Segundo Hitler, o velocista e saltador em distância norte-americano James "Jesse" Cleveland Owens deveria, consequentemente, ficar em uma classe própria. Comentaristas negros e brancos derramaram elogios sobre Owens como um dos maiores atletas de seu tempo, depois que ele ganhou quatro ouros olímpicos em 1936 – nos 100 metros, nos 200 metros, no salto em distância e no revezamento de 4x100 metros. Owens não foi o primeiro negro norte-americano no nível mais alto, mas foi o primeiro a receber atenção internacional.

Enquanto anteriormente se dizia que os negros careciam de atitude, agora seu sucesso era frequentemente atribuído a seu físico e talento naturais e animais. E. Albert Kinley, especialista norte-americano em raios X, havia previsto, antes, que os negros estabeleceriam recordes em muitas modalidades, porque tinham calcanhares mais longos do que os brancos.[4]

Até eugenistas norte-americanos negros entraram no debate. O mais conhecido deles foi William Montague Cobb, ex-professor da Universidade Howard, e único negro norte-americano antes da Segunda Guerra Mundial com doutorado em antropologia. Ele reuniu os cientistas da Universidade Case Western em 1936 para medir os esqueletos preservados de negros e brancos, com o objetivo de descobrir se ossos do calcanhar mais longos, pés chatos, tendões mais longos nos músculos das pernas e pernas mais longas poderiam estar por trás do sucesso dos negros.

Os investigadores examinaram Jesse Owens e Frank Wykoff, o mais rápido corredor branco da época e quarto colocado nos 100 metros nas Olimpíadas de 1936. Cobb julgou que Owens tinha uma musculatura da perna tipicamente caucasoide, enquanto Wykoff tinha o que era considerada a musculatura negroide clássica.

A conclusão de Cobb foi a seguinte: "Nossos campeões negros não têm uma única característica em comum, incluindo sua cor de pele, que os identifique diretamente como negros".[5] Não havia nada, em sua opinião, a sugerir que os negros tivessem certas características físicas que explicassem seu sucesso. Era, consequentemente, um erro classificar negros e brancos segundo seus respectivos físicos, ou explicar o sucesso negro como resultado de vantagens físicas. Ele também rejeitou noções pseudocientíficas como a de que os negros possuíam "uma calma interior", "pele mais espessa" ou órgãos como coração, rins e fígado menores. Suas próprias investigações minuciosas levaram Cobb a duvidar da existência de quaisquer diferenças significativas entre negros e brancos.[6]

Cobb não atribuía importância a todos os testes. Ele mediu, por exemplo, os tempos de reação de Jesse Owens e descobriu que ele era extremamente rápido com o braço direito e acima da média com o esquerdo. Testes posteriores sugerem que negros de origem africana ocidental tinham, em média, reflexos mais rápidos que os brancos.[7]

Dean Cromwell, líder da equipe norte-americana nas Olimpíadas de Berlim, escreveu em 1941: "O negro se sai bem em certas modalidades porque está mais próximo do homem primitivo do que os brancos. Não faz muito tempo que sua capacidade de correr e saltar significava a diferença entre a vida e a morte na selva. Ele tem músculos flexíveis, e sua disposição volúvel é útil no relaxamento físico e mental necessário para que alguém corra e salte".[8]

Durante o mesmo período, Francis Crookshank, um médico de Londres, também especulava sobre as diferenças entre negros, brancos e asiáticos em se tratando de conquistas esportivas e comportamento social. Ele sugeria que se podiam determinar suas ligações com diferentes ancestralidades: os negros haviam se desenvolvido a partir dos gorilas, os brancos dos chimpanzés, e os mongoloides dos orangotangos. Os brancos eram mais inteligentes porque os chimpanzés eram os mais inteligentes dos símios.

Em 1957, o médico francês Marcelle Geber examinou crianças em Uganda e descobriu que havia diferenças em relação a crianças europeias da mesma idade. As crianças ugandenses ficavam em pé mais cedo e se moviam melhor: "O desenvolvimento motor ocorria mais cedo do que em crianças europeias da mesma idade".[9]

Os pesquisadores também descobriram outras diferenças. Crianças negras nascem, em média, uma semana mais cedo do que os bebês brancos ou asiáticos. Entretanto, eles são mais maduros no nascimento em termos de desenvolvimento esquelético e outras medidas.[10]

Robert Malina, dos Estados Unidos, vem estudando esse tópico desde os anos 1960. Bebês negros parecem ter mais mobilidade muscular, coordenação mão-olho superior à de bebês brancos, aprendem a andar um mês antes e atingem a puberdade um ano antes. Essa maturação precoce continua ao longo dos anos de crescimento, embora os negros sejam, em média, mais pobres do que os brancos e comam menos calorias.[11]

Uma pesquisa realizada na Universidade do Colorado nos anos 1960 pelo professor William Frankenburg mostrou diferenças. O estudo baseou-se em trinta exercícios para medir o desenvolvimento motor de bebês, e, mesmo aos seis meses, os bebês negros se desenvolviam mais rápido que os brancos. Esses resultados surpreendentes levaram a mais investigações, que apenas serviram para confirmá-los. Bebês brancos não faziam nada mais cedo do que bebês negros durante o primeiro ano de vida, e mesmo aos 4 anos de idade as crianças negras estavam adiantadas em quinze categorias, enquanto as brancas estavam adiantadas em apenas três.[12]

Vários estudos mostram que crianças negras norte-americanas de 5 ou 6 anos têm boa aptidão para salto de obstáculos, saltos longos e saltos em altura – todos os quais exigem processos curtos e explosivos de esforço. Garotos adolescentes negros têm reflexos de joelhos marcadamente mais rápidos e tempos de reação menores do que garotos brancos da mesma idade.[13]

Um homem e um mito

Certos esportistas ou indivíduos tornam-se ligados a fatos históricos específicos porque foram associados a eles na consciência histórica coletiva através da repetição na imprensa e em livros, filmes e currículos escolares. Os extraordinários desempenhos de Jesse Owens são vistos no contexto do nazismo, um ditador lunático e a maquinaria do *Reich* milenar trovejando em direção a mais uma guerra mundial.

Como nenhum outro corredor da primeira metade do século XX, Jesse Owens veio a representar a entrada e o sucesso do homem negro na arena do homem branco. Ele teve de sofrer os preconceitos raciais dos Estados Unidos e a política racial de perto, mas, mesmo assim, ganhou, de maneira única, uma passagem para os círculos sociais mais elevados de uma sociedade na qual seus irmãos e irmãs eram considerados inferiores.

Jesse Owens nas Olimpíadas de Berlim de 1936.

James Cleveland Owens nasceu em uma região rural do Alabama em 1913, sendo o décimo e último filho de Henry e Mary Owens. Seus avós haviam sido escravos e seu pai progredira como fazendeiro arrendatário, antes de a família se mudar para Cleveland, Ohio, em 1923, onde seu pai aceitou um emprego em metalurgia. O jovem Owens gaguejava e falava com um forte sotaque sulista: sua professora na escola começou a chamá-lo de Jesse porque não entendeu seu nome quando ele se apresentou.

O jornalista Charles Riley viu Owens em uma aula de ginástica e recomendou que ele se concentrasse em atletismo. Owens trabalhava como engraxate depois das aulas e não tinha tempo na época, então eles se encontravam para uma hora de treino antes das aulas. Riley o levou a corridas de cavalo para estudar as técnicas dos cavalos, e o estilo posterior de Owens, muito eficaz e relaxado, foi formado e fixado em sua juventude, assim como a técnica harmoniosa e o carisma especial se tornaram suas marcas e fascinaram espectadores em todo lugar. Vitórias em 75 das 79 corridas em seu colégio forneceram provas de seu grande talento.

Sua verdadeira descoberta veio em 25 de maio de 1935, em Ann Arbor, Michigan, onde ele estabeleceu três recordes mundiais no curso de uma hora, e chegou perto de um quarto. Após ver-se enredado em um caso sobre profissionalismo no mesmo ano, Owens qualificou-se para a equipe olímpica de 1936. Nos Estados Unidos, onde ainda havia ligas separadas para beisebol e futebol americano negros, eles começaram a abrir as equipes nacionais para alguns atletas negros. A equipe norte-americana da atletismo nas Olimpíadas de 1928 havia sido toda branca, mas, quatro anos depois, havia quatro atletas negros na linha de largada. Nos jogos de 1936, dezenove atletas negros se qualificaram para a equipe norte-americana.

A imagem de Berlim que Owens viu em agosto de 1936 era idealizada. Todas as atividades nazistas tinham sido proibidas, *slogans* antissemitas tinham sido removidos dos muros e vitrines das lojas, e a perseguição pública de judeus fora banida antes e durante os Jogos Olímpicos, para mostrar ao mundo um exemplo brilhante e conquistar boa vontade. Joseph Goebbels, o ministro da propaganda, instruiu os jornais alemães a darem uma imagem positiva dos atletas negros norte-americanos para evitar críticas estrangeiras. Mas os jornalistas não precisavam de estímulo: Jesse Owens foi o grande herói dos jogos, e, inconscientemente, desempenhou o papel de super-homem.

Uma hora após seu quarto ouro olímpico, Jesse recebeu ordens de sua associação, a AAU, para que fosse a Colônia. A associação planejava uma turnê europeia para os astros norte-americanos do atletismo em troca de 15% das vendas de ingressos em cada *meeting*. O acordo era que Owens participaria de provas de velocidade e salto em distância: os atletas não sabiam que o Comitê Olímpico norte-americano tinha uma dívida de 30 mil dólares e precisava arranjar o dinheiro imediatamente.

Owens competiu em Colônia, Praga, Bochum e na Inglaterra, enquanto choviam ofertas lucrativas dos Estados Unidos. Em um sábado, 15 de agosto, Owens correu no estádio White City em Londres, mas depois, a conselho de seu treinador Larry Snyder, recusou-se a aceitar passagens aéreas para Estocolmo, que seria o início de uma turnê de uma semana pela Escandinávia. Eles queriam voltar para casa e lucrar com os ouros olímpicos.

A reação da AAU veio imediatamente. Jesse Owens foi desqualificado por razões profissionais. Avery Brundage e Daniel Ferris, da AAU, haviam chamado a imprensa no último dia das Olimpíadas de Berlim e anunciaram para o mundo essa notícia dramática. Owens estava proibido de competir sob a égide da AAU ou em nível universitário porque havia quebrado o contrato de completar a turnê de *meetings*. Owens sentiu-se injustiçado, porque sua expulsão veio *antes* de ele haver quebrado quaisquer regras do amadorismo.

Mesmo assim, Jesse Owens foi recebido de forma grandiosa em Nova York. Ele desfilou em carro aberto pela Broadway sob aplausos e aclamações de espectadores brancos e negros. Seu velho amigo Bill Robinson orquestrou as cerimônias de boas-vindas.

Owens logo quis retornar às pistas: "Não sou um profissional. Nunca recebi pagamento".[14] A AAU considerou que um ano de suspensão seria o mínimo. Mas o dinheiro entrou. Owens assinou contratos com empresas de proprietários negros para aparecer em comemorações e bailes em troca de um honorário. A imprensa escreveu, em novembro de 1936, que ele havia ganhado 50 mil dólares desde a volta para casa – uma soma que era exagerada. Porém, de fato, Jesse ganhou muito dinheiro, certamente mais do que todos os outros corredores do mundo.

Estaria ele ressentido pelo fato de sua carreira no atletismo ter acabado? A AAU não escolheu Jesse Owens como seu atleta de melhor desempenho em 1936; escolheu Glenn Morris, um vendedor de carros branco que ganhou o decatlo em Berlim e fez o papel de Tarzan, rei da selva, em um filme. Quando Morris ouviu o resultado da votação, ele comentou: "Não diga tamanha tolice": ele tinha certeza do status de soberano de Owens.[15]

A primeira corrida de Owens após as Olimpíadas ocorreu no intervalo de uma partida de futebol em Havana, Cuba, em dezembro de 1936. Ele correu contra o cavalo de corrida Julio McCaw, que começou 36 metros atrás dele, e venceu a corrida de 91 metros em 9,9 segundos. Era a primeira de muitas corridas profissionais contra cavalos, galgos, carros, ônibus, motocicletas e qualquer outra coisa que se movesse rapidamente. Contanto que o cavalo ficasse próximo da pistola do tiro de largada, para que se assustasse e hesitasse um pouco, Owens vencia. Ele correu em campos de beisebol e quadras de basquete, às vezes tropeçando, para que meninos pequenos pudessem dizer que tinham ganhado do campeão olímpico. Seus ganhos compensavam a falta de desafios esportivos.

Sua última corrida contra um cavalo ocorreu em 1943 em Freemont, Ohio, uma pequena cidade com uma placa escrita à mão na entrada – "Nada de cães, nada de japoneses" – a qual também poderia dizer "nada de negros". Os Estados Unidos estavam em guerra com o Japão, e Owens competiria com um cavalo que ele já havia vencido seis vezes. Desta vez, ele perdeu, e a partir de então recusou eventos semelhantes. Ele agora preferia tarefas mais respeitáveis.

Owens foi um bom orador após ter superado a gagueira e tornou-se um construtor de pontes entre os negros e os brancos. Sua visita ao Estádio Olímpico de Berlim em 1951 e o discurso que ali fez nessa ocasião tocaram os corações alemães. Ele ficava contente em se deixar usar como representante dos oprimidos de seu próprio país. A essa altura, Avery Brundage fazia parte do Comitê Olímpico Internacional, e via Owens como seu principal porta-voz quando se tratava de difundir a ideia olímpica. E os Estados Unidos precisavam de um herói negro.

A elegância e o charme de Owens faziam dele mais do que um esportista aposentado. Ele era um verdadeiro exemplo do fato de que os esportistas só se tornavam verdadeiros heróis quando tinham algo mais a contribuir além do esporte. Ele provou que grandes homens conquistam uma estatura ainda maior quando sua grandeza é nutrida por seu ambiente. Seus modos eram impecáveis, mesmo após se tornar um fumante compulsivo aos 30 anos de idade, e percorrer 100 jardas (91,44 metros) em 9,7 segundos aos 42 anos de idade é uma façanha incrível.

Owens era um tipo raro – um negro rico que transitava por todos os círculos sociais e era respeitado praticamente em todos os lugares. Ele era mestre em todas as ocasiões, grandes ou pequenas. Vivia de sua própria lenda, mas também estava à altura dela, em parte porque ela o pagava para fazê-lo, e em parte porque esse é o tipo de homem que ele era. A fachada mostrava, reconhecidamente, algumas rachaduras: ele foi à falência várias vezes, e houve casos de evasão fiscal e multas, mas elas nunca destruíram o mito. Como homem, ele estava longe de ser perfeito. Ele tinha dificuldades para ler, e, por muito tempo, manteve um apartamento especialmente para atividades sexuais extraconjugais.

Os feitos de Jesse Owens em Berlim em 1936 nunca foram mostrados na televisão nos Estados Unidos. Foi apenas com a exibição do documentário de Bud Greenspan, *Jesse Owens Returns to Berlin* ("Jesse Owens retorna a Berlim"), por 180 emissoras em toda a nação, bem como em 15 outros países, em 30 de março de 1968, que os Estados Unidos finalmente viram gravações dos Jogos Olímpicos. A voz grave do próprio Owens faz a narrativa, e o filme causou uma impressão indelével em milhões de americanos, em grande medida porque muitos deles viam paralelos com a discriminação racial nos Estados Unidos dos anos 1960. Apenas cinco dias após a exibição do filme, Martin Luther King foi assassinado.

Foi também em 1968 que Tommie Smith e John Carlos fizeram seu famoso gesto de protesto no pódio da vitória olímpica após os 200 metros. Cada um deles ergueu um punho fechado e coberto por uma luva preta, o símbolo do movimento de liberação Panteras Negras. Vários jovens corredores radicais achavam que Jesse Owens negligenciava a luta pelos direitos dos negros, que ele havia sido emasculado e explorado por brancos poderosos. Mas eles vinham de uma geração diferente, e, em sua juventude, Owens também fora causa de tumultos e contribuiu para uma maior aceitação dos negros.

Jesse Owens morreu de câncer pulmonar em 31 de março de 1980, aos 66 anos de idade. As notícias de sua morte e os obituários que se seguiram deram vida nova às velhas cenas, e, quando as imagens de Owens correndo a toda velocidade passaram nos televisores do mundo todo, seu mito chegou a novas gerações. E de Viena, na Áustria, o famoso caçador judeu de nazistas Simon Wiesenthal anunciou que uma rua principal que dava no Estádio Olímpico de Berlim seria rebatizada com o nome de Jesse Owens.

19
Guerra e paz

O que quer que você faça, Hägg, não faça mais esporte.
Médico suíço em 1939 a Gunder Hägg, que mais tarde
seria o número 1 em médias e longas distâncias.

Na segunda metade dos anos 1930, a Finlândia alcançou o topo como nação de corredores. Uma dedicada concorrência internacional forçava a elevação dos padrões e estimulava abordagens inventivas para melhorá-los ainda mais, especialmente em longas distâncias. Pessoas de outros países reconheciam tanto as vantagens quanto os defeitos da escola de Nurmi, da qual um traço particular era o exagerado movimento dos quadris, ombros e braços. O corredor neozelandês Jack Lovelock, vencedor dos 1.500 metros nas Olimpíadas de 1936, acreditava que treinar deveria partilhar características com o brincar, e adotou uma técnica de corrida mais relaxada. Ele experimentou todas as formas, e percebeu que era possível ganhar dos finlandeses se pudesse treinar melhor do que eles.

Os suecos concentravam-se na conservação de força em termos de seu estilo de corrida, ao mesmo tempo em que exploravam o terreno e as trilhas suaves de seu país. O corredor de longa distância Henry Jonsson Kälarne liderou o caminho, assistido pelo treinador Gösta "Gosse" Holmér, cuja filosofia foi batizada de "fartlek" ou "brincar com velocidades", isto é, correr pelo campo, não em uma pista, e variar a intensidade da corrida. Eles corriam até uma hora por vez, depois passavam ao *sprint*, depois reduziam o ritmo, depois faziam um *sprint* mais longo – seguindo um plano predefinido ou simplesmente fazendo as mudanças instintivamente. O *fartlek* desenvolvia velocidade e fortalecia os órgãos internos sem sobrecarregá-los, e também proporcionava variedade mental em belas localidades. Era uma pausa do ambiente monótono de uma pista ou das estradas, e produzia corredores com mais competência de corpo inteiro. Em 1934, Henry Jonsson Kälarne também começou a caminhar e correr na neve para fortalecer as pernas: isso aumentava sua boa forma, disposição e força.

A Suécia permaneceu neutra durante a Segunda Guerra Mundial e produziu os melhores corredores nos 800 metros e em distâncias maiores nesse período: o ímpeto fornecido pelo *fartlek* e pelo treinamento no campo mostrou-se muito significativo.[1]

Muitos corredores da Alemanha dos anos 1930 haviam começado treinamentos intervalados mais sistemáticos. O princípio de correr rápido e depois fazer uma pausa curta antes de correr novamente como forma de aumentar a velocidade e a resistência era conhecido entre os gregos antigos. O método foi usado mais ou menos conscientemente ao longo dos séculos, e então, após 1900, de forma mais consciente pelos britânicos, finlandeses e pelo polonês Janis Kuszoczinsky. Este foi um pioneiro do treinamento intervalado nos anos 1930, embora sua abordagem fosse menos específica que a dos alemães.

O cardiologista Herbert Reindel e o treinador Waldemar Gerschler realizavam pesquisas sobre pulsação e frequência cardíaca na Alemanha durante os anos 1930. Reindel utilizava o treinamento intervalado para reabilitar pacientes cardíacos. Ele mediu cientificamente a pulsação de 3 mil pessoas após corridas e preparou uma norma de treinamento. Se a pulsação chegasse a 180 por minuto, deveria levar um minuto e meio de descanso para cair para 120; se levasse mais do que isso, a velocidade havia sido muito alta, ou a distância, muito longa.

Gerschler recomendava principalmente distâncias repetidas de 100 a 200 metros, ocasionalmente até 2.000 metros para os que fossem bem treinados. Ele acreditava que o coração se fortalecia durante as pausas, e, consequentemente, os períodos de repouso eram importantes. Ao parar o corredor antes que ele parasse sozinho, o risco de excesso de treinamento era evitado. Ele também preferia pausas mais curtas a um ritmo mais rápido – o que, idealmente, viria de qualquer forma, à medida que o coração ficava mais forte e tornava possível fazer mais repetições. Além disso, Gerschler também recomendava treinamentos de força, corridas de teste e uma corrida semanal de uma hora e meia a três horas, a ser feita em um local variado – um tipo de treinamento intervalado natural e um respiro da monotonia da pista.

O corredor alemão Rudolf "Rudi" Harbig seguiu o regime de cronômetro e medições de pulso, com numerosas variações de intervalos na pista – qualquer espaço entre 80 e 1.500 metros. Ele se aquecia adequadamente e sempre se desaquecia, era rígido com sua dieta, nunca bebia álcool e era famoso por sua vontade de ferro. Harbig foi um dos melhores tipos de corredor de meia distância de todos os tempos, com pernas longas, rápido até nos 100 metros (10,6 segundos) e com uma passada única.

Ele estabeleceu um recorde mundial de 1 minuto e 46,6 segundos nos 800 metros em 1939, quase dois segundos melhor do que o antigo recorde. No mesmo ano, ele reduziu o recorde de 400 metros para 46 segundos cravados, e continuou a competir, até que foi mandado para servir no fronte oriental na Segunda Guerra Mundial, morrendo na Ucrânia em 1944.[3]

Rudolf Harbig foi um dos primeiros astros realmente internacionais a cultivar o treinamento intervalado científico. Nas décadas que se seguiram, os princípios de Gerschler e Reindel foram adotados e desenvolvidos por muitas pessoas, e adaptados a necessidades individuais e novas combinações. "Intervalos" tornou-se uma palavra mágica e a estrada reta para o sucesso, mas era também um duro método de treino no qual era fácil o atleta treinar até cair. Com a introdução dos intervalos, e com todas as sessões sendo feitas contra o relógio, a corrida tornou-se mais regulada e mensurável do que nunca – nesse aspecto, ela contrastava com o *fartlek* sueco, embora os dois métodos tivessem variações de ritmo em comum.

A partir dos anos 1930, treinadores, médicos e cientistas tornaram-se mais importantes para os melhores corredores internacionais. Claro que eles haviam trabalhado nos bastidores antes, mas, com o rápido desenvolvimento das pesquisas médicas e com o crescente prestígio do esporte, eles se tornaram mais visíveis. No entanto, embora corredores ambiciosos se tornassem mais dependentes de assistência e da ciência avançada, ainda havia muito a ganhar buscando forças na natureza.

Gunder

Gunder Hägg nasceu em 31 de dezembro de 1918, na pequena e isolada comunidade de Albacken, no distrito de Kälarne da província sueca de Jämtland. O corredor de nível internacional Henry Jonsson, que mais tarde adicionou "Kälarne" a seu sobrenome, também veio de lá, e foi o modelo de Hägg.

A primeira ambição de Hägg era ser esquiador *cross country*. Ele começou sua vida de trabalho ainda jovem, e, aos 12 anos, rachava lenha e raspava cascas de troncos, sendo o integrante mais jovem e fraco de um grupo de lenhadores. Embora as exigências sobre ele fossem menores do que sobre os outros, ele dava tudo de si para mostrar que dava conta do trabalho. Continuou ali por cinco invernos, e ficou mais forte do que qualquer um poderia esperar.

Ele corria vários quilômetros para ir e voltar da escola, sem nunca considerar isso como treinamento, e corria para casa com roupas pesadas do trabalho de lenhador na floresta – tendo a fome como estímulo. Sua capacidade se tornou aparente quando ele começou a competir em eventos de atletismo aos 15 ou 16 anos de idade. Seu primeiro *meeting* real foi em Bräcke, a 32 quilômetros de casa, e ele chegou ali pegando carona na traseira de um caminhão. Embora seu tempo de 5 minutos e 2 segundos nos 1.500 metros não fosse um grande presságio de estrelato internacional, seu pai, orgulhoso, comprou-lhe um par de sapatos com rebites. Eles os levaram ao acampamento de corte de árvores, e, um dia, em junho de 1936, seu pai marcou com passos 750 metros através dos campos, marcando também o ponto de virada.

"Corra os 1.500 metros de ida e volta contra o relógio", disse seu pai, gritando o sinal de largada e verificando o despertador.

"4 e 45!", exclamou o pai, entusiasmado, quando Gunder retornou sem fôlego e exausto.

Esse tempo parecia incrivelmente bom.

"Não teve um erro de um minuto?"

"Não", respondeu o pai. Ele fizera uma marca na cadeira com seu canivete para cada minuto, e era só uma questão de contá-las. Eles ficaram acordados por muito tempo naquela noite, falando sobre as possibilidades de Gunder como corredor, e o pai sonhava com isso mais do que o filho. Não havia limites. Gunder aceitava tudo o que o pai dizia, e ali, na cabana do acampamento, decidiu concentrar todas as suas energias em correr. Somente muitos anos depois, seu pai revelou que havia cortado 30 segundos do tempo para incentivar o garoto.[3]

Dois meses depois, Gunder queria participar dos campeonatos juniores do distrito, que seriam realizados no campo de esportes de Kälarne, mas Albacken, seu clube de origem, achou que não fazia sentido ele ir e não ofereceu apoio. Gunder pegou uma bicicleta emprestada e pedalou os 32 quilômetros até Kälarne, onde, para a surpresa de todos, ele venceu os 1.500 metros. Ele queria correr os 5.000 metros no dia seguinte, mas não tinha dinheiro para a acomodação, então, correu a trabalho – indo até a mercearia comprar cerveja para um fazendeiro sedento – e pôde ficar com troco suficiente para pagar o pernoite. No dia seguinte ele ganhou a corrida de forma convincente. Entre os espectadores presentes estava um fazendeiro, Fridolf Westman, que precisava de um trabalhador em sua fazenda e lhe ofereceu emprego.

"Vou ter de perguntar ao meu pai", respondeu Gunder, envergonhado, sem imaginar que Henry Jonsson Kälarne também havia trabalhado na fazenda de Westman.[4]

Em pouco tempo, Gunder Hägg estava trabalhando duro nos campos íngremes, junto a uma carroça, espalhando esterco, passando longos dias andando atrás do cavalo, fazendo serviços de marcenaria, consertando coisas e carregando pesadas cargas. O fazendeiro estava impressionado com o peso que ele conseguia levantar, pois o garoto não parecia ser tão forte: certo dia, quando estavam guardando os instrumentos de plantio, Gunder levantou o arado com facilidade e o colocou na carroça. Ocupando o mesmo quartinho onde Kälarne havia morado, Hägg descansava em sua cama após sessões de treinamento intenso; ele olhava o lago pela janela e sonhava. Havia pouco a fazer, a não ser trabalhar, treinar, comer bem e dormir ao menos dez horas por noite.

Westman recomendava menos esqui e mais corrida. Em 1937, Hägg correu uma série de boas corridas que atraíram a atenção das pessoas, e, depois de seu vigésimo aniversário, em 1938, era hora de treinar seriamente. Seus treinadores o alertavam contra o excesso de treino, e a progressão suave durante o inverno de 1938-1939 não agradava a Hägg, que era impaciente. Nove quilômetros e meio de caminhada na estrada todos os dias e um longo passeio de até 56 quilômetros todos os domingos não lhe serviam. Por que marchar o inverno inteiro e metade da primavera daquele jeito até maio, quando o que ele queria era correr rápido?

Depois do fracasso de uma temporada em 1939 e de uma pneumonia dupla no outono, Hägg acabou no hospital, onde um médico o aconselhou a não correr mais:

"O que quer que você faça, Hägg, não faça mais esportes".

Em dezembro de 1939, ele foi mandado para Norrbotten, perto da fronteira com a Finlândia, como recruta, e se sentia bem o suficiente para começar a treinar. A neve profunda e o frio cortante não o desanimavam, pelo contrário. Hägg corria seis dias por semana, arrancando a toda velocidade, enquanto seus companheiros relaxavam.

Ele mapeou um circuito variado de cinco quilômetros: entrava na floresta, atravessava brejos e pequenos vales, cruzava um prado e subia e descia uma colina até um rio. Nesse trecho, a neve era tão dura que ele só afundava até os tornozelos, enquanto, no resto do circuito, tinha de se esforçar com neve até os joelhos, às vezes até a cintura, e cada metro tinha de ser conquistado.

Era mais difícil manter o ritmo na neve da floresta, e ele se movia em ritmo de caminhada, mesmo que lhe custasse um bocado de esforço, até o trecho descendo a colina. No plano, era trabalho duro novamente, com neve até a cintura, e tendo de levantar as pernas bem alto – quase não se podia chamar isso de corrida, mas era um esforço que castigava as coxas e testava a vontade. O suor escorria e sua respiração era ruidosa, enquanto ele enterrava passadas no trecho plano, e depois morro acima, às vezes removendo a neve do caminho com os braços. Era um alívio chegar ao topo e disparar morro abaixo, atravessando uma estrada, libertando-se e ganhando força nova antes de aumentar a velocidade no rio, e depois morro acima, de volta ao acampamento do exército. Apesar de ter menos neve do que nos outros trechos, o rio era a parte mais exigente – a combinação de ritmo veloz e momentos de *sprint* significava que, às vezes, ele caía de rosto no chão, perdendo o fôlego e o ritmo. Não havia o que fazer, a não ser levantar-se o mais rápido possível e continuar teimosamente até o fim. Hägg reconhecia que essas sessões estavam treinando sua vontade, e ia dormir como um esportista um pouco mais forte a cada noite, um passo mais perto de seu objetivo de ser o melhor do mundo.

O circuito consistia em 2,5 quilômetros de caminhada na neve e 2,5 quilômetros de corrida, também na neve. Caminhar na neve significava andar o mais rápido possível em trilhas onde neve nova tornara impossível correr. Se não houvesse neve nova acumulada entre suas sessões de treinamento, ele também poderia correr nesses trechos, usando uma técnica especial de levantar as pernas anormalmente alto, colocando carga extra nas pernas, e fazendo vigorosos movimentos de braço. Seu corpo estava funcionando bem e seus pulmões estavam tolerando o frio. Em solo descoberto, durante a primavera, sua dose diária eram cinco quilômetros a toda velocidade; a partir de maio, ele às vezes treinava duas vezes por dia, com cinco quilômetros suaves de manhã, seguidos de uma sessão mais curta à tarde, com trechos de *sprint*.

O progresso foi notável. Em meados de junho de 1940, Hägg reduziu seu melhor tempo pessoal nos 1.500 metros para 3 minutos e 59 segundos, e teve sua primeira temporada como esportista bem treinado: seu melhor tempo nos 1.500 e 3.000 metros foram, respectivamente, quatro e nove segundos além dos recordes mundiais. Ele estava convencido de que o treinamento intenso e o trabalho físico no campo lhe dariam uma chance melhor de sucesso. Quando Gösta Olander o convidou para trabalhar e treinar em Valådalen, no inverno seguinte, isso foi perfeito para ele.

Não havia rio congelado onde correr em Valådalen, então, trechos de seu circuito de cinco quilômetros ficavam na estrada. Forçar o caminho através de neve profunda deixa a pessoa mais lenta, então, trabalhar a cadência e a passada também é essencial. Hägg interrompeu seu circuito de treinamento em 7 de dezembro de 1940 e fez uma anotação em seu diário naquela noite: "Pretendo treinar tanto quanto no ano passado. Acredito realmente que o treinamento intenso é o caminho certo".[5] Nevava tanto que os trechos abertos logo se tornavam intransponíveis, e o circuito todo teve de ser mudado para ficar abrigado pelas árvores. Hägg sempre usava seus sapatos com rebites. Pode parecer loucura usar um sapato tão fino e frio em massas de neve, mas eles aderiam bem, tanto fora da estrada quanto na estrada escorregadia. E um pouco de frio e umidade tinha de ser tolerado, de qualquer forma.

A partir de meados de março, a neve comprimida tornou possível correr o circuito todo. Ele levava apenas vinte minutos, e cinco semanas dessa rotina melhoraram sua velocidade. Hägg terminou o trabalho com Olander e continuou seu treinamento intenso durante um curto período no exército: seis quilômetros em um ritmo estável e agradável no campo pela manhã, e um quarto de hora em um ritmo rápido na estrada à tarde.

Após várias corridas encorajadoras, novos melhores tempos pessoais e vitórias sobre corredores de boa qualidade, Gunder Hägg quebrou seu primeiro recorde mundial nos campeonatos suecos em 1941, quando fez os 1.500 metros em 3 minutos e 47,6 segundos.

Entretanto, ele foi severamente punido naquele verão por quebrar as regras do amadorismo ao aceitar 350 *kronor* para participar de um *meeting*: ele ficou impedido de competir de 1 de setembro de 1941 a 30 de junho de 1942. Hägg recebeu isso muito mal e disse a um jornalista: "Se chegar a suspensão, eu vou embora para a Finlândia, para a guerra contra a Rússia".[6]

Segundo rumores, o homem por trás da denúncia anônima foi um conhecido empresário de futebol que, como várias pessoas, temia que as multidões presentes nos *meetings* de atletismo minassem o apoio ao futebol. Havia também o fato de que os próprios jogadores de futebol estavam começando a se queixar sobre dinheiro. A decisão de suspender Hägg foi objeto de muita discussão, uma vez que ele era uma figura enormemente popular; ele planejava um grande retorno, para garantir sua posição como o melhor da Suécia. O fenômeno Hägg também precisa ser visto no panorama da séria competição na Suécia da época.

A Suécia produziu uma rica safra de corredores durante os anos 1940, os quais estabeleceram 25 recordes mundiais em atletismo durante essa década. O desafiante mais notável de Hägg era Arne Andersson, e que desafiante ele era!

Arne

Longas passadas e longas pernas, pulmões fortes e o peito projetado para a frente – esse era Arne Andersson. Em seu primeiro aniversário, ele perdeu a mãe para a gripe espanhola que devastou o mundo em 1918, e a irmã de seu pai e o marido tornaram-se seus pais adotivos. Ele vinha de uma família forte: seu avô paterno era chamado de "Grande Johan" e tinha a reputação de ser o homem mais forte da província de Bohuslän.[7]

Arne cresceu em Vänersborg, e praticou muita canoagem e natação – na verdade, ele produziu os melhores tempos do país como nadador júnior. Ele desenvolveu pulmões fortes, mas teve de desistir da canoagem porque ela leva ao enrijecimento das coxas. Então Arne passou a praticar esqui em longa distância, e só começou a correr aos 16 anos de idade. Ele morava em Uddevalla nesse verão, e treinava junto com um corredor de elite local. Ele demonstrou talento, mas não era um garoto prodígio, apesar de participar dos 1.500 metros nos campeonatos nacionais escolares contra a Finlândia em 1936 e 1937.

Sua superação veio na Finnkamp em 1939, a prestigiosa competição de atletismo entre a Suécia e a Finlândia. Depois de uma dura última volta e uma arrancada entre dois suecos e um finlandês, Andersson venceu os 1.500 metros em 3 minutos e 48,8 segundos. Era um novo recorde sueco, apenas um minuto acima do recorde mundial, e era uma melhora de um décimo de segundo para Andersson em relação ao ano anterior.

Vários especialistas pensaram que isso se mostraria um sucesso passageiro de um talento forte, mas primitivo, que desperdiçava energia e precisava refinar sua técnica. Andersson seguia obedientemente os conselhos de seus treinadores. Eles proibiram sessões mais longas do que seis ou sete quilômetros, o que não era problema algum para ele, geralmente em trilhas de florestas e em *sprints* curtos. "Você não deve correr em subidas, vai estragar seu estilo", seu treinador lhe dizia. Estilo era importante nos anos 1930: era importante ter uma boa aparência, e Andersson, que parece o corredor perfeito em fotografias posteriores, dava passadas muito longas e se inclinava demais para a frente – "o galope do búfalo", descreveu um jornalista, um estilo raramente visto no grupo de elite das corridas de meia distância. Somente depois de ficar sob a supervisão de Pekka Edfeldt, em 1943-1944, é que Anderson encurtou sua passada. Nessa fase, ele se tornou muito melhor na produção de arrancadas e alcançou os melhores desempenhos de sua carreira.

Os médicos que examinaram o tórax de Andersson sugeriram que ele havia sofrido de raquitismo na infância, mas ele não se lembrava disso, e não sentia nenhum desconforto, exceto numa ocasião em que desmaiou no banho de vapor e um médico ouviu um som característico de sopro cardíaco. Esse médico havia estado nos Estados Unidos e soubera de sopros cardíacos perigosos, então Andersson ficou internado durante três dias para exames, durante os quais sua pulsação foi medida, ele soprou em tubos e ficou cercado de equipamentos de medição avançados. É claro que o jovem ficou preocupado, pois tanto sua saúde quanto sua carreira atlética estavam em jogo, mas os médicos e suas máquinas concluíram que seu coração era extraordinariamente forte e que não havia motivos para preocupação: o hospital nunca vira um par de pulmões tão fortes.

Um verão de recordes

Gunder Hägg trabalhava na central de bombeiros em Gävle e não vivia mais nas florestas quando, em dezembro de 1941, iniciou outra pré-temporada seguindo o mesmo programa do ano anterior: intenso no inverno, suave no verão, esforço durante o inverno e velocidade quando a neve havia sumido – quatro quilômetros na neve e dois na estrada, e depois tudo em solo sem neve, de abril em diante.

Em julho de 1942, o dia seguinte ao fim de sua suspensão, Hägg estabeleceu um recorde mundial em uma milha (1,6 quilômetro). Corridas e recordes agora sucediam-se com incrível rapidez. Dois dias depois, ele bateu o melhor tempo para duas milhas (3,2 quilômetros) diante de uma multidão de mais de 20 mil pessoas, enquanto milhares ficaram de fora porque não havia espaço na arena. A polícia colocou barreiras nas ruas numa vã tentativa de evitar o caos.

Em 1942, Hägg conquistou dez recordes mundiais no curso de 80 dias. As distâncias variavam de 1.000 a 5.000 metros, e a fórmula eram treinos curtos e intensos, raramente passando de 9,5 quilômetros por dia. Ele chegava a competir cinco vezes por semana, e venceu em todas as suas 33 aparições nessa temporada. Mais de 300 mil pessoas compareceram a esses *meetings*, e a nação inteira ficava sintonizada nas transmissões de rádio. O rádio estava se tornando cada vez mais popular, e as transmissões da turnê de Hägg pelos Estados Unidos em 1943, particularmente, exerceram uma atração magnética. As ruas das cidades suecas ficavam vazias quando as transmissões das corridas ocorriam ao entardecer, e muitas pessoas ficavam acordadas até tarde para ouvir as transmissões à noite. Um de seus vizinhos de Albacken ficou de joelhos e rezou quando Hägg corria sua primeira competição contra o norte-americano Gilbert Dodds: "Por favor, Deus, deixe Gunder ganhar desse maldito carola!".[8]

Havia algo especial em Hägg. Ele tinha carisma, mas não era do tipo convencido. No auge da forma, ele tinha 1,81 metro de altura e pesava 66,65 quilos – ele dava a impressão de ser um homem simples e simpático, do povo. Com seu rosto magro irradiando vontade de vencer e o cabelo penteado para trás, ele poderia ser o moço da casa ao lado.

Ele corria elegantemente. Inclinava-se levemente para a frente, com os braços relaxados, as pernas magras perfeitas para corridas de longa distância – tudo parecia em perfeita harmonia quando o "Alce de Albacken" vencia após ficar algum tempo na liderança. Hägg nunca aprendeu a arrancar de maneira adequada, e costumava cansar os concorrentes muito antes do *sprint* final. Ele tinha pernas longas, mas não dava passadas largas, o que diferia da técnica finlandesa de Paavo Nurmi, por exemplo, que mantinha os braços elevados e dava largas passadas – um estilo um tanto rígido e maquinal. A passada de Hägg nos 1.500 metros media 180 centímetros, enquanto a de Nurmi tinha quase dois metros, embora ele fosse bem mais baixo.

Hägg surgiu das florestas e capturou o interesse de toda uma nação. Os jornais desempenharam um grande papel em criá-lo e moldá-lo como o ídolo nacional "divino" ou "invencível", e ele era idolatrado na imprensa de uma maneira sem paralelos. Ele se tornou o símbolo de tudo o que havia de melhor no estilo de vida sueco, mostrou aonde a moderação e o trabalho duro no campo podiam levar. Centenas de milhares de migrantes das zonas rurais viviam nas cidades, e mais e mais migrantes a elas chegavam, mas nas grandes florestas do norte do país as pessoas ainda viviam uma vida simples perto da natureza, as quais tinham acesso às virtudes suecas primitivas de força e resistência. Hägg era uma versão sueca de "João e o pé de feijão", uma figura saída de contos folclóricos. A história por trás de seu sucesso é tão impressionante e fascinante quanto suas realizações: suas respostas espirituosas e meio jogadas aos jornalistas alimentavam o mito, que era então comercializado para vender relógios de pulso, pão, lâminas de barbear e roupas. Depois vieram os livros e filmes e sua própria coluna no jornal.

Duros duelos

Na floresta dos talentos suecos em distâncias de 800 metros ou mais, Gunder Hägg e Arne Andersson erguiam-se como duas poderosas árvores. Eles eram tipos diferentes, de diferentes partes da Suécia, e com profissões muito diferentes. Andersson era um professor formado e era atlético em todos os sentidos; não tinha pés tão leves quanto Hägg, mas era mais cheio de energia e capaz de drenar o corpo até a última gota de força. A imprensa os apresentava como polos opostos e imprimia imagens de duelos entre os dois, ombro a ombro, Gunder com seu estilo fluido, passadas curtas e o olhar para baixo, Arne com a determinação obstinada estampada no rosto, seus braços trabalhando como os de um guerreiro. A população da Suécia dividia-se em dois campos, dependendo de qual dos dois as pessoas apoiavam.

As notícias da guerra mundial chegavam pelos telégrafos, notícias de batalhas, invasões, sabotagem e navios torpedeados. O mundo podia estar em guerra, mas, na Suécia, os duelos entre Hägg e Andersson davam à nação um respiro das preocupações diárias. Há algo que lembra uma luta de boxe quando dois homens em seus melhores anos tentam correr um mais rápido que o outro – é um jogo, e, ao mesmo tempo, algo sério, já que não há nada mais sério do que jogar. Cercados por rajadas de tiros e pela guerra total, os suecos realizavam suas competições para escolher o melhor corredor do mundo. Velhos sentavam-se para ouvir as transmissões, enfeitiçados, e menininhos saíam depois para copiar Gunder e Arne.

Arne Andersson foi frequentemente chamado de "a sombra de Hägg" ou "o eterno número 2", mas isso somente foi verdade em 1942. Ele vencera Hägg em 1940, e novamente em uma corrida *cross country* no ano seguinte. Enquanto Hägg excursionava pelos Estados Unidos no verão de 1943, Andersson estabeleceu recordes mundiais tanto nos 1.500 metros quanto em 1 milha (1,6 quilômetro). Em 1944, Arne venceu por 6 a 1 nas comparações entre os dois, e, daí em diante, ele foi o melhor dos dois. A única vitória de Gunder sobre seu rival em 1945 foi quando ele estabeleceu um novo melhor tempo de 4 minutos e 1,4 segundo em uma milha. Em suas carreiras como um todo, as estatísticas são de 14 a 9 a favor de Hägg.

Em um dado momento, Anderson quebrava ou igualava os recordes mundiais, para no momento seguinte ser superado por alguém que era ainda melhor. Sua visão era de que o sucesso vem da derrota, porque ela nos obriga a lapidar nossas habilidades.

Esses grandes feitos suecos durante a Segunda Guerra Mundial foram alcançados com "lebres", corredores que corriam uma ou duas voltas para manter o ritmo elevado até que o candidato a recordista os ultrapassava. Amigos e colegas de clube faziam o papel de lebre em troca de pagamento. Esperava-se a quebra de recordes mesmo que as condições do carvão moído das pistas variasse enormemente, e os recordes podiam ser quebrados mesmo com mau tempo, como foi demonstrado em uma corrida de 1.500 metros em 17 de julho de 1942 em que Andersson estava determinado a superar Hägg.

A pista parecia uma piscina, após uma chuva torrencial, e um recorde mundial estava fora de questão, na opinião daqueles que haviam dado uma olhada na primeira faixa da pista, que mais parecia uma estrada rural lamacenta. Os organizadores do *meeting* decidiram mudar a corrida para a terceira faixa, duas faixas à direita da mais curta, porque estava muito mais seca. Regras internacionais estipulavam que as marcas divisórias das faixas tivessem ao menos cinco centímetros de altura, por isso, as mangueiras de incêndio do estádio foram estendidas como marcas, porém, como não eram suficientes para toda a volta, a distância restante foi completada com cordas.

Após um duro começo, Hägg agarrou a liderança e, na última volta, encontrou uma força oculta e estabeleceu um novo recorde de 3 minutos e 45,8 segundos. O herói do dia havia corrido sua volta da vitória, e estava acenando para torcedores entusiasmados, quando veio a terrível mensagem de que a pista não fora formalmente medida. Verificou-se que ele havia corrido, na verdade, 1.500,9 metros.

Dois anos depois, em 18 de julho de 1944, os dois combatentes encontraram-se em Malmö, onde Hägg se fixara, para correr uma milha. Até aquele ponto da temporada, Andersson, que estava realmente em forma, tinha duas vitórias contra uma de Hägg, mas este estava determinado a mostrar seu melhor para sua torcida local. Ele ria debochadamente de sua segunda posição, pois nunca se deixava abater, mesmo que detestasse ver outra pessoa cruzar a linha de chegada primeiro: mentalmente, ele era um vencedor, e não contabilizava derrotas em seu balancete pessoal. Recordes não tinham importância naquele dia em Malmö, o que importava era bater seu rival. Mais de 14 mil pessoas espremiam-se nas arquibancadas, e outras 5 mil sem ingressos estavam do lado de fora, de onde, do outro lado da cerca, podiam seguir os acontecimentos pela voz no alto-falante e pelos gritos da multidão.

Lennart Strand, atuando como lebre, assumiu a dianteira no ritmo mais rápido que já houvera numa corrida de uma milha – 1 minuto e 55,9 segundos na metade do percurso. Será que eles quebrariam a barreira dos 4 minutos, fazendo uma "milha dos sonhos"? O tempo de 2 minutos e 59,8 segundos para três quartos de milha era um novo recorde mundial. Hägg corria bem e estava na liderança no trecho final, mas Andersson chegou a seu lado, com os braços em desesperado movimento, assumiu a dianteira e rompeu a fita, em um novo recorde mundial de 4 minutos e 1,6 segundo.

Esse resultado mostrava que seria possível alcançar tempos na faixa dos 3,50s – a "milha dos sonhos", como era conhecida – e que isso estava na mente tanto de Hägg quanto de Andersson quando ouviram os tempos das voltas: 56,0; 59,9; 63,8 e 61,8. Tudo o que eles precisavam era de uma terceira volta mais rápida.

Desde 1943, Andersson trabalhava perto de Estocolmo como professor no Skrubba, um colégio interno e lar para meninos necessitados. Alguns deles moravam ali e trabalhavam na cidade, mas todos podiam ser vistos na primeira fileira da arquibancada quando Arne corria nos grandes *meetings* de Estocolmo. Todos eles respeitavam o "senhor", que era rígido, mas absolutamente honesto e justo. A vida diária de Andersson não era cheia de lazeres, em que as necessidades de um astro esportivo podiam receber total prioridade; ele não levava uma existência egoísta, com muito descanso e tempo de sobra.

Arne acordava 24 meninos antes das 7 horas da manhã, cuidava para que todos se vestissem, comessem o mingau de aveia e estivessem prontos para a escola. Depois das aulas, ele era responsável pelas atividades de lazer dos pupilos: natação, mergulho, futebol e jogos no pequeno campo da escola, bem como outras tarefas demoradas que o ocupavam até as dez ou dez e meia da noite. A não ser que fizesse sua sessão diária de treinamento pela manhã, ele só podia treinar quando o dia de trabalho tivesse acabado. Saía para correr na floresta, encontrava seu ritmo, depois fazia um *sprint* e um trecho suave, um *sprint* e um trecho suave, tudo em um ambiente de treinamento perfeito. Esse idílio campestre de trilhas na floresta e rochas cobertas de musgo tinha um impacto positivo nos garotos de lares problemáticos da cidade, e Andersson também considerava esse um paraíso para os treinos; ele podia ir depois à casa de banho, satisfeito com a vida na escola, embora seus dias de trabalho fossem mais longos, e as férias, mais curtas do que em uma escola normal. Ser professor da Skrubba era, ao mesmo tempo, um estilo de vida e uma vocação: não havia férias de verão para os pupilos dali, e eles tinham de ficar até cumprir seu período de internação designado.

Money, money, money

Havia rumores de que tanto Hägg quando Andersson eram bem pagos para correr, ganhando até vários milhares de *kronor* por um evento.

"Todo mundo" sabia disso, mas ninguém fez nada, até que um conhecido auditor recebeu a pesada incumbência de examinar as contas dos clubes suspeitos. O auditor descobriu casos de contabilidade "criativa", e dirigentes de clubes admitiram trapaças coletivas: os pagamentos aos astros eram ocultados como empréstimos de viagem, ajudas de custo, e assim por diante. Ao contrário dos corredores, os dirigentes não estavam obtendo lucros para si mesmos, estavam servindo seus clubes, e encontravam-se nos chifres de um dilema: deveriam ignorar os astros e ter poucos espectadores, ou deveriam pagar às grandes atrações e encher as arquibancadas?

Em 7 de novembro de 1945, os astros que haviam sido acusados admitiram receber pagamentos em violação às regras. O julgamento foi proferido em 17 de março do ano seguinte: Gunder Hägg, Arne Andersson e Henry Jonsson Kälarne foram desqualificados pelo resto da vida – embora este último já tivesse pendurado os sapatos de corrida vários anos antes. Seis outros corredores foram suspensos por períodos de um a dois anos. Os dirigentes do atletismo receberam sentenças lenientes, geralmente uma desqualificação por três meses. Quanto aos corredores, apenas os maiores peixes foram pegos.[9]

A população da Suécia ficou enfurecida com o fato de os três esportistas mais populares do país terem sido tachados como trapaceiros baratos. Expressões como "suicídio sueco" podiam ser ouvidas, e a liderança da Associação de Esportes, que havia iniciado toda a questão, foi atacada pela imprensa. O efeito nos *meetings* de atletismo foi perceptível: o interesse caiu. Embora a Associação de Esportes estivesse seguindo as regras, muitos acreditavam que a punição era desnecessária. Teria sido melhor fazer o que os finlandeses fizeram em 1932, quando Paavo Nurmi recebeu uma punição internacional como profissional e os finlandeses anunciaram que ele era um "amador nacional". Além disso, tanto os finlandeses quanto corredores de outros países competiam por dinheiro, e, na visão dos críticos suecos às suspensões, eram apenas os suecos que voluntariamente sacrificavam seus maiores astros. A maioria das pessoas acreditava que os corredores mereciam cada *krona*, uma vez que trabalhavam duro e proporcionavam divertimento a muitas pessoas.

É claro que Hägg e Andersson poderiam ter dito não aos pagamentos por fora, mas eles tinham entrado em um sistema que exagerava custos de viagens, e o dinheiro ilegal já era algo corrente havia décadas. Os corredores presumiram que isso era aceito, pois ouviam sobre ganhos desse tipo desde meninos. Andersson ganhava o suficiente para estudar e pagar as próprias despesas, mas, sem a remuneração das corridas, o estudo teria sido impossível. As somas envolvidas variavam de 500 *kronor* por *meeting* a até cinco ou seis vezes essa quantia no final da guerra, quando a inflação de preços estava alta.

Ao fazer suas desqualificações, a Associação de Esportes atingia aqueles que viviam do esporte. O sucesso que os suecos haviam alcançado era tanto mais evidente e impressionante porque os esportes estavam parados em outros países – em tempos de paz, homens de outras nações também teriam corrido rápido. Parecia até que as autoridades esportivas suecas sofriam de uma crise de consciência quando viam grande parte do mundo sofrendo com a guerra ao mesmo tempo em que os suecos estabeleciam novos recordes *e* quebravam as regras do amadorismo. Com a guerra terminada e o mundo retornando ao normal, esse câncer em crescimento tinha de ser removido, em grande medida devido às regras do movimento olímpico. A honestidade e retidão suecas, qualidades das quais eles se orgulhavam e gostavam de exibir ao mundo, deviam ser preservadas a qualquer custo.

Os próprios corredores reagiram às punições de formas diferentes. Hägg, como sempre, fez piada, e declarou que não ligava mesmo para o esporte. Henry Jonsson Kälarne ficou ressentido porque achava que a desqualificação desonrava sua carreira, mesmo que ela já tivesse acabado havia algum tempo: ele jurou nunca mais comparecer a nenhum evento esportivo.

Andersson ainda tinha muita vontade de melhorar, e a desqualificação, para ele, era quase como uma sentença de morte. Incapaz de desistir, ele continuou a treinar, na esperança de uma revogação para as Olimpíadas de Londres em 1948, em que vinha almejando os 5.000 metros. Foi uma agonia para ele sentar-se nas arquibancadas e assistir a seus amigos competirem. Ele escreveu artigos de jornal sobre atletismo e trabalhou como treinador na Tchecoslováquia em 1946, quando o jovem Emil Zátopek despontava como promessa – os dois tornaram-se amigos pela vida toda. Os tchecos vieram competir em Estocolmo em 1946, e, quando Andersson entrou na pista junto com os tchecos, um dirigente sueco disse: "Você está desqualificado e não o queremos aqui".[10] Ele teve de ficar do lado de fora, como um espectador que fora expulso.

Andersson pediu um perdão a tempo para as Olimpíadas de 1948, mas foi rejeitado por um voto. Ele conseguiu algum alívio de suas frustrações represadas quando correu uma corrida de demonstração contra toda a equipe de revezamento e mostrou que ainda tinha sua velha classe. Aderiu ao ciclismo e apareceu na Volta da Suécia em 1953. Depois de bons desempenhos, ele teve de abandonar a prática, mas foi licenciado como ciclista amador no ano seguinte e se tornou um ciclista de elite. Participava de corridas de orientação e jogava *bandy* – qualquer coisa para competir, qualquer coisa para ter o *frisson* e o prazer do esporte. Ele comprou cavalos, treinou-os e participava de competições com todo o entusiasmo de um esportista de primeira linha. Andersson não podia imaginar uma vida sem a prática de esportes.

A corrida sueca continuou em um nível elevado, mesmo depois da desqualificação de suas maiores estrelas em 1945. Mas parte do brilho dos anos de guerra desapareceu, e o interesse do público decaiu, talvez porque o futebol estivesse atraindo multidões cada vez maiores. A história da corrida sueca de meia e longa distâncias durante a Segunda Guerra Mundial não é única apenas na história daquele país; mesmo de uma perspectiva internacional, ela se destaca como uma época mágica, com dois jovens suecos dominando o mundo das corridas de meia distância, enquanto outras nações comparáveis podiam pensar em pouca coisa além da Grande Guerra.

20
A serviço do Estado

> Jovens esportistas! Lembrem-se de que é de vocês que virão nossos novos campeões, e eles baterão os recordes burgueses e elevarão a bandeira da cultura física da União Soviética a novas alturas.
>
> –– No jornal *Krasnyi Sport*, União Soviética, 1935

Zlin, Tchecoslováquia, 15 de maio de 1942. Jovens rapazes da fábrica Bata estão prestes a competir na corrida anual através da cidade. A administração gosta de mostrar que seus empregados estão em boa forma, e todos têm que participar. Poucos estão realmente empenhados, e um deles, Emil, recusa-se, até que o instrutor principal vai até o albergue.

"Você vai correr no domingo! Entendeu?"

"Eu corro muito mal."

"Não importa. Se você vai ser o primeiro ou o último, você é quem sabe – mas você vai correr."[1]

O rapaz sabe que é inútil recusar, se quiser manter seu emprego e seu lugar no colégio técnico, mas não perde a esperança de escapar. Durante o exame médico, ele manca e finge que seu joelho está machucado. O médico não cai na história e o manda aparecer na largada, mas, mesmo assim, Emil está relutante. Domingo de manhã, ele desce escondido para a sala de aula com um livro, esperando passar despercebido. Enquanto decora fórmulas de química, sua mente volta a sua infância e ao tempo em que seu pai gritava com ele por correr tanto, desperdiçar sua energia e gastar os sapatos. A educação e o trabalho eram prioridades, não o esporte, seu pai lhe dizia, inculcando uma importante lição na mente do filho. Emil relembrava isso quando o silêncio é quebrado por um amigo.

"Ande, vamos logo." Eles se apressam até o ponto de partida.

A distância é de 1.400 metros. Muitas das centenas de garotos se esforçam para vencer, mas Emil está menos preocupado – até que seus instintos competitivos são instigados. Em pouco tempo, só há seu amigo Krupicka à sua frente.

Emil não fica muito entusiasmado com seu segundo lugar, nem com o prêmio de uma caneta-tinteiro. "É a última vez que corro, mesmo."[2]

Ninguém poderia estar mais errado.

Em pouco tempo, correr é a coisa mais importante na vida para Emil Zátopek, em pouco tempo, ele recebe cumprimentos, e em pouco tempo jornais escrevem sobre ele. É muito mais divertido ficar ao ar livre e sentir-se livre do que ficar curvado sobre uma linha de montagem na fábrica, onde os trabalhadores são tratados aos gritos e multados, não importa quão rápido trabalhem.

Emil Zátopek, 1951

Os alemães ainda não assumiram o controle sobre o campo de esportes, e ali eles podem falar tcheco, se divertir e esquecer os horrores da guerra. O campo de esportes poeirento e cheio de fuligem em Zlin, para onde o vento traz a poluição de todas as chaminés de fábricas da cidade, é ainda assim um bom lugar para alguém que passa o dia de trabalho respirando poeira tóxica. Emil tenta ser transferido para uma seção diferente, mas a resposta é: "Você quer ser mandado para um campo de trabalhos forçados?".

Mas suas ambições foram despertadas. Em 1942, ele participa dos campeonatos tchecos pela primeira vez e fica em quinto lugar nos 1.500 metros. Ele faz treinamentos sempre que tem algum tempo.

> A estrada para a fábrica passava por uma avenida de álamos. Para aproveitar o tempo da melhor maneira, ele descobriu uma forma especial de autocontrole, a qual ele praticava ao ir e voltar do trabalho. Ele praticava controlar a respiração. Começou segurando a respiração até o quarto álamo, mas, depois de alguns dias, não soltava a respiração até o quinto álamo. Ele continuou forçando o limite, até que um dia decidiu segurar a respiração até passar todos os álamos e chegar a um pequeno grupo de árvores bem mais à frente.
> Ele caminhou sem parar, com toda a força de vontade concentrada em não respirar. Ele pôde ouvir um rumor na cabeça e sentir a pressão no peito, e pensou que ia sufocar – mas não soltou a respiração. Quando chegou ao grupo de árvores que era sua meta, teve um desmaio e caiu.[3]

Seu treinamento era tão exigente, que as competições pareciam fáceis. O treinamento intervalado era a receita para o sucesso – 20 a 30 metros, mas às vezes os 200 metros completos do lado mais longo da pista – com um ritmo suave entre esses trechos. Ele aprendeu a ideia de seu método de treinamento em um curso supervisionado pelo corredor de longa distância Hronem, em 1994.

O princípio de intervalos de Zátopek tornou-se muito conhecido e, inicialmente, foi muito criticado. Os críticos foram calados pelos resultados que ele alcançou, assim como aqueles que criticavam seu estilo, argumentando que ele se esgotaria, pois submetia-se a grande sofrimento antes de cada competição. "Se meu estilo importasse, eu teria feito algo a respeito", foi a resposta de Zátopek. Qualquer um que estudava a forma como ele usava as pernas podia ver passadas curtas e eficientes adequadas a longas distâncias.

Emil Zátopek nasceu em Koprivnice em 1922, um lugarejo no norte da Morávia, na antiga Tchecoslováquia. Ele era um dos filhos de uma família de seis pessoas. Seu pai era um carpinteiro da fábrica Tatra, um homem robusto e muito trabalhador, que frequentemente suspirava diante das ideias do filho: "Vai sair para correr de novo? Você devia usar sua energia para algo útil".[4]

Em uma ocasião, sua irmã dedurou ao pai que Emil corria pelas ruas feito um doido varrido, com o rosto vermelho e sem fôlego, depois de o professor lhe pedir para comprar linguiças. O pai não gostava de ver a prole gastar os sapatos correndo e jogando futebol. Ele pensou em mandar Emil ao colégio de formação de professores, mas havia muitos candidatos, e a família tinha pouco dinheiro. Mas quando Zátopek conseguiu um emprego na fábrica Bata, em Zlin, e uma vaga na escola técnica da empresa, estava com o sustento garantido e com boas perspectivas – se conseguisse aguentar a jornada das 6h da manhã até o fim das aulas noturnas, às 21h30.

A monotonia do trabalho ameaçava levar o jovem Zátopek à loucura. A certa altura, seu departamento produzia 2.200 pares de tênis por dia, e seu trabalho era fazer ondulações nos solados com uma roda dentada – os mesmos movimentos o dia inteiro. As vidas dos trabalhadores eram como as do filme *Tempos Modernos*, de Charlie Chaplin, de 1936, uma jornada incessante de trabalho em uma fábrica enorme, tudo girando em torno de velocidade de produção, linhas de montagem e tarefas simples e monótonas. Zátopek foi transferido para o setor químico, onde aprendia mais, mas a poluição era perceptível.

É importante saber sobre sua juventude para entender a alegria de Zátopek mais tarde na vida. Correr oferecia um refúgio da monotonia do dia a dia e um escape da fábrica. Como outros futuros campeões, ele reconhecia o valor de ter mentores como o Dr. Haluza e o engenheiro Hronem, bons corredores tchecos de longa distância. A salvação de Zátopek veio com seu alistamento no exército e sua entrada na academia militar do exército tcheco no outono de 1945.

A essa altura, Emil Zátopek era um dos melhores corredores de longa distância do país, detendo os recordes nacionais nos 3.000 metros (8 minutos e 33,4 segundos) e 5.000 metros (14 minutos e 50,2 segundos). Várias pessoas o aconselharam contra a academia militar, pois ela não oferecia a oportunidade de se concentrar no atletismo. Mas Zátopek treinava quando os outros descansavam; no inverno, ele treinava na escola de hipismo da academia, onde corria volta após volta enquanto seus companheiros soldados espalhavam serragem.

Durante o outono de 1946, ele e seus colegas cadetes estavam em um acampamento militar com muitos deveres e pouco tempo livre. Por volta das 19h, imediatamente após o jantar, Zátopek colocava suas botas do exército e saía correndo através do campo de marcha até uma clareira de 400 metros na floresta:

As pistas da floresta tornaram-se testemunhas silenciosas de algo que nunca tinham visto antes – um soldado correndo de um lado para outro, de um lado para outro, até altas horas da noite. Ninguém o obrigava a fazê-lo, ninguém ordenava a ele que o fizesse, e ele não corria suave e levemente, só por diversão. Era fácil ver que ele estava se esforçando, obrigando-se a correr mais rápido, usando toda a energia que lhe restava após um dia cansativo. Ele era impiedoso correndo circuito após circuito, flagelando os músculos e exigindo cada vez mais deles. Era tarde da noite quando ele parava, e tinha de encontrar o caminho de volta no breu da noite com a ajuda de uma lanterna de bolso.[5]

Depois de passar o outono e o inverno assim, competir vestindo *short* e usando sapatos com rebites em uma pista era uma libertação.

Durante 1947 e 1948, Zátopek manteve sua posição como um dos melhores corredores de longa distância do mundo. Ele correu em Paris, Londres, Alemanha, Oslo, Finlândia, Argélia e muitos outros lugares, sempre ansioso por experimentar e aprender. Ele experimentou correr sem se aquecer, e corria até 40 quilômetros por dia, incluindo 60 voltas de 400 metros. Zátopek tornou-se a figura de proa da Tchecoslováquia, com reputação mundial após seu ouro nos 10.000 metros nas Olimpíadas de Londres em 1948. Mas foi em seu duelo nos 5.000 metros com o belga Gaston Reiff que o público e a imprensa passaram a conhecer suas qualidades carismáticas.

Reiff liderava por 60 metros e estava a caminho da vitória, quando o tcheco, agitando os braços, com a cabeça balançando e a dor estampada no rosto, começou inesperadamente a alcançá-lo. Os espectadores em Londres e os ouvintes de rádio em todo o mundo prenderam a respiração, enquanto Zátopek se aproximava, terminando apenas dois metros atrás de Reiff, que levou o ouro para a Bélgica.

"A Locomotiva Humana" foi como uma manchete chamou Zátopek, e o nome ficou com ele para o resto de sua carreira.[6] Ele era produto de muito treinamento, mais do que a maioria de seus competidores, mas era o esforço da vontade que era mais visível. Parecia que ia morrer na pista. Conseguiria dar mais uma volta na mesma velocidade mortal? É capaz de *ainda* manter o ritmo?

Os heróis do esporte são frequentemente elevados ao status de seres divinos em seus países, mas a popularidade de Zátopek era mundial – Ásia, América do Sul, para onde ele ia, encantava as pessoas. Ele foi escolhido como o melhor esportista do mundo em 1949, 1950 e 1951, sem perder sua alegria infantil de estar em forma, de conhecer gente nova e aceitar desafiantes. Entre outubro de 1948 e junho de 1952, Zátopek ficou invicto em 72 corridas nos 5.000 e 10.000 metros.

Em maio de 1952, Zátopek pensava se iria competir nas Olimpíadas de Helsinque naquele ano. Ele estava pessimista porque colocava para si o objetivo de dois ouros, e naquela primavera ele treinara com um resfriado que evoluiu para uma bronquite. Confinado na cama, especulava sobre o auge do verão, os jogos em Helsinque. Contra o conselho de seus médicos, que temiam que ele estourasse o coração, ele treinou até recuperar a saúde; deixou o leito para trás e caminhou e correu para espantar a doença.

As três medalhas de ouro de Emil Zátopek nas Olimpíadas de Helsinque em 1952 estão entre os feitos mais comentados da história do esporte. Ninguém antes dele havia vencido os 5.000 metros, os 10.000 metros e a maratona nos mesmos Jogos Olímpicos. E ninguém era mais talhado para isso do que Zátopek, que alcançou o status lendário de Paavo Nurmi, embora fossem polos opostos como personalidades.

Zátopek possuía uma centelha que é concedida a poucos homens, e era o tipo de homem de quem é impossível não gostar. O australiano Ron Clarke, o maior corredor de longas distâncias dos anos 1960 e sucessor de Zátopek, conheceu-o atrás da Cortina de Ferro, na Tchecoslováquia, durante aqueles anos. "Aceite este presente", disse Zátopek a Clarke, "mas você não deve abri-lo até sair do país". Zátopek havia dado a Clarke, que jamais ganhou, ele mesmo, um ouro, uma de suas medalhas olímpicas de ouro.

Em 1968, o coronel Zátopek protestou contra a invasão soviética da Tchecoslováquia e, como punição, foi enviado para trabalhar no ambiente insalubre de uma mina de urânio. Ele foi posteriormente reabilitado pelas autoridades e viajou como um embaixador da corrida até sua morte, em 2000.

Um gigante desperta

Imediatamente após a Segunda Guerra Mundial, a União Soviética entrou para o mundo esportivo internacional sem reservas. Até então, o país havia boicotado o "esporte burguês" e não participava de uma Olimpíada desde 1912. Mesmo assim, os desenvolvimentos esportivos tinham prosseguido sob a bandeira do comunismo desde 1917.

Trabalhadores de diversos países europeus formaram associações nos anos 1920 e organizaram Olimpíadas dos Trabalhadores. A amplitude do esporte soviético era demonstrada no período entreguerras pelos Spartiakads, nos quais enfatizava-se mais o coletivo que o individual.

Entretanto, uma chamada no *Krasnyi Sport*, em 1935, sinalizava uma mudança de pensamento, pedindo um desafio aos recordes do Ocidente: "Jovens esportistas! Lembrem-se de que é de vocês que virão nossos novos campeões, e eles baterão os recordes burgueses e elevarão a bandeira da cultura física da União Soviética a novas alturas".[7]

Essa exortação era um produto dos Planos Quinquenais e uma estratégia de Stalin para utilizar o esporte a serviço do socialismo. Nada podia ser mais adequado a esse gigantesco projeto do que a corrida. Era importante que o sucesso fosse mensurável, e isso poderia ser feito muito mais claramente do que, por exemplo, o futebol, já que correr necessitava de precisão, tanto em termos de distância quanto de tempo. Em uma maratona na União Soviética em 1937, vários homens bateram o recorde nacional, mas tornou-se público, mais tarde, que o percurso era dois quilômetros mais curto. O organizador foi preso e severamente punido. Vários dos maiores heróis esportivos dos anos 1930 eram corredores, como os irmãos Serafim e Georgij Znamensky, que, juntos, detinham todos os recordes soviéticos entre os 800 e os 10.000 metros. O país investia alto no treinamento de bons corredores, mas levou tempo até que o nível fosse alto o suficiente para competir contra o Ocidente.[8]

Em 1948, o Comitê Central do Partido Comunista lançou um plano ambicioso: além de melhorar a forma física das massas, o objetivo era que os esportistas soviéticos fossem líderes mundiais em uma série de modalidades esportivas importantes dentro de alguns anos. Um editorial no jornal *Pravda* declarou, dois anos depois: "O dever de nossos jovens esportistas é bater velhos recordes".[9] O que importava era competir e vencer o Ocidente, especialmente os Estados Unidos. A União Soviética deveria ser superior na indústria, na agricultura, na ciência e no esporte, e a superioridade no esporte seria a prova do estado ideal e da sociedade sem classes, em contraste com as decadentes nações ocidentais.

A União Soviética participou das Olimpíadas a partir de 1952 em diante com sucesso crescente, e, no fim da década, era a nação esportiva líder do mundo. Do ponto de vista do Ocidente, os soviéticos, que consideravam a pista de corrida uma zona de guerra, eram como uma reminiscência dos espartanos. Eles eram concentrados e sérios, e tinham pouco interesse em se misturar e se comunicar com os outros competidores.

A consequência foi que os ocidentais ficaram desconfiados do regime comunista e do envolvimento soviético em geral. Havia todos os tipos de rumores, como a história do corredor húngaro que, em 1951, tinha tudo para vencer, mas foi empurrado e chutado por competidores soviéticos e, consequentemente, perdeu a corrida. Eles não podiam tolerar a derrota em âmbito doméstico, e faziam qualquer coisa para vencer. A arraigada desconfiança do Ocidente, aliada a uma forte competição doméstica e às enormes recompensas pelo sucesso, o gerou um novo tipo de atleta, com apetite voraz de vitórias. O esporte era tanto um meio suado de lucros pessoais quanto uma propaganda para o estado soviético.

Força de vontade incandescente

Ninguém cumpriu a tarefa melhor do que o corredor de longa distância Vladimir Kuts (1927-1975), que, como outros esportistas soviéticos, surgiu de uma população que havia sofrido e endurecido por décadas.

Kuts nasceu em um vilarejo da Ucrânia e viu a devastação e a morte causadas pela fome em sua infância. Ele tinha 14 anos quando os alemães ocuparam a região, e, apesar da pouca idade, foi um dos "homens" que os alemães forçaram ao trabalho pesado e escravo. O jovem Kuts não era naturalmente servil: havia uma forte veia rebelde dentro dele, especialmente em se tratando de alemães de capacete gritando ordens. O método normal de punição era uma surra de bastão, e, certa vez, Kuts levou 25 golpes sem um gemido. A experiência de trabalhador forçado consumia o corpo e a alma de Kuts, e ele queria fugir e lutar por seu país, em vez de construir estradas para a máquina de guerra alemã. Antes de completar 16 anos, ele escapou do vilarejo e entrou para as forças armadas russas que empurravam os alemães de volta. Ele vivia com uma arma na mão e a morte sobre os ombros na batalha pela União Soviética.

Após a guerra, Kuts retornou a seu vilarejo na Ucrânia, apenas para descobrir que ele havia sido queimado. Ele tinha dezenove anos, sem nenhum lugar para ir, sem emprego e sem perspectivas em sua terra. Nunca tivera nada a ver com corrida, não pensava em esportes, e, naqueles anos, era preciso astúcia e um bocado de sorte para simplesmente sobreviver. Ele entrou para a marinha.

Kuts estava acostumado a uma vida mais dura e fisicamente exigente do que a marinha requeria, então, começou a praticar esportes. Ele não tinha rapidez para ser um velocista, e, dado seu corpo atarracado – 1,71 m de altura e 71,5 quilos –, parecia mais apto ao levantamento de peso ou à luta corporal. Foi Zátopek quem inspirou Kuts. Ele começou a treinar com o mesmo espírito que Zátopek, mas ainda mais intensamente do que seu modelo.

Kuts realmente não devia ser capaz de se destacar internacionalmente, quando foi descoberto aos 25 anos de idade e enviado para treinar com Nikiforov, em Leningrado. Ele era um tanto lento, mas o que lhe faltava em puro talento de corrida ele compensava em firmeza. Kuts precisara caminhar muito quando adolescente, havia carregado cargas pesadas, cavado, trabalhado na terra e, embora pequeno, tinha se tornado um homem musculoso. Ele se concentrou nos 5.000 e 10.000 metros, e melhorou sua velocidade através de técnicas simples e brutais de treinamento intervalado: 400 metros ao máximo de velocidade e o repouso mais curto possível antes da próxima corrida. Outra variação eram 6 x 800 metros com descansos mínimos, ou 3 x 1.200 metros, sempre sem fôlego e à beira de sofrer câimbras, mas nunca desistindo.

Ele se acostumou a estar em estado de quase exaustão, com gosto de sangue na boca e chumbo nas pernas. Ele tinha de ser duro porque seus oponentes eram mais rápidos e superiores a ele na arrancada final. Ele tirava um dia de descanso depois das sessões mais pesadas, com um longo banho quente e uma massagem para restaurar o corpo. Em seus regimes mais rígidos de treinamento, ele descansava dois dias por semana, para garantir que não sofreria um esgotamento, e a vida na marinha lhe fornecia as condições perfeitas.

Kuts surgiu como um pequeno urso soviético nos campeonatos europeus de atletismo de 1954, em que venceu tanto Zátopek quando o inglês Chris Chataway nos 5.000 metros, estabelecendo um recorde mundial no processo.

Kuts era a personificação do estereótipo ocidental do homem soviético. Seus olhos azuis-claros e o rosto quadrado irradiavam determinação e força, seu tufo de cabelos louros faziam-no parecer um finlandês, mas ele parecia mais zangado do que os finlandeses. Sua linguagem corporal dizia: "Aqui vai a União Soviética. Nós sofremos mais na guerra mundial e nos recusamos a ceder. Somos comunistas, unidos contra os capitalistas. Somos trabalhadores e agentes da revolução mundial socialista, não somos os cachorrinhos e carneirinhos dos norte-americanos". Tais eram os pensamentos que Kuts evocava entre os espectadores no Ocidente – a propaganda tinha alcançado o efeito desejado.

Ele largava com um ritmo mortal, e geralmente corria a primeira metade muito mais rápido do que a segunda, claramente exausto perto do fim, mas sempre homem o suficiente para manter a liderança. A tática era assustar a oposição, distanciar-se deles e desmoralizá-los, martirizando-se, ao mesmo tempo, na dianteira. O que era uma corrida comparada ao trabalho forçado e à tortura dos alemães?

Antes das Olimpíadas de 1956, Kuts foi classificado como o corredor número 1 do mundo nos 10.000 metros, e nos 5.000 ele foi classificado como número 2, logo atrás do corredor britânico Gordon Pirie. Ele só havia perdido duas vezes em *meetings* internacionais, e, nas duas ocasiões, seu oponente teve de quebrar o recorde mundial para vencer. Na visão de Kuts, as duas derrotas tinham sido uma questão de sorte. Sua derrota para Gordon Pirie em Bergen, em 1956, quando Pirie colara-se a ele e depois avançara numa arrancada na última volta, encorajou-o a adotar táticas suicidas nas Olimpíadas: não as mudanças usuais de ritmo, mas arrancadas com força total duas ou três vezes a cada volta, para esmagar totalmente a oposição.

No outono de 1956, Kuts aclimatava-se à Austrália, treinava duro e depois tirava um dia de descanso, durante o qual um jornalista pediu uma foto dele em um carro veloz. Kuts adorava carros velozes; pôs o pé na tábua, perdeu o controle e trombou em um poste de telégrafo, batendo o joelho e o peito. Foi um choque, mas, felizmente, ele teve três dias para se recuperar antes dos 10.000 metros.

A corrida foi um duelo entre Gordon Pirie e Vladimir Kuts. Os dois logo ficaram sozinhos na frente, Pirie como uma sombra, logo atrás de Kuts e recusando-se a perder terreno. Mesmo quando o russo arrancava por 200 metros, o inglês mantinha-se colado, para a irritação de Kuts. Mas, a cerca de quatro voltas para o fim, Kuts se distanciou e seguiu até o ouro, enquanto Pirie sucumbiu e terminou em oitavo. Nos 5.000 metros, Kuts bateu novamente Pirie.

Gordon Pirie escreveu sobre essas corridas em seu livro *Running Wild* (1961). No pódio da vitória, os olhos de Kuts pareciam vidrados e com uma aparência anormal, e Pirie acredita que pode ter sido devido a drogas, possivelmente anfetaminas ou algum outro estimulante. O uso de anfetaminas era comum, especialmente por ciclistas profissionais europeus, e seus olhos com frequência pareciam vidrados, possivelmente como consequência do uso de drogas, ou talvez pelo esforço. Se Kuts não estava sob efeito de drogas, mas simplesmente exausto e tocado pela ocasião, seus olhos podiam facilmente ter se enchido de lágrimas de alegria.

Para um homem com o histórico de Kuts, a vitória sobre os arqui--inimigos do Ocidente era um doce triunfo. É claro que Kuts sentia uma alegria pessoal com suas vitórias, mas também trazia sucesso a uma nação que o recompensaria por toda a vida por seus recordes e triunfos. Para as autoridades soviéticas, Vladimir Kuts era o exemplo extraordinário da resistência e da condição física de seu país.

Kuts aposentou-se em 1959. A idade cobrava seu preço, e seu corpo já não aguentava o tratamento duro. Pessoas que o conheceram mais tarde lembram-se de um homem gorducho e simpático que havia parado de correr – não havia mais motivo para isso, agora que as medalhas de ouro e a pensão do estado estavam na bolsa.[10]

Os intervalos estão com tudo!

Zátopek também inspirou os húngaros de uma forma importante. O próprio Zátopek passava adiante ideias sobre treinamento intervalado, embora os tchecos e os húngaros fossem arqui-inimigos nada inclinados a trocar ideias sobre treinamento. O treinador húngaro Mihaly Igloi também aprendeu dicas sobre intervalos com o polonês Janis Kuszoczinsky, bem como de treinadores da Suécia e da Finlândia. Os discípulos de Igloi fizeram da Hungria uma grande potência no mundo das médias e longas distâncias por alguns anos, em meados da década de 1950, com o aparecimento de uma variedade de corredores, como Sandor Iharos, István Rózsavölgyi e Laszlo Tabori, que, juntos, estabeleceram muitos recordes nacionais e internacionais. Igloi emigrou mais tarde para os Estados Unidos, e foi muito bem-sucedido por lá – tendo o treino intervalado como tema recorrente e método brutal de melhoramento.

Todas as corridas de elite da Hungria nos anos 1950 aconteciam em pistas de Budapeste. A capital, as cidades gêmeas de Buda e Peste, era a vitrine para o mundo exterior, e os corredores ambiciosos do resto do país tinham de se mudar para lá. Embora houvesse indústrias e faculdades em todo o país, os clubes de fora da capital recebiam pouco apoio e funcionavam em condições difíceis. Em Budapeste, no entanto, havia treinadores, massagistas e boas pistas – um ambiente organizado, bem apoiado e vibrante.

Era somente em períodos de inverno que as multidões de corredores saíam para os parques da cidade. Quando o chão ficava seco e livre de neve, em março, eles retornavam a seu ambiente normal de pistas; para os húngaros, as pistas exerciam o mesmo papel que as florestas para os escandinavos – um espaço para respirar longe da confusão da cidade. Correr nas ruas de uma cidade com 2 milhões de habitantes era inútil, havia poucas áreas verdes por perto, e a grama dos parques não era para ser pisada. De todas as nações de bons corredores, os húngaros eram os mais urbanos. Eles eram firmemente ligados às pistas e instalações de seus clubes, e não era preciso se deslocar para fora da cidade para competições nacionais, uma vez que 90% de todos os *meetings* ocorriam na capital.

A ideia de correr por exercício não existia na Hungria nos anos 1950: ou você pertencia ao mundo do treinamento intervalado e vivia com os intervalos semana após semana, ano após ano, na mesma pista, às vezes dando até 75 voltas em velocidades variáveis, ou desistia de correr. O objetivo dos intervalos era somente melhorar as habilidades necessárias para um melhor desempenho nas pistas. Havia uma irmandade de corredores, com algumas mulheres como membros nas distâncias mais curtas, cuja existência diária girava em torno do treinamento intervalado. O aquecimento e desaquecimento, também partes efetivas do treinamento, ofereciam espaços para respirar sem os quais os húngaros não teriam sobrevivido ao duro treinamento.

Gergely Szentiványi (1940–) queria correr mesmo quando era apenas um garoto de 6 anos. Seu avô era o fundador do Partido Centrista Húngaro e foi declarado inimigo do estado após a tomada do poder pelos comunistas, em 1948. Em meados dos anos 1950, seu neto teve de tomar cuidado ao entrar para o clube universitário de Budapeste, pois até os parentes dos inimigos do estado podiam ser banidos.[11]

Gergely aproveitava os benefícios desfrutados pelos esportistas e comia pãezinhos e outros luxos como iogurte após o treinamento, pois era o treinador quem distribuía as rações. Muitas pessoas entravam para os clubes esportivos simplesmente pela comida. Na Segunda Guerra Mundial, a Hungria estava do lado perdedor contra a União Soviética, e tinha de pagar reparações em produtos e dinheiro. Trens repletos de grãos, carne e manteiga partiam da Hungria para a União Soviética todos os dias: carne era uma raridade na Hungria antes de 1955, e grãos e manteiga eram escassos. A situação era semelhante à de vários outros países europeus em que cartões de ração faziam parte da vida diária até boa parte dos anos 1950.

As pessoas que participavam de esportes recebiam a chamada "verba de calorias", pagamentos mensais de 300 forintes ou mais para cobrir suas maiores necessidades alimentares. Era um complemento bem-vindo em um orçamento apertado, e variava de acordo com o nível de realizações esportivas: os melhores recebiam mais, e os pagamentos eram ajustados conforme os resultados.

Em 1958, Gergely produziu o melhor tempo internacional nos 1.500 metros para atletas de 18 anos de idade (3 minutos e 49 segundos). Seu clube escreveu ao diretor de uma fábrica de cabos, perguntando se havia um emprego para Gergely, e o diretor se empenhou em ter o destacado atleta entre os empregados, pois isso lhe traria status. Gergely treinava de manhã e chegava ao trabalho no horário que fosse melhor para sua agenda, geralmente uma hora e meia depois de seus colegas de trabalho; ele também saía um pouco mais cedo à tarde, para fazer outra sessão de treinamento. Ele ainda recebia o salário integral de uma jornada de oito horas, entretanto, e ganhava mais do que os colegas. Gergely e outros esportistas húngaros viviam bem, e, ao contrário dos competidores ocidentais, não tinham de se preocupar em ter o salário reduzido por ausências no trabalho.

O processo para alcançar esse nível, entretanto, era extremamente exigente, e um indivíduo tinha de continuar produzindo feitos para permanecer no sistema. Recompensas na forma de salários e benefícios materiais e sociais faziam os esportistas se empenharem em melhorar. Um membro de uma equipe nacional corria o risco de ser rebaixado se o nível de seu desempenho caísse drasticamente, e ele não podia mais ter a garantia de um lugar permanente. Por outro lado, os esportistas que estavam nas forças armadas dos países comunistas eram promovidos sempre que quebrassem um recorde mundial.

Durante muitos anos, os esportistas do Leste Europeu e seus empresários trouxeram produtos contrabandeados quando de suas viagens para o exterior: a oportunidade de lucrar com o contrabando em pequena escala era outra motivação para estar envolvido no esporte. Os esportistas húngaros atravessavam as fronteiras rigidamente policiadas de sua terra com produtos contrabandeados escondidos em seus agasalhos de corrida, nos bolsos das calças e nas bolsas. Como personalidades conhecidas, eles passavam facilmente pelos controles de fronteira. Canetas esferográficas do Ocidente eram populares nos anos 1950, e 500 delas, vendidas discretamente, proporcionavam uma renda extra, bem como um pouco de emoção. O mercado negro também era faminto por meias-calças de náilon. A demanda por produtos ocidentais parecia insaciável, em parte porque muitas coisas estavam em falta ou eram escassas, mas também porque produtos ocidentais tinham valor de status. Qualquer coisa que seja rara rende dinheiro fácil, mesmo que não sirva para nada.

Gergely costumava cruzar as fronteiras entre o Oriente e o Ocidente com algo vendável em sua bagagem. Quando competiu na Romênia em 1958, ele vendeu seu agasalho de corrida por 200 forintes. Havia escassez de pimenta-negra na Hungria nessa época, e ele investiu os lucros do agasalho em pimenta, que vendeu por quatro vezes o valor na Hungria. No ano seguinte, a equipe competia na Alemanha Oriental, onde havia escassez de cigarros. Os húngaros compraram caixas de cigarros antes de deixar o país, e venderam maços avulsos na rua na República Democrática Alemã a preços bem altos. Na Polônia, Gergely vendeu bebidas destiladas na rua e comprou um gravador com os lucros.

Eles estavam sempre sob vigilância, especialmente no exterior, onde havia o perigo de desertarem. Gergely tinha dois vigilantes em suas viagens ao exterior – na Suíça, por exemplo, dois fortes arremessadores de martelos da polícia húngara não o perdiam de vista.

"Vou dar um passeio", dizia Gergely. "Então eu vou com você", respondia um dos arremessadores, e chamava o colega. Eles tinham sido incumbidos pelas autoridades húngaras de garantir que Gergely não desertasse. Milhares de pessoas eram vigiadas, e outros milhares faziam a vigilância. Ninguém confiava em ninguém, e a vida diária era caracterizada pela suspeita.

Nos anos 1960, quando os corredores húngaros começaram a se mudar para florestas e parques para mais treinos de longa distância e trabalhos de *fartlek*, às vezes ouviam a palavra "Alto!" e viam-se frente a frente com um soldado russo ou húngaro guardando uma área restrita. Havia bases militares em todo o país, uma russa e uma húngara em cada lugar, e a União Soviética tinha seus apoiadores em todos os níveis.

Gergely pensava frequentemente em desertar, mas não mencionava isso a ninguém além de sua namorada, Irma. Uma vez, perto da fronteira, ele se sentiu tentado a desertar, mas o bom-senso o impediu. Porém, ele estava bem preparado para a deserção, visto que tinha um passaporte esportivo e, como esportista, havia feito um curso de alemão em seu período de trabalho; Irma havia trabalhado em uma banca de feira em Viena no verão anterior, e também queria a oportunidade de fazer um futuro para si longe da mão de ferro do comunismo.

O casal estava sob suspeita de ser desertor em potencial. Quando Irma trabalhara em Viena e quis estender seu visto, seu pedido foi negado porque, nessa época, Gergely estava competindo em Hannover. O plano deles era desertar se Gergely não se qualificasse para os Jogos Olímpicos de 1968: se fosse selecionado, eles ficariam na Hungria. Ele não foi selecionado para as Olimpíadas, mas não podia correr o risco de fugir naquele ano porque alguém havia informado sobre eles.

Eles resolveram arriscar um pouco depois. O trem não era uma opção realista para a pequena família – sua filha Nora era um bebê, e o controle de fronteiras os reconheceria imediatamente como desertores e os mandaria de volta. O passaporte esportivo, com sua cor diferente, oferecia possibilidades, uma vez que ele e sua parceira tinham sobrenomes diferentes. Gergely não revelou seus planos a ninguém. Ele e Irma, que carregava o bebê de 11 meses, subiram em um barco no Danúbio com destino a Viena. Havia jornalistas americanos a bordo, mas não havia passageiros húngaros comuns. O grupo de dez ou doze, aparentemente um grupo de norte-americanos fascinados pelo Leste Europeu e, ao mesmo tempo, contentes por não morarem ali, observavam a paisagem campestre que passava nas margens enquanto seguiam rio acima. Gergely conversava em inglês com os jornalistas e viveu cinco horas tensas. Nem agentes de fronteira nem policiais vieram a bordo, e Viena os acolheu, pois ali havia milhares de outros refugiados húngaros.

Após a Segunda Guerra Mundial, as diferenças entre o Bloco do Leste e a Europa Ocidental permaneceram enormes por duas gerações. A existência cotidiana dos esportistas era definida por circunstâncias políticas, e rivalidades nacionais tiveram o efeito de impulsionar a elevação dos padrões. Havia, entretanto, algumas pessoas em meados do século XX que queriam se tornar corredores por motivos amadores puros e nobres. Enquanto o profissionalismo de estado ainda engatinhava no Leste, havia jovens – especialmente na potência mundial em declínio, a Grã-Bretanha – que tentavam provar a continuidade da vitalidade de seus países.

21
A milha dos sonhos

Desabei, quase inconsciente, com os braços ao lado do corpo. Foi só aí que a dor verdadeira tomou conta de mim. Eu me senti exaurido e sem vontade de viver; continuava existindo no mais passivo estado físico, sem estar realmente inconsciente.

Roger Bannister, sobre ser o primeiro a correr uma milha em menos de quatro minutos, 1954

"**Ninguém pode correr uma milha em menos de 4.01.66'**", foi a conclusão a que chegou Brutus Hamilton, treinador da Universidade da Califórnia, em 1935.[1] Corredores ambiciosos viam menos limitações, mas ninguém sabe ao certo quem foi o primeiro a fantasiar sobre quebrar a barreira dos 4 minutos. Tampouco é absolutamente claro *quem* foi o primeiro a realizar esse feito, embora o corredor inglês Roger Bannister seja oficialmente reconhecido como o primeiro, com seu tempo de 3 minutos e 59,4 segundos, em 6 de maio de 1957.

No começo do século XX, ninguém sabia que o índio *Koo-tah-we-Coots-oo-lel-hoo*, Chefe Grande Falcão, da tribo dos Pawnee, tinha a reputação de ter feito uma milha em 3 minutos e 58 segundos nos Estados Unidos, em 1876. Oficiais do exército americano marcaram seu tempo com um cronômetro em duas corridas, e os ponteiros pararam nos 3 minutos e ainda na faixa dos 50 segundos nas duas vezes. Mas não há prova de que a distância tenha sido precisamente medida, ou que a inclinação da pista tivesse satisfeito as regras do século XX para a ratificação de recordes.[2]

Diversos rumores durante os anos entre as guerras falam sobre milhas de menos de 4 minutos em corridas durante treinamentos, de mãos vazias, sem a presença da imprensa, e tendo apenas treinadores e colegas como testemunhas. Supõe-se que o norte-americano detentor do recorde mundial Glenn Cunningham o tenha conseguido nos anos 1930, e conta-se que o neozelandês Jack Lovelock também o teria feito duas vezes em absoluto segredo, durante a mesma década.

Essa última história veio ao conhecimento do público mais como revelação de um espião. O médico inglês John Etheridge escreveu uma carta ao *British Medical Journal* após ler uma referência a um romance biográfico sobre Lovelock. Etheridge afirmava ter sido o marcador de tempo quando

Lovelock, que também era estudante de medicina, correu em Paddington, em Londres, e no Motspur Park, em Surrey, nos anos 1930. Ele havia descrito tudo em detalhes em um diário: as condições, a confiabilidade da distância e dos cronômetros. Meio século depois, ele não se lembrava dos tempos exatos sem verificar o diário, mas achava que se lembrava de 3 minutos e 56 segundos em Paddington, e 3 minutos e 52 segundos em Motspur Park – sem um corredor lebre. Etheridge morreu antes de as anotações no diário serem localizadas.[3]

Após o hiato causado pela Segunda Guerra Mundial, as pessoas tinham novamente um saudável apetite por assistir a esportes internacionais. Em 1945, Roger Bannister, então com 16 anos de idade, sentou-se com seu pai e outros 57 mil espectadores no estádio White City, assistindo aos melhores corredores de milhas do mundo. Bannister achou a experiência arrebatadora e plantou uma semente em sua mente. Ele era um tanto desajeitado fisicamente, mas ainda queria participar das dramáticas corridas nas grandes arenas esportivas.

Roger Gilbert Bannister nasceu em 23 de março de 1929, no bairro suburbano de Harrow, no norte de Londres. Seu pai era funcionário público e sua mãe tinha formação em magistério, mas não dava aulas. Os dois filhos da família cresceram em um ambiente de livros e foram ensinados a preencher todas as horas disponíveis com algo produtivo. Bannister era, por natureza, diligente e sistemático: seu sonho era ser médico e, em 1946, ganhou uma bolsa para estudar em Oxford. Ele passou cinco anos importantes ali, antes de mudar para o hospital St. Mary, em Londres, para completar seu aprendizado médico. Assim, Bannister não era mais um estudante de Oxford quando quebrou o recorde, embora ainda tivesse bons contatos lá.

O ambiente acadêmico do qual fazia parte era rico em tradições e já havia produzido uma série de campeões olímpicos em média distância, entre eles, Jack Lovelock. Os estudantes atletas de Oxford tinham uma boa vida: havia uma pista de corrida muito próxima, uma considerável ênfase em esportes e um sistema implementado para cultivar bons esportistas. E a maioria dos alunos de Oxford vinha de famílias bastante influentes, eram parte de uma elite social. Um rapaz da classe trabalhadora que quisesse entrar para o atletismo britânico nos anos 1950 estaria em uma situação muito menos vantajosa. Ele teria começado a trabalhar aos 15 anos, provavelmente não teria nem pistas nem treinadores localmente disponíveis, e teria pouco tempo, em comparação com um estudante.

O professor John Bale estudou a carreira atlética de Roger Bannister e desafiou o mito de que ele era um amador.[4] Bale ressalta que ele era, evidentemente, um amador "puro sangue", já que não ganhava dinheiro com o atletismo. Mas como bolsista de Oxford, ele tinha importantes vantagens, e seus anos como estudante ali lhe proporcionaram um capital social e cultural que depois beneficiou sua carreira profissional e sua economia pessoal.

Desde o dia em que Bannister fez sua estreia na corrida de 1 milha, com 4 minutos e 53 segundos, em 1946, ele gradualmente refinou seu treinamento e fortaleceu o corpo. Ele era alto – 1,87 m – e esguio, e poucos corredores de média distância treinaram de forma tão sistemática e científica. Ele não fazia questão de admitir isso publicamente, porque um verdadeiro amador britânico não devia levar o esporte tão a sério assim. Toda corrida era um experimento, com o objetivo de produzir 1 milha em menos de 4 minutos. E, em uma turnê pela Alemanha, ele teve o privilégio de conhecer o famoso treinador alemão Waldemar Gerschler.

Como estudante e futuro médico, Bannister passava muito tempo no laboratório. Ele ajustava a velocidade e a inclinação de uma esteira motorizada, e, dessa forma, estudava as reações do corpo em máximo desempenho: "Com o tempo, aprendi a repetir meu desempenho na esteira, de modo que eu conseguia estudar o efeito exercido em meu desempenho nas mudanças da temperatura do corpo, na acidez do sangue e na composição do ar respirado".[5] Ele experimentava em si mesmo, respirando ar que continha 66% ou 100% de oxigênio. Era tão fácil correr quando a porcentagem de oxigênio era de 66% que ele parou, mais por tédio do que por exaustão. Os sinais de exaustão vinham após 7 ou 8 minutos com ar comum, comparados a 22 ou 23 minutos após inalar oxigênio.

Tudo isso era consideravelmente mais que o treinamento por "senso comum" de um atleta amador. Era algo extremamente avançado para a época: um exemplo muito raro de pesquisador e esportista visando a um recorde mundial – uma combinação única na história da corrida.

Na revista *Athletics Weekly*, em 1951, Bannister afirmou que treinava três vezes por semana por 45 minutos. Em seu livro de 1955, *The First Four Minutes* ("Os primeiros quatro minutos"), ele admite que fazia quatro sessões de treinamento por semana, embora, na verdade, fossem ainda mais sessões.[6] Bannister não revelava seus métodos de preparação, e estava seguindo uma boa tradição oxfordiana de não querer aparentar muito treinamento. Não se devia levar as coisas muito a sério, fosse nos estudos ou no esporte, pois isso podia dar a impressão de uma pessoa insistente, superambiciosa, bitolada – o que era impopular.

Bannister estabeleceu um recorde britânico nessa distância em 1953, e estava se concentrando na temporada seguinte. Uma série de outros fazia o mesmo, incluindo Wes Santee, nos Estados Unidos, e Jon Landy, na Austrália, além de escandinavos, húngaros e outros, todos sentindo que a barreira estava pronta para cair. Landy parecia ser o concorrente mais forte, e seus 4 minutos e 2 segundos, em dezembro de 1953, sem um corredor lebre igualavam-se ao melhor tempo pessoal de Bannister. A essa altura, Bannister já planejava sua campanha havia um mês.

Juntamente com os irmãos gêmeos McWhirter, ambos formados em Oxford e criadores do *Livro Guinness dos Recordes*, e vários outros amigos, Bannister estabeleceu como data 6 de maio de 1954, e como local, a Iffley Road, em Oxford. O técnico austríaco Franz Stampfl, um recém-chegado à cidade, e dois dos amigos de Bannister de seu tempo de estudante, Chris Brasher e Chris Chataway, também estavam envolvidos nas preparações. O primeiro dos dois faria o papel de lebre, e uma corrida de teste mostrou que ele estava à altura da tarefa.

Não foi mero acaso o fato de essas preparações ocorrerem na primavera de 1954, pois chegavam notícias dos Estados Unidos e da Austrália de que Santee e Landy estavam chegando ao auge da forma. Os sapatos de Bannister eram feitos à mão, e todo o peso supérfluo foi removido. Ele próprio afiava os rebites em um amolador no laboratório e cobria as solas com grafite, para que a sujeira não aderisse, aumentando o peso.

Roger Bannister e Franz Stampfl tomaram o trem de Londres para Oxford em 6 de maio de 1954, finalmente prontos após seis meses de preparação. Bannister parecia nervoso: era realmente possível quebrar a barreira dos 4 minutos? Stampfl o acalmava: ele sabia que Bannister estava adequadamente preparado e que era capaz de alcançar 3 minutos e 56 segundos em um dia perfeito, supondo que sua forma, estratégia, vento e meteorologia se encaixariam.

As coisas pareciam ruins quando eles chegaram a Oxford e encontraram o vento soprando forte na pista de Iffley Road. Bannister testa seus rebites, come uma refeição leve e relaxa. Uma hora antes da partida, ele, Chris Chataway e o jornalista Joe Binks vão à pista, onde há algo entre mil e dois mil espectadores esperando. Norris McWhirter avisou a BBC de que um tempo recorde é uma possibilidade, e um cinegrafista armava o equipamento para filmá-lo para o noticiário de esportes daquela noite. Os gêmeos McWhirter estavam lá como repórteres de sua própria revista de atletismo, e Norris era também o anunciador do *meeting*, além de correr no *sprint* de revezamento. Ross estava em posição como marcador de tempo não oficial na marca dos 1.500 metros da corrida, caso um recorde mundial também fosse produzido nessa distância.[7]

Por causa do tempo instável, Stampfl recomendou que Bannister considerasse as condições antes de fazer seu esforço máximo e ir com tudo – ele poderia precisar poupar forças para uma ocasião posterior. Um quarto de hora antes do início, Bannister diz não à tentativa – o vento estava muito forte, uma tentativa de recorde estava fora de questão e ele se recusou a tentar nessas condições.

De repente, o vento diminui, e seis homens se alinharam: Bannister, Chris Chataway, Chris Brasher, o norte-americano George Dole, Alan Gordon e Tom Hulatt. Este último, um rapaz da classe trabalhadora, e o único deles sem ligações com a vida universitária. Apenas Bannister era um corredor de milha internacional, embora Chataway mais tarde estabelecesse um recorde mundial nos 5.000 metros, e Brasher conquistaria o ouro olímpico nos 3.000 metros com obstáculos dois anos depois.

Era um experimento científico no qual Bannister tinha dois assistentes – Chataway e Brasher –, enquanto Hulatt era instruído a correr sua própria corrida. Brasher iria liderar por duas voltas e depois entregaria a dianteira a Chataway, antes de Bannister assumi-la para a arrancada decisiva. Todos no grupo sabiam seu lugar, e sabiam que o importante ali era o recorde.

Depois de uma largada queimada, eles assumem as posições combinadas e a dianteira do grupo passa a marca de meio caminho em 1 minuto e 58 segundos – adiantados em relação ao plano. Na volta final, Bannister assumiu a liderança, correndo com passadas largas e elegantes, e passando a marca dos 1.500 metros em 3 minutos e 52 segundos. Ele dá tudo de si e alcança a linha com um esforço gladiatório e o rosto contorcido de dor. Tenta respirar, ofegando fortemente, e coloca a cabeça entre as mãos, como se perguntasse: "É um novo recorde? Está abaixo dos 4 minutos?". Os cronômetros dos três marcadores de tempo mostraram 59,4 segundos.

Ele conseguiu! Tantos espectadores correm para a frente, que os dois últimos corredores não conseguem terminar a corrida. O resultado é registrado e dado a Norris McWhirter, que faz um comunicado melodramático:

> Senhoras e senhores, aqui está o resultado do evento número nove, a corrida de 1 milha: primeiro, número 41, R. G. Bannister, da Associação de Atletismo Amador, e, anteriormente, das faculdades de Exeter e Merton, com um tempo que é um novo recorde de *meetings* em pistas e que, sujeito a ratificação, será um novo recorde inglês, britânico nacional, britânico com convidados, europeu, do império britânico e do mundo. O tempo foi de 3 minutos e 59 ponto 4 segundos.

O júbilo irrompe, e a multidão sente bater a gigantesca onda da história.[8]

Bannister estava totalmente exausto. Seu pulso levou três horas para cair aos normais 40-50 batimentos por minuto, e sua visão das cores estava borrada. Ele apareceu modesto diante da câmera de televisão e disse que estava feliz por ter conseguido. "É ótimo quebrar barreiras de tempo, mas é ainda melhor conquistar títulos internacionais." Ele garante ao mundo que correr é seu hobby, e que corre como um verdadeiro amador. Apenas os que estavam por dentro do processo sabiam que existiam poucos corredores, em 1954, que treinavam de forma tão avançada quanto ele, embora ele trabalhasse bastante como médico e não recebesse pagamento por seus feitos esportivos.

O nome de Bannister correu o mundo e os jornais de todos os lugares estamparam a notícia em suas primeiras páginas. A fotografia dele imediatamente antes de romper a linha de chegada, em seu esforço final para quebrar o recorde, simboliza um feito sobre-humano, na mesma categoria da escalada do Everest no ano anterior. O império britânico podia estar cambaleando, os habitantes de muitas colônias exigindo independência, mas ali estava um jovem capaz de mostrar que os ingleses ainda eram os melhores do mundo no esporte que afirmam ter inventado. A milha é uma verdadeira medida britânica, um símbolo da extensão do império, uma distância superior às distâncias métricas que forçam sua entrada. A milha é a medida que traz ordem ao mundo, e é certo que seja um inglês a quebrar a barreira dos sonhos.

Entretanto, há também algumas críticas quanto ao uso de lebres, uma prática que está longe de ser totalmente aceita. Comentaristas dos Estados Unidos e da Austrália dizem que essa é uma maneira de se fazer, mas não é a mais autêntica. O recorde é resultado de uma marcação de ritmo, não de uma competição propriamente dita.

Paavo Nurmi e muitos outros especialistas preveem rápidas melhoras – o limite certamente ainda não tinha sido alcançado.

O verão de 1954 foi o verão de dois recordes de média distância. Um mês após a corrida de Bannister, Wes Santee estabeleceu, nos Estados Unidos, um novo recorde mundial nos 1.500 metros com o tempo de 3min42,8s, batendo, assim, o recorde já maduro de Gunder Hägg. Não muito tempo depois, no entanto, Santee foi considerado culpado por profissionalismo, e banido por ter recebido pagamentos excessivos por aparições.

O terceiro dos melhores corredores de milha do mundo, John Landy, veio da Austrália para excursionar pela Escandinávia na primavera de 1954. Após uma série de *meetings*, ele chegou ao estádio em Turku, na Finlândia, em 21 de junho. Landy assumiu a liderança na marca dos 700 metros e se manteve na dianteira daí em diante, estabelecendo um novo recorde nos 1.500 metros, de 3min42,8s, e um novo recorde de milha de 3min57,9s – com um sorriso no rosto. Esse feito foi mais claramente um esforço solo do que um cuidadoso experimento com assistentes escolhidos.

O recorde de Roger Bannister sobreviveu por 46 dias.

Uma competição entre ele e Landy tornava-se, evidentemente, um evento dos mais aguardados. Ela veio nos Jogos da Commonwealth, em Vancouver, em agosto de 1954, e foi anunciada como a "Milha Milagrosa". Bannister venceu em 3min58,8s, com Landy chegando em 3min59,6s, embora estivesse claramente na liderança no meio da prova. Bannister manteve indubitavelmente a coroa da milha durante a temporada de 1954.

Em 1957, o doutor Herbert Berger, dos Estados Unidos, afirmou que o uso de anfetaminas explicava a avalanche de tempos abaixo de 4 minutos em 1 milha. A essa altura, 12 corredores haviam quebrado a barreira mágica em 18 ocasiões, e isso, segundo Berger, era suspeito. As afirmações levaram a um debate internacional entre médicos e outros especialistas, enquanto os corredores, sentindo-se estigmatizados, declaravam que corridas de meia distância estavam isentas de quaisquer usos de estimulantes como anfetaminas. Essas drogas estavam facilmente disponíveis em muitos países, em forma de pílulas ou *sprays*, e, em 1957, só nos Estados Unidos, foram produzidos 6 bilhões de pílulas de anfetamina. O debate logo passou, sem ter levado a nada além de afirmações feitas por alguns, seguidas de negações por parte dos corredores de milha.

Mas as afirmações de Berger revelaram que o ceticismo em relação ao caminho que os recordes estavam tomando começou cedo. O Ocidente era caracterizado por uma grande fé no progresso e na capacidade da ciência em resolver todos os problemas imagináveis e inimagináveis. O mero questionamento quanto ao fato de os avanços do esporte poderem ser atribuídos a trapaças conflitavam com o otimismo então em voga em relação ao futuro – a crença de que tudo poderia e deveria ir mais rápido. Sugerir outra coisa era contrário ao caminho natural das coisas.[9]

22
A África chega

Furtar gado é o esporte tradicional
de muitos jovens de diversas tribos.

Sobre a tribo Kalenjin, do Quênia, onde
os jovens correm por até 160 quilômetros
em grupos para roubar gado.

Nos anos 1960, a população de grande parte do Ocidente tinha acesso à televisão, e as Olimpíadas de 1960 foram as primeiras a ser transmitidas pela TV. As pessoas se aglomeravam onde quer que houvesse televisores ou formavam multidões em frente a lojas com telas nas vitrines, e ficavam fascinadas com o novo meio. Finalmente, os povos do mundo podiam receber os mais importantes eventos esportivos diretamente na sala de casa. A TV aumentou o interesse por esportes e acrescentou-lhes uma nova dimensão. Era um meio de comunicação mágico que mudava o mundo dos que o assistiam, bem como a percepção deles sobre o mundo.

Dois corredores tiveram um impacto especialmente forte na Olimpíada de Roma de 1960. Wilma Rudolph, dos Estados Unidos, levou três ouros com suas longas pernas – nos 100 metros, 200 metros e no revezamento de velocidade. Ela se tornou a primeira rainha negra do *sprint* da história. Além disso, era sensacional o fato de que ela sofrera de poliomielite, tinha apenas 20 anos de idade e era mãe de uma garotinha. Rudolph também foi uma das primeiras *sex symbols* femininas da corrida – ela era graciosa e feminina, uma revelação para os fotógrafos e cinegrafistas. Os homens, como era de se esperar, caracterizavam-na mais como objeto sexual do que a julgavam por sua velocidade – anteriormente, a falta de feminilidade entre as corredoras tinha sido frequentemente usada contra elas. Wilma Rudolph pode não ter sido a primeira corredora negra a causar sensação internacionalmente, mas abriu o caminho para sucessoras em um mundo que pedia mudanças, particularmente nas áreas de raças e preconceitos raciais.

Outro novo fenômeno também emergiu na maratona olímpica de 1960: Abebe Bikila, da Etiópia, até então desconhecida como nação esportiva.

Essa era a primeira vez que a maratona olímpica não começava nem terminava em um estádio, e a corrida também partiu às 17h30, em vez de seu usual início de manhã cedo. O percurso corrido passava por muitos dos cartões-postais de Roma, e foi uma jornada através da história, desde sua largada na Piazza de Campidoglio, criação de Michelangelo, até a chegada na escuridão da noite. Soldados iluminavam o caminho com tochas, cujas chamas evocavam associações com as Olimpíadas antigas.

O favorito era Sergei Popov, recordista mundial da União Soviética.

Na etapa média da corrida, Abebe Bikila e o marroquino Rhadi ben Abdesselem estavam na liderança. Poucas pessoas sabiam algo sobre o etíope, que corria descalço, não porque não tivesse calçados, como sugeriam os rumores, mas por que os calçados de corrida que trouxera de casa estavam gastos, e um novo par que ele comprara em Roma não servia muito bem e lhe dava bolhas. Bikila continuou a experimentá-los nos dias anteriores à prova, e então os descartou logo na largada, por recomendação de seu técnico, Onni Niskanen, um finlandês naturalizado sueco.

Os dois africanos correram juntos, como a sombra um do outro, até a Piazza di Porta Capena, onde Bikila viu o Obelisco de Azum, uma famosa estátua etíope que os italianos haviam pilhado da Etiópia durante a invasão de 1936. O ouro foi para Bikila, com 25 segundos de diferença sobre o marroquino, e com um novo recorde mundial de 2h15min16,2s.

Quando Bikila voltou para a Etiópia, em 1960, ele desfilou pelas ruas de Adis Abeba, na carroceria de um caminhão, junto com um dos leões do imperador, e recebeu a aclamação de seu povo. Ele foi promovido a cabo e tornou-se um favorito do imperador.

Bikila foi o arauto de uma nova era. Aos olhos europeus, ele era o primeiro negro africano a ganhar um ouro olímpico. Dois sul-africanos brancos haviam vencido a maratona olímpica no início dos anos 1900, e Boughera El Quafi, da Argélia, conquistou o ouro em 1928, representando a França. O francês Alain Mimoun, que venceu em 1956, também era da Argélia. Bikila refutou as teorias ocidentais de que os negros não conseguiam correr longas distâncias.

Os jogos de Roma foram algo muito especial para a Etiópia, uma vez que a Itália havia tentado colonizar a Etiópia ainda em 1896. Os italianos invadiram o país em 1936, e o ocuparam por cinco anos, conseguindo o ódio da população e do imperador Hailê Selassiê I, que retornou ao país em 1941. Assim, foi um triunfo muito especial quando Bikila venceu, e sua vitória ecoou por toda a África, empolgando um continente que estava em processo de se livrar das correntes do colonialismo europeu. No Ocidente, Bikila era visto como um símbolo do talento africano bruto em corridas de longa distância; na África, ele sinalizava esperança e demonstrava que eles também podiam desafiar e vencer a supremacia branca na arena esportiva.

A Etiópia era um país pobre e subdesenvolvido, com apenas 280 mil vagas escolares para seus 18 milhões de habitantes. Pelo menos 90% de seu povo era analfabeto, e o único hospital público do país ficava em Adis Abeba. Hienas e chacais reviravam o lixo nas cidades, e lepra, varíola e tênias eram muito disseminadas. Mesmo assim, mais pessoas do que nunca sabiam ler nesse país montanhoso, onde o imperador era o governante absoluto, e as pessoas geralmente prostravam-se na rua quando ele passava, conduzido em seu elegante Cadillac. A Etiópia era uma sociedade feudal com uma história longa e independente, e, desde que o país fora cristianizado, já no século IV, a igreja copta era forte.

As pessoas no Ocidente sabiam pouco sobre a Etiópia, que era fechada em relação a condições internas e recebia auxílio da União Soviética. Muitos supunham que Bikila não tivesse treinamento e vencera devido a seu talento bruto, mas, como ocorre frequentemente com forasteiros, havia um desenvolvimento longo e planejado por trás dele. Já em 1947, as autoridades etíopes tinham indicado Onni Niskanen para organizar o esporte no país.

Niskanen (1910-1984) nasceu em Pihtipudas, na Finlândia, e, em data incerta, entre 1929 e 1936, mudou-se para a Suécia e tornou-se cidadão sueco. Ele estava envolvido no movimento esportivo da classe trabalhadora e foi selecionado para as Olimpíadas dos Trabalhadores de Barcelona, em 1936, mas, devido à eclosão da Guerra Civil Espanhola, os jogos foram cancelados um dia antes da data da abertura. Durante a Segunda Guerra Mundial, Niskanen lutou do lado finlandês contra a União Soviética, foi ferido, e depois promovido a tenente. Niskanen era uma excelente escolha para o trabalho de construir o esporte etíope: ele tinha experiência em esportes em sua terra, tinha treinamento militar e, além disso, vinha de uma sociedade que valorizava a corrida.[1]

Abebe Bikila nasceu em 7 de agosto de 1932, no vilarejo de Jato, a nove quilômetros da cidade de Mendida, na região montanhosa de Debre Birhan. Seu pai era um pastor e a família, que consistia em quatro meninos e uma menina, foi dividida quando os italianos invadiram o país nos anos 1930. Quando a família voltou para casa, em 1941, após a retirada dos italianos, o jovem Abebe Bikila também se tornou pastor. Durante uma visita a Adis Abeba em algum período por volta de 1950, ele viu os guarda-costas reais treinando, e ficou tão impressionado que seu irmão, que já era um membro, ajudou-o a recrutar indivíduos ali. Esses guarda-costas eram um grupo exclusivo e restrito, e seus membros ficavam em serviço por períodos de duas horas por dia, o que lhes deixava muito tempo para participar de esportes.

Em algum momento no início de 1957, Bikila viu alguns soldados com uniformes especialmente elegantes – eles haviam participado das Olimpíadas de Melbourne e recebido os trajes como recompensa. Bikila queria roupas daquelas, e seu sonho olímpico nasceu. Ele intensificou seu treinamento e começou a correr até fora do trabalho – para desgosto de sua mãe, pois ela achava que isso destruiria sua saúde. Ela tentou fazê-lo parar, servindo-lhe menos comida para diminuir suas energias. Bikila aguentou, tendo de ouvir broncas por gastar dinheiro comendo fora. Foi convidado a participar de uma corrida de ciclismo, um esporte no qual a Etiópia também se concentrava, e levou seu treinamento a sério. As preocupações de sua mãe continuavam, e ela quis arranjar-lhe um casamento, para que ele não tivesse tempo para treinar. Bikila foi vitorioso na corrida de ciclismo e conquistou o primeiro troféu de sua vida.

Havia rumores de que os etíopes cogitavam abandonar os planos para as Olimpíadas de 1960 porque não haviam ganhado nenhuma medalha em 1956. Onni Niskanen, que então trabalhava para a Cruz Vermelha, reagiu aos rumores e falou diretamente com o imperador Haliê Selassiê I, explicando a importância de se ter bons esportistas. Ele citou a Finlândia, sua terra natal, e sugeriu que a Etiópia poderia ganhar reconhecimento e respeito no mundo da mesma forma. O imperador deu permissão para a continuação dos preparativos, e o finlandês mandou instalar uma sauna, para o espanto dos etíopes, que não entendiam por que precisavam de mais calor do que já tinham.

Centenas de etíopes em bases militares por todo o país correram no processo seletivo. Bikila também estava envolvido, e chegou em sexto nos 5.000 metros e em nono nos 10.000 metros. A intenção era de que os campeonatos militares nacionais de 1959 separassem os candidatos para as Olimpíadas de Roma de 1960. No dia de um desfile militar, em Adis Abeba, naquele ano, Bikila venceu sua primeira maratona.[2]

As tradições do esporte ocidental eram ausentes entre os etíopes, que viviam segundo suas próprias ideias e percepções. Se as coisas iam mal, por exemplo, eles culpavam "maus espíritos" e forças invisíveis. Eles não viam sentido em se esforçar ao limite, uma vez que os espíritos eram mesmo todo-poderosos. Niskanen tentou erradicar atitudes desse tipo, que levavam corredores a desistir ou correr menos sem motivo aparente, mesmo quando ainda lhes restava muita energia. Por fim, a mensagem racional de Niskanen foi recebida.

Durante o verão de 1960, eles treinaram ferozmente. Niskanen dirigia um jipe, com os corredores ao lado ou à frente. Todos ali eram soldados com permissão de treinamento ilimitado, e foram ficando continuamente mais fortes, tanto no corpo quanto na mente. Niskanen dava comandos com um apito, enquanto seu assistente etíope cuidava do cronômetro, anotava os tempos e interpretava os resultados com ele. Eles tinham, normalmente, duas sessões de treinamento por dia em terreno montanhoso, e suavam ainda mais na sauna após o treino.

Antes de uma corrida de 8 quilômetros de volta ao acampamento do exército, Bikila estava com dificuldade de calçar os sapatos, quando o resto do grupo partiu; então, ele colocou os sapatos nos bolsos e partiu descalço. Nikanen estudou os tempos de treinamento de Bikila com e sem sapatos: no dia 28 de junho, ele correu 20 milhas descalço nas estradas em 1 hora e 45 minutos, e, dois dias depois, correu a mesma distância em 1h46min30s.[3]

Apenas um mês antes das Olimpíadas de Roma, Bikila alcançou 2h21min em uma maratona em Adis Abeba, que fica 2.400 metros acima do nível do mar. Em contraste com as suposições de muitos no Ocidente, quando Bikila chegou às Olimpíadas, ele não era nenhum corredor por hobby, capturado nas montanhas e coagido a correr.

Em dezembro de 1960, os guarda-costas do imperador se amotinaram enquanto ele fazia uma visita de estado ao Brasil. Os rebeldes prenderam todos os membros da família real e tomaram os ministros como reféns. O embaixador norte-americano tentou mediar as negociações entre os rebeldes e o Exército, mas o Exército não estava preparado para fazer concessões. Os rebeldes então massacraram todos os reféns a rajadas de metralhadoras, antes de fugir. Nesse meio-tempo, o imperador foi informado e voou de volta ao país.

O motim foi sufocado e o imperador ficou profundamente decepcionado com a falta de lealdade de alguns de seus oficiais, dos quais vários foram enforcados. Bikila estava ligado ao motim, simplesmente por causa de seu emprego, mas não tinha desejo de depor um amigo. Foi preso por um curto período, e poderia ter acabado na forca, mas não havia provas de nenhum envolvimento ativo de sua parte, e a boa vontade do imperador foi decisiva. O imperador não poderia mandar executar o grande herói do país.

A carreira de Bikila nas maratonas continuou. Em sua carreira, ele venceu 12 de suas 15 corridas dessa distância, incluindo a Olimpíada de Tóquio, em 1964, quando, após terminar, ele impressionou os telespectadores do mundo todo ao realizar exercícios de alongamento e ginástica no gramado, sem nenhum sinal de exaustão. Ele estava tão cansado quanto o resto deles, mas tenazmente determinado a completar os exercícios, enquanto milhões de espectadores acompanhavam cada movimento seu. Os exercícios foram bem encenados para garantir seu status de fenômeno africano. O imperador promoveu Bikila a tenente, deu-lhe uma casa e um Volkswagen – praticamente a coisa mais luxuosa que um etíope podia possuir.

Em um dia chuvoso de março de 1969, Bikila dirigia seu Volkswagen a caminho de sua fazenda, após uma sessão de treinamento. As estradas estavam escorregadias e a visibilidade era ruim. Um ônibus vindo no sentido contrário entrou em uma ponte a toda velocidade e os dois veículos colidiram. Os passageiros reconheceram o homem ferido no carro e se comportaram como se tivessem batido contra um deus.

Quando recuperou a consciência, cercado por sua esposa, sua mãe e a equipe médica, Bikila não conseguia se mexer. De início, supuseram que sua paralisia fosse o resultado de ter ficado tanto tempo inconsciente – o maior maratonista do mundo quis começar a correr novamente assim que acordou. Mas sua condição não melhorou: ele ficou paralisado do peito para baixo. Os melhores médicos do país fizeram de tudo, então o paciente foi mandado para a Inglaterra para mais tratamentos, mas não havia cura milagrosa à disposição. Qualquer etíope comum teria sido deixado em sua cabana, aos cuidados da família, mas Bikila era transportado pelo mundo todo, de carro ou avião, sempre cercado por curiosos, que achavam particularmente trágico pernas antes tão ágeis não poderem mais se mover. Ele dava conselhos de treinamento de sua cadeira de rodas, participou de competições de trenó na Noruega e experimentou praticar arco e flecha.

No outono de 1973, ele sofreu fortes dores no estômago. Sua condição deteriorou-se no hospital, e o imperador pediu a seus médicos que o transferissem para a Inglaterra para um tratamento especializado. Bikila morreu antes que pudessem fazê-lo. Tinha 41 anos de idade, e a Etiópia entrou em luto nacional ao receber a notícia de sua morte, em 22 de outubro de 1973. Pessoas choraram abertamente nas ruas e dezenas de milhares compareceram a seu funeral.

Em Adis Abeba, o secretário geral da Organização da Unidade Africana expressou suas condolências:

> A honra que Abebe trouxe à Etiópia será duradoura, não apenas para a Etiópia, mas para toda a África. Com a morte de Abebe, a Etiópia e o restante da África perderam um homem que tornou a África renomada no âmbito do atletismo internacional. Como bicampeão do ouro olímpico na maratona, ele provou que os africanos podem competir com sucesso contra seus colegas internacionais. Ainda mais importante foi o fato de que ele fez

história e deu aos racistas um lembrete de seus preconceitos.[4]

De uma perspectiva ocidental, é difícil compreender a posição de Bikila na África. As pessoas no Ocidente o consideravam um corredor fenomenal que emergiu do nada, venceu, venceu novamente, ficou inválido e morreu tragicamente. Ele era muito mais do que isso para os etíopes e africanos, era uma figura de contos de fadas que se tornou um semideus e, após sua morte, até mesmo um mártir. Ele provou o que os gregos antigos sabiam – que o esporte e o culto aos heróis esportivos têm um efeito unificador sobre um país, e que um exemplo luminoso pode agir como estímulo para outros. Por sorte, Bikila competia na era da televisão e da fotografia, numa época em que os países africanos estavam conquistando a independência do controle colonial, e quando os negros nos Estados Unidos estavam se livrando dos grilhões que se prolongavam para além da escravidão passada.

A avalanche queniana

Olhando do Ocidente, muitas vezes parece que os corredores africanos são talentos natos que vêm direto de seus países montanhosos e competem praticamente sem treinamento. Os quenianos em particular são vistos sob essa luz. Mas quando os quenianos realmente começaram a correr?

O padrão das corridas em pistas no Quênia antes da Segunda Guerra Mundial era baixo se comparado com as melhores pistas do Ocidente. Nyandika Maiyoro, o primeiro corredor queniano de nível internacional, nasceu em 1931, filho de um conhecido caçador. As bases de seu bom físico formaram-se em seu trabalho como pastor no montanhoso distrito de Kisii. Maiyoro não tinha de ir para a escola, mas via os *meetings* esportivos em uma escola de missionários católicos e, sem pedir a seu pai, participou de um *meeting* ali e venceu. A partir de então, seu pai permitiu que ele representasse a escola em corridas.

O poder colonial viu que Maiyoro tinha grande potencial e, em 1949, tirou-o da escola para que ele pudesse treinar em tempo integral. Ele foi mudado para uma casa de concreto cercada e vigiada. Os britânicos queriam criar um corredor internacional e um modelo para outros quenianos. Seus companheiros de tribo, entretanto, não admiravam um homem que tinha de correr 45 quilômetros por dia e viver uma existência própria de uma prisão, sem esposa ou namorada, mas seu status começou a subir quando ele teve bons desempenhos nos campeonatos da África Oriental.

O corredor queniano Wanjiru (esq.) venceu a maratona de Londres de 2009.
O etíope Kebede (dir.) ficou em segundo lugar.

Os britânicos também queriam pôr fim aos furtos de gado, que eram comuns entre membros da tribo Kalinjen. Uma abordagem era desviar suas energias para outras coisas, organizando competições de corrida e promovendo a corrida, especialmente entre os Nandi. Em 1959, o comissário distrital do Vale Rift declarou que "furtar gado é o esporte tradicional de muitos jovens de várias tribos", e o *slogan* "Mostre sua bravura nos esportes e nos jogos e não na guerra" nos diz um bocado sobre as intenções do poder colonial.[5]

Em 1949, um inglês chamado Archi Evans tornou-se Dirigente Esportivo Colonial e dirigente da equipe de atletismo queniana. Sob sua liderança, o sistema tornou-se mais organizado, contando, por exemplo, com campeonatos nacionais sem barreiras raciais. Ele também visava à participação em eventos internacionais, incluindo os Jogos da Commonwealth, em Vancouver, Canadá. No caminho para lá, a equipe fez uma parada em Londres, e Lazaro Chepkwony correu na prova de 6 milhas (9,65 km) em um *meeting* no estádio White City, e era a primeira vez que um corredor queniano competia na Europa.

O africano descalço causou sensação em um grupo que incluía o carismático inglês Gordon Pirie. Chepkwony ficou entre os líderes, arrancando repentinamente por algumas centenas de metros e correndo de forma bastante oscilante – uma tática que a multidão aplaudiu. Mas ele distendeu um músculo na décima quinta volta e teve de abandonar a prova. A reação da imprensa mostrou que os africanos não eram levados a sério, e o desempenho de Chepkwony foi considerado estranho e indomado. Havia um mito no Ocidente de que os negros não conseguiam correr muito longe: eles não tinham nem a musculatura e a força, nem a vontade ou o talento para lidar com longas distâncias. As arrancadas de Chepkwony, sua contusão e o abandono da corrida em Londres, em 1954, foram considerados prova disso.

No dia seguinte, Nyandia Maiyoro, compatriota de Chepkwony, apareceu em uma corrida de três milhas (4,82 km) diante de 30 mil espectadores. Quando o tiro de largada foi dado, ele partiu em um ritmo furioso e, para a surpresa da esforçada concorrência, assumiu uma clara liderança de, aproximadamente, 40 metros, antes de sentir uma pontada de câimbra e ser alcançado. Mesmo assim, ele conseguiu um *sprint* até a chegada, com um tempo de 13min54,8s, ficando em terceiro, vencido por Fred Green e Chris Chataway, ambos os quais bateram o recorde mundial.[6]

Embora 1954 tenha sido uma revelação parcial do Quênia como nação de corredores, apenas aqueles particularmente interessados em atletismo se deram conta e captaram os rumores sobre outros grandes talentos à espera – tais como os dois garotos de 15 anos de idade que haviam corrido três milhas (4,82 km) em menos de 15min30s. Nessa fase, os quenianos não se destacaram como povo de condições especialmente boas e inatas para corrida.

As exigências dos quenianos por independência cresceram durante os anos 1950. Havia um sentimento de raiva pelo fato de colonizadores brancos tomarem terras de fazendeiros africanos, e uma elite de africanos educados na Europa trabalhava duro para trazer independência. Jommo Kenyatta e outros 183 nacionalistas foram presos, e Kenyatta foi condenado a sete anos de prisão por planejar a rebelião de Mau Mau, que durou de 1952 a 1959. Das 13 mil pessoas que morreram durante as lutas por independência, menos de 100 eram britânicos, e estes já haviam vencido em termos práticos quando prenderam e executaram Dedan Kimathi, em 1956. Havia também elementos de guerra civil na insurgência, uma vez que havia africanos do lado dos europeus e nem todos os chefes africanos renunciaram a sua lealdade ao poder colonial.

Parte do esforço para suprimir a rebelião consistia em reassentar compulsoriamente os africanos em "aldeias protegidas", cercadas de arame farpado e valas cheias de estacas pontiagudas de bambu – qualquer um que quebrasse a proibição de deixar uma dessas aldeias podia ser imediatamente baleado. Durante todo o período da revolta, as autoridades coloniais incentivaram o esporte como uma forma de desviar o pensamento queniano da política e da rebelião.

Amplamente despercebidos pelo resto do mundo, porém, vários processos ocorreram durante os anos 1950, lançando as bases do futuro do Quênia como nação de corredores. Uma série de grandes nomes internacionais dos Estados Unidos e da Grã-Bretanha visitou o país e forneceu conselhos sobre treinamento. Em 1963, o Quênia alcançou a independência e, no ano seguinte, Jomo Kenyatta tornou-se presidente.

Pela primeira vez, os quenianos podiam competir por seu próprio país independente, e tinham o apoio do presidente Kenyatta, que reconhecia o valor do esporte como ferramenta política: ele unificou a nação, tinha impacto positivo no exterior e testemunhava sobre o caráter e a força do povo.

A Conferência de Berlim de 1884 a 1885 havia dividido a África em colônias que atravessavam fronteiras linguísticas e culturais, resultando em diferentes grupos étnicos que eram forçados a se tornar parte da mesma nação. O esporte, no caso do Quênia a corrida, ligava a nação consigo mesma. Um ministro queniano saudou a equipe olímpica bem-sucedida, em 1964, com as seguintes palavras: "Vocês mostraram ao resto do mundo que há um país com o nome de Quênia, onde vivem pessoas de tamanho talento, energia e potencial, que elas devem ser levadas em conta".[7]

Isso evoca a Finlândia nos anos 1920 – uma nação de independência recém-conquistada afirmando seu lugar no mundo. E, assim como ocorreu com a Finlândia, os corredores do Quênia tornaram-se muito mais conhecidos no exterior do que os políticos e artistas. Outro elemento em comum com a Finlândia foi a boa organização e a boa assistência de treinadores. No caso do Quênia, os treinadores eram principalmente britânicos, um dos quais era John Velzian.

Foi John Velzian quem "descobriu" Kipchoge Keino, em 1962, quando ele correu 1 milha (1,6 km) em 4min21,8s. Velzian tornou-se seu treinador. Keino, que ganhou o ouro olímpico em 1968 e em 1972, conquistou o mesmo status, no Quênia e na África, que Abebe Bikila conquistara, e tinha o mesmo histórico – um garoto pastor de uma família pobre, que começou tarde a ir à escola. Nos anos 1960, Keino tornou-se o fenômeno negro das pistas nos 1.500 metros, e aboliu o padrão usual de correr de modo uniforme. Ninguém era capaz de disparos impiedosos que duravam uma volta ou 200 metros como Keino, abrindo caminho através de grupos de excelentes corredores internacionais e demolindo grandes estrelas. Keino continuou a desenvolver a técnica de arrancadas que os corredores africanos haviam experimentado muito antes, mas falharam devido à má orientação de treinadores. No entanto, ele conseguiu.

Contavam-se histórias que ressaltavam sua posição lendária na África. Aos 10 anos de idade, ele teria encontrado um leopardo e fugido do animal – o que o inspirou a se tornar um corredor. O próprio Keino entregou a mentira dessa história. Nenhum ser humano seria capaz de superar um leopardo na corrida, certamente não um menino pequeno, mas ele estava cuidando de cabras da família quando um leopardo matou uma delas e tentou arrastá-la. Com medo de que o leopardo desaparecesse com a cabra, Keino agarrou-a e a puxou do animal, até que ele a soltou e foi embora.

Mas é verdade que Keino sofreu tanto de cálculo biliar, antes e durante a Olimpíada da Cidade do México, em 1968, que ele não conseguiu comer alimentos sólidos durante os oito dias que os jogos duraram. E, para chegar à largada dos 1.500 metros a tempo, eis o que ele fez: "Eram oito quilômetros da vila olímpica ao estádio, e eu sabia que, se tomasse o ônibus, nunca chegaria lá a tempo, por causa dos engarrafamentos. Então, decidi correr até lá. Ultrapassei a maioria dos ônibus que levavam os competidores ao estádio e cheguei a tempo".[8]

Keino levou o ouro no ar rarefeito, 2.250 metros acima do nível do mar – e, por coincidência, era o Dia Nacional do Quênia e o dia em que sua mulher deu à luz o primeiro filho do casal. O total de três ouros, quatro pratas e um bronze, em 1968, anunciou ao mundo que o Quênia havia chegado como nação de corredores.

Mohamed Gamoudi, da Tunísia (à direita na foto), ganhou a medalha de ouro na Olimpíada da Cidade do México, em 1968.

Em 1972, Keino acolheu cinco órfãos que vinham vagando e comendo terra enquanto procuravam comida. Três anos depois, ele e sua esposa se mudaram para Eldoret, no Quênia, e abriram um lar para crianças que, no ano 2000, já abrigava 82 delas. Os feitos de Kip Keino nas pistas empalidecem em comparação com suas contribuições humanitárias posteriores, e ele proporcionou um modelo para várias gerações de quenianos que viam a corrida como um caminho para sair da pobreza.

O sucesso tornou os quenianos internacionalmente desejados. No final dos anos 1960, os primeiros corredores começaram a ir para universidades norte-americanas com bolsas de estudos e, em 1974, Jim Wambua, treinador da equipe nacional, queixou-se de que os norte-americanos estavam drenando o Quênia de talentos de corrida para elevar o padrão de suas universidades com corredores importados. Paradoxalmente, a invasão queniana também causou controvérsias nos Estados Unidos, onde se afirmava que as importações bloqueavam o talento norte-americano. Entre 1971 e 1978, nada menos do que 168 quenianos participavam de campeonatos estudantis norte-americanos, praticamente todos eles em corridas de 400 metros ou mais. Pelo menos 200 corredores quenianos viviam de bolsas de estudos nos Estados Unidos por volta de 1980. O país estava sistematicamente exportando corredores que queriam ter uma formação e sustentar famílias numerosas.[9]

23
Amando a paisagem da dor

Deus não está lá, eu não estou com vocês,
sua mãe e seu pai não estão lá com
vocês, e vocês têm de provar tudo sozinhos.

Conselho de Percy Wells Cerutty a corredores de média distância

Crises pessoais geralmente levam a novos e valiosos *insights*. As pessoas contam histórias de desespero, caos e tragédia em suas vidas, antes de voltarem a ficar de pé, renovadas e mais fortes do que antes.

O treinador de corrida australiano Percy Wells Cerutty (1985-1975) começou a obra de sua vida após essa fase. Em 1939, ele pesava 54 kg, seu sistema digestivo não funcionava bem e ele tinha graves enxaquecas e reumatismo. Medicações potentes haviam destruído seus órgãos internos, e um médico deu-lhe alguns anos de vida.

Cerutty teve uma experiência extática em uma biblioteca em Melbourne naquele ano, chegou a um novo *insight* religioso e passou por um processo de despertar no qual reconheceu sua verdadeira natureza como ser espiritual. Foi como se ele tivesse sido transformado e permaneceu em um estado de êxtase por cinco dias.[1]

Cerutty recebeu uma licença de seis meses do trabalho para recuperar a saúde. Como resultado de sua doença, ele perdeu o direito de dirigir e tinha de ir a pé a todos os lugares. Em uma madrugada insone, ele visitou a Caufiled Racecourse, em Melbourne, onde os cavalos estavam treinando ao amanhecer. Ajax, um cavalo de alto valor, passou velozmente por Cerutty, que o observava com uma curiosidade infantil, e Cerutty sentiu que o cavalo lhe enviava uma mensagem. A caminho de casa, ele sentiu uma súbita necessidade de correr, primeiro lentamente, depois mais rápido e, então, a toda velocidade, inspirado pelo cavalo, até que seu coração bombeou com força. Ele não corria havia décadas, e foi como se estivesse renascendo, como se a vida estivesse recomeçando.

Ele parou de fumar e mudou sua dieta para frutas, vegetais e *müsli* – totalmente vegetariana. Ele não comeu nada além de comida crua por três anos, a não ser vegetais levemente cozidos no vapor. Caminhava, corria, nadava e andava por trilhas em zonas rurais. Quanto mais esforço ele fazia, melhor se sentia de corpo e mente depois. Ele lia filosofia, imergia em literatura religiosa e revisitava a sabedoria da Bíblia e dos antigos com maníaco fervor. Devorava conhecimentos, estudava livros de iogues e de vencedores de prêmios Nobel de medicina. Cerutty sempre sentiu que realizaria algo grande, que ganharia um lugar na história mundial, e agora ele havia encontrado seu caminho.

Arthur F. H. Newton, que escreveu o livro *Running*, em 1935, foi uma grande influência no mundo da corrida: ele recomendava um treinamento lento e gradual a uma velocidade suave, antes de passar para um ritmo mais rápido e a sessões de treinamento mais intenso. Correr fez bem a Cerutty, e suas enxaquecas desapareceram. Ele entrou para o Malvern Harriers de Melbourne, o mesmo clube ao qual pertencera em sua juventude. Tinha 47 anos de idade e se levantava ao amanhecer para ver os cavalos, que ele estudava para aprender suas técnicas de corrida. Havia várias faixas de pista ao lado uma da outra, e o sujeito magro de cabelos brancos corria com os cavalos, imitando-os, trotando e galopando por horas na neblina da manhã, colocando a cabeça sobre a cerca para vê-los. Os jóqueis e treinadores balançavam a cabeça com desesperança para aquele sujeitinho enérgico. Cerutty notou que todos os cavalos moviam-se da mesma forma, diferentemente dos seres humanos. Os cavalos tinham ritmo e fluidez, moviam-se graciosamente usando pouca energia, mas ainda alcançavam altas velocidades. Não havia movimentos desnecessários, embora eles usassem o corpo todo.

Cerutty começou a levantar pesos, o que era contrário às teorias sobre corrida dos anos 1940. Ele também levantava pedras acima da cabeça. Era magro e tendinoso, mas ainda assim capaz de levantamentos impressionantes, e andava sempre descalço e com o mínimo de roupas que a lei permitia.

Cerutty experimentou todas as formas imagináveis e inimagináveis de se movimentar: levantar os joelhos bem alto, correr quase arrastando os pés ou variando o tamanho da passada, ou o uso dos braços. Ele visitou o zoológico de Melbourne para observar gazelas, panteras, leopardos e macacos, e inventou novas teorias de técnica de corrida. Em termos de técnica, os melhores corredores do futuro seriam um cruzamento de cavalos, gazelas, leopardos e panteras. Até Frederick Mathias Alexander, o homem por trás do método Alexander usado por bailarinos e atores, concordava com Cerutty.

O ser humano originalmente perfeito foi destruído pelo que Cerutty mais desprezava – a comodidade da civilização. Nada fez tanto para estragar o homem física e espiritualmente. Na realidade, os chamados avanços da civilização têm sido grandes reveses para a humanidade. Ele próprio usara a natureza para ficar saudável, após seus médicos terem declarado uma sentença de morte.

Cerutty via os aborígenes como relíquias vivas do modo como o homem primitivo havia se movido: "Parece-me que, até serem estragados pela civilização, eles são os únicos do mundo que se movem de maneira perfeita – em termos de postura, caminhar e correr. Eles se movem diferentemente de todas as outras pessoas, pousam os pés de forma diferente, têm uma postura diferente, e levam os braços de forma diferente. É isso que estou tentando ensinar".[2]

Cerutty queria ser professor, treinador e mentor. Os novos homens que ele desejava criar por meio do treinamento eram chamados *stotans* – uma combinação das palavras *stoic* (estoico), no sentido de "impassível à tristeza e à alegria", e *spartan* (espartano), no sentido de "simples, despretensioso". Uma cabana de 15 metros quadrados em Portsea, no litoral a 95 quilômetros de Melbourne, tornou-se a primeira incubadora de *stotans*.

Um manifesto de seis páginas datilografadas estabelecia um projeto abrangente, não apenas sobre dieta, sono e treinamentos regulares, mas também sobre o homem como um todo, as leis do universo e o propósito da vida. Exigia-se sacrifício, e a vida não era para fracotes. O tema central era a necessidade de atividade física intensa para a pessoa chegar o mais próximo possível de sua própria natureza. Somente saindo de sua zona de conforto, um ser humano podia realmente alcançar o crescimento. O homem torna-se cada vez mais forte e harmonioso por meio do desempenho físico e da dor, um tipo de estresse que existe nas circunstâncias naturais em que tudo é luta pela sobrevivência. Os corredores devem se esforçar como se corressem o risco de morrer se perdessem; somente assim eles terão o desempenho máximo de sua capacidade. Além de crescer como pessoas, eles também seriam mentalmente purificados e alcançariam um nível espiritual mais elevado. Para Cerutty, correr era um ato primitivo, um retorno ao estado primordial do homem e, essencialmente, uma violência aguda contra o ego.

Um homem pode encontrar seu *stotan* interior comunicando-se com a natureza, dormindo ao relento sob as estrelas, ouvindo o canto dos pássaros, correndo descalço na areia, cheirando as flores e ouvindo o rebentar das ondas. Essas eram ideias antigas em nova embalagem, mas originais na medida em que Cerutty era diferente de seus contemporâneos.

Em especial, ele via a necessidade de treinar letárgicos homens de negócios, restaurar a masculinidade perdida e agir como *personal trainer* numa época em que havia poucas pessoas assim na Austrália. Tais ideias haviam sido experimentadas por algumas décadas entre astros de Hollywood e reformadores da saúde americana, como Bernarr McFadden (1868-1955), que, em alguns sentidos, foi um predecessor de Cerutty. Enquanto

McFadden recomendava caminhadas, uma dieta simples e treinamento de força para o corpo todo, Cerutty estendia os princípios para incluir corrida e treinamento com pesos. Homens de tendências excêntricas em muitos países manifestaram os mesmos temas de Cerutty, escrevendo livros que recomendavam uma vida mais ativa e natural, em contraposição ao avanço da civilização. Mas Cerutty se destacou entre eles porque sua atenção estava voltada, em especial, para a corrida.

Após a circulação de seu manifesto *stotan*, em 1946, Cerutty tentou se classificar para a maratona olímpica de Londres, em 1948. Ele tinha, então, 52 anos de idade, correu-a em 3 horas e 2 minutos, e estava irremediavelmente atrás do grupo, sem chances de ser escolhido para a equipe. Ele reconheceu que estava velho demais para deixar sua marca internacionalmente e que era somente por intermédio de outros que ele poderia obter a atenção e o reconhecimento que tão desesperadamente buscava – seu pai havia sido um alcoólatra que ele vira apenas três vezes antes de seus pais se separarem, quando ele tinha 3 anos de idade.

Cerutty estava preparado para tentar qualquer coisa.

O aquecimento é desnecessário, especialmente no clima quente da Austrália, era seu pensamento em 1948, depois de Les Perry ter perdido velocidade após 4,82 quilômetros, devido ao calor em Melbourne. Perry foi um dos primeiros sucessos de Cerutty.

John Pottage também foi pupilo de Cerutty, e ficava sentado à sombra enquanto os corredores se aqueciam no dia em que Perry teve problemas.

Pottage tomou uma ducha fria antes da partida e despejou uma garrafa de água fria em si mesmo, enquanto eram chamados para a linha de partida. Cerutty havia "provado" o efeito disso jogando água gelada sobre um gato que dormia, o qual saltou e disparou para o alto de uma árvore. Nem gatos nem outros animais se aquecem, Cerutty argumentava com lógica "estotana". A tática era bem-sucedida. Pottage não percebeu o calor nas duas primeiras milhas (3,2 km) e acabou em terceiro.

Cerutty anunciava seus serviços em jornais e atraía corredores que, tendo ouvido os rumores, vinham bater à sua porta. As vidas de muitos deles foram mudadas por ouvir esse indomado e desinibido treinador, com capacidade incomum de inspirar, e não apenas no esporte. Mesmo mais tarde na vida, os discípulos de Cerutty se beneficiaram de seus conselhos.

Cerutty ajustava e testava sua filosofia de treinamento. Os *stotans* passavam por seis meses de treinamento básico, com corridas inicialmente curtas, que se tornavam mais longas, passando, depois, a corridas de 12 a 14 quilômetros, combinadas com treinamentos com pesos. Isso era seguido pelos três meses anteriores à temporada, mas ainda com pouco trabalho em pistas. O cronômetro e a pista não eram bons, era melhor para os corredores respirar o ar marinho e fazer corridas intervaladas nas dunas de areia, onde Cerutty, já com certa idade, demonstrava uma impressionante capacidade em curtas distâncias. Cerutty escondia-se em arbustos, saltava entre os jovens durante a arrancada final e vencia, para humilhá-los e reforçar o próprio ego. Vencer era o que importava.

Correr na pista era solitário e brutalmente mensurável, uma metáfora da vida desnudada. "Deus não está lá", dizia Cerutty. "Eu não estou lá com vocês, sua mãe e seu pai não estão lá com vocês, e vocês têm de provar tudo sozinhos."[3]

Cerutty acreditava que esportes exigentes não eram adequados para mulheres. Muito treinamento deixava-as duras e pouco femininas e, quando elas perdiam o volume dos seios e as formas arredondadas, ficavam como os homens. Suas ideias irritaram muitas pessoas na Austrália nos anos 1950, pois ele tinha especiais capacidade e necessidade de alimentar a imprensa, que gostava de pessoas extrovertidas. Cerutty adorava estar nos holofotes e não carecia de autocensura.

Quando era convidado à casa das pessoas, era capaz de, subitamente, tirar as roupas, pular na mesa rodeada de convidados do jantar e sentar em posição de lótus, só de cuecas, falando de filosofia, exibindo os músculos e contando sobre as necessidades primordiais da espécie humana. As pessoas riam e olhavam perplexas – ele acabou irritando muita gente, mas poucos esqueceram esse homem com seu desesperado desejo de encontrar o candidato perfeito para transformar suas teorias em realidade.

Os campeonatos australianos de atletismo foram realizados em Adelaide, em fevereiro de 1955, e incluíam corridas de 1 milha (1,6 km) e meia milha (804,67 m) para juniores como eventos adicionais. Ambas as distâncias foram inesperadamente vencidas por um garoto de 16 anos, de Perth, Herb Elliot. Naquele ano, Elliot assistiu à palestra de Cerutty em Perth, correu uma milha de teste em 4min22s, e foi calorosamente elogiado por Cerutty, que prometeu que ele a correria em menos de 4 minutos dentro de dois anos.[4]

Os pais de Elliot convidaram o treinador para uma visita, e esse foi o início de uma parceria única. Elliot estava realmente inspirado, embora ainda fosse um garoto em idade escolar que fumava, gostava de festas e tinha uma namorada, algo que os *stotans* não deveriam ter, pois as garotas destruíam a concentração e minavam suas forças. Quando terminou a escola, em 1955, Elliot trabalhou na empresa do pai, fumava de 30 a 40 cigarros por dia, bebia cerveja com os amigos e pensava menos em esportes.

Seus pais esperavam que uma viagem para a Olimpíada de Melbourne, em novembro de 1956, reacendesse seu desejo de correr. Seria possível morar com Cerutty depois?

"Certamente", foi a resposta em uma das muitas inspiradoras cartas de Cerutty. Então, Herb Elliot sentou-se na arquibancada em Melbourne e ficou impressionado com a agressiva corrida de Vladimir Kuts: agora, Elliot também queria competir no mais alto nível internacional.

Elliot continuou em Melbourne após a Olimpíada, arranjou um emprego mal pago como instalador de televisores e, junto com vários outros, acompanhava Percy e sua esposa Nancy a Portsea. Oito ou nove deles, vindos da cidade, iam para lá todas as sextas-feiras, para treinar e viver a vida simples durante o fim de semana, e Cerutty mudou-se para o local de forma mais permanente mais tarde, com atletas da Austrália e de outros países. Cerutty e sua esposa os acolhiam, e os rapazes trabalhavam pelo próprio sustento, arranjando trabalhos temporários na região e se reunindo ao redor da mesa de jantar de Cerutty como uma família estendida de tamanho sempre variável.

Bil Stacey pegou caronas até chegar lá em uma tarde de sábado, em agosto de 1959, e bateu à porta.

"Quero aprender a correr."

"Qual é seu nome? Nunca ouvi falar de você", disse Cerutty. Depois gritou para Nancy: "Mais uma boca para alimentar!".[5]

Elliot tornou-se parte desse ambiente e rapidamente mostrou ter mais do que um potencial comum. Ele tinha apenas 18 anos de idade, mas vinha de um lar harmonioso e sólido, e era física e mentalmente maduro. Ele absorvia a sabedoria e ouvia os monólogos de Cerutty sobre a "consciência de Jesus", uma consciência da dor no treinamento, e da competição como uma purificação, o que levava a um melhor entendimento do sofrimento de Jesus na cruz. Se alguém pudesse suportar a dor, milagres aconteceriam na pista de corrida, e toda a humanidade seria elevada por meio do autossacrifício de indivíduos. Qualquer um que aspirasse alcançar o entendimento e ser o melhor tinha de visitar a paisagem da dor: a pessoa tinha de amar a dor como um amigo querido e valioso, porque ela dá muito em troca.

Havia muitas pernas velozes e vontades fortes em Portsea, mas ninguém se comparava a Elliot. Em maio de 1957, ele correu uma milha em 4min0,2s, e, embora tivesse apenas 18 anos, era o número 11 do mundo nessa distância em toda a história. Cerutty profetizou que o jovem faria a milha em 3min43s, dado um treinamento físico ideal.

Em Portsea, Elliot encontrou o ambiente de treinamento perfeito: as vistas da praia, os penhascos e as árvores davam-lhe a necessidade de correr, e Cerutty sabia que as pessoas corriam melhor e mais facilmente em belas localidades. Treinar na pista não significava nada para ele, nem para Elliot, que via a beleza na corrida, mas não em uma pista, e não com um cronômetro. Tampouco faziam testes de uma milha ou coisa parecida. Cerutty não ficava ali com uma chibata; em vez disso, ele proporcionava inspiração, e deixava os corredores decidirem muito por conta própria. Eles tinham de se ajudar, atormentar-se no isolamento para se familiarizar com sua paisagem interior. Por outro lado, ele ficava furioso se eles não se empenhassem o suficiente, se não corressem com intensidade suficiente – nesse caso, desligava a água quente em seu único chuveiro no inverno.

Elliot e Cerutty foram para os Estados Unidos em 1957, e ambos reagiram contra o estilo de vida dali. O país era repleto de pessoas obesas perseguindo bens materiais. Suas declarações viravam manchetes de jornal, e o jovem senador John F. Kennedy notou os comentários de Elliot: "O dinheiro parece significar muito no estilo de vida deles. A mim parecia que as pessoas tinham esquecido as alegrias simples da vida, a vida em família e uma consciência da natureza, em sua busca por coisas materiais. Uma nação que se mima tão intensamente está destinada a se enfraquecer física e espiritualmente".

Elliot e Cerutty funcionavam bem juntos, embora o pupilo ficasse embaraçado quando seu treinador lançava suas bravatas mais espalhafatosas na frente da imprensa e de outros competidores, como se fosse uma guerra aberta: "Nós os aniquilamos, fizemos picadinho deles", e assim por diante. Cerutty deleitava-se no papel de técnico bem-sucedido e preferia morrer a ser vencido em uma corrida. Ele odiava opositores e não gostava de apertar as mãos e dar tapinhas nas costas dos outros só para ser amigável.[6]

Cerutty não era o que se pode chamar de um marido comum. Divorciou-se de sua primeira esposa em 1954 e se casou com Nancy dois anos depois. Ela era 21 anos mais nova que ele, e uma perfeita *stotan* feminina. Eles discutiam violentamente, e, certa vez, ela quebrou uma garrafa de leite na cabeça dele, enquanto tomavam chá em Portsea. Percy cortou-se e não limpou o sangue por uma semana, perambulando orgulhoso por Portsea com sangue no cabelo, como um menino que se recusa a limpar um machucado. No entanto, ouvia devotamente a música de Beethoven e Verdi e admirava as obras de Leonardo da Vinci e Michelangelo.

Rotinas fixas eram importantes em se tratando de competições. No dia anterior a corridas importantes de Elliot, ele e Cerutty iam para uma pista onde o velho corria quatro voltas, forçando-se até seu limite absoluto. "Você pode correr mais rápido do que eu, mas não se esforça tão intensamente", dizia para estimular Elliot a se esforçar ao limite, e ainda além.

Antes dos 1.500 metros olímpicos em Roma, em 1960, eles haviam concordado, como sempre, que Cerutty daria sinais da arquibancada. Se Elliot parecesse estar próximo de um recorde, ou se houvesse alguém logo atrás dele, Cerutty abanaria um lenço. Elliot estava nervoso e não ouviu direito; quando seu treinador acenava como um doido durante a última volta, ele não tinha ideia do que isso queria dizer, a não ser que ele devia aumentar o ritmo.

Elliot venceu, estabelecendo um recorde mundial de 3 minutos e 35,6 segundos. Cerutty pulou sobre a cerca para comemorar o momento com Elliot, mas a polícia o agarrou e o levou preso.

A química entre Elliot e Cerutty era boa, o que não foi o caso com Cerutty e Ron Clarke. Na Olimpíada de 1964, Clarke estava no vestiário se preparando para os 5.000 metros, depois de apenas levar o bronze na prova dos 10.000 metros, na qual fora claramente o favorito. Nos últimos tensos minutos antes da largada, uma voz conhecida foi ouvida no corredor: "Você não tem chance, Clarke, você sempre foi um fracote" – isso dito ao melhor corredor de longas distâncias do mundo, um homem que havia quebrado recordes mundiais nos dois eventos de maior distância em pista. Fazer esse tipo de insulto em momentos complicados era uma tática brutal, típica de Cerutty: às vezes funcionava, levando os corredores, por raiva, a mostrar a esse boca grande o que eles podiam fazer, alcançando um desempenho acima de seu nível. Mas Clarke precisava de incentivo, não de insultos. Ele fez uma de suas piores corridas e chegou em nono.

O nome de Percy Wells Cerutty sempre estará ligado ao de Herb Elliot, mas as centenas de outros corredores que ele treinou em seus vinte anos de atividade em Portsea não devem ser esquecidos. Ele nunca recebeu o reconhecimento pelo qual ansiava, e era frequente pensar nele como um sujeito intratável com ideias malucas. Ele teve problemas de saúde no final de sua vida, e quase não podia falar ou engolir, mas não aceitava de forma alguma ir ao médico, até que sua mulher o obrigou. Ele foi diagnosticado com doença do neurônio motor, que torna difícil engolir e comer.

Percy Wells Cerutty morreu em 15 de agosto de 1975, uma semana após ir ao médico.

Arthur Lydiard

Outro treinador australiano também deu uma contribuição valiosa e duradoura à função de treinador de atletas. Arthur Leslie Lydiard nasceu em Auckland, Nova Zelândia, em 6 de julho de 1917. Ele era um garotinho atarracado que vencia corridas na escola sem nenhuma orientação de treinamento, mas estava mais interessado em rúgbi, mesmo depois de entrar para o clube de corrida Lynndale, em Auckland. Correr era uma diversão entre as partidas e os treinos, e era penoso para o corpo destreinado.

Em meados dos anos 1940, Jack Dolan, presidente do clube Lynndale, levou Lydiard consigo em uma corrida de 8 quilômetros. Dolan era mais velho, mas bem treinado, e Lydiard teve dificuldade em acompanhá-lo. Se ele ficava exausto aos 27 anos de idade, o que aconteceria com seu corpo depois? Arthur Lydiard precisara reconhecer o próprio baixo nível de condicionamento antes de se motivar a treinar seriamente.[7]

Inicialmente, ele experimentou correr sete dias por semana e ler literatura sobre corrida, determinado a treinar até o ponto em que correr se tornasse mais um prazer do que o sofrimento que se seguia a uma prova semanal de 800 metros. A maioria das autoridades recomendava andar, mas ele deixou isso de lado e aumentou sua distância diária para 19 quilômetros. Em um período extremo, chegou a fazer 400 quilômetros em uma semana. Quando começou a acordar às duas da madrugada para dirigir um caminhão de leite antes de ir para seu outro trabalho em uma fábrica de sapatos (havia uma esposa e quatro filhos a sustentar), ele teve de limitar seus treinos aos fins de semana.

Lydiard ainda não era especialmente bem-sucedido nas corridas. Mas uma corrida intensa de aproximadamente 32 quilômetros sempre podia ser seguida de uma sessão suave no dia seguinte. Oito a dez dias depois, o corpo se sentia mais forte. O corpo era desmanchado e depois se reconstruía em nível mais alto, e a questão toda era encontrar um equilíbrio no treinamento.

Lydiard treinava sozinho na maior parte do tempo. Lawrie King, um de seus colegas da fábrica de sapatos, começou a acompanhá-lo e mostrou um progresso impressionante, vencendo as duas milhas (3,2 km) juniores em campeonatos em Auckland, em 1945. Ele foi o primeiro sucesso de Lydiard nas pistas. Dois outros, Brian White e Tom Huchinson, venceram os campeonatos nacionais de *cross country* no mesmo ano.

Inicialmente, Lydiard não tinha planos de se tornar treinador, mas quando jovens corredores alcançavam sucesso após ouvir seus conselhos para treinar mais do que o comum, isso o estimulou a fazê-lo. Após desavenças e dificuldades administrativas com Lynndale, ele deixou o clube e formou um grupo de corredores em Owairaka, atraindo corredores do mesmo distrito. "Em quatro anos", disse Lydiard, "Owairaka vai superar Lynndale". Lynndale era o melhor clube de corredores do país – mas Lydiard estava certo, quase até quanto ao dia.[8]

Foram necessários nove anos para Lydiard aperfeiçoar suas ideias. Quando treinava corredores para maratona, seu grupo chegava a fazer 160 quilômetros por semana, incluindo uma longa corrida de 35 quilômetros todos os domingos durante a fase preparatória. Eles ganhavam um condicionamento fenomenal sem ficar exaustos porque o treinamento era feito em ritmo que permitia conversar, porém, sem ser lento. Quando a temporada se aproximava, eles reduziam a distância e se concentravam em subida de morros e velocidade, para deixá-los no auge da forma, o que poderia durar por muito tempo, visto que sua base de condicionamento era muito boa.

Isso ocorreu a partir do início dos anos 1950, uma época em que as corridas de longa e média distância eram totalmente dominadas pelo treinamento intervalado. Lydiard, no entanto, recomendava correr longas distâncias em um ritmo estável. O que era novo nesse sistema era o maior volume de corrida, a periodização, e corridas longas de 32 quilômetros até para corredores de média distância. Os corredores de Lydiard treinavam como se fosse para a maratona, mas competiam em todas as distâncias, de 800 metros para cima. O exemplo *par excellence* foi Peter Snell, que dominou as médias distâncias internacionais no início dos anos 1960.

Eles não eram lentos e os mais perseverantes tinham a maior parte de suas energias intactas para usá-las na arrancada final, se o treinamento tivesse alcançado o auge corretamente. "Treinar, sim, esgotar, não", dizia Lydiard, e buscava treinar para adicionar força ao corpo, e não extraí-la do corpo. Seu ponto de partida, afinal, era uma crença de que correr era divertido, era agradável – contanto que o corredor estivesse bem treinado.

Muitos achavam arriscado que os jovens dobrassem ou triplicassem suas distâncias de treinamento até 160 quilômetros por semana. Havia uma impressão entre os médicos e as pessoas em geral de que correr demais podia danificar os órgãos internos, e o medo de ir longe demais e se sobrecarregar era difundido até entre corredores ativos: o coração aumentaria muito e o corpo ficaria exaurido. Mas ao diminuir o ritmo e treinando por longos períodos, o corpo ficava mais forte e, gradualmente, capaz de tolerar mais.

Nenhum outro treinador do século XX chegou perto de ter a mesma relevância de Lydiard. Durante uma vida longa e ativa, ele viajou muito, falou com centenas de jornalistas, deu palestras e trabalhou como treinador em vários países, e, como resultado, seu método foi copiado e desenvolvido com incontáveis variações. Sua maior contribuição foi a ideia de construir uma base de condicionamento aeróbico por meio de um treinamento estável, de longo prazo e agradável. O mesmo princípio é seguido em muitos outros ramos do esporte, aliás, na própria vida, em que os anos de formação da infância e juventude são a fundação da saúde física adulta.

Lydiard tinha muito em comum com seu colega australiano Percy Wells Cerutty. Ambos notaram a falta de condicionamento e a degeneração física em si mesmos antes de correr, e, mais tarde, treinar outros tornou-se a obra de suas vidas. Eles eram homens pequenos, enérgicos, com opiniões fortes e um desejo de se colocar à vista do público, visavam atuar internacionalmente e ambicionavam que seus atletas fossem os melhores do mundo. Ambos causaram e deixaram impressões profundas na história da corrida, mas Lydiard foi o que teve o mais amplo apelo. A mensagem de Cerutty era mais espiritual e difícil de incorporar e, ao contrário de Lydiard, ele não seguia um programa de treinamento, mas atuava mais por instinto. O que eles tinham em comum era uma devoção à vida e a correr que durou até a velhice. Tudo girava em torno de dar o melhor de si no próprio desempenho e viver o mais apaixonadamente possível através da corrida – o que era uma metáfora da vida.

24
A revolução do *jogging*

> De repente, escorriam lágrimas em meu rosto,
> e eu senti uma força inimaginável do
> universo e um otimismo em relação a
> minha vida. Eu era um filho do universo.
>
> Craig D. Wandke, um *jogger* recém-convertido
> na Califórnia, nos anos 1970, correndo

Nos Estados Unidos dos anos 1970, circulava uma história sobre um funcionário administrativo que, certa noite, chegou em casa após o trabalho, nervoso e deprimido, já não podendo mais lidar com as pressões da sociedade. Ele decidiu cometer suicídio, mas como isso traria infortúnio a sua família e a deixaria estigmatizada, ele decidiu correr até a morte. Como ele era obeso, de meia-idade e fumante compulsivo, pensou que correr lhe daria um ataque cardíaco.

O homem correu o mais rápido que podia, ou seja, devagar e ofegando terrivelmente. Ele esperou em vão por seu ataque cardíaco. Pensando que os preparativos tinham sido insuficientes, foi para a cama mais cedo e comeu um pouco menos naquela noite. Na manhã seguinte, partiu em um ritmo mais suave para que pudesse correr mais e sofrer seu ataque cardíaco fatal – e ainda nada de ataque. Voltou para casa e notou que não se sentia deprimido pela primeira vez em meses; aliás, ele se sentia alegre. "Se correr não vai me matar, talvez vá me curar", pensou.

No dia seguinte, ele comprou tênis de *jogging* caros e apetrechos de primeira classe. Naquela mesma noite, tendo corrido ainda mais do que antes, um caminhão o atingiu quando ele atravessava a rua – e o matou.[1]

A iniciativa infecciosa de Lydiard

Depois dos Jogos Olímpicos de 1960, nos quais os neozelandeses Peter Snell e Murray Halberg conquistaram medalhas de ouro de forma sensacional nos 800 e 5.000 metros, respectivamente, perguntaram a Arthur Lydiard, seu treinador, qual era sua receita do sucesso. O clube Tamaki Lions, de Auckland, queria saber por que a Nova Zelândia estava, de repente, produzindo corredores tão bons. A resposta de Lydiard foi que, mesmo quando tivessem corrido uma longa distância, seus atletas ainda poderiam terminar suas corridas mais rápido do que os outros corredores. Ele estava pensando especialmente em Peter Snell, cuja arrancada final já era lendária. O segredo era um treinamento sistemático e racional cardíaco e de condicionamento com muita corrida estável, seguida por um período para elevá-los ao auge de suas condições.

Após a conversa no clube Lions, três homens de negócios aposentados chegaram para Lydiard e lhe contaram de seus problemas cardíacos. Um deles teve a ideia de que pacientes cardíacos talvez pudessem recuperar a saúde correndo. Mas o problema, na Nova Zelândia como nos outros países em 1960, era que os médicos geralmente proibiam pacientes cardíacos de fazer exercícios. Os pacientes que haviam sofrido infarto recebiam ordens de ficar quietos na cama por muitas semanas. Mesmo que não morressem – possivelmente como resultado da falta de atividade –, o músculo cardíaco certamente não se fortalecia.

Lydiard não era especialista na área médica, mas sabia que partes do corpo inevitavelmente se deterioravam se não usadas. Com a permissão de um médico, esses homens correram até a baía de Auckland, inicialmente caminhando de um poste de telégrafo a outro, depois trotando até o próximo, e assim por diante, até terem feito uma milha (1,6 km). A atividade começou de forma discreta, mas gradual. Eles conseguiram correr toda a distância e aumentaram a velocidade a até 12 quilômetros por hora. Isso era realmente sensacional, dadas as suas condições físicas de apenas alguns meses antes.

Alguns dos pioneiros de Auckland visitaram contatos de negócios em Christchurch, na Ilha do Sul da Nova Zelândia, onde seus anfitriões os acharam esbeltos. Eles atribuíram isso à corrida: não estavam mais doentes e se sentiam melhores do que nunca. Mandaram chamar Lydiard, para que ele pudesse pregar a mensagem, e os ilhéus do sul começaram a correr.

Alguns anos depois, Lydiard conheceu Colin Kay em um voo. Kay era um ex-esportista, dirigente esportivo e, mais tarde, foi prefeito de Auckland; tinha um grande círculo de contatos e era um bom organizador. Ele também estava fora de forma e um pouco acima do peso. Lydiard estava sempre pronto a falar de suas ideias e sugeriu a Kay que entrasse em forma.

Kay conhecia vários homens de negócios com problemas cardíacos, e os reuniu, com o cardiologista Noel Roydhouse, em sua casa, em uma manhã de domingo. Ali, Lydiard explicou os efeitos de correr de modo suave e gradualmente aumentar o ritmo, e o cardiologista expôs os aspectos médicos. Naquela mesma manhã, todos saíram para uma corrida, com Lydiard a alertá-los contra serem competitivos e, como estavam fora de forma, que não se esforçassem tanto a ponto de causar danos sérios.

Esse grupo de homens de negócios gorduchos e bem-humorados trotou e caminhou até a baía de Auckland, onde alguns deles nadaram um pouco antes de voltar penosamente pelo mesmo caminho. A distância não era mais do que uma milha, mais ou menos, mas nenhum deles havia corrido tão longe depois de adulto. Outro cardiologista, Jack Sinclair, um ex-campeão nacional da Nova Zelândia na prova de uma milha, adicionou peso médico ao projeto, e o grupo, que começou a se encontrar todos os domingos, tornou-se o Clube de *Joggers* de Auckland e atraiu muitos membros.

Eles chamavam essa forma agradável de correr de *jogging*. A palavra não era nova: era usada na Inglaterra do século XVII para descrever um tipo de corrida suave, fosse por pessoas ou animais, e, na Inglaterra, a palavra foi geralmente usada com relação a cavalos de trote. Em seu romance de 1884 *My Run Home* ("Minha corrida para casa"), o romancista australiano Rolf Broldrewood havia se referido a seu "jogging matinal" – uma corrida pela manhã –, mas a palavra era praticamente desconhecida fora de países de língua inglesa.[2]

O Cornwall Park, em Auckland, tornou-se um ponto de encontro para o número crescente de *joggers*. O parque tinha uma localização central e oferecia uma variedade de caminhos e trechos toleráveis de morros. Eles construíram ali uma sede de clube, e se encontravam para praticar essa atividade individual que, no entanto, tem um lado social, visto que Lydiard recomendava um ritmo de conversa, como forma de controlar a velocidade durante o treinamento básico. Entretanto, não foi algo isento de problemas. Enquanto corriam, esses pioneiros eram, às vezes, alvo de insultos, deboches e ridicularização por parte de motoristas e outros usuários das ruas, enquanto passageiros jogavam latinhas de cerveja vazias pela janela e motoristas buzinavam e atravessavam seu caminho. Mesmo na Nova Zelândia, era incomum ver corredores nas ruas. Um amigo de Lydiard treinava no escuro, a partir de uma base naval no norte de Auckland: um carro da polícia passou devagar e perguntou o que ele achava que estava fazendo.

"Estou correndo para o bem de minha saúde."

"Ah, sim, a gente conhece essa história!" Eles o prenderam e o detiveram a noite toda, com o argumento de que ninguém corre no escuro apenas pela saúde.[3]

O escritor e jornalista Garth Gilmour, outro amigo de Lydiard, trabalhava o dia todo e treinava à noite para sua primeira maratona. Após uma sessão noturna, um carro de polícia parou a seu lado, acenderam uma lanterna em seu rosto e um policial se dirigiu a ele de forma hostil.

Ele explicou que tinha tarefas a cumprir pela manhã e por isso estava correndo àquela hora, mas o policial desconfiou e respondeu sarcasticamente: "Então você está só correndo, é?".

Gilmour usava tênis de corrida e *short* sem bolsos, nada parecido com o traje padrão de um criminoso, e não carregava objeto algum. Depois de explicar o que estava fazendo, ele disse que estava escrevendo um livro sobre corrida e que não tinha tempo para treinar à luz do dia. Os policiais aceitaram a explicação, mas somente depois de segui-lo por quase um quilômetro.

Na Nova Zelândia, em 1960, como na maioria dos outros países do mundo, um corredor solitário à noite poderia ser tratado com considerável suspeita. Por que cidadãos mentalmente saudáveis e seguidores da lei se dariam ao trabalho de correr pelas ruas, e no escuro?

O movimento do *jogging* se espalhou por toda a Nova Zelândia. Em Hamilton, foi um cardiologista que tivera, ele mesmo, um ataque cardíaco quem tomou a iniciativa; em Dunedin, o Dr. Norie Jefferson foi a figura central. Ele colocou 80 corredores em um programa de três meses e os examinou. Com Lydiard conseguindo o apoio dos médicos, o movimento do *jogging* atraía cada vez mais gente, embora muitos médicos permanecessem céticos: a maioria fumava cigarros, embora tanto as pesquisas quanto o senso comum dissessem que isso era um perigo à saúde.

Em dezembro de 1962, Bill Bowerman, um treinador da Universidade de Oregon, visitou a Nova Zelândia com seus corredores. Ele e Arthur Lydiard se conheciam e trocaram experiências. O dia seguinte à chegada dos dois era um domingo, e Lydiard levou Bowerman ao Cornwall Park, onde membros do Clube de *Joggers* de Auckland de todas as idades estavam correndo. O americano tinha 50 anos de idade, mas considerava-se em boa forma para seu próprio tipo de exercício – caminhar e correr por 400 ou 500 metros. Evidentemente, ele se juntou aos *joggers* de Lydiard.

Bowerman aguentou a velocidade e o terreno por cerca de 800 metros, até que chegaram a um morro íngreme, onde ele ficou sem fôlego e um pouco apavorado, enquanto Lydiard disparou até sumir de vista, feito um esquilo. Um velho que passava entendeu a situação do norte-americano, formou uma retaguarda com ele, conduziu-o por um atalho e foi matraqueando, embora Bowerman não conseguisse responder e tivesse de mobilizar toda a sua força de vontade para completar a corrida encurtada. Seu bondoso ajudante, Andrew Steedman, teve de esperar por ele, apesar de ter 73 anos de idade e ser um sobrevivente de três ataques cardíacos. Steedman estava em melhor forma do que ele.

Aquela corrida mudou a vida de Bowerman.

Bowerman treinou quase todos os dias nas seis semanas que passou na Nova Zelândia e interrogou Lydiard sobre o *jogging*. Quem o fazia e por quê? Como eles começaram e quais eram as vantagens? Bowerman perdeu entre 4 e 4,5 quilos de peso e voltou para Oregon trazendo a mensagem que ele acreditava que os Estados Unidos precisavam. Um jornalista pediu que Bowerman resumisse suas impressões sobre a viagem, e ele considerou o *jogging* a coisa mais importante que havia aprendido. O artigo resultante, escrito por Jerry Uhrhammer para o *The Register General*, em Eugene, também continha um convite às pessoas para vir à pista local no Hayward Field assistir a uma palestra sobre o milagre do *jogging*.

O que é isso?

Em 3 de fevereiro de 1963, cerca de 25 pessoas vieram para aprender. Elas caminharam e trotaram, e foram para casa com novos conhecimentos. No domingo seguinte, os números haviam dobrado, e, no terceiro domingo, havia mais de duzentas pessoas, das quais um quarto eram mulheres. Uhrhammer escreveu um artigo em continuação ao anterior, e a *Life Magazine* fez planos para documentar esse raro fenômeno que ocorria em Eugene. No quarto domingo, algo entre 200 e 500 pessoas vieram à pista – eram tantas, que Bowerman teve medo de que, com tanta gente fora de forma, alguém tivesse um ataque cardíaco e morresse. Ele sugeriu que as pessoas fossem para casa e corressem pela vizinhança, até que ele pudesse deixar as coisas mais organizadas. Ele telefonou ao doutor Ralph Christensen, que o colocou em contato com Waldo Harris, um cardiologista de Eugene.

Bowerman e Harris montaram um programa de treinamento, cada um servindo-se de seus conhecimentos especializados: o ritmo inicial seria de 1,6 km em 12 minutos, um pouco mais rápido que uma caminhada. Quatro membros da universidade de Eugene participaram de um estudo-piloto, que consistiu em três meses de sessões de treinamento gradualmente crescentes.[5]

Charles Esslinger, diretor do Departamento de Educação Física da universidade, deu seu apoio a um estudo maior. Eles recrutaram 100 indivíduos de meia-idade, em sua maioria homens, que, divididos em dez grupos, treinariam três vezes por semana. Os resultados foram positivos e a maioria melhorou seu condicionamento, perdeu peso e se sentiu revitalizada, tanto física quanto mentalmente.

Instigados por esse sucesso, e ansiosos por espalhar a mensagem da Nova Zelândia (ele continuava se correspondendo regularmente com Lydiard), Bowerman e Harris escreveram um panfleto, em 1966. A ele seguiu-se, um ano depois, *Jogging: a physical fitness program for all ages* ("Jogging: um programa de condicionamento para todas as idades"), um livro fino que vendeu aos milhões. Bowerman não era o único nos Estados Unidos a promover o *jogging*, mas era, de longe, o mais conhecido.

"Quem quer ganhar um pouco de dinheiro – dois ou três dólares por vez?", perguntou Bowerman aos membros da equipe de corrida da universidade. Por acaso, um norueguês chamado Arne Kvalheim, que estudava em Eugene com uma bolsa de estudos de corrida na segunda metade dos anos 1960, concordou em atuar como instrutor de *joggers* antes de seu horário de trabalho.

Os *joggers* chegavam de carro às 6h30 da manhã, alguns gordos, outros magros, alguns fora de forma, outros um pouco mais em forma, e eles gostavam de ser supervisionados por astros de corrida reconhecidos. Eles seguiram o plano de Bowerman, começando com muito cuidado, caminhando 90 metros, depois trotando pela mesma distância: para pessoas fora de forma, é duro e, geralmente, tedioso, correr cerca de 1,6 quilômetro. Kvalheim nunca tinha visto uma iniciativa desse tipo na Noruega, e a estrutura também era desconhecida para os norte-americanos. Em muitos lugares havia pessoas que corriam, mesmo que não o fizessem competitivamente, mas, em meados dos anos 1960, era raro encontrar cidadãos comuns de um país industrial correndo em grupos. Essa nova cepa de corredores era de um modelo totalmente diferente dos atletas magrelos que competiam – e sua velocidade era bem mais lenta. Eles corriam por razões diferentes: não para vencer ou estabelecer recordes pessoais, mas para fazer algum exercício e perder peso.

O grupo em Eugene começou alternando corridas e caminhadas por 3,2 quilômetros – oito circuitos da pista. A carga aumentou gradualmente ao longo dos três meses do curso. Eles se encontravam três vezes por semana, percebiam um rápido progresso – a curva de condicionamento de uma pessoa fora de forma subia rapidamente. Um dentista de constituição robusta, pesando 120 kg, trotava por 3,2 quilômetros sem parar; após seis semanas, uma conquista impressionante, considerando seu peso.[6]

O grande crescimento do *jogging* havia se espalhado da Nova Zelândia para os Estados Unidos, e de lá para a Europa. Depois que os norte-americanos começaram a correr em números significativos, pessoas de outros países industrializados seguiram o mesmo caminho.

Um médico obeso e fora de forma

O médico mais conhecido por promover a corrida em escala nacional foi Kenneth Cooper, e ele também produziu livros vendáveis. Seu livro *Aerobics*, de 1968, parece até banal quarenta anos depois, porque trata de treinamento e condicionamento em nível quase infantil. Mas Cooper tinha de escolher cuidadosamente suas palavras em um país onde o carro era rei e a população, apenas a uma geração de distância dos rigores dos anos 1930, havia se esquecido de como se exercitar. Alimentos não saudáveis e falta de exercício levaram a um aumento de doenças cardíacas, e outras doenças da civilização – diabetes e obesidade – se tornaram mais comuns.

As mensagens que Bill Bowerman e Kenneth Cooper passavam se opunham ao estilo de vida sedentário. O presidente John F. Kennedy havia incentivado a educação física. Ele mesmo sofria de Mal de Addison, e ficava periodicamente dependente de muletas, mesmo que o público não as visse. Especialistas em educação física, como professores de ginástica, fisioterapeutas e o pessoal responsável pelo treinamento básico das Forças Armadas, estavam registrando padrões físicos declinantes na população dos Estados Unidos.

Kenneth Cooper praticava corrida tanto na escola quanto na universidade. Assim como a maioria de seus contemporâneos, seu declínio físico depois disso era perceptível, e ele ganhou muito peso. Em 1960, após concluir seus estudos e seu primeiro ano nas Forças Armadas, ele experimentou o que tinha sido seu hobby favorito, esqui aquático, e descobriu que só conseguia segurar-se à corda do barco por alguns segundos antes de ficar sem fôlego. Essa experiência, juntamente com uma pressão sanguínea mais elevada e várias pequenas mazelas, eram sintomas da perda de vitalidade de Cooper. Ele tinha 29 anos e deveria estar em seu auge físico em termos de idade.

Outros médicos no Ocidente já haviam notado os mesmos sintomas e tentado resolver seus próprios problemas com pílulas. Cooper, no entanto, era médico da Força Aérea e escolheu treinar seu condicionamento. Ele percebeu que sua pressão sanguínea havia voltado ao normal e que seus outros incômodos e dores desapareceram. Ele também começou a recomendar corrida a seus pacientes.

Uma série de casos de ataques cardíacos entre jovens aviadores estimulou sua reflexão. Eles tinham de passar por testes de admissão rigorosos antes do treinamento de voo, e sua visão e outros sentidos tinham de ser do padrão mais elevado. Mas isso não adiantava se o coração falhasse no ar ou quando o piloto estivesse em situações estressantes. Mais uma vez, correr provava ser importante para as Forças Armadas, mesmo com a alta tecnologia, justamente porque a tecnologia avançada tendia a minar a resistência. Cooper reconheceu algo que muitos outros haviam esquecido – que o coração é um músculo que se torna mais forte e mais eficiente com a prática sensata de exercícios. Sem ela, ele enfraquece.[7]

Milhões de norte-americanos participavam de esportes na escola, e números bem menores continuavam a fazê-lo como universitários. Mas após a época de faculdade, que geralmente terminava aos 22 ou 23 anos de idade, eles paravam totalmente com a prática, quando a vida profissional, responsabilidades de família e a vida adulta assumiam o controle. Correr era algo para crianças e jovens, e a minoria que continuava a correr depois disso era quase invisível. Os esportes e o sistema educacional estão intimamente relacionados nos Estados Unidos, e não há o mesmo sistema de clube que existe na Europa e em outros lugares. Assim, os *joggers* fundaram seus próprios clubes.

"Como podemos testar melhor a resistência?", perguntava Cooper. Ele próprio testava militares em serviço, enviando-os a testes de corrida que variavam de alguns segundos a 20 minutos, medindo as taxas de pulsação e distâncias e registrando os resultados, quer fossem realizados na pista, quer na esteira. Após muita experimentação, ele chegou à conclusão de que 12 minutos de corrida e a distância coberta nesse período proporcionavam um perfeito teste de condicionamento. Ele dava uma medida aproximada do consumo de oxigênio. Milhares de aviadores, soldados e marinheiros completaram o teste durante os anos 1960, o qual ficou conhecido como Teste de Cooper e espalhou-se para além dos Estados Unidos, levando às mais exaustivas sessões nas aulas de educação física quando o condicionamento era testado. Muito poucos europeus, durante os anos 1970 e mesmo depois, sabiam algo sobre Cooper e como seu nome tornou-se ligado a um duradouro teste de resistência, mas eles conheciam o "Teste de Cooper", e o nome bastava para instigá-los.[8]

Cooper ficou inspirado a pedir uma licença de dois anos para estudar saúde pública em Harvard. Suas disciplinas eram medicina preventiva, fisiologia do treinamento e medicina espacial. John F. Kennedy havia declarado que os Estados Unidos levariam um homem à Lua antes de 1970, e os requisitos e treinamento de astronautas receberam enorme atenção. Simultaneamente, houve um crescimento significativo do orçamento norte-americano de saúde. O condicionamento físico tornou-se uma preocupação nacional.

Depois de Harvard, em 1964, Cooper assumiu a responsabilidade pelo programa de condicionamento físico para astronautas da NASA. Pouco se sabia sobre as reações do corpo no espaço, mas era evidentemente necessário que os astronautas estivessem extremamente bem preparados. A meta declarada do programa era melhorar a condição física e a resistência dos astronautas, mas havia também a necessidade de desenvolver um programa de treinamento para evitar que os astronautas perdessem o condicionamento físico durante a missão.

Em 1965, o jornalista Kevin Brown visitou o Centro de Pesquisas para escrever sobre a simulação de ausência de peso. Cooper lhe disse que o que era realmente novo e sensacional no programa de treinamento era que ele servia para pessoas de padrões diferentes e de diferentes faixas etárias. Brown ficou entusiasmado com a ideia, e um artigo intitulado *Exercise the astronaut's way* ("Exercite-se à maneira dos astronautas") foi publicado na *Family Weekly* de janeiro de 1966, e lido por milhões.

O artigo causou grande empolgação. Era mesmo possível treinar como um astronauta? Havia algum tipo de fórmula mágica que funcionava com pessoas comuns assim como com aqueles super-homens escolhidos a dedo, que treinavam para uma das maiores e mais avançadas jornadas nos céus? A palavra "astronauta" estimulava a imaginação de uma nação ansiosa por conhecer os mistérios do espaço: a corrida espacial entre os Estados Unidos e a União Soviética fascinava os norte-americanos e muitos deles sonhavam em se tornar astronautas.

Os editores da *Family Weekly* pediram a Cooper que escrevesse um livro sobre suas descobertas, e, exatamente dois anos depois, *Aerobics* estava nas prateleiras, publicado no momento perfeito, um ano após o livro de Bowerman. Os dois livros juntos eram suficientes para assegurar que a maré do *jogging* crescesse, e Cooper e Bowerman estavam unidos em sua receita de melhoria de resistência para iniciantes: um aumento lento e gradual de distância e velocidade.

Cooper não apenas recomendava correr: natação, ciclismo, corridas e esqui *cross country* e quaisquer outras atividades que fortalecessem o coração e melhorassem a resistência eram boas, incluindo caminhadas. Norte-americanos fora de forma e muito acima do peso deveriam começar caminhando e gradualmente aumentar o ritmo até que estivessem correndo. A palavra *jogging* não foi usada no livro de 1968, mas foi tomada de Bill Bowerman e fez sua primeira aparição no livro seguinte.

Por muito tempo, Kenneth Cooper correu 40 quilômetros por semana, uma distância que, em sua visão, era bem mais do que o necessário para manter um bom e duradouro nível de condicionamento. Em uma entrevista à revista norte-americana *Runner's World* em setembro de 1970, ele admitiu que não gostava de correr, e seis anos mais tarde confirmou isso: "Eu não corro por prazer. Corro por causa dos grandes benefícios que isso traz. Se paro por alguns dias, consigo sentir meu enfraquecimento físico e mental".[9]

Ele corria para tomar ar fresco, contrabalançar o estresse do trabalho mental e como uma forma de relaxamento de todo o corpo. Quando um amigo próximo morria de ataque cardíaco, isso o motivava ainda mais.

No que lhe dizia respeito, correr era uma forma de medicina preventiva com muitos efeitos colaterais benéficos. Muitas das pessoas envolvidas nas primeiras fases do *jogging* davam a mesma resposta quando questionadas sobre por que corriam: "Porque me sinto muito melhor".[10]

Cooper e Bowerman testaram seus princípios em si mesmos, e isso talvez explique muito de seu sucesso. Eles viviam o que pregavam e davam um bom exemplo, em vez de serem apenas vendedores com uma mensagem saudável. E ambos tiveram lucros financeiros muito saudáveis com a corrida.

Religião ou esporte?

Os corredores tradicionalmente pertenciam a um círculo um pouco exclusivo que levava o esporte a sério, mas não tentavam influenciar outros a se juntar a eles. Muitas outras pessoas, no entanto, haviam descartado a prática, devido às aulas de educação física da escola – elas viam a corrida como uma forma de castigo. À medida que os *joggers* aumentavam em número na Nova Zelândia e nos Estados Unidos, durante os anos 1960, eles passaram a falar de sua nova e feliz descoberta: correr por diversão! É isso que está por trás do movimento do *jogging*.

Os *joggers* descobriram o que os esquiadores *cross country* já sabiam havia anos: que treinar pode ter conotações religiosas e que *insights* espirituais são alcançados ao longo do caminho. Sair para correr no campo pode levar o corredor a paisagens intocadas e, especialmente nos Estados Unidos, a terra do automóvel, essas experiências da natureza eram exóticas, eram um caminho para o crescimento espiritual. Os corredores emprestaram o vocabulário da religião e falavam sobre ser "salvos", ter "renascido", como se tudo girasse em torno de salvação. A corrida diária tornava-se uma meditação diária.

Alguns dos rituais dos corredores são reminiscentes de práticas religiosas. Eles se encontravam para grandes corridas no domingo de manhã, em vez de ir à igreja. Em vez de ouvir os ministros da igreja, eles conversavam entre si sobre sua purificação mental e física, após o quê, tomavam banho e comiam. Os corredores acreditavam em dietas específicas e programas de treinamento específicos, seguiam os conselhos de seus gurus e cultuavam seus ídolos. Na corrida, eles encontravam amigos, compreensão e conforto, e a véspera de competições importantes era devotada ao descanso como qualquer Sabbath. O grande deus era a "forma", e o processo de encontrar a forma não deixava espaço para o pecado: desvios das rotinas estabelecidas somente podiam ser justificados se melhorassem a forma – mas também podiam prejudicá-la.

Algumas pessoas se tornam cristãs depois de adultas. Elas nascem de novo, têm um vislumbre das coisas espirituais, ganham novos *insights* que as "salvam" e marcam um novo curso de vida. Algo semelhante aconteceu entre os corredores, frequentemente de meia-idade, que, de repente, começavam a correr muito, perder peso drasticamente e mudar a aparência e a personalidade.

Revistas de corrida norte-americanas recebiam relatos de leitores que haviam experimentado o êxtase enquanto praticavam *jogging*. Craig D. Wandke, da Califórnia, escreveu, nos anos 1970:

> De repente, escorriam lágrimas em meu rosto, e eu senti uma força inimaginável do universo e um otimismo em relação a minha vida. Eu era um filho do universo. Olhei para meus pés, que batiam no chão, e senti o ar fresco do verão enchendo meus pulmões. A sensação de êxtase durou talvez uns 30 segundos, e depois minhas lágrimas secaram, e continuei a correr, com a alma imensamente enriquecida por essa curta experiência.[11]

É possível que o efeito das endorfinas seja parte da explicação, junto com o fato de que o corredor estava exausto. Mas reações desse tipo também podem ter a ver com o ambiente, com a força da natureza, com a magia do sol, ar e verão. Vale a pena perguntar se pessoas de uma época e cultura diferentes também podem ter experimentado esse tipo de coisa ao correr. Era alguma libertação espiritual trazida pela corrida, algo que Wandke também teria experimentado se fosse um nativo americano na Califórnia do século XVIII? Talvez Wandke e norte-americanos como ele, vivendo em uma sociedade civilizada e distantes das coisas naturais, carecessem de i*nsights* que eram automáticos para pessoas que viviam perto da natureza e podiam apenas alcançá-los correndo e se tornando parte da natureza. Talvez correr tenha proporcionado algum tipo de compensação para a falta de contato com o eu primordial, e a corrida tornou-se um espaço livre das regulações e do confinamento da vida diária, um vislumbre da eternidade.

Nem todos podem ter o tipo de experiência que Wandke relatou: algumas pessoas têm seus sentidos e percepções mais finamente sintonizados que outras. Wandke vivia em uma época e cultura em que os jovens andavam em busca de uma "viagem", fosse por intermédio da música ou das drogas. Os habitantes mais jovens da Califórnia nos anos 1960 e 1970 eram conhecidos por sua cultura das drogas, e a meditação era muito difundida, juntamente com um interesse nas filosofias orientais. O espírito da época girava em torno da expansão dos horizontes e de se distanciar do estilo de vida da geração mais velha. Wandke bem poderia ter tido a mesma experiência intensa sentado em posição de lótus, em pé sobre uma prancha de surf ou viajando com LSD.

Ed Muzika era um discípulo do Zen em Los Angeles, nos anos 1970. Ele também era um *jogger* e acreditava que a corrida e a meditação tinham efeitos semelhantes. No início, corrida e meditação pareciam diferentes de tudo o mais, porém, gradualmente, o praticante fica tão acostumado à condição, que sente um "barato" permanente sem pensar a respeito. Os corredores e os sacerdotes e monges Zen raramente falam sobre isso até que a condição tenha desaparecido.[12]

As pessoas ouviam compenetradas os porta-vozes do movimento *jogging*. Em uma ocasião, Kenneth Cooper falou a uma plateia de 240 mil pessoas em um estádio no Brasil sobre a ligação entre o condicionamento físico e o bem-estar psicológico. Cooper era um homem profundamente religioso e, às vezes, dividia o palco com Billy Graham, o evangelista norte-americano internacionalmente conhecido. Por razões religiosas, Cooper não falava de corrida aos domingos e, como orador, ele lembrava um ministro da igreja, que tinha a capacidade de estimular seus ouvintes e difundir sua mensagem.

Os novos convertidos à corrida eram os mais propensos a tentar influenciar os outros a segui-los. Os veteranos tinham vivido com sua excentricidade por muito tempo e eram menos propensos à pregação. "Se faz bem para mim, faz bem para todos", esse era o *slogan* dos convertidos. Colegas e parentes notavam as mudanças físicas e de personalidade nos *joggers* – o modo de vida se tornava mais enérgico, tinham um andar mais confiante e, subitamente, ficavam absorvidos nos mistérios da corrida. Cortavam o cigarro, faziam novos círculos de amigos, e alguns deles até se divorciavam, porque achavam impossível viver com uma parceira ou parceiro obeso e fumante.

O *slogan* puritano "tempo é dinheiro" desenvolveu uma nova variante durante a febre do *jogging* – "tempo é saúde". O tempo pode ser usado para alcançar uma saúde melhor e um corpo mais esbelto, portanto, tornou-se permissível tirar um tempo para o lazer, pois beneficiava a saúde: o *jogging* era um investimento que pagava dividendos em curto e longo prazos.

Uma corrida saudável no meio do dia ganhava de um almoço pesado acompanhado de um drinque. Correr colocava o corpo e a mente para cima, em vez de arrastá-los para baixo e aumentar a cintura. Correr também era o modo de uma pessoa criar ordem e regular sua própria condição física – a não ser, é claro, em caso de ferimento. O *jogging* oferecia novas possibilidades de controlar o próprio peso, o condicionamento físico e o estado mental.

Do ponto de vista dos não corredores, os *joggers* podiam parecer egoístas, vivendo vidas estreitas que se voltavam apenas para treinar. O ponto alto de seu dia era o treino da corrida, e os horários de refeições e descanso tinham de se ajustar em função disso. As atividades dos fins de semana eram dominadas por competições. Para não corredores, os novos convertidos ao *jogging* eram fanáticos cujo estilo de vida era tão extremo quanto aquele que eles detestavam. Os corredores haviam sido sempre considerados ascéticos esquisitos, mas apenas jovens e esportistas ativos costumavam estar envolvidos: agora, no entanto, o *jogging* havia propagado a corrida para cima em termos de idade, e para fora em padrões – tinha se tornado uma fonte de juventude e uma forma de preencher o tempo livre.

Já no final dos anos 1970, uma corredora expressou o que havia se tornado uma visão comum: "A satisfação que consigo, os pontos altos, o tempo para pensar e resolver problemas, a energia – tudo isso prova que correr funciona. É por isso que minha devoção à corrida me faz mais feliz, torna minha vida melhor. É a mesma coisa que a religião faz para muita gente. Dá sentido a suas vidas. Eu realmente não entendo por quê, mas correr deu à minha vida um novo significado que ela não tinha antes".[13]

A mulher enfatiza que correr não tem nada a ver com uma crença em Deus, mas, antes, com uma crença em si mesmo, na própria força e na possibilidade de controlar a própria vida através da disciplina. Muita gente sentia que havia perdido contato com o próprio corpo e correr permitia reconquistá-lo. Junto com a revitalização do corpo e da mente, era essa dimensão espiritual que era particularmente poderosa.

Bob Anderson, editor da *Runner's World*, a mais importante revista para *joggers* dos Estados Unidos – aliás, do mundo –, ao responder, nos anos 1970, qual era sua religião, disse: "Sou um corredor".[14]

O *jogging* com moderação era uma solução sensata, saudável e um contraponto à degeneração física e à obesidade endêmica nos Estados Unidos. O *jogging* como fenômeno norte-americano também foi uma moda de vida curta, que muitas pessoas iniciaram e logo abandonaram.

Longe do divã do psiquiatra

O psiquiatra Thaddeus Kostrubala (1930-), de San Diego, Califórnia, era um praticante dos princípios freudianos, que utilizava a análise para desatar os nós da mente. No início dos anos 1970, ele aderiu ao *jogging* e notou o impacto positivo que ele também tinha em seu estado mental. Em 1972, iniciou um programa de reabilitação para pacientes cardíacos e, no ano seguinte, deu uma palestra sobre as alegrias e mistérios da corrida de uma perspectiva psiquiátrica. A plateia ouviu, mas ninguém fez perguntas depois, e ele achou que tivesse dado um vexame. No entanto, muitos dos presentes foram até ele e declararam que tinham tido experiências semelhantes: eles também haviam notado que correr estimulava a mente, liberando o que chegava a ser uma onda de alegria. Círculos médicos já começavam a aceitar que correr melhorava a forma física e tinha outros efeitos físicos benéficos, mas a ciência médica, tradicionalmente, fazia uma distinção entre corpo e mente.

O livro de Thaddeus Kostrubala de 1976, *The joy of running* ("A alegria de correr"), era um dos vários que surgiram do mesmo gênero. Ele afirmava que correr tinha um efeito terapêutico, que era uma cura para depressão, melancolia e, talvez, para doenças mentais mais sérias. Kostrubala saía para correr com seus pacientes, não apenas conversava com eles, e sabia de outros psiquiatras que faziam a mesma coisa. Em vez de distribuir prescrições de pílulas, Kostrubala prescrevia corrida. Como era de se esperar, foi colocado na berlinda por seus colegas – profissionais altamente respeitados, com vinte anos de estudos por trás, dificilmente poderiam recomendar algo tão simples. A resposta a complicados problemas mentais, certamente, deveria exigir métodos mais avançados, de preferência, métodos que resultassem de tecnologias sofisticadas e pesquisas científicas – novos tipos de pílulas, por exemplo. Kostrubala ia, portanto, contra um *lobby* econômico muito poderoso, embora admitisse que correr não era a resposta para todos os problemas psiquiátricos.

Correr havia sido usado nos Estados Unidos no tratamento médico de veteranos de guerra com danos psicológicos nos anos 1940, quando os psiquiatras tinham observado que seus pacientes ficavam mais calmos e mais capazes de escapar de seus problemas. Mas os psiquiatras haviam abandonado soluções desse tipo em favor de tratar os pacientes com uma torrente de sedativos e outras substâncias químicas. Kostrubala desafiava o paradigma psicológico da época, o qual, no que dizia respeito aos Estados Unidos, era idêntico aos *slogans* de anúncios da DuPont, a família mais rica do país: "Coisas melhores para uma vida melhor através da química".[15]

Psicólogos e médicos estudavam se havia alguma ligação entre depressão e corrida, mas percebiam estar em solo incerto, uma vez que a depressão era um diagnóstico muito vago. As coisas que um norte-americano bem nutrido dos anos 1970 poderia chamar de depressão eram frequentemente triviais ou problemas de luxo aos olhos de asiáticos e africanos pobres. Países como os Estados Unidos, com uma abundância de riqueza material, testemunhavam a ascensão de novos problemas, neuroses e diagnósticos que surgiam à medida que a população afundava em um estado de passividade física – um tipo de bônus negativo da afluência. Os psiquiatras norte-americanos estavam inundados de pacientes que sofriam de vários níveis de depressão, muitos dos quais teriam reagido positivamente à corrida, ou mesmo a qualquer tipo de atividade física.

Thaddeus Kostrubala era um crítico dos métodos de diagnóstico de seus colegas:

> Há um estranho sistema de valores em nossa sociedade que diz que preocupações e ansiedade não são bons. Algumas preocupações são absolutamente essenciais para sobreviver em nossa sociedade, assim como algum nível de depressão. Se sairmos dizendo que todos os medos e paranoias são perigosos ou patológicos, entendemos mal a situação. Há muitas outras doenças mentais mais sérias na sociedade atual e, em muitos casos, corridas de longa distância podem proporcionar uma cura surpreendente – muito mais do que os psiquiatras estão dispostos a aceitar.[16]

As principais revistas norte-americanas, como *Newsweek*, *Time* e *People*, colocavam o *jogging* em suas capas. Leitores e telespectadores norte-americanos dos anos 1970 não tinham como não tomar conhecimento, e músicos famosos do rock, como Alice Cooper, Brian Wilson, do Beach Boys, e a cantora Linda Ronstadt, todos diziam que a corrida os ajudou a deixar as drogas.

Rune Larsson, que mais tarde se tornou o ultracorredor sueco internacional, era uma exceção, pois caiu em depressão no meio de uma corrida. Certa manhã de domingo, após o jovem de 19 anos ter estudado muito e realizado uma maratona em 2 horas e 36 minutos, sua mente sofreu uma pane e a depressão o afligiu pelos cinco anos seguintes. Quando Larsson sentia-se abatido em uma largada, seu estado mental se deteriorava ao longo da corrida. Treinar não funcionava como terapia, pelo contrário, e ele se pegava sentado, congelando na floresta no meio de uma sessão de treinamento, mal conseguindo continuar – mas sem nunca chorar, embora ele talvez devesse se permitir fazê-lo. Mais tarde, quando seu estado depressivo diminuiu, ele se tornou um dos personagens mais animados das ultracorridas, usando seu excesso de energia e humor tanto para vencer grandes ultracorridas quanto para incentivar os outros. Os anos difíceis temperaram seu caráter e ele cresceu como ser humano.[17]

Endorfinas

A expressão *runner's high* (barato da corrida) descreve o estado mental elevado que um corredor sente durante ou após uma corrida. Era um conceito dos anos 1970, mas muito conhecido antes disso, embora não houvesse uma explicação cientificamente sustentável para ele.

Uma explicação bioquímica para a sensação de bem-estar dos corredores foi descoberta em 1975 por duas equipes de pesquisadores trabalhando independentemente uma da outra. Na Escócia, John Hughes e Hans Kosterlitz isolaram o que chamaram de encefalinas do cérebro de um porco. Por volta da mesma época, os norte-americanos Rabi Simantove e Solomone H. Snyder descobriram as mesmas substâncias em um cérebro de bezerro. Ainda independentemente deles, Eric Simon havia descoberto a endorfina – "morfina produzida naturalmente pelo corpo".

As endorfinas são substâncias bioquímicas que aliviam a dor e afetam a vontade de comer, beber e dormir. A substância é liberada no corpo durante corridas ou treinos, quando uma pessoa se apaixona ou sofre um ferimento. Após serem produzidas, as endorfinas podem permanecer no sangue por horas e, em grandes doses, podem induzir o êxtase.

Correr libera endorfinas, substâncias responsáveis pela sensação de bem-estar.

É possível que corredores estimulados estejam sentindo o efeito de endorfinas. Não há dúvida de que o corpo começa a produzir endorfinas após 15 ou 20 minutos de corrida, mas pesquisas posteriores questionaram se são endorfinas ou alguma outra substância o que produz a elevação sentida por corredores. Poderia ser o ar fresco ou o uso dos músculos (correr usa cerca de 60% dos 660 músculos do corpo), ou apenas o fato de o corredor estar realizando um pequeno feito pessoal? A paisagem ao redor, as belezas da natureza, caminhos macios, boas companhias e a luz do sol poderiam ser a causa?

Estudos realizados durante os anos 1980 avaliaram a ligação entre as endorfinas e o *runner's high* e descobriram que, mesmo quando o corredor testado tinha uma dose de um agente bloqueador da produção de endorfina, ele ainda experimentava o *runner's high*. O fato de os cientistas não terem sido capazes de produzir o efeito com absoluta certeza no laboratório é um complicador, pois torna mais difícil estudar as endorfinas e provar se elas são ou não a causa. Cientistas que tentam estudar corredores estimulados se deparam com um fenômeno concreto, mas, ainda assim, indefinível, que varia de indivíduo para indivíduo. Indivíduos em muito boa forma têm níveis mais altos de endorfinas.

Se os experimentos tiverem sido realizados com indivíduos correndo em uma esteira em ambiente fechado, a esteira deveria ser colocada ao ar livre, uma vez que a combinação de ar fresco e endorfina tem um poderoso efeito.[18]

Mulheres corredoras, em especial, têm comparado o *runner's high* ao orgasmo. O fisiculturista Arnold Schwarzenegger comparou suas pesadas sessões de treinamento na sala de pesos ao sexo. As semelhanças entre o sexo e a corrida são uma intensa percepção de presença, grande esforço e um poderoso fluxo sanguíneo em certas partes do corpo. Após uma intensa corrida, o corredor tem maior sensação de bem-estar, e alguns acreditam que o aumento dessa sensação é proporcional ao esforço despendido. O estresse e a dor desencadeiam a produção de endorfinas durante uma corrida, e elas amortecem a dor, o que talvez seja um antigo mecanismo de sobrevivência de corridas de caça. É possível que o homem primitivo fosse capaz de se esforçar mais porque as substâncias químicas do corpo aliviavam a dor produzida pelo esforço. Se esse for o caso, é uma característica evolutiva sensata.

Gurus da corrida

A bíblia dos *joggers* era o *The complete book of running* ("O guia completo da corrida"), de 1977, escrito por James F. Fixx – conhecido como Jim Fixx.

Ele começou a correr em 1967, aos 35 anos de idade, fase em que ele fumava dois maços de cigarro por dia e pesava 109 kg. Quando suas pernas musculosas apareceram na capa do livro que, inesperadamente, chegou ao topo da lista de *best-sellers* de 1977, ele já estava 27 quilos mais leve e era um *jogger* ardoroso. O livro o transformou em celebridade, e ele aparecia em programas nacionais e internacionais de TV e em grandes eventos de corrida.

Fixx deu ao movimento do *jogging* um rosto público nos Estados Unidos, mas o movimento ali já estava em pleno curso. Seu livro foi mais importante para o *jogging* na Europa, onde havia uma propensão à incorporação de tendências americanas, mesmo em áreas além dos filmes e da música. O movimento do *jogging* alcançou a Europa no final dos anos 1970 e cresceu bem ao longo de toda a década seguinte. Finalmente, os Estados Unidos estavam exportando algo útil, algo saudável, e não apenas cigarros e goma de mascar.[19]

O outro grande guru norte-americano da corrida a surgir nos anos 1970 foi George A. Sheehan, um cardiologista, filho de um médico também cardiologista de origem irlandesa. Sheehan, que cresceu no Brooklyn, em Nova York, como filho mais velho de uma família de 14 pessoas, corria quando estudante, mas parou quando começou sua própria família – que acabou chegando a 12 filhos. Somente após 1963, quando já estava com 45 anos, ele começou a correr circuitos curtos em seu jardim, em Nova Jersey, envergonhado em fazer isso já como um homem de meia-idade. Em pouco tempo, passou a sair para correr rotineiramente nos horários de almoço, e Sheehan tornou-se o típico corredor "nascido de novo".

Ele voltou à vida, tornou-se seu velho eu – aquele atleta esbelto que vivera para o treinamento diário e as competições. Talvez isso tenha sido o resultado de uma crise da meia-idade – o que quer que tenha sido, deu um grande impulso à sua vida.

"Correr me libertou. Eu parei de me preocupar com o que os outros pensavam. Libertou-me de regras e restrições que haviam sido impostas. Correr permitiu-me começar novamente".[20]

Correr foi tanto uma fonte de juventude quanto de sabedoria. Proporcionou a ele, o cardiologista que estudara e trabalhara com o corpo humano, uma nova familiaridade com seu próprio corpo, horizontes mais amplos e maiores conhecimentos profissionais. O corpo do corredor tinha cérebro e inteligência próprios, os quais estabeleciam exigências definidas. Não podia tolerar todo tipo de alimento no mesmo dia em que competia, e exigia que o estômago contivesse muito pouco, se fosse para dar o melhor de seu desempenho. Seus intestinos necessitavam de água em dias quentes, e suas coxas queixavam-se no vento do inverno, pois Sheehan preferia correr de *shorts*.

Correr enriqueceu a existência de George A. Sheehan de uma forma impressionante. Poucos autores adotavam uma visão tão metafísica da corrida, e poucos colocavam uma atividade tão banal na perspectiva mais ampla. Como um messias da corrida, Sheehan podia manter uma grande plateia enfeitiçada, mas não era nenhum filho meloso e sentimental da natureza romanceando sobre correr. Ele cresceu na cidade e preferia correr no asfalto. Competia muito, e vivia pelo cronômetro, empenhado em estabelecer novos recordes pessoais e provar que correr mantinha os estragos da idade afastados. Ele corria para se manter em forma, mas registrava impiedosamente como seu ritmo estava se tornando mais lento.

Ele corria porque precisava. Não se pode depositar a forma física no banco e sacá-la como e quando necessário, então ele corria todos os dias. Sem treinar, ele entrava em declínio, e como sua personalidade e sua autoimagem eram construídas em torno de estar em forma, ele tinha de continuar. A imagem que ele tinha de si mesmo – a de um corredor – precisava ser continuamente reabastecida com treinamento e competição. Sem correr, havia uma redução em seu bem-estar mental e emocional, e todo o seu investimento passado se perdia. Sheehan corria para ser hoje o que fora ontem, e para ser amanhã o que ele era hoje.

Sua coluna na *Runner's World* alcançou milhões de leitores. Ele expressava o que os *joggers* sentiam e experimentavam, e descrevia a vida interior e o universo mental.

A grande realização de Sheehan foi sua capacidade de ver a corrida tanto na perspectiva micro quanto na macro, e ele utilizava isso como uma metáfora da vida nos Estados Unidos da segunda metade do século XX. Suas ideias ofereciam boa munição aos oponentes da corrida: eles pensavam em Sheehan como um tolo, um subfilósofo, um palhaço suado, eternamente tentando reverter a maré da velhice e do declínio físico.

Sheehan aceitava que, para não corredores, esse era seu papel, e sabia que era fácil encontrar argumentos contrários aos seus. Mas Sheehan calçava seus tênis de corrida e sentia-se em casa, e não dava a mínima para o que o mundo exterior pensava, contanto que ele pudesse correr. Havia muito vigor e ambição no que ele escrevia, uma necessidade infantil de mostrar quem corria mais rápido, mas era muito direto ao declarar que havia apenas dois tipos de pessoas – as que corriam e as que não corriam. O entendimento mútuo entre elas era impossível: ele sabia, porque já pertencera a ambos os campos.

Sheehan e aqueles como ele reconheciam algo que os corredores sempre souberam – que correr, especialmente em uma superfície dura, pode levar a lesões, como joelho de corredor, fascite plantar, tendinite no tendão de aquiles e outros problemas, especialmente após corridas de maratona em superfícies duras. O que anteriormente fora um dos tópicos de conversas entre uma pequena seita de corredores – o risco de lesão e a frustração de não conseguir correr – agora se tornava um assunto de milhões de pessoas. Muitos simplesmente desistiam quando sofriam lesões, sem saber que a causa pode ter sido calçados errados, uma superfície muito dura ou um estilo de corrida defeituoso.

Desde o início, George Sheehan experimentou remédios que não o repouso, medicações, injeções e cirurgias quando ele ou seus pacientes se machucavam. Ele mesmo tinha uma série de lesões com as quais nem seus colegas mais habilidosos podiam ajudar, mas nunca houve de sua parte a hipótese de parar. Cabia ao *jogger* encontrar uma solução, de preferência com a ajuda de um especialista, mas havia poucos no início dos anos 1970, e mesmo eles tinham pouca experiência.

Sheehan contou a história de David Merrick, um bom corredor na escola, que depois sofreu severas dores no joelho. O conselho médico foram 14 meses de repouso, exercícios para melhorar a condição da lesão, medicações, injeções de cortisona e, finalmente, uma operação. O procedimento cirúrgico era o último recurso, mas ele também não ajudou. O mesmo processo foi experimentado novamente por mais 18 meses, até que os médicos recomendaram outra operação. A essa altura, o jovem já estava farto e consultou Sheehan.

Ele reconheceu que os pés de Merrick precisavam ser adequadamente ajustados. Após uma semana com palmilhas especiais, ele começou a treinar novamente, seis semanas depois, venceu um campeonato em arena fechada e, após mais três meses, Merrick venceu o campeonato universitário de *cross country*. Uma palmilha de apoio barata em seus calçados teve êxito onde vários anos de avançados – e desnecessários – tratamentos médicos haviam falhado.

Sheehan e seus colegas aprenderam a procurar o que estava causando o dano, como, por exemplo, uma peculiaridade biomecânica. E pensavam mais holisticamente. Lesões aparentemente inexplicáveis podiam, muitas vezes, ser corrigidas por meios simples, contanto que não tivessem ido longe demais. Ocasionalmente, uma operação seria necessária, embora o professor sul-africano Timothy Noakes, autor do definitivo *Lore of running* ("O saber da corrida"), alertasse contra operações a menos que fosse absolutamente necessário.[21]

Médicos e especialistas em pés formaram um melhor entendimento das lesões de corrida a partir dos anos 1970. A autoajuda, porém, era o ideal, e uma enxurrada de informações circulava entre os corredores. As lesões eram frequentemente discutidas da forma como os pacientes falam de suas doenças: como uma posse da qual eles nunca se livrarão, criando uma relação íntima com ela, tendo sempre de levá-la em conta – e aceitá-la.

George A. Sheehan foi diagnosticado com câncer de próstata em 1986, mas continuou escrevendo e treinando enquanto pôde. Ele morreu em 1993, deixando-nos oito livros e centenas de artigos com a corrida como tema central.

Vício positivo?

Vista de fora, essa parece uma mensagem estranha. Correr torna-se uma compulsão apesar da exaltação que o corredor faz de seu hobby?

O psiquiatra norte-americano William Glasser apresentou teorias sobre o vício em corridas em seu livro *Positive addiction* ("Vício positivo"), de 1976, o qual foi baseado em uma investigação anunciada na *Runner's World* dois anos antes. Em sua casa, na Califórnia, ocorreu a Glasser a ideia de que correr era um novo vício em propagação, mas raramente discutido.[22]

Segundo Glasser, há vícios negativos, como comer até ficar obeso ou fumar compulsivamente, mas há também aspectos positivos na tendência humana ao vício. Há alguns vícios que podem fortalecer e enriquecer a vida, ao contrário do alcoolismo e da dependência de drogas, que destroem a mente e o corpo. Glasser achava que vícios positivos podiam aumentar a força mental das pessoas. Alguém com um vício positivo gosta do hábito sem que ele domine sua vida – ao contrário do dependente de heroína, que está constantemente em busca do "barato", e se contenta em viver *para* o vício.

Como era de se esperar, 75% dos que responderam ao seu questionário, e que haviam corrido ao menos seis vezes por semana durante um ano, eram, segundo a definição psiquiátrica, viciados. As respostas a questões como "Você sofre quando tem de se abster de correr?" e "Você sempre tem prazer com suas corridas?" eram particularmente reveladoras. Os viciados riam e estavam perfeitamente felizes com seu vício. Eles haviam começado com a intenção de entrar em forma, mas foram pegos em uma armadilha e agora não podiam nem queriam parar.

Os sintomas que os corredores mostravam durante períodos de abstinência involuntária eram semelhantes aos sintomas de vícios negativos: apatia, falta de clareza mental, perda de apetite, sonolência, dores de cabeça e de estômago. Alguns deles sofriam contrações nas pernas à noite e sentiam-se deprimidos. Pessoas normalmente felizes e radiantes eram tomadas por uma sensação de melancolia que apenas sair para correr dissipava.[23]

Há uma série de exemplos de pessoas que correram todos os dias do ano pelas últimas três ou quatro décadas, independentemente de doenças ou lesões, porque adoravam, mas também para manter suas estatísticas pessoais elevadas. A mais conhecida dessas pessoas é Ron Hill, campeão europeu de maratona em 1969, e apenas o segundo homem do mundo a romper as 2 horas e 10 minutos – seu tempo foi de 2h09min28s. De dezembro de 1964 a 2008, ele correu todos os dias, frequentemente duas vezes, embora interrupções por lesões, operações e longos voos às vezes limitassem suas corridas ou o obrigassem a correr em ambiente fechado como corredores e salas de espera de aeroportos. Mas ele fez, no mínimo, uma milha por dia, incluindo a ocasião em que demorou 27 minutos para cobrir uma milha de muletas, logo após uma operação. Pode haver poucas pessoas no mundo que cobriram uma milhagem maior do que Hill, que geralmente corria na ida e na volta do trabalho e que, certamente, não tinha uma vida fácil fora de suas sessões de treino.

Um vício por correr não surge rapidamente. O viciado em potencial tem de aguentar uma hora de corrida contínua e alcançar certo nível de condicionamento físico, assim levará seis meses ou mais antes de se viciar. Pessoas mais velhas ficam viciadas mais rapidamente e permanecem viciadas até a velhice, enquanto puderem correr – mesmo se estiverem na prisão. Nos Estados Unidos, havia presos cumprindo sentenças perpétuas que se agarravam a sua corrida diária no pátio de exercícios: eles corriam em uma trilha batida junto ao muro da prisão para ter o maior circuito possível, e corriam o mesmo circuito monótono, dia após dia, ano após ano. O *jogging* tornou-se uma terapia importante e um vício bem-vindo para muitos prisioneiros.

Alguns corredores recorriam ao ciclismo quando estavam machucados, mas isso não proporcionava a mesma satisfação a corredores de verdade. Tinha algo a ver com o movimento, e Glasser acreditava que correr era uma atividade primordialmente humana, uma profunda necessidade de se mover da forma como os seres humanos haviam se movido originalmente para sobreviver. Ele apontava para a maneira como crianças pequenas correm instintivamente.

Na visão de Glasser, correr satisfaz os critérios de vício positivo. É um exercício voluntário, fácil de realizar e exige pouca energia mental. Pode ser feito sozinho e tem um valor para o indivíduo. O vício positivo proporciona uma sensação de sucesso que encoraja o indivíduo a continuar. Os corredores, além disso, têm de se aceitar enquanto correm: é impossível ser autocrítico ao correr e ainda se tornar viciado – isso, provavelmente, leva esse indivíduo a desistir da atividade.

O questionário de Glasser revelou muitos dados interessantes, tudo o que é possível, desde experiências elevadas a exemplos de peso na consciência. Timothy Charles Masters, de 24 anos, por exemplo, disse: "Quando falto a um treino de corrida, sinto que falhei comigo mesmo". Ele ficava com uma sensação de culpa até sua próxima corrida. Outras pessoas sentiam-se gordas, preguiçosas e apáticas se não saíssem, uma sensação de que seu pecado estava sendo punido por um sentimento de mau humor e um corpo mais pesado. Eles estavam pecando contra si mesmos, contra a própria imagem ideal, não contra um deus ou uma doutrina. Apesar de uma atitude geralmente relaxada em relação a tempos e recordes pessoais, a força motriz não declarada de muitos *joggers* era alcançar um peso ou uma forma específica. Quaisquer interrupções em seu treinamento significavam que eles estavam atrasando a conquista desse sonho ou autoilusão: e comer e beber em excesso podia reverter o processo. Mesmo um vício positivo pode causar dilemas físicos e espirituais: há exemplos de magreza patológica causada por transtornos alimentares, seja por comer muito pouco ou comer muito e depois vomitar.

A maioria dos *joggers*, no entanto, estava satisfeita em simplesmente se sentir melhor, e, ao contrário dos psicólogos e psiquiatras, não sentia necessidade de procurar mais atentamente desequilíbrios e anormalidades. "Me faz tão feliz", "Eu me sinto tão bem" ou "É tão divertido" eram as respostas padrão entre aqueles que continuavam correndo. Talvez a tendência dos psiquiatras de querer diagnosticar todas as chamadas anormalidades fosse, no mínimo, tão sintomática de desequilíbrio quanto correr.

Timothy Charles Masters gostava de ter seus dramas de consciência, pois eles o obrigavam a sair para correr, o que o deixava em forma, mantinha-o esbelto e aumentava sua autoconfiança – em sua visão, este último ponto era um dos grandes benefícios de treinar. Correr era tanto uma jornada interior quanto uma atividade física, de um tipo que não atrapalhava seu trabalho. Além disso, alterava sua percepção da vida, tornando-o mais filosófico e menos materialista.[24]

Muitos corredores sentiam-se um pouco superiores porque acreditavam ter uma vida melhor do que as outras pessoas. Era menos uma emoção egocêntrica do que uma crença de que correr aumentava a qualidade de suas vidas. Eles conseguiam pensar com mais clareza e rapidez, tinham mais energia, e alguns deles haviam perdido o desejo de beber excessivamente. Para a mente do *jogger*, a humanidade se encaixava em duas categorias: os que corriam e o resto. Como alguém poderia ficar de fora de algo que melhorava tanto a vida?

Uma consequência importante da febre do *jogging* foi que milhões de pessoas começaram a correr sem ligar para competição. Praticar *jogging* em um nível uniforme e agradável, o LSD – *Long Slow Distance* (Distância Longa e Lenta), como era chamado – trouxe uma nova dimensão à corrida. A propósito, era o exercício em si, não estabelecer o ritmo mais rápido possível ou manter o olho no relógio. Os principais objetivos eram melhorar a saúde, o bem-estar e a diversão, e não recordes pessoais. Isso estava no espírito de Arthur Lydiard, era isso que estava por trás de seus experimentos para encontrar os segredos da corrida de longa distância. As massas apenas começaram a correr quando as rotinas de treinamento se tornaram mais agradáveis.

A grande família dos corredores agora tinha mais liberdade, mais diversidade e menos inibições e havia espaço para todas as faixas etárias, todas as formas e tamanhos, não apenas os esbeltos e magrelos. Correr nas ruas e correr maratonas também implicava um escape das pistas cercadas e planas, de ambientes rigidamente regulados para o território asfaltado do carro. Todos eles conheciam as ruas, mas agora as experimentavam sem rodas e motores, e descobrindo que tudo ficava completamente diferente ao se deslocarem a pé. Tudo dependia da própria força e desempenho, sem ter nada a ver com o pedal do acelerador. Em vez de comprar um carro luxuoso e enchê-lo de gasolina, era necessário sair e treinar para alcançar e reter um bom padrão.

Escrevendo na *Runner's World*, Joe Henderson defendia a corrida suave na perspectiva de toda uma vida, como parte da boa vida. Ele era perceptivo o suficiente para entender que correr não era para todos: algumas pessoas odeiam, independentemente de terem experimentado ou de quanto os outros matraqueassem sobre os potenciais benefícios. Elas prefeririam esportes de equipe ou golfe ou tênis, ou levar o cachorro para passear. Henderson reconhecia que há muitos que correm durante meses e anos, depois param ou correm e param alternadamente, conforme se machucam. Mas os não praticantes de *jogging* ainda podem tirar alguma vantagem de suas experiências amargas com a corrida: se a ideia de correr é como um xarope intragável, eles podem, por exemplo, encontrar alguma outra maneira de se manter em forma.

Vício negativo?

Em 1978, o psicólogo do esporte William P. Morgan respondeu profissionalmente às hipóteses de William Glasser sobre corrida e vício positivo. Morgan era da opinião de que o abuso de corridas de longa distância, como do álcool e das drogas, tinha efeitos colaterais negativos, uma vez que os corredores ignoravam as lesões e a dor para continuar correndo e competindo. Ele também criticava os sacrifícios sociais feitos por corredores, como seu estilo de vida limitado e o ascetismo neurótico.

Segundo Morgan, o *jogging* lembrava o tabagismo em suas fases iniciais. Inicialmente parecia danoso e desagradável, e o *jogger* ficava sem fôlego, dolorido e possivelmente exausto. Se continuasse, porém, ele teria uma sensação de melhora de humor e um bem-estar físico maior que somente podia ser mantido aumentando-se as doses de treinamento. Embora Morgan aceitasse que um corredor podia encontrar paz interior, contanto que lhe fosse permitido treinar, ele não considerava isso positivo se o corredor se tornasse indiferente ao mundo a sua volta. O *jogging*, dizia Morgan, podia ser a coisa mais importante na vida, e tudo o mais que roubasse tempo ou atenção dele seria considerado negativo.

É certamente verdadeiro que centenas de milhares de *joggers* nos anos 1970 tornaram-se egocêntricos, a um ponto ao mesmo tempo cômico e bizarro. A febre do *jogging* fazia parte de uma inflação do ego que inundou o mundo ocidental. Correr satisfazia o desejo de autorrealização e juventude eterna, conquistados por seus próprios esforços. As décadas seguintes testemunharam inúmeras modas novas em nome da saúde e da ostentação, e o *jogging* foi, muitas vezes, a primeira tendência que esses novos "buscadores" da vida experimentaram – correr, afinal, é a mãe de todos os esportes. Avanços tecnológicos somados à enorme elevação dos padrões de vida nos anos após a Segunda Guerra Mundial deram à geração do *baby-boom* norte-americano a liberdade e a oportunidade de buscar um sentido na vida além e acima da família e do trabalho. Morgan adotou a visão de que tais energias e abundância deveriam ser usadas para algum propósito significativo, em vez de serem dissipadas em passeios de corrida ofegantes.

O que Morgan não reconhecia era que uma sociedade como os Estados Unidos, com seus enormes problemas de saúde, obesidade largamente disseminada e falta de exercícios na vida diária, estava destinada a reagir contra essas coisas. Nunca houvera um tempo na história da humanidade em que as pessoas tivessem tão pouca necessidade de se mover como parte de sua existência diária, e muitos outros países estavam seguindo a trilha dos

Estados Unidos. O movimento do *jogging* e outras tendências de treinamento, saudáveis ou não, eram reações necessárias, se a população não quisesse ficar reduzida à total impotência.[25]

Correr, na maioria das vezes, dava às pessoas mais energia para o resto do dia, e treinar capacitava-as a suportar o estresse da vida nas empresas. Até o presidente Jimmy Carter correu na segunda metade dos anos 1970. Quando ele desabou, completamente exausto, em uma corrida de 10 quilômetros, em 1979, o incidente foi usado como uma metáfora de sua falta de qualidades presidenciais, sendo a fraqueza física justaposta às más qualidades de liderança. A corrida não terminada veio a simbolizar uma falta de energia e vontade, e foi explorada por seu sucessor, Ronald Reagan, embora este se restringisse a posar montado a cavalo em seu rancho.

À medida que a maré de *joggers* subia, o mesmo ocorria com a média de idade, pois muitas pessoas em idade madura adotaram a prática e continuaram com ela depois da aposentadoria. A redução do processo de envelhecimento tornou-se um processo que consumia tempo dos *joggers* sérios, e eles tentavam medi-la pelo relógio. Embora recrutas recentes ainda pudessem estabelecer seus melhores tempos pessoais em uma corrida, como, por exemplo, a maratona até mesmo na faixa dos 70 anos, o processo de envelhecimento sempre vence, em parte porque forçar os limites pode facilmente levar a lesões à medida que a idade avança.

O esporte e a corrida dos veteranos eram uma revolta contra as convenções existentes. Por que deveríamos parar de fazer algo que amamos? Isso era parte da tendência ocidental que colocava mais ênfase na juventude e na vitalidade. As pessoas não queriam envelhecer tão rápido quanto as gerações anteriores, elas não queriam estagnar física e mentalmente ou ficar restritas ao comportamento e às atitudes considerados apropriados a um estágio específico da vida.

O mundo de Hollywood liderou a perseguição da juventude eterna. A indústria do rejuvenescimento já vinha atraindo astros do cinema e pessoas ricas havia muitos anos, e, nas décadas seguintes aos anos 1960, essa indústria começou a estender seus tentáculos para apanhar a população em geral. As técnicas dos astros do cinema para se manterem jovens e vigorosos – correr, por exemplo – eram agora vendidas como parte de um pacote para aumentar tanto a qualidade quanto a duração da vida.

25
Maratonas na cidade grande

> Eu nunca teria acreditado que a Maratona de
> Nova York pudesse fazer alguém chorar. É uma
> visão do Dia do Juízo.
>
> Jean Baudrillard, sobre assistir à maratona em meados dos anos 1980

Em 13 de setembro de 1970, 126 corredores participaram da primeira Maratona de Nova York. Os 55 corredores que terminaram haviam completado quatro circuitos no Central Park sem atrair a atenção da imprensa ou da televisão, e foram aplaudidos em casa por parentes, amigos e entusiastas. Poucas entre as outras pessoas que por acaso estavam no Central Park naquele dia – patinadores, passeadores de cães e casais de namorados – sabiam alguma coisa sobre a maratona, além do fato de que era um estranho evento olímpico que atraía tipos excêntricos.

Um homem de barba, Fred Lebow, chegou em 45º. Ele era um dos iniciadores da corrida, e bancou boa parte dos magros mil dólares que o evento custou, principalmente para a compra de bebidas e relógios de pulso baratos como prêmios. Ele havia começado a correr sozinho no ano anterior, mas logo buscou a companhia do Clube dos Corredores de Estrada de Nova York, do qual se tornou presidente, em 1972.

Lebow queria que o mundo todo corresse – adultos, jovens, crianças, mulheres e idosos – e queria que eles corressem longas distâncias. Esse imigrante romeno, que falava inglês com um forte sotaque, era fervilhante de ideias e tornou-se um dos mais persistentes defensores das corridas de massa nos anos que se seguiram.

Nova York oferecia oportunidades com as quais Lebow sequer poderia sonhar em sua juventude em Arad, na Romênia, onde nasceu em 1932 como sexto filho de uma família se sete pessoas. Os Lebowitz eram uma família de judeus ortodoxos, e o pai de Lebow foi um mercador de quem ele herdou a atitude social expansiva que o ajudou a ter boa condição mais tarde na vida. A família escapou de ser mandada para um campo de concentração durante a guerra e emigrou para Israel no final dos anos 1940. Fred ficou na Europa, levando uma vida desenraizada como, entre outras coisas, contrabandista de diamante e açúcar, até que foi para os Estados Unidos, em 1951, com uma bolsa de estudos. Ele trabalhou para subir na vida, e, no começo dos anos 1970, já estava envolvido no ramo de *prêt-à-porter*.

Fred Lebow amava correr acima de qualquer coisa. Ele não era um daqueles ilustres organizadores tradicionais de terno e gravata, um pilar da sociedade com esposa e família, ele era um empreendedor ativo e entusiasmado que encontrou em Nova York o ambiente mental certo para sua energia e paixão de vida. Como é comum acontecer com empreendedores bem-sucedidos, seu trabalho e seu hobby tornaram-se uma coisa só. Lebow *era* a Maratona de Nova York, pelo menos para o mundo exterior, embora fosse assistido por uma grande equipe que trabalhava de forma bem mais anônima.

O grande impulso veio em 1976, quando a Maratona de Nova York percorreu todos os cinco distritos pela primeira vez. A ideia de mudar a rota veio de Ted Corbitt, uma das lendas da maratona e ultramaratona da cidade, o qual achou que a mudança aumentaria o reconhecimento público da corrida. Lebow inicialmente foi contra, pois, dado o número crescente de inscritos, já era bastante difícil organizar a corrida no Central Park. Como isso iria funcionar nas ruas comuns da cidade mais movimentada do mundo? Conseguir a permissão da polícia mostrava-se difícil, e até as autoridades da cidade eram contra a ideia. Além disso, a corrida de 1975, na qual 500 pessoas chegaram ao fim, perdeu dinheiro.

Em 1976, no entanto, com a ajuda das comemorações do bicentenário dos Estados Unidos e um recém-descoberto entusiasmo das autoridades da cidade, a polícia deu permissão, e a família de Samuel Rudin ofereceu 25 mil dólares de patrocínio. (Rudin era um rico homem de negócios que morrera naquele ano, mas fora um corredor 50 anos antes.[1]) Lebow, com bons assistentes e Ted Corbitt como o homem com conhecimentos do local, saiu pelo labirinto das ruas de Nova York, em dezembro de 1975, para elaborar uma rota. Lebow queria o mínimo possível de problemas de trânsito, o mínimo possível de travessias de ruas e semáforos e, de preferência, não muitas pontes. Os homens mediram a distância a pé e de carro, verificaram e rejeitaram alternativas, até criarem uma rota que cruzava quatro pontes e incluía 220 travessias de ruas.

"Fora de questão!", foi a primeira reação da polícia: levaria ao caos total e a acidentes, além de uma pane total no vagaroso e barulhento formigueiro do trânsito nova-iorquino. Mas como as mais altas autoridades da cidade insistiam, e como era o ducentésimo aniversário dos Estados Unidos, a oposição e o ceticismo transformaram-se em entusiasmo e numa determinação "deixa comigo" de mostrar ao resto do país que Nova York dava conta de tudo.

No começo do verão de 1976, Lebow convocou uma entrevista coletiva para anunciar o fantástico evento. Não apareceu um jornalista sequer, e Lebow reconheceu que precisaria de astros da corrida nacional e internacional para despertar o interesse. Frank Shorter e Bill Rodgers eram os maiores nomes da maratona norte-americana e prometeram participar, assim como Ron Hill e Ian Thompson, da Grã-Bretanha, e Franco Fava, da Itália. Lebow agora fazia contatos com o nível mais alto do mundo da corrida.

Mesmo em 1976, os organizadores já contavam com o registro dos participantes feito por computador. O problema naquele ano é que o sujeito que introduzia os dados vinha fazendo isso no apartamento de sua namorada, até que ela o expulsou. Infelizmente, havia 200 formulários de inscrição ainda esperando para ser registrados, e a moça furiosa se recusava a deixar o ex-namorado ou qualquer um entrar no apartamento para buscá-los. Lebow negociou com ela por telefone, usando toda a sua habilidade histriônica: "É lógico que seu namorado tratou você mal, mas isso não é motivo para punir toda a Maratona de Nova York. Há formulários aí que são de alguns dos melhores corredores do mundo – certamente você não vai querer puni-los".[2]

Nada a impressionava, mesmo que Lebow implorasse e fingisse chorar no telefone. Isso significava que os organizadores precisavam pedir aos 200 infelizes corredores que preenchessem novos formulários imediatamente antes do início da prova. Em anos posteriores, os organizadores investiram um bocado de recursos para garantir que teriam cópias de todas as inscrições que chegassem.

Lebow teve pesadelos com a aproximação da corrida, acordando suado como se tivesse saído para correr, com a mente cheia de imagens horríveis do que poderia acontecer em um evento que nunca fora tentado em uma cidade antes. Ele dirigiu pelo trajeto com um caminhão de entregas na manhã da corrida, seguindo a linha azul no asfalto que marcava a rota. A maioria das coisas estava em ordem, mas, como um tenso diretor de teatro antes da estreia, ele via armadilhas em potencial por toda parte. Na metade do circuito, a polícia havia erguido as barreiras incorretamente, de modo que os corredores seriam direcionados para as faixas de rodagem entre o Brooklyn e Queens, em vez de ficarem no passeio. Lebow saltou do caminhão e começou a arrastar as barreiras como um maníaco – soltava palavrões e empurrou um policial com tanta força que foi ameaçado de prisão, mas, felizmente, seu motorista veio salvá-lo e o arrastou de volta ao caminhão.

A corrida foi um enorme sucesso. O *New York Times* estimou que meio milhão de pessoas se alinhou nas calçadas para ver os corredores, 1.549 dos quais terminaram a corrida, incluindo 63 mulheres. Havia corredores de 35 estados dos Estados Unidos e de outros 12 países. Quinhentas inscrições haviam chegado muito tarde e tiveram de ser rejeitadas.

Lebow e sua turma de organizadores ficaram acabados, mas prontos para continuar seus esforços. Uma tradição havia sido estabelecida. Há algo ao mesmo tempo mágico e contraditório na Maratona de Nova York. A grande cidade era um destino exótico, a força motriz por trás das finanças modernas, bem como a capital criminal dos Estados Unidos, mas havia corredores de todos os padrões arriscando a sorte no meio das ruas principais entre os imensos arranha-céus. Era uma situação impressionante – um dia por ano, a cidade permitia que pessoas a pé tivessem primazia no reino do carro. As pessoas comuns receberam o controle da selva metropolitana e, mais do que isso, eram festejadas por uma parede de espectadores.

Fred Lebow estava permanentemente se deslocando para outros países para difundir a ideia de praticar corrida nas ruas, nas maratonas das cidades. Ele citava com gosto os números crescentes da Maratona de Nova York: 11.400 participantes em 1978, 17.000 em 1983 – e 44 mil haviam sido recusados. Os números continuaram a aumentar, chegando ao dobro disso, e, em 1983, Lebow distribuiu 2 mil credenciais de imprensa para o dia da maratona. Estimava-se haver 100 mil *joggers* nos Estados Unidos em 1968; oito anos depois, esse número havia se tornado 27 milhões.

A maratona se tornou uma competição não para alcançar uma boa colocação ou um bom tempo, mas um ritual a se passar, um símbolo de vigor e vontade. Antes da tendência das maratonas dos anos 1970, os percursos eram geralmente fechados após quatro horas. Em 1981, porém, um terço dos que participaram, mais de 4 mil corredores, levou mais do que quatro horas na Maratona de Nova York, e o número de corredores lentos aumentou ano após ano. Os marcadores de tempo ficavam a postos, e os espectadores festejavam até o último.

Correr nesse nível durante esses anos não envolvia todas as classes sociais. Em Nova York, eram pessoas da classe média alta que inundavam as ruas para a maratona, e, em 1983, quase 90% dos membros do Clube dos Corredores de Estrada de Nova York tinham nível superior de escolaridade.[3] Brancos com boa escolaridade iam e voltavam do trabalho correndo, ou calçavam seus tênis de corrida durante os horários de almoço. A maratona, que antes tivera baixo status e fora vista como um evento para excêntricos (a menos que houvesse dinheiro envolvido), agora ganhava um alto status e oferecia uma grande premiação em dinheiro. Em 1976, Bill Rodgers recebeu 2 mil dólares por fora para participar da Maratona de Nova York, e Frank Shorter também recebeu uma boa soma. Os pagamentos pela maratona e outros eventos atléticos eram extraoficiais na época, embora todos os envolvidos soubessem que eles ocorriam: somente a partir de 1982 o pagamento foi oficialmente permitido.

A televisão transmitia a corrida ao vivo, e os direitos televisivos pagavam grande parte do custo. Corridas de rua e as maratonas tornaram-se esportes televisionados populares. O orçamento da corrida cresceu para 1,3 milhão de dólares em 1983, e continuou a crescer, em parte porque cerca de 30 milhões de norte-americanos já se denominavam como *joggers* nessa época. O número de sócios do Clube de Corredores de Estrada de Nova York chegou a 24 mil em 1984, tornando-o o maior clube desse tipo no mundo. Cerca de 35 funcionários trabalhavam na sede do clube, e outros 4 mil trabalhavam para o clube voluntariamente, organizando centenas de eventos o ano todo. E acima de todos eles, como um reizinho entusiástico e sorridente em trajes de treino, estava Fred Lebow, a personificação da febre do *jogging*.

O clube também liderava o mundo em termos de tecnologia. Allan Steinfeldt, um corredor e especialista em computadores, era o responsável pela seção de computação, e estabeleceu um padrão para outros organizadores de corrida que usavam computadores. Por volta de 1978, eles desenvolveram tiras codificadas que eram afixadas ao número de largada dos corredores: as tiras eram arrancadas na linha de chegada e lidas por *scanners* eletrônicos.

Todos os anos, a equipe queria melhorar em relação à maratona do ano anterior. Progresso era o nome do jogo – assim como no mundo dos negócios, não adiantava descansar sobre os louros de sucessos passados. O sucesso deveria ser um trampolim para algo ainda melhor e mais espetacular, que incluía superar as maratonas de outras grandes cidades. A partir do final dos anos 1970, havia uma rivalidade entre as maiores corridas dos Estados Unidos, inclusive, do resto do mundo: eles competiam para atrair os astros e providenciavam os melhores cachês por participação, listas de inscrição e bônus para os vencedores. Como outras indústrias em crescimento, as maratonas das grandes cidades passaram por várias fases. No começo, eles operavam com déficit, contando com voluntários e idealismo, mas, depois, patrocinadores maiores entravam em cena, junto com direitos televisivos, oportunidades de publicidade e a necessidade de seus próprios especialistas financeiros. Isso aconteceu em Nova York poucos anos depois da primeira corrida: corridas de longa distância para as massas tornou-se um negócio, não apenas um hobby para suar.

Um filósofo cético

> Eu nunca teria acreditado que a Maratona de Nova York pudesse fazer alguém chorar. É uma visão do Dia do Juízo. É possível falar de sofrimento voluntário da mesma forma que falamos de servidão voluntária? Todos eles buscaram a morte, a morte por exaustão que era o destino de Filípides, há mais de dois mil anos, quando, não nos esqueçamos, ele trouxe para Atenas as notícias da vitória em Maratona.
>
> Sem dúvida, esses maratonistas também sonham em carregar uma mensagem de vitória, mas há muitos deles, e sua mensagem já não tem sentido algum: não é mais do que a mensagem de sua chegada à meta de seu esforço – uma obscura mensagem sobre um esforço sobre-humano e inútil.[4]

O filósofo francês Jean Baudrillard assistiu à Maratona de Nova York em meados dos anos 1980. Ele reconhecia a beleza do esporte de alto nível, mas ficava desalentado com o fato de que qualquer um podia participar e, assim, poluir os aspectos estéticos do que havia sido um ambiente exclusivo. A prática tornara-se um show com milhares de pernas. A elegância fora substituída por figuras opacas que careciam de talento para inspirar os espectadores, que tinham por motivação a autossatisfação baseada na ilusão vendável de que o esforço enfadonho era, de alguma forma, algo de valor. A Maratona de Nova York era o símbolo dessa loucura – a maratona havia se tornado um feito heroico, desprovido de qualquer significado. Era como escalar uma montanha ou pousar na Lua, uma tentativa programada de realizar algo que levava a coisa alguma e, assim, extinguir os sonhos. Era uma espécie de suicídio público, simplesmente para demonstrar que alguém podia ir até o fim, mas com que propósito e a que preço?[5]

Baudrillard olhava para trás da maré feliz de *joggers*, para trás das hordas satisfeitas e razoavelmente em forma que buscavam desafios físicos em companhia de outros em uma sociedade totalmente carente disso, pelo menos na vida profissional. A Maratona de Nova York era a Olímpia dos *joggers*, e eles vinham de longe em peregrinação, simplesmente para participar de seus duros rituais.

Para Fred Lebow, esses participantes medíocres representavam uma vitória sobre a inatividade e essa vitória era, no mínimo, um triunfo tão grande quanto as realizações da elite. Eles estavam vivendo o ideal esportivo pelo qual o participar é, em si mesmo, a realização.

Baudrillard argumentava contra a maratona: "Ela é insalubre, os participantes sofrem durante o percurso, e a dor fica com eles por dias e semanas depois, na forma de rigidez e músculos desgastados". Ele era crítico porque ficava fascinado por ela – ainda que sua fascinação fosse desesperadora.

Uma tendência duradora?

Assim como a febre do *jogging* espalhou seus tentáculos ainda mais amplamente, as maratonas nas grandes cidades tornaram-se uma tendência a partir dos anos 1980, primeiro no Ocidente, e depois em outras partes do mundo. Autoridades municipais viam o valor desse tipo de carnaval moderno, pois ele oferecia lucros e publicidade, e um completo contraste com a vida diária dominada pelos veículos da cidade. Imagens na televisão e fotografias de dezenas de milhares de pernas no início de uma maratona eram transmitidas para o mundo, mostrando uma fila serpenteante e lenta de pessoas na traseira do grupo. Mas todas elas se moviam, e todas tinham uma meta nobre em mente.

Nas décadas após os anos 1970, o crescimento da população das grandes cidades do mundo continuou à medida que as pessoas para lá se mudavam vindas de zonas rurais. A metrópole tornava-se, assim, cada vez mais importante para a identidade, mesmo para aqueles que viviam longe dela: quando se imitam tendências metropolitanas, quem o faz pode ter certeza de não estar ficando para trás de novos desenvolvimentos. Olhe para a metrópole – é ali que o homem moderno pode aprender as lições de eficiência e consumo. O turismo nas cidades era uma área em crescimento, e a ligação entre a corrida e o asfalto tornou-se uma demonstração desejável das atrações da cidade – todas ganhavam vida nas imagens de TV e eram impulsionadas pelas autoridades e forças financeiras da cidade. As maratonas nas cidades grandes eram uma maravilhosa mistura de interesses comerciais e festival para entusiastas, uma situação do tipo ganha-ganha para os organizadores, patrocinadores e participantes, fazendo-os se preocupar menos com os desembolsos financeiros e o desgaste do corpo humano.

Maratona de Nova York de 2005 – Ponte Verrazano.

A maratona urbana em Nova York calculava o entretenimento com precisão de segundos. Era uma esfera cronometrada e moderna de esforço duradouro, para a qual a preparação e o treinamento eram reminiscentes tanto da devoção religiosa quanto da ética de trabalho da sociedade industrial. Eram necessárias pessoas obstinadas e metódicas para cobrir tantos quilômetros monótonos em uma superfície criada para o carro, com o triplo do peso corporal do corredor caindo sobre seus músculos e o esqueleto a cada metro do caminho.

Na hierarquia dos *joggers*, era algo natural ter a meta de completar uma maratona urbana. Era não apenas um teste de masculinidade, mas também um símbolo orgulhoso, embora ofegante, da necessidade da espécie humana de encarar desafios físicos em companhia de outros. As vidas da maioria dos *joggers* não envolviam trabalho físico intenso em equipe na agricultura ou na indústria e, ao correr em uma multidão, eles experimentavam o companheirismo e o senso de pertencimento, ao mesmo tempo que satisfaziam seus instintos competitivos. Eles sentiam alegria interior e dor intensa em variados níveis, sentiam orgulho e exclusividade, visto que partilhavam uma linha de largada com a elite internacional. A maratona da cidade era uma jornada em uma fascinante selva urbana, uma viagem pelas áreas exploradas da alma e uma expansão dos próprios horizontes físicos. Corridas como essas, mesmo aquelas com distâncias menores, entre atrações turísticas e arranha-céus, tornaram-se uma memória para toda a vida. Fred Lebow e aqueles como ele reconheceram isso e difundiram a mensagem com todo o fervor de apóstolos.

Quando a ideia da Maratona de Nova York foi concebida, o objetivo era fazer com que mais pessoas corressem. A forma como o evento se desenvolveu pode ser vista como uma extensão desses ideais originais, juntamente com um empreendimento comercial bem-sucedido. Foi essa combinação que tornou a corrida tão bem-sucedida.

26
Mulheres maratonistas

Uma delas chorava de desespero,
seus rostos estavam contorcidos e feios, e elas
tremiam como se sofressem de febre tifoide.

Um jornalista norueguês após os 800 metros olímpicos
para mulheres, em 1928

Até parte do século XX, ao menos nas sociedades ocidentais, pensava-se que as mulheres não deveriam correr longas distâncias. As mulheres do povo Tarahumara, no México, corriam por horas sem lhes acontecer nada de mau, mas elas eram filhas da natureza, como os nativos americanos dos Estados Unidos, cujas mulheres também cobriam longas distâncias até a apatia das reservas mudar as coisas.

Os chineses sabiam que as mulheres eram feitas para resistência, e as mulheres do Exército Revolucionário Vermelho nos anos 1930 viviam uma vida dura. Chinesas pobres da zona rural só conheciam uma vida de labuta e, quando vestiam uniformes, correr tornava-se obrigatório. A soldado Zhao Lan contava que elas acordavam cedo, faziam treinos com armas e todos os tipos de exercícios físicos: "Também fazíamos uma corrida de longa distância todos os dias. Gostávamos de todos os tipos de esporte, especialmente corridas de longa distância, porque nos ajudava quando estávamos em combate".[1]

Wei Xiuying, outra soldado, foi vendida por seus pais como noiva quando tinha apenas 5 anos de idade. Durante seu crescimento, trabalhou nos campos do amanhecer até tarde da noite, tendo pouco para comer e apanhando como castigo. Quando o Exército Vermelho chegou a sua aldeia, ela cortou o cabelo bem curto como protesto e se alistou. Wei e outras garotas duronas conseguiam correr e marchar longas distâncias e carregar cargas pesadas.

Os comunistas da União Soviética também reconheciam a força e a resistência das mulheres. No esporte soviético entre as guerras, as mulheres eram colocadas em pé de igualdade com os homens, uma vez que igualdade tinha lugar sagrado no programa socialista da revolução de 1917. As mulheres soviéticas eram consideradas fortes, duras e capazes de praticamente os mesmos desempenhos dos homens. Ideais semelhantes existiam na classe trabalhadora e em pequenas comunidades rurais do Ocidente, onde o trabalho pesado e gestações frequentes eram a norma. O esporte olímpico, no entanto, era dominado por uma ideologia burguesa que definia as mulheres como mais fracas, mais sensíveis e sem o impulso ou a capacidade de treinar e competir em longas distâncias. Na verdade, estas eram consideradas prejudiciais e, na visão dos especialistas, podiam ameaçar a fertilidade.

Os 800 metros femininos na Olimpíada de 1928 deixaram uma profunda cicatriz. A corrida foi realizada em um dia quente, e várias das corredoras desabaram na chegada. Um dos jornalistas noruegueses presentes escreveu:

> As palavras "mulheres" e "atletismo" nunca deveriam ser pronunciadas no mesmo fôlego, uma vez que há tão gritante desarmonia entre elas. Vimo-lo, e muito claramente, nos Jogos Olímpicos de Amsterdã. A participação das mulheres nos 800 metros foi um horror absoluto. Elas largaram gemendo, com os braços a se debater; uma parou no meio do caminho, com um gesto fatigado, enquanto as outras terminaram a corrida totalmente despedaçadas. Uma delas chorava de desespero, seus rostos estavam contorcidos e feios, e elas tremiam como se sofressem de febre tifoide.[2]

O jornalista da revista alemã *Der Leichtathlet* expressou uma visão diferente e mais positiva. Ele elogiou a boa forma e o físico da vencedora e suas largas passadas, e julgou a participação como um desempenho atlético, não como uma atração paralela inusitada. Após um bocado de crítica, a resistência às corridas femininas foi parcialmente superada na Alemanha – embora a imprensa e a opinião pública tivessem precisado de tempo para se acostumar com a ideia. O atletismo era forte na Alemanha, e as alunas da Faculdade de Educação Física tinham de correr 3 mil metros em um tempo determinado.

A visão de mulheres exaustas desabando após os 800 metros levou à exclusão do evento das Olimpíadas, sendo reintroduzido somente em 1960. Ainda assim, o atletismo de mulheres avançava na Europa, Oceania e Estados Unidos durante os anos 1930, com o *sprint* como evento de corrida. A primeira corrida oficial de uma milha (1,6 km) na Grã-Bretanha no período moderno foi realizada em 1936.

As pioneiras em corridas de longa distância deixaram poucos vestígios nos livros de história. Grandes eventos, como a corrida de 12 quilômetros em Paris, em outubro de 1903, quando 2.500 jovens vendedoras correram, e a vencedora chegou em 1 hora e 10 minutos, não levou a um movimento em massa. Pelo menos vinte espectadores – a maioria homens – assistiram, assobiando e torcendo pelas garotas que corriam em trajes de trabalho ou com suas melhores roupas. A vencedora recebeu um papel de cantora no famoso teatro de revista *Olympia* e foi uma celebridade por algum tempo. Na França, as corridas de mulheres eram algo que muitas pessoas levavam a sério.

Uma série de corridas de mulheres na Alemanha, em 1904, mostra que havia um interesse crescente. Os espectadores, novamente homens em sua maioria, notavam que os braços e pernas das mulheres eram cobertos – do contrário, tais eventos teriam realmente causado comoção. A distância corrida pelas mulheres foi aumentada na Alemanha e, em pouco tempo, elas competiram com roupas mais práticas e correndo 1.000 metros ou mais.[3]

Se as mulheres perdiam feminilidade e tornavam-se masculinas ao participar de esportes era um tema de debate nos Estados Unidos, Grã-Bretanha, França, Alemanha e outros lugares. O escritor francês Émile Zola aprovava todas as formas de exercício físico, contanto que não fossem levados a excessos. Mas o que era excesso? E quais eram os motivos das mulheres para participar de esportes? A visão dos críticos era de que elas o faziam por desejo de provocar, para se exibir, para flertar com algo novo, mas as mulheres – como os homens – aderiam ao esporte, incluindo a corrida, por uma variedade de razões.[4]

Corridas longas para mulheres eram raras no mundo ocidental, e ainda mais raramente chegavam aos jornais. Em pleno século XX, tivemos apenas fragmentos de informações históricas sobre as distâncias mais longas. Marie Louise Ledru estava sozinha em uma multidão de homens quando completou uma maratona na França, em 1918. Violet Piercy, uma inglesa, era igualmente não tradicional, e foi causa de perplexidade entre os espectadores quando correu na Maratona Politécnica em Chiswick, em 1926. Após o início, ela assumiu modestamente uma posição na retaguarda do grupo e ficou ali, alcançando um tempo de 3h40min22s, o que se tornou o primeiro recorde não oficial para mulheres nessa distância.[5]

A Segunda Guerra Mundial começou e terminou antes que surgisse uma nova pioneira importante em corridas de distância. O alemão Ernst van Aaken foi o pai da maratona feminina na Europa e um dos primeiros defensores das corridas de longa distância para homens, mulheres e crianças. Ele foi um pioneiro do *jogging*, paralelamente a Arthur Lydiard, e, como Lydiard, Van Aaken descobriu os segredos da corrida de distância nos anos 1940. Segundo Van Aaken, as mulheres eram feitas para resistência. Quando ele recomendou os 800 metros para mulheres, em 1953 e 1954, isso levou a um debate na imprensa alemã. A imprensa expressou dúvidas sobre a competência de Van Aaken, quando ele, como um médico todo-poderoso, insistia para que as mulheres corressem por mais de dois minutos, torturando-se publicamente, despojadas de toda feminilidade, para criar "Zátopeks" de tranças. No campeonato alemão de 800 metros, em 1954, um jornalista era da opinião de que precisariam de médicos, ambulâncias e camas de campanha na linha de chegada, para lidar com as corredoras exaustas.

O mesmo comentarista mudou sua visão após as corridas iniciais: "Marianne Weiss flutuando sobre a linha de chegada foi uma maravilhosa imagem de elegância e beleza". Mas mesmo na Alemanha Ocidental, que estava muito à frente do resto do Ocidente em termos de competições mais longas para mulheres, ainda levaria mais quinze anos antes que os 1.500 metros fossem oficialmente introduzidos, embora a distância tivesse sido sugerida já nos anos 1950.[6]

As mulheres e a maratona desfrutaram de uma pequena descoberta nos anos 1960, uma década caracterizada, no Ocidente, pela crescente afluência, movimentos de protesto político e uma maior população de jovens. Os jovens de muitos países desafiavam a autoridade e as mulheres começavam a entrar em novas áreas da sociedade. O clima intelectual era propício a se experimentar novas ideias, e isso também valia para a corrida, em que as médias distâncias atraíam um número crescente de adeptos.

Em 1964, o neozelandês Ivan Keats perguntou a sua companheira de treino, Millie Sampson, se ela gostaria de participar da maratona. Seu clube precisava de um reforço extra para um *meeting* projetado, e o recorde mundial de 3h37min, conseguido pela norte-americana Mary Lepper, estava ao alcance.

Millie Sampson concordou imediatamente e eles adicionaram quilômetros a suas corridas de treinamento nas semanas que antecederam agosto de 1964. Na noite anterior à corrida houve um evento social, e a dança e a diversão foram até tarde, com o resultado de que o despertador de Sampson não a acordou na manhã seguinte. Quando despertou, ela viu que o tempo era muito apertado para que ela participasse, então voltou a pegar no sono. Keats, porém, convenceu-a a se levantar, e ela saiu sem café da manhã, como a única mulher da corrida. Mesmo com uma pausa aos 28 quilômetros para tomar sorvete e comer chocolate, ela chegou em 3h19min33s e estabeleceu um novo recorde.

O jornal *New Zealand Herald* publicou um artigo de primeira página sobre "a dona de casa que correu a maratona em tempo recorde", mas poucos deram atenção, quer na imprensa, quer no mundo do atletismo. Apenas um jornal diário fez uma menção, e Millie Sampson não alcançou a celebridade como pioneira da maratona das mulheres.

A norte-americana Kathrine Switzer, no entanto, alcançou a celebridade. Em 1967, ela disse a Arnie Briggs, um veterano da Maratona de Boston, que queria correr no evento. Embora ela corresse entre 14 e 16 quilômetros todas as noites, ele respondeu que mulheres não podiam correr maratonas.[7]

Várias mulheres já haviam tentado a Maratona de Boston, a primeira delas em 1951, embora nem seu nome nem seu tempo sejam conhecidos. Em 1964, Roberta Gibb se inscreveu, mas foi rejeitada, então escondeu-se na largada, juntou-se ao grupo e terminou em 3h21min40s, sem causar nenhuma reação.

Kathrine Switzer experimentou a distância em treinos e se saiu bem. Sem saber que mulheres não eram admitidas na Maratona de Boston e convencida de sua capacidade, seu parceiro de treino inscreveu-a na corrida, em 1967, como K. V. Switzer. O namorado de Kathrine, Thomas Miller, um arremessador de martelos, também se juntou ao grupo.

O carro da imprensa informou Jock Semple, codiretor da corrida, de que havia uma mulher no grupo. Ele saltou do carro, correu atrás dela e a agarrou, em um esforço para detê-la, mas o namorado de Kathrine opôs forte resistência. Os fotógrafos captaram a cena em cheio e, no dia seguinte, muitos jornais trouxeram fotos de Semple atacando Switzer e três homens defendendo-a. Seu tempo de chegada foi 4h20min, e a Amateur Athletic Union proibiu Switzer de competir novamente, com o argumento de que ela havia se inscrito ilegalmente em uma corrida mais longa do que 2 quilômetros e restrita apenas a homens.

As fotografias dificilmente poderiam ter captado ângulos que produzissem efeito melhor. Elas mostram a bela Switzer sendo atacada pelo malvado Jock Semple e protegida pelo bom Thomas Miller – praticamente, toda a simpatia foi para ela. Switzer protestava que certas áreas do atletismo fossem restritas a homens e as mulheres fossem excluídas: no caso da maratona, elas eram excluídas porque médicos e a opinião geral consideravam que as mulheres não podiam nem alcançar nem tolerar a distância.

Roberta Gibb também completou a prova em 1967, mas isso recebeu menos atenção, pois não houve fotografias dramáticas.

Ambas representavam a beleza feminina de cabelos longos em uma corrida de homens que existia havia 70 anos, e era mais rica em tradição do que qualquer outra corrida desse tipo no mundo. De forma extraordinária e não planejada, esse incidente desencadeou a onda da corrida de maratona de mulheres nos anos 1970.

Pouco depois da Maratona de Boston de 1967, um tempo recorde mundial para mulheres de 3h15min22s foi estabelecido por Maureen Wilton, de 15 anos de idade, em Toronto. Tanto o público quanto a imprensa tiveram dúvidas com relação à precisão do tempo. Quando perguntaram a Ernst van Aaken sobre o fato, ele foi ridicularizado por sua resposta: "Sim, e os tempos ficarão muito melhores". Para sustentar sua declaração, Van Aaken pediu a duas corredoras alemãs, Annie Pede, de 27 anos e mãe de dois filhos, e Monika Boers, de 19 anos, que participassem de uma maratona em Waldniel, na Alemanha Ocidental. Elas largaram 30 metros atrás dos homens, e Pede estabeleceu um novo recorde mundial, de 3h07min26s.

No ano seguinte, a primeira Maratona de Schwarzwald foi realizada em Donaueschingen, na Alemanha Ocidental; ela foi aberta a ambos os sexos,

Paula Radcliffe na Maratona de Nova York, 2008

atraindo 51 mulheres de cinco países. A corrida cresceu, tornando-se uma das maiores do tipo, com 1.151 inscritos em 1970, 100 dos quais eram mulheres.[8]

Enquanto outros ainda se concentravam na ideia de que as mulheres eram o sexo mais fraco, Van Aaken continuava a argumentar que elas eram mais aptas a correr maratonas do que os homens. Elas tinham mais gordura corporal, que poderia ser convertida em energia, mais proteínas, e podiam armazenar líquidos de forma diferente. Ernst van Aaken era um apoiador das corridas de distância para mulheres, e o primeiro campeonato alemão de maratona para mulheres foi organizado em sua cidade natal, Waldniel, em 1973.

A revista *Spiridon*, fundada por Noel Tamini, da Suíça, apoiava corridas de longa distância para mulheres e publicava artigos de Van Aaken, que também foram traduzidos para o inglês. A essa altura, havia pessoas na Alemanha e nos Estados Unidos argumentando que correr tornava as mulheres mais femininas e bonitas, e não masculinas, como os críticos haviam afirmado – acreditava-se que correr levava ao florescimento de uma nova feminilidade.

Nos primeiros anos da década de 1970, houve uma pressão a favor das corridas de distância para mulheres, tanto na Europa quanto nos Estados Unidos. Os eventos organizados nos Estados Unidos atraíam as maiores multidões, uma vez que era ali que o *jogging* era mais popular: não foi por acaso que as corridas de distância para mulheres decolaram ao mesmo tempo que a tendência do *jogging* varria o mundo ocidental. As feministas e suas irmãs clamavam pelos direitos das mulheres, por acesso à educação e igualdade, enquanto as pioneiras nos campos do *jogging* e da maratona abriam os olhos das pessoas também para a educação física. Uma série de boas corredoras tornaram-se importantes símbolos, até para as mulheres fora do âmbito das corridas.

A norte-americana Joan Benoit, vencedora da primeira maratona olímpica para mulheres na Olimpíada de Los Angeles, em 1984, foi uma delas. Ao menos as mulheres podiam participar legalmente de corridas com as mesmas distâncias que os homens, e não precisavam mais entrar às escondidas. Outra mulher de apelo inesperadamente amplo acabou chegando às corridas de longa distância por acidente.

Grete

O norueguês Knut Kvalheim participou da Maratona de Nova York em 1977. Ele e Jack Waitz, que era casado com Grete – uma das corredoras da elite internacional em médias e longas distâncias em pistas – estavam conversando e acharam que ela também poderia tentar a maratona.

Grete não era contrária à ideia, embora quisesse se aposentar depois dos Campeonatos Europeus de 1978, quando estava com 25 anos de idade. Grete nunca competira nos Estados Unidos e não tinha como pagar a viagem sozinha, então eles ligaram para a sede da corrida, no outono de 1978, para perguntar se a passagem aérea podia ser coberta. O telefone foi atendido por uma secretária.

"Qual seu melhor tempo pessoal na maratona?"

"Eu nunca corri uma maratona", respondeu Grete.

"Sinto muito, temos apenas um pequeno orçamento, e não poderemos pagar para você", respondeu a secretária, sem saber que Grete ganhara medalha de ouro no Campeonato Mundial de *cross country*, tinha recordes mundiais nos 3.000 metros e muitos outros triunfos internacionais. De qualquer forma, ela anotou o nome de Grete para que Fred Lebow, que era o responsável geral pela corrida, pudesse vê-lo quando viesse ao escritório no dia seguinte.

"Por que esse nome está aqui?", perguntou ele.

"Ela quer correr na maratona, mas eu disse que não podíamos convidá-la junto com o marido, porque ela nunca correu essa distância antes."

Fred Lebow estava mais bem informado do que a secretária e calculou que uma competidora com esse nível de qualidade iria, no mínimo, adicionar um colorido a mais à corrida.

"É quase certo que ela não irá terminar a corrida, mas pode ser uma boa lebre para o grupo." Christa Valensick, da Alemanha, e Micki Gorman, dos Estados Unidos, visavam a recordes mundiais. E Lebow, sabendo que os norte-americanos adoravam desafiantes desconhecidos, também via o valor da participação estrangeira. Três semanas antes da corrida, ele decidiu convidar o casal norueguês.[9]

Grete e Jack Waitz chegaram a Nova York em uma quinta-feira, três dias antes da corrida. Eles circularam de olhos arregalados pela Broadway, sem nenhum pensamento de ansiedade pré-corrida ou treinos intensivos. Em uma corrida no Central Park, Grete pensou: "Ah, é aqui a chegada?". Eles acharam que nem valia a pena descobrir a rota ou se familiarizar com as condições.

Grete estava no fim de uma longa carreira de atletismo e, em Nova York pela primeira e última vez, queria desfrutar do passeio. Na noite anterior à corrida, eles comeram salada de camarão, bife e sorvete, junto com um copo de vinho tinto, e ela não pensou em abastecer o corpo de carboidratos como a melhor preparação para as demandas exaustivas da corrida.

No domingo, 22 de outubro de 1978, ela acordou, relaxada e pronta para correr a única maratona de sua vida. A ausência da imprensa era um alívio após tantos anos chegando à largada com o rótulo de favorita em praticamente todas as corridas. Ela estava invicta na Noruega desde 1972, e a imprensa norueguesa exigia dela tanto vitórias quanto novos recordes em quase todos os *meetings*. Ela não tinha nada a temer nas ruas de Nova York, nunca tendo corrido mais de 20 quilômetros em treinamento e normalmente competindo em provas de 5.000 metros ou menos.

Quando Grete Waitz chegou à largada e viu 13 mil corredores de todas as formas e tamanhos se aquecendo, seu primeiro pensamento foi: "Se todos eles podem fazer 42 quilômetros, eu também posso". Como corredora de elite, ela estava acostumada a competir com corredoras esbeltas e em forma, enquanto o que estava diante dela ali na largada – todo o espectro de corredores, desde *joggers* acima do peso até atletas de nível internacional, em uma mesma multidão nervosamente trotando – era seu primeiro contato com a febre do *jogging*. Agora era sua vez de se alinhar com os *joggers* em uma largada.

O tiro de partida foi dado e Grete notou imediatamente o que seu marido lhe dissera anteriormente: para os padrões dela, o ritmo era baixo – lento, na verdade, em comparação com corridas de pista, mas também mais lento do que seu ritmo de treino. Seu marido havia recomendado que ela ficasse atrás das líderes na classe feminina e poupasse suas forças.

Isso funcionou. Após 30 quilômetros, na Primeira Avenida, ela passou Marty Cocksey, que largara em um ritmo acelerado, e assumiu a liderança. Tudo foi tranquilo até a etapa dos 35 quilômetros, na qual muitas pessoas têm problemas porque as reservas de glicogênio – carboidratos – do corpo acabam. Dali em diante, ela passou a sofrer um bocado para manter o passo. As distâncias eram dadas em milhas, o que era confuso para um norueguês. Seu estresse estava subindo por causa de uma pontada no lado do corpo e dores nas coxas, e ela se enfureceu com o marido por ter inventado de colocá-la ali. Ele mesmo estava tranquilo, parado perto da linha de chegada, em forma o suficiente para poder se inscrever, embora nem tivesse cogitado isso.

Grete Waitz já tinha ouvido todos os incessantes aplausos e incentivos, ouvira sobre seu recorde mundial e todos os tipos de elogios, mas ninguém, nem os empolgados comentaristas na linha de chegada, fazia ideia de quem era a corredora número 1173. Ela se inscrevera com atraso, seu nome não estava no programa, e seu número havia sido pintado à mão, por falta de alternativa. No entanto, ela venceu, estabelecendo um novo recorde mundial de 2h32min30s, dois minutos melhor do que o tempo anterior.

Um microfone foi empurrado em seu rosto, mas ela não queria falar com repórteres de TV. Ela caminhou rápido até o marido para bronquear com ele em norueguês por tê-la metido em algo que doera tanto no final. Ela tirou os tênis e os atirou em Jack: "Anda, nós vamos embora! Não quero ficar mais nem um pouco aqui!". As pernas de Grete estavam rígidas, ela tinha bolhas nos pés e estava furiosa.

Seu humor logo se acalmou. Mas eles não podiam ficar por ali após a chegada, pois iriam voar para casa imediatamente. Não havia tempo nem para a premiação. De volta ao hotel, eles receberam um telefonema importante.

"Às 6h30 da manhã de amanhã, uma limusine virá apanhá-los para que Grete possa aparecer no programa de TV *Good Morning, America*."

"Vamos pegar o voo para casa esta tarde, Grete tem de estar no trabalho amanhã." Ela era professora de ensino secundário, e não tinha pedido para tirar o dia seguinte de folga.

Isso não foi entendido na América, onde ninguém dizia não para uma aparição ao vivo em uma rede nacional de TV. Entretanto, Grete não queria ligar para o diretor na Noruega e pedir por mais um dia de folga, então Arve Moen, o norueguês que providenciara as passagens aéreas, ligou para o Colégio Bjølsen e disse estar telefonando em nome dos organizadores. Tudo foi resolvido, a limusine os apanhou no hotel e os levou ao estúdio de televisão, onde os vencedores da Maratona de Nova York de 1978, Bill Rodgers e Grete Waitz, eram os convidados de honra.

Rodgers era um superastro jovial, acostumado com a mídia. Waitz pareceu modesta e séria. Tudo o que ela tinha feito era ganhar uma corrida, e agora tinha de ir para casa e voltar ao trabalho o mais rápido possível. Uma vitória em uma maratona era mesmo algo para se fazer estardalhaço?

Os americanos tomaram sua atitude como tipicamente escandinava. Era um traço de personalidade que eles achavam charmoso em sua simplicidade e ingenuidade, e entendiam o valor disso, ainda que não representasse algo que eles idealizassem em sua própria cultura. Seu jeito informal imediatamente a tornou popular, e os norte-americanos adoraram a história dessa escandinava alta, de cabelos claros, emergindo de florestas profundas para superar a todos na cidade. Havia um elemento de Cinderela na estreia de Grete Waitz na Maratona de Nova York – ela havia vencido tudo sozinha e, inesperadamente, estabelecido um recorde mundial. Um rosto europeu novo estava rapidamente emergindo entre a hoste de estrelas da maratona feminina dos Estados Unidos.

Grete e Jack Waitz receberam 20 dólares para gastos com táxi em 1978, nada mais, e voltaram para casa, ricos em memórias e bem certos de que Grete se aposentaria.

Para o feriado de Natal daquele ano, Grete e Jack reservaram uma cabana em Sjusjøen junto com o irmão de Grete e sua família. Eles receberam um telefonema inesperado de Bob Anderson, da *Runner's World*, na Califórnia, convidando-os para Palo Alto, perto de São Francisco, onde haveria competições, seminários de corrida e seleções durante o feriado de Natal: eventos desse tipo, em que os novatos reuniam todas as informações que podiam sobre o esporte, eram típicas dessa fase inicial da febre do *jogging*. Waitz disse não – eles haviam pagado um depósito pela cabana e, de qualquer forma, estar com a família era prioridade.

"Você não pode trazer a família com você?", perguntou Anderson, acenando com a oferta de uma viagem grátis para todos eles.

Então, Grete e Jack, junto com Jan Andersen, sua esposa e dois filhos, todos passaram um feriado de Natal de dez dias em Palo Alto. Os noruegueses estavam começando a entender o poder florescente das forças financeiras em ação no movimento do *jogging*. Grete sempre comprara seu próprio equipamento de corrida e não estava acostumada a receber nada de graça.

Grete também estava no processo de reduzir seu envolvimento com o atletismo, e jogava *handball* na equipe das donas de casa de Romsås, no inverno de 1979. Jack ficava apavorado, temendo lesões cada vez que as fortes donas de casa marcavam sua esbelta esposa, mas ela conseguia deixá-las para trás. Ela também praticava esqui *cross country*, e ficou na liderança na grande corrida de esqui de Vidarløpet até os últimos dois quilômetros, quando a sinalização ruim a desviou da rota e ela perdeu a corrida.

Grete Waitz ainda treinava, mas não dava tudo de si. Quando ligaram de Nova York para perguntar se ela voltaria no outono de 1979, sua atitude em relação à maratona ainda era relaxada, embora ela tivesse feito várias corridas longas de 36 quilômetros por recomendação de Jack. Havia também um novo recorde mundial – 2h27min33s, uma melhora de cinco minutos – e ainda mais estardalhaço que antes, mas ela ainda não se concentrava totalmente na maratona.

Somente no outono de 1980, após a Olimpíada de Moscou, que muitas nações ocidentais boicotaram por causa do clima político hostil da Guerra Fria, é que Waitz decidiu continuar. Ela abandonou as corridas de pistas e se concentrou totalmente em provas de estradas e maratonas. A década nas pistas e as pesadas sessões de treinamento haviam fortuitamente preparado Grete para distâncias mais longas; eles a obrigavam a cultivar toda a velocidade de que era capaz. Ela era uma típica corredora de frente nas pistas, uma corredora com vontade e capacidade de assumir a liderança e mantê-la. Isso a tornou apta para corridas de estrada e para a maratona, em que ela tinha mais espaço para trabalhar duro sem aglomeração, trombadas e sem uma arrancada final apenas alguns minutos após o início. Corridas longas eram mais calmas.

Essa nova direção em sua carreira vinha no momento perfeito.

As maratonas e provas de corrida estavam decolando em muitos países, e Grete se tornou a grande estrela feminina. Ela se deu bem nos Estados Unidos, gostou da atmosfera, das pessoas e da maneira direta delas, bem como de todas as oportunidades que o país oferecia. E ela abandonou a timidez e a atitude mais fechada.

Waitz tirou licença de seu emprego de professora em 1980 e começou a correr em tempo integral, uma vez que as mulheres, assim como os homens, estavam começando a ganhar dinheiro com o esporte. Seu primeiro contrato com a Adidas foi o equivalente a seu salário de professora na Noruega, e ela não ousou pedir mais. Ela não tinha pensado ou sonhado em ganhar dinheiro com o atletismo – a alegria de viajar e um desejo de produzir seu melhor sempre foram forças motrizes.

Grete Waitz era uma corredora carismática sem reconhecer isso por si mesma. Não havia expressão de sofrimento em seu rosto, nem fortes viradas de torso ao estilo Zátopek. Raramente um *sprint* final decidia o resultado, e não havia regozijos extremos depois. Ela sempre se distanciava da concorrência e fazia grande parte da corrida sozinha. Waitz era uma maratonista muito visível, porque desafiava os arraigados estereótipos de gênero. Havia algo tocante em ver duas marias-chiquinhas ou um rabo de cavalo entre os cabelos aparados e as barbas dos homens: um charme feminino e forte em um ambiente onde isso não era esperado.

Era inspirador para todos ver uma mulher saindo-se bem em um grupo de maratonistas e superando a maioria dos homens. As mulheres reconheciam que elas também podiam participar de eventos de resistência em bom estilo, e os homens ficavam profundamente impressionados. Devido às regras, homens e mulheres raramente competiam ao mesmo tempo no mesmo esporte, e os espectadores adoravam ver Waitz em uma multidão de homens, às vezes na frente, às vezes atrás ou no meio, aparentemente conduzindo um curso estável em direção a mais uma vitória em uma maratona. Embora seu marido a ouvisse falar e reclamar de todos os tipos de problemas ao longo do caminho, havia algo de Nurmi e de imbatível em Grete Waitz quando estava em seu melhor: era como se nenhuma outra competidora tivesse chance alguma – e, se tivesse, Waitz apenas aumentava o ritmo.

Não era assim que ela própria se sentia. Ela passava por todos os tormentos da corrida e nunca tomou a vitória como certa.

Há fotografias do grupo na largada das corridas, por exemplo, na Minimaratona L'eggs, em Nova York, em 1980, uma competição de 10 quilômetros que Grete venceu pela terceira vez. Waitz está parada um pouco para a esquerda das muitas outras concorrentes: sua concentração parece absoluta, ela está olhando para o chão, compenetrada e pronta para produzir um desempenho máximo. Nenhuma das outras 30 corredoras na fileira da frente está tão concentrada quanto ela. Elas estão relaxadas, olhando para o lado, conversando com a mulher ao lado e sorrindo. É como se estivessem participando de uma competição diferente e menos séria.

Todas na corrida consideravam Grete a favorita, mas ela ainda levava a tarefa mais a sério do que qualquer outra ali, e então ela vencia. Ano após ano, Waitz posicionava-se na largada como evidente favorita, sabendo que todos esperavam que ela vencesse. Era apenas uma corrida, algo trivial visto em uma perspectiva maior, e nada que fosse motivo de reclamações, mas tais pensamentos não significam nada para quem atua com total empenho em sua modalidade. São como artistas criativos e, envolvidos na emoção dos eventos, eles vivem suas vidas através da competição.

O público que a via vencer com estilo soberano repetidas vezes bem poderia acreditar que era algo fácil para ela. Eles não sabiam nada sobre as sessões de treinamento férreo quando ela caía de joelhos na pista entre *sprints* de 400 metros intervalados, ofegando e a ponto de chorar, física e mentalmente exausta. "Quinze segundos novamente", Jack dizia calmamente, e recebia um grunhido sem fôlego como resposta. "Podemos parar agora", enquanto sua esposa ainda ofegava feito um cavalo de corrida. Ela se levantava e corria outra volta, afundava-se e se sentia mal novamente. "Quinze segundos de novo, já podemos terminar", repetia Jack, sabendo que os atletas podem se desgastar demais no treinamento. Grete mobilizava todas as suas reservas e cumpria o cronograma até o amargo fim. Era essa atitude teimosa no treinamento que a levava a manter o mesmo ritmo de 1 quilômetro a cada 3 minutos e 45 segundos, independentemente do terreno, e ela forçava mais em trechos de subida.

Grete e Jack Waitz geralmente chegavam a cidades estranhas tarde da noite. Na manhã seguinte, os dois noruegueses saíam do hotel às 5 horas da manhã, no escuro, corriam por 25 minutos em uma direção e depois voltavam, tendo completado seus estipulados 50 minutos. Era assim que eles viviam quando viajavam – acordavam cedo e faziam o treinamento necessário. Em uma ocasião, quando estava nevando em Seattle, Grete correu a distância do terminal de ônibus 60 vezes, para cumprir seus 15 quilômetros. Se terminassem uma corrida planejada em 52 minutos, e o programa requeresse

55 minutos, ela corria uma volta a mais. Se o plano de treinamento dissesse 15 m x 300 m, em 46 a 48 segundos, Grete os fazia em 46 segundos, sempre escolhendo a opção mais difícil.

O casal Waitz tornou-se cidadão do mundo através da corrida durante os anos 1980. Eles passavam o tempo em acampamentos de treino de um mês na casa do rico homem de negócios norueguês Erling Dekke Naess, em Bermuda – ele gostava de Grete, e sempre insistia para que eles o visitassem. Havia treinamento na Suíça e viagens de inverno à Nova Zelândia e à Austrália – esta última com um grande grupo – e, em todos os lugares aonde ia, Grete era recebida como uma embaixadora da corrida feminina. Somente em 1988 o casal acabou comprando um apartamento na Flórida.

A carreira de Grete Waitz era um projeto de família. Poucas mulheres corredoras receberam tanta assistência de irmãos, namorado e marido, e ela raramente treinava sozinha. Seu marido aparecia lealmente para a sessão matinal. Eles eram conhecidos como madrugadores no bairro em Oslo, sempre pontuais e rápidos, enquanto os garotos jornaleiros e pessoas que iam para o trabalho saíam sonolentamente de casa e imaginavam como alguém podia treinar tão cedo, independentemente da época do ano. Grete mantinha um ritmo veloz de manhã, e até Rob de Castella, o campeão mundial de maratonas, considerou-a muito rápida. Seu irmão Arild foi seu parceiro da tarde por algum tempo, e seu irmão mais velho, Jan Andersen, tornou-se importante para sua carreira de maratona, ficando sempre disponível como um disposto e destemido parceiro de *sparring*: "Use-me para o que você quiser. Eu estarei lá, contanto que eu consiga".[10]

Jan Andersen era o parceiro de treino perfeito para Grete. Oito anos mais velho que ela, ele era um esquiador de *cross country*, mas também competiu em pistas quando era mais jovem e jogou *handball* na equipe nacional de juniores. Embora ele se considerasse apenas um homem em forma, e nunca tivesse participado dos campeonatos nacionais de esqui *cross country*, em 1978 ele ainda ficou em segundo lugar na grande maratona de esqui de Birkebeiner.

Jan e Grete começaram a treinar juntos todas as tardes, de 1978 a 1979. Era bom ter uma variedade de parceiros de treinamento, mas apenas Jan conseguia competir com ela.

Na Maratona de Nova York, em que homens e mulheres largavam separadamente, e apenas se juntavam após 12,8 quilômetros, os dois sempre se encontravam. Jan tinha uma tendência de largar com muita força, e sua irmã mais nova normalmente o alcançava. Jan estava pronto a sacrificar tudo por sua irmã e perguntava: "Como está indo? Precisa de água?". Ele sabia que ela o venceria, mas nunca viu isso como derrota. Eles corriam juntos até que ela começava a se distanciar, pois Grete geralmente corria a segunda metade mais rápido do que a primeira.

Jan reduzia o tamanho de sua passada para ficar no mesmo ritmo da irmã. Durante os anos 1980, os dois correram muito dentro e ao redor de Oslo, na região da floresta de Nordmarka, ou ao longo da baía de Frognerkilen, onde longos intervalos eram feitos durante o inverno. "Como eles conseguem?", perguntavam-se as pessoas comuns ao ver esses dois corredores esbeltos com traços notavelmente semelhantes, sempre ombro a ombro e geralmente matraqueando entusiasmados, apesar do ritmo veloz. Em outros momentos, eles ficavam calados e sérios, como se fosse uma questão de vida ou morte. Jack nunca estava longe – essa era uma equipe de três. Ele ia de carro ou pedalava, marcava os tempos e dizia "vá com calma, com calma", quando Grete largava em um ritmo explosivo, mas sabia que seus avisos não serviam muito depois que a esposa encontrava seu ritmo. Em longas corridas de Maridalen à sua casa em Nordstrand, eles colocavam garrafas de água nas lixeiras dos pontos de ônibus ao longo da rota. Eram as férias de inverno na Noruega, e as pessoas que esperavam nos pontos eram pegas de surpresa ao ver dois corredores cobertos de geada pegando as garrafas e engolindo o conteúdo antes de continuar a correr.

De dezembro de 1982 a fevereiro de 1983, Jan tirou licença não remunerada de seu trabalho em uma gráfica, e fez o mesmo no inverno seguinte para poder treinar no exterior com sua irmã. Durante esses períodos, Grete pagava seu irmão o equivalente ao salário bruto normal, para que ele pudesse sustentar sua esposa e dois filhos.

Seu irmão assumia o trabalho e o realizava conscienciosamente. Não era um grande fardo, muito pelo contrário: era uma aventura com a chance de viajar, viver uma vida ativa e conhecer atletas de nível internacional e todo tipo de pessoas interessantes. Como irmão mais velho, ele tinha orgulho e se impressionava com as conquistas de Grete, mas ela ainda era apenas sua irmãzinha, a menina que ele vira crescer.

Jack a acalmava. Eles eram sólidas âncoras que se firmavam no redemoinho de jornalistas, microfones e pessoas intrusas nos principais *meetings* estrangeiros. Ter uma família em que se apoiar em situações estressantes era especial, dava força e segurança, especialmente no exterior.

Durante as corridas matinais no Central Park, em Nova York, carros de polícia que passavam ligavam o alto-falante e diziam: "Bom dia, senhora Waitz". No dia seguinte à minimaratona L'Eggs, transeuntes aplaudem Jan e Grete enquanto eles treinavam no Central Park. A abertura e a espontaneidade com que ela era tratada nos Estados Unidos deixavam-na especialmente feliz naquele país, talvez por ser tão diferente das atitudes norueguesas mais reservadas. Mas, embora ela estivesse preparada para se sentar e dar autógrafos ou entrevistas após suas vitórias, ela também sabia ser inflexível em se tratando de filtrar abordagens. Era Jack quem cuidava das negociações enquanto sua esposa descansava no quarto do hotel.

"Tem alguém que quer falar com você."

A resposta geralmente era não – não por mau humor, mas porque havia limites a quantas abordagens um atleta podia tolerar quando precisava de tempo para se recuperar. Jack descia ao saguão e explicava a situação, dando uma recusa diplomática e, talvez, até tentasse novamente em nome do indivíduo.

Os noruegueses até disseram não quando houve um telefonema do *staff* da Casa Branca em nome do então presidente Ronald Reagan, após o triunfo de Grete na Maratona de Nova York de 1982. Eles já estavam viajando havia três semanas e queriam ir para casa, e não tinham trajes elegantes. Mas era impossível recusar um convite do presidente norte-americano, e Jan e Jack compraram suas roupas chiques por conta da Casa Branca.

Antes de tudo, havia uma sessão de fotos e uma entrevista coletiva no gramado da Casa Branca. Depois, eles foram ao Salão Oval, o gabinete oficial do presidente, foram apresentados a ele e apertaram sua mão antes de Reagan lhes narrar uma prova de 400 metros que correra quando estudante.

"Está na hora", disse um assistente após o tempo programado, e os visitantes foram conduzidos ao corredor, onde outros esperavam com o mesmo objetivo.

Os três noruegueses receberam o mesmo convite no ano seguinte. Novamente, foram ao Salão Oval e, novamente, Ronald Reagan lhes contou, palavra por palavra, a mesma história de sua corrida de estudante.

Grete também teve seus dias sombrios. Irmão e irmã inscreveram-se na Maratona de Boston em abril de 1982. Eles fizeram os primeiros 10 quilômetros em 32 minutos, melhor do que o melhor tempo pessoal de Jan em 10 quilômetros, e dentro de um tempo de recorde mundial.

Entretanto, Jan logo parou e Grete continuou sozinha em um ritmo violento, que parecia ajustado para bater o recorde mundial por 5 minutos. Mas ela oscilava próximo a seu limiar de dor, e começou a se sentir tomada de câimbras que subitamente se tornaram incapacitantes. Mesmo o esforço mais fenomenal não poderia conduzir suas pernas, e ela teve de ser praticamente carregada para o chuveiro. No hospital, mediram níveis mais altos de resíduos poluentes em seus músculos do que já se registrara antes. Quando visitaram a sede da Adidas na Alemanha, poucos dias depois, e iam fazer sua primeira corrida, Grete só conseguiu andar, estava tão enrijecida que só conseguiu descer um morro andando para trás.

Grete Waitz aposentou-se em 1990, aos 37 anos de idade, mas continuou a transitar pelos círculos da corrida como embaixadora do esporte. Ela nunca ganhou um ouro olímpico e outras mulheres logo a ultrapassaram em estatísticas de maratona, mas nem mesmo a concorrente com menos boa vontade podia negar sua posição como rainha da corrida.

Ela era um símbolo dos milhões de mulheres que calçaram seus tênis de corrida durante os anos 1980 e começaram a levar vidas mais ativas. Artigos sobre Waitz e entrevistas com ela geralmente apareciam nas páginas de cultura dos jornais, porque a obra de sua vida como corredora ultrapassava os estreitos limites do esporte. Há uma estátua dela no estádio Bislett, em Oslo.

Ingrid

Devia ter havido, na verdade, duas mulheres na linha de largada da Maratona de Nova York, em 1978. Ingrid Kristiansen (nascida Crhistensen) também foi convidada, mas tinha de fazer uma prova em Trondheim no dia seguinte. Ela correra uma maratona estudantil em 2 horas e 45 minutos, em Trondheim, no ano anterior, e tinha muitas corridas de longa distância no currículo como competidora de esqui. Correr longas distâncias tinha sido a grande paixão de Ingrid desde quando ela passou para o nível de elite, em 1971, aos 15 anos de idade. Ingrid e Grete Andersen (mais tarde Waitz) se encontraram pela primeira vez naquele ano e dividiram um quarto nos Campeonatos Europeus de Helsinque. Como duas novatas, elas partilhavam a experiência do atletismo internacional de perto, e não tinham ideia do que o futuro traria para suas carreiras atléticas.

Ingrid foi a melhor do mundo em seu ano, em se tratando dos 1.500 metros, a mais longa distância para mulheres em campeonatos na época, mas ela era igualmente uma esquiadora de *cross country* com uma base de condicionamento fenomenal que resultava dos muitos passeios de esqui pela floresta e *cross country* quando jovem. Ela era um prodígio sem igual na Europa, numa época em que o atletismo de crianças e jovens foi permitido na Noruega. A garota de pernas longas como as de um gafanhoto e vontade de ferro era feita para corridas de longa distância.

"Você precisa aparecer em Lerkendal para fazer um pouco de corridas de distância", disse-lhe seu treinador quando ela tinha 15 anos, e ela foi obedientemente ao estádio em Trondheim.

"Por que eu deveria correr aqui?"

"É importante você manter sua passada e cronometrar os quilômetros", disse-lhe o treinador.

"Mas eu prefiro treinar no campo."

"Essa não é a forma certa para você", disse o treinador.

Antes de um *meeting* de campeonatos nacionais em Oslo, a garota de 15 anos se encontrou com Grete Andersen para uma corrida ao redor do lago Sognsvann. As boas e suaves trilhas em terreno plano ao redor desse lago pitoresco era onde os grandes astros treinavam antes dos grandes *meetings* no estádio Bislett. As duas garotas correram ao redor do lago uma vez, mal completando 5 quilômetros, e Ingrid queria continuar. Não, essa era toda a sessão de treinamento, segundo o treinador masculino, garotas não deviam correr mais do que isso. Ingrid sentia-se tapeada: somente após alguns quilômetros é que o prazer de verdade começava – depois de estar adequadamente aquecida e de ter encontrado o ritmo, e planando pela floresta sentindo a delícia do exercício duro ao ar livre. Não era assim que uma garota norueguesa devia pensar em 1971. Ingrid, porém, já era rara o suficiente como corredora de 1.500 metros, e era um novo tipo de garota – um tipo que podia competir com garotos da mesma idade.

A Noruega, pequena como é, produziu duas corredoras de distância de primeiríssima linha nos anos 1980, e ambas encontraram o verdadeiro *métier*, mudando de direção relativamente tarde em suas carreiras.

Ingrid também era uma esquiadora *cross country* de nível internacional. Ela era a melhor das esquiadoras em solo sem neve, mas perdeu para a melhor sobre a neve, especialmente nas partes mais fáceis do percurso, onde as técnicas com bastões se tornavam cada vez mais importantes à medida que os anos 1970 avançavam. Na pista de atletismo, ela parecia um pouco pesada nos pés em comparação com especialistas, embora fosse rápida. A cada primavera, o esqui *cross country* persistia em sua memória física, levando-a a se enganar e acreditar que as coxas, mais do que a parte de baixo das pernas, deviam fazer o trabalho pesado também na corrida. Ela levou algum tempo para ajustar sua passada a correr na pista.

Por volta de 1980, Ingrid Kristiansen parou com o esqui *cross country* e se concentrou totalmente em correr. Ela perdeu massa muscular na parte superior do corpo, perdeu um pouco de peso e refinou sua passada. Notou também como os ambientes dos dois esportes eram diferentes: no acampamento de esqui *cross country*, ela havia dividido um beliche com sua rival mais feroz por meio ano, enquanto no atletismo os competidores tendiam a ficar cada um na sua, mais isolados. Ela sentiu que o mundo do atletismo era mais reservado, menos aberto e franco, em especial internacionalmente.

Após ganhar o bronze na maratona dos Campeonatos Europeus de 1982 – o primeiro campeonato internacional de maratona para mulheres –, Kristiansen concentrou-se totalmente nos novos campeonatos mundiais de atletismo do ano seguinte e na Olimpíada de 1984.

Na virada de 1983, ela estava trabalhando em tempo integral como bioengenheira e treinando duas vezes por dia, sedenta de sucesso como nunca antes. Em meados de janeiro, ela venceu a Maratona de Houston, voltou para a Noruega, recuperou o tempo perdido no trabalho e saiu para duas grandes corridas de estrada nos Estados Unidos, para competir contra corredores de elite internacionais. Ela estava bem cansada, sentindo-se resfriada, mas isso era normal para alguém que vinha cruzando os fusos horários junto com rotinas de treinamento pesado e trabalho em período integral. As coisas pioraram durante os campeonatos de *cross country* na Inglaterra, durante a primavera: ela se desgastou desnecessariamente e acabou chegando em 35º lugar.

Naquela noite, seu treinador, Johan Kaggestad, falava com a esposa, que assistira aos campeonatos pela televisão. "Acho que Ingrid está grávida", disse ela – o busto da corredora parecia maior.

No voo para casa, Johan não ousou perguntar a Ingrid se ela estava grávida, mas ela foi ao médico e foi confirmado que ela estava esperando um bebê para agosto. Como em muitas atletas de alto nível, sua menstruação era irregular e não era um sinal seguro de gravidez.

O filho de Ingrid, Gaute, nasceu em 13 de agosto de 1983, no meio do mundo dos campeonatos de atletismo. Ingrid assistia à maratona masculina pela televisão na maternidade, nem um pouco resignada em desistir de correr, embora o parto geralmente significasse o fim de uma carreira de atletismo de alto nível para mulheres. "É hora de parar de correr", disse a mãe de Ingrid. "Você correu sem parar por um bom tempo, agora é hora de se estabelecer e ter uma família."

Mas Ingrid não tinha vontade de desistir. Se os colegas masculinos da equipe nacional podiam ter filhos e continuar, ela também podia. O interesse em corridas femininas de longa distância crescia rapidamente, o número de competições aumentava, e havia um campeonato após outro. Olhando em retrospecto, sua gravidez viera no momento certo.

Em 1983, Ingrid morava em Stavanger, uma vez que seu marido trabalhava na indústria petrolífera e passava grande parte de seu tempo nas plataformas de petróleo do Mar do Norte. Ingrid buscou locais adequados para treinar. Ela soltava o carrinho de bebê e corria para trás e para a frente, trechos curtos, trechos em subida – a apenas alguns momentos de distância do carrinho de bebê, mas o suficiente para ser um treino eficaz. Podia parecer estranho e um tanto desesperado, e certamente era uma visão inusitada na Noruega – ou em qualquer lugar do mundo –, mas não havia outra forma.

Havia poucas mulheres norueguesas, em 1983, que amamentavam ao mesmo tempo em que se concentravam em um esporte de elite. A campeã mundial de esqui *cross country* e amiga de Ingrid, Berit Aunli, teve um bebê seis meses antes sem se aposentar, então Ingrid conhecia pelo menos uma pessoa em situação semelhante à dela, enquanto tentava combinar os cuidados com o filho e a carreira de corredora. Além disso, ela sentia o corpo mais forte e tinha um limiar de dor mais alto do que antes do parto; e bebês enriquecem uma existência que, do contrário, seria egocêntrica. Para Ingrid, um bebê era o maior presente de todos, uma prova de que, em um contexto maior, o esporte é desimportante: ela de repente se viu com um chefe novo, que lhe deu uma perspectiva nova e muito mais ampla da vida. Embora as pessoas a seu redor achassem que ela devia se estabelecer como mãe de um bebezinho, Ingrid via os cuidados com o filho como algo bom e positivo, e o que poderia ter marcado o fim de uma carreira de corrida apenas parcialmente realizada, tornava-se, em vez disso, uma vantagem que servia para elevá-la a um novo patamar.

Mas Grete Waitz começava a surgir no cenário. Ingrid nunca a derrotara em uma competição que as duas completaram nas 13 temporadas desde que competiram uma com a outra pela primeira vez, em 1971. Após a gravidez, ela confiava em seu treinador Johan Kaggestad, que dizia: "Se você treinar tanto e com tanta intensidade quanto Grete, pode ser tão boa quanto ela". Como sempre, ela era entusiástica e seu prazer pelo esporte e por desempenhos era contagioso.

Willy Railo havia sido um *sprinter* e era um especialista em psicologia do esporte. Após dez minutos de conversa com Ingrid, ele disse: "Você tem um problema. Você tem um complexo de Grete Waitz".

"Eu sei disso. É por isso que estou aqui."

Railo tinha métodos para eliminar complexos desse tipo. Conhecido como treinamento mental, não era uma nova descoberta, mas foi Railo quem introduziu o sistema na Noruega. Ele era realizado por cinco ou dez minutos diariamente, durante ou imediatamente após o treinamento, e Ingrid devia visualizar que estava sempre na frente, que ela não podia ver costas nenhumas à sua frente em corridas imaginadas.

"Quanto tempo levará para isso fazer algum efeito?"

"Um mês", disse Railo com voz tranquilizadora.

Os campeonatos noruegueses de *cross country* foram realizados em Hønefoss, menos de três semanas depois. Ingrid venceu a corrida curta e também se inscreveu na prova de longa distância – e venceu Grete Waitz pela primeira vez. Apenas esporte, é claro, mas, ainda assim, uma fantástica experiência para Ingrid.

Imediatamente depois, ela venceu tanto Grete Waitz quanto Zola Budd, da África do Sul, na corrida de Sentrumsløpet, em Oslo. Mas seu respeito por Grete continuou tão grande que, na maratona olímpica de 1984, ela ficou atrás de Grete, posicionando-se em relação a ela, e foi Joan Benoit, dos Estados Unidos, quem deu uma arrancada e venceu. Em sua carreira posterior, Ingrid não ouvia os conselhos dos outros sobre táticas de corrida e, em vez disso, seguia suas próprias intuições.

Após a Olimpíada de 1984, Grete e Ingrid raramente competiram uma contra a outra. Elas não treinavam juntas, e cada uma delas seguiu seu próprio rumo na vida.

Em 1981, Ingrid descobriu que podia extrair energia da multidão, possibilitando-lhe correr mais rápido. Grete Waitz tentava estabelecer um novo recorde mundial nos 5.000 metros no estádio Bislett, em Oslo, naquele ano. A multidão gritava incentivos, aplaudindo e batucando nos cartazes de publicidade, até que Grete abandonou a prova. Por dez ou quinze segundos, houve um silêncio absoluto, até que a multidão notou que Ingrid estava em segundo lugar e transferiu sua torcida para ela.

Ano após ano, ajudada por Johan Kaggestad e sua esposa, Ingrid aprendeu a ser uma competidora mais independente: sua influência a estimulava e fazia com que ela acreditasse que tudo era possível. Kaggestad adotou o conselho da esposa sobre os processos mentais das atletas femininas de alto nível, uma vez que eles diferem em algum grau dos processos dos homens – assim como os aspectos práticos de suas vidas. Em grande medida, no entanto, seguiam a mesma receita dos corredores masculinos. Ingrid conseguia tanto tolerar quanto desfrutar de muito treinamento, e havia poucas competidoras que tinham tanto prazer em treinar.

Em 1984, os Kristiansen mudaram-se para Oslo e instalaram na casa uma esteira feita sob medida, pois não tinham condições de comprar um modelo norte-americano. O apoio financeiro a corredoras de distância na Noruega era minguado; o orçamento inicial de Ingrid era de apenas 5 mil Nkr por ano, e isso incluía pagar Kaggestad como seu treinador.

Ela começou a correr em tempo integral e separou uma hora pela manhã e outra à tarde para treinar, geralmente na esteira, que era um alívio bem-vindo das superfícies enlameadas do inverno. Nenhuma outra corredora norueguesa havia coberto tantos quilômetros em uma esteira, e isso tornou sua passada mais leve e mais rápida. Era uma vida plena em outros aspectos também, e ela tinha um amplo círculo social e muitos interesses. Correr era tanto um hobby estimado quanto um trabalho que trazia uma renda crescente – e Ingrid Kristiansen ainda queria quebrar recordes.

Ela certamente quebrou recordes: em 1986, conquistou o recorde mundial nos 5.000 metros (14min37,33s), nos 10.000 metros (30min13,74s) e na maratona (2h21min6s). Em 1987, apareceu na Maratona de Londres com um doloroso arranhão na panturrilha, o qual ela conseguiu "tirar da mente" por 33 quilômetros, quando parecia a caminho de terminar em 2h18min, mas os últimos quilômetros foram consideravelmente mais lentos. A Meia Maratona de Sandnes foi outra corrida muito rápida: ela venceu em 1h6min40s, imediatamente atrás dos homens, e com um recorde pessoal de 13 minutos na marca dos 5.000 mil metros.

Nenhuma outra corredora de longa distância antes ou depois dela foi a número 1 mundial em tantas distâncias ao mesmo tempo.

Entretanto, ninguém está imune a lesões. Não há nada pior para corredores no auge do treinamento que ter de abandonar sua preparação programada por dias ou semanas antes de grandes eventos.

Ingrid estava entre as melhores corredoras nos anos 1980 quando começou a usar o novo método alternativo de treinamento de correr na água usando um colete salva-vidas. O colete dá ao corpo um suporte para que os pés não toquem o fundo, e as pernas então correm em alta cadência. É suave para as pernas, mas, na visão de Ingrid, um tanto tedioso, e tornava o treinamento um esforço. Para fazer as horas na piscina passarem mais depressa, ela treinava ainda mais intensamente, e acabou sofrendo de sobretreinamento na preparação para os Campeonatos Mundiais de 1987, quando, devido a lesões, ciclismo e corrida na água eram as únicas formas de treinamento possíveis a ela. Foi a única vez na vida que Kristiansen sofreu de sobretreinamento.

Em sua volta à Noruega, após o *meeting* de treinamento em St. Moritz, na Suíça, como preparação para os Campeonatos Mundiais apenas um mês depois, Ingrid não conseguia correr normalmente. Ela foi a seu médico, doutor Hans-Gerhard Hovind, e a resposta dele foi: "Vou me encarregar de você por 48 horas".

Ele a tratou com eletroacupuntura duas vezes no primeiro dia, e após 24 horas ela conseguia trotar. Um tratamento especializado contínuo melhorou ainda mais as coisas, e foi coroado por sua vitória nos 10.000 mil metros naquela temporada dos Campeonatos Mundiais.

Ela achava útil treinar com homens e entrou para as sessões de treinamento do Club BUL, em Oslo. Era vantajoso para ambos os lados. Não era comum para homens de bom nível ter uma mulher treinando com eles e Ingrid estava sempre visível no meio do grupo de homens, tanto nos treinos quanto em competições. Em maratonas internacionais, ela podia parecer um tipo estranho de homem.

Nas corridas televisadas, certos homens concentravam-se em correr entre o grupo líder de mulheres, para dar exposição televisiva a um patrocinador. Era fácil o suficiente para um homem bem treinado ficar entre as mulheres líderes por algum tempo, onde ele podia perturbar a cadência e causar um ritmo irregular, uma vez que não precisava completar a corrida. Se as mulheres ficassem junto dele, isso podia ter impactos negativos mais tarde, quando o homem desacelerava e passeava até a chegada ou, simplesmente, desistia. Corridas internacionais em ruas e estradas eram uma vitrine para todos os tipos de palhaços.

Durante a terceira gravidez de Ingrid, em 1993, ela sofreu ainda mais enjoos que durante a segunda, quando teve a saúde fragilizada por sete meses. Em 1993, ela passava grande parte do dia em seu quarto, com mal-estar e sofrendo de enjoos. Ela não conseguia sequer reter alimentos líquidos e bebidas. Os dias se arrastavam, enquanto seu filho mais velho estava na escola e o outro no berçário. Era desgastante, tanto física quanto psicologicamente. Os ataques de vômitos faziam-na ter de ir ao hospital várias vezes para ter o equilíbrio nutricional e de líquidos restituído: ela foi informada de que 3% das gestações na Noruega são afligidas por esse nível de náusea e enjoos.

Meia hora após o parto, sua náusea desapareceu e ela se sentiu bem – forte e motivada o suficiente para começar a pensar na Olimpíada de 1996. Ela começou cuidadosamente com algo como uma corrida cinco dias após dar à luz, com o corpo parecendo leve após ganhar cerca de 7 quilos e depois perdê-los. Tinha de ser possível retornar à elite internacional pela terceira vez.

Mas, fisicamente, algo não estava bem. Sensações que ela tivera ocasionalmente em corridas como a dos 10.000 metros nos Campeonatos Mundiais de 1991, quando sentiu como se estivesse correndo fora do próprio corpo, e terminou em 7º, apontavam para algum tipo de desequilíbrio. Na maratona de Osaka, ela havia se sentido bem na estação de bebidas no quilômetro 28, mas teve de desistir alguns minutos depois, incapaz de continuar. Ela fez um exame de diabetes, mas ninguém encontrou nada, até que ela foi examinada pelo cinesiologista Terje Skriver. Seu diagnóstico foi hipoglicemia: o pâncreas produzia muita insulina, o que podia levar a uma queda dos níveis de açúcar no sangue. Mudanças drásticas de dieta foram necessárias. Café, chá e todos os carboidratos rápidos, como pão, foram proibidos, enquanto proteínas e carne faziam bem. Ela se adaptou à nova dieta muito rapidamente, mas não conseguiu reunir motivação para realizar seus planos para 1996. Aposentou-se um ano antes, sem nenhum sentimento de derrota, tendo deixado sua marca nas corridas internacionais de longa distância e tendo simultaneamente detido os recordes mundiais em todas as distâncias desde os 5.000 metros até a maratona – a única pessoa da história a conseguir isso.

Sua hipoglicemia foi, possivelmente, resultante dos enjoos frequentes durante suas gestações. Já é difícil o bastante gestar e dar à luz, mas se adicionarmos a isso o esforço de voltar à elite internacional dos corredores de distância, então a sobrecarga no corpo e na mente é multiplicada.

Ingrid Kristiansen expôs-se a muitas coisas para alcançar suas metas, experimentou fazer muitas coisas incomuns para uma mãe de filhos pequenos. A mais importante motivação por trás de uma carreira internacional que se estendeu por duas décadas era a alegria vibrante em movimento que a acompanhava desde seus passeios na floresta no parque Bymarka, em Trondheim, quando menina, até seu acúmulo de campeonatos mundiais e grandes títulos em âmbito internacional. Ela foi uma das poucas que entrou para a elite da corrida como adolescente nos anos em que as corridas de distância para mulheres ainda estavam em sua fase inicial. Ela continuou a praticá-las como estudante, no trabalho e como mãe de uma família em crescimento, e passou da condição de lobo solitário à condição de parte integrante de um movimento de massa das mulheres de muitos países. Ernst van Aaken estava certo: correr longas distâncias é adequado para mulheres. Os críticos foram silenciados quando mulheres de todas as idades e formas calçaram seus tênis de *jogging*.

27
Sr. Volta por Cima

Começou a correr cada vez mais rápido,
quase se esquecendo de onde estava, embora
seus companheiros de prisão estivessem
alinhados, torcendo e aplaudindo algo que
nunca tinham visto antes em uma prisão.

<small>Henry Rono, correndo 20 quilômetros em um
salão comum de 70 metros de comprimento em
uma prisão nos Estados Unidos, em 1986</small>

Algumas pessoas são como dançarinos em tudo o que fazem. Independentemente de como se mova, o dançarino que há nelas é visível, embora nem sempre seja fácil identificar, mas há certo "algo", uma elegância e graciosidade.

Algumas pessoas são corredores por inteiro. Henry Rono, do Quênia, é uma delas, feito à mão pela natureza para correr longe e rápido, um antílope sobre duas pernas.

Rono se destacou da multidão em Pullman, na Universidade de Washington, Estados Unidos, não apenas porque era africano em uma cidade com poucos negros, mas porque havia algo em seu andar fluido, nas pernas longas e balanço para trás que pareciam adaptados a se mover pelas savanas. Tudo em sua postura apontava para um homem que não fora criado para o asfalto e para o tráfego motorizado. As pessoas costumavam ficar preocupadas, porque ele atravessava a rua sem olhar para os lados, como se não existissem carros.

O ambiente de uma cidade universitária norte-americana, em 1976, era muito diferente dos planaltos do Quênia. A língua nativa de Rono era o nandi, e ele quase não falava inglês quando chegou aos Estados Unidos. Problemas de linguagem tornavam a vida diária difícil, porque seu treinador, John "Matraca" Chaplin, falava muito rápido, e era difícil entender.

Rono vencia praticamente todas as suas corridas. Ele não teve escolha senão se adaptar ao estilo de vida do país mais rico do mundo, onde vivia com uma bolsa de estudos e ganhava uma formação gratuita. Ninguém dava muita atenção a seus estudos, e se suas notas fossem baixas, os contatos de Chaplin garantiam que tudo se resolvesse. Rono era grato pela entrada livre no sistema universitário norte-americano e, simultaneamente, na maior comunidade de atletismo do mundo. Mas poucas pessoas entendiam quão pouco ele gostava disso e quantas saudades ele sentia de casa. Não era só o fato de que ele precisava se tornar rapidamente americanizado, reconhecer os códigos culturais e se comportar adequadamente. Um esportista norte-americano no Quênia teria conseguido se adaptar rapidamente ao estilo de vida queniano e às atitudes quenianas? Ele teria dado conta da chamada vida primitiva no Vale Rift, sem ficar com saudades ou ser visto como estranho?

Henry Rono nasceu em Kiptaragon, uma aldeia nas Colinas Nandi, no Vale Rift, em 1952. Aos 2 anos de idade, ele caiu da garupa da bicicleta de seu tio, prendeu a perna nos aros e quebrou o tornozelo. Para sofrimento de sua mãe, só conseguiu engatinhar aos 4 anos, e só após os 6 anos de idade conseguiu andar normalmente.

Como muitos homens da região, o pai dele trabalhava para um fazendeiro branco em estábulo, enquanto a mãe de Henry e as crianças cuidavam do lote da família e ordenhavam as vacas. Enquanto seu pai arava os campos, certo dia, uma cobra imensa apareceu sobre a roda dianteira do trator: o pai de Henry ficou tão assustado que pulou do trator e caiu no arado. Foi morto instantaneamente.

Foi um golpe duro para a família, especialmente para um menino pequeno, já que, entre os Nandi, eram as mães que criavam os filhos até os 6 anos de idade e, daí em diante, os pais assumiam. Aos 10 anos, os garotos assumiam os deveres de um homem – caçar, trabalhar nos campos e cuidar dos animais. Henry foi criado por duas mulheres fortes, a mãe e a avó, mas sentia falta de um pai. Depois de aprender a andar novamente, ele trabalhou como pastor para um vizinho, até que as autoridades reclamaram que ele não estava frequentando a escola. Ele entrou para a escola aos 10 anos e completou o ensino primário.

Esses dois acontecimentos de infância tiveram um efeito na personalidade de Henry. Ninguém ou poucas pessoas que o viram atuar nos grandes eventos do atletismo sabiam sobre a pobreza de sua origem, sua luta para sobreviver e todos os sonhos que essas coisas haviam engendrado. Rono fora fortalecido por condições severas, mas também tinha cicatrizes profundas em sua alma.

A família de Henry aderia firmemente às tradições da tribo. Quando ele tinha 10 anos, sua família ficou mais exposta à cultura ocidental por meio da escola e da igreja. Ele também teve dois dentes da frente extraídos da mandíbula. Esse ritual tribal, no qual a criança ficava sentada e imóvel durante toda a extração, sem anestesia e sem mostrar dor, tornava-se gradualmente menos comum. O homem que realizava o procedimento ficou surpreso quando Henry foi à sua cabana e abriu a boca: "Pensei que você tinha acabado de entrar na escola. Você não vai conseguir falar inglês direito, porque o ar vai escapar pelo vão".[1]

Sua mãe queria que o filho passasse pelo ritual simbólico, mas doloroso, embora também houvesse aí um aspecto prático: se as pessoas ficassem doentes, e suas bocas inchassem, era possível alimentá-las através do vão.

Rono jogava futebol na escola, mas achava que o dinheiro para os estudos era um fardo. Sua mãe teve de casar a irmã de Henry com um soldado por um dote de cinco vacas, cinco ovelhas, duas cabras e 500 xelins quenianos – quase o suficiente para pagar as mensalidades escolares – e Henry trabalhava na terra para um plantador de chá para cobrir o restante. Somente depois de 1968 ele teve o sonho de se tornar corredor.

Esse foi o ano em que Rono ouviu pelo rádio que Kip Keino havia ganhado o ouro nos 1.500 metros na Olimpíada da Cidade do México. As notícias se espalharam como fogo na palha por todo o Quênia e mudaram o país para sempre – a partir de então, ele passou a ser chamado de terra de corredores. Keino, ele próprio oriundo da tribo Nandi, era o herói nacional, uma inspiração para milhares de jovens, incluindo Rono, que decidiu naquele instante largar o futebol e se tornar corredor. Três anos depois, Keino foi à arena esportiva a 10 quilômetros da casa de Rono falar com as pessoas, e um ansioso Henry estava lá entre a multidão reunida para ver o herói, que precisou levantar os braços para mostrar onde estava. As palavras e a presença de Keino cativaram Rono, e ele correu para casa, empolgado como uma criança, sem nem ir mais devagar, e com um profundo desejo de se tornar o melhor corredor do mundo. Evocava algo de uma experiência ou vocação religiosa: o chamamento de Rono na vida era para se tornar o melhor corredor do mundo.

Muita gente sonha em se tornar o melhor do mundo em seu esporte ou ocupação específica, e apenas um em um milhão consegue. A seleção natural ocorre ao longo do caminho. O talento e a força de vontade da maioria não estão à altura da tarefa, eles não conseguem fazer os sacrifícios necessários e sentem que lutar pelo topo não é, na verdade, importante – ao menos quando significa sacrifícios à felicidade pessoal.

Essa, porém, não era a forma como Henry Rono e outros destinados ao topo pensavam. Com exceção da educação, correr era a coisa mais importante para Henry e, para ter acesso a condições de treinamento ideais, ele entrou para o Exército queniano. Quando se alistou, em 1973, aos 21 anos, recebeu seu primeiro par de calçados – botas do Exército, com as quais passou a correr.

Em pouco tempo, trocou-as por uma variedade mais leve. Até então, Rono havia treinado sozinho, correndo descalço pelo terreno montanhoso perto de casa, conversando com outros corredores e reunindo suas experiências. Ele era determinado, com um traço independente que marcaria o restante de sua carreira. Não que ele fosse difícil – muito pelo contrário, era modesto e calmo –, mas possuía uma qualidade indomada, e esse traço independente às vezes vinha à superfície. Essa imprevisibilidade e sua capacidade de surpreender ou desconcertar as pessoas contribuíram fortemente para o status lendário que ele alcançou mais tarde. Ninguém conseguia prever o que poderia vir. Ele funcionava movido por seus sentimentos, tinha uma visão otimista, mas geralmente também era durão.

As condições para corredores no Exército queniano, no início dos anos 1970, eram praticamente perfeitas; eles tinham duas ou três sessões diárias de treinamento por dia, e, juntamente com os corredores da Polícia e do Serviço Prisional, pertenciam a uma pequena e privilegiada classe de esportistas. Kip Keino, por exemplo, estava na Força Policial, e o grupo de atletas empregados do estado reunia-se para *meetings* e campeonatos anuais. Em termos de benefícios práticos, os corredores quenianos não estavam em desvantagem comparados a seus concorrentes europeus e norte-americanos: sua posição era mais próxima dos profissionais dos países do Leste Europeu, onde as autoridades sustentavam as elites esportivas por meio de patentes e salários militares.

Henry sofreu de depressão pela primeira vez em 1975. Obstinado pelo sucesso, ele jogou fora todos os seus tênis de corrida e calçados com rebites e começou a usar pesados coturnos do Exército com a ideia de que um regime de treinamento duro fortaleceria suas pernas. Após alguns meses, o tornozelo que sofrera lesões quando ele era criança começou a causar problemas. Os tratamentos não ajudavam, fossem da medicina moderna ou da tradicional, e Rono, desesperado, recorreu a um bruxo curandeiro. Ele próprio acreditava que o problema era psicológico e que podia, talvez, remontar a traumas de infância. Mas os nandi também acreditavam que o sucesso repentino podia fazer com que pessoas invejosas lançassem maus feitiços contra o indivíduo bem-sucedido, motivo pelo qual um bruxo curandeiro era necessário para afastar o mal. A lesão curou-se sozinha e, mais tarde, provou-se que fora causada pelas botas.

Então, Henry mudou-se para os Estados Unidos. O treinador John Chaplin tratava seus corredores brancos diferentemente de como lidava com Rono e os outros quenianos. Os africanos sentiam que os brancos recebiam menos broncas e um tratamento mais humano.

Henry Rono usava o álcool para acalmar sua ansiedade e a tristeza. Após a segunda sessão de treinamento do dia, ele ia direto ao bar, e ficava lá até a hora de fechar, às duas horas da manhã, falando com os outros fregueses – que frequentemente lhe pagavam bebidas – ou ruminando seus pensamentos, sozinho. Ele ia dormir às duas ou três horas da manhã, inchado de cerveja e da comida não saudável do bar. Treinar com ressaca era a tarefa seguinte e, dia após dia, ele se obrigava a sair da cama no apartamento que dividia com outros quenianos, cansado e com olhos injetados, sem condições reais de treinar. Mas a força de vontade pode remover montanhas, e Rono saía e suava as impurezas, o álcool e a má comida. Henry ficava encucado com as coisas. "Relaxe um pouco. Não leve tudo tão a sério", Chaplin lhe dizia.

Seu treinador recomendava um pouco de diversão, uma festa de vez em quando, uma atitude mais leve com a vida, mas desaprovava fortemente quando Henry arranjava uma namorada. Álcool era aceitável, mulheres, não; e o desempenho de Henry era perceptivelmente pior quando ele tinha uma namorada.

Em 1977, Henry Rono notou que regularmente havia sangue em suas fezes, e o médico o diagnosticou com úlceras crônicas no estômago, provocadas por álcool, estresse e ansiedade. Henry tinha apenas 25 anos de idade e seus órgãos já estavam mostrando sinais perigosos de desgaste.

Muitas pessoas perguntavam por que John Chaplin não cuidava para que seu melhor corredor parasse de beber. "Que mal faz quando ele bebe?", perguntava ele. "Ele não machuca ninguém, machuca?" Isso era verdade, mas é claro que ele estava se machucando. O treinador John Chaplin não dizia nada, contanto que Henry estivesse ganhando. A exceção a isso foi em 6 de maio de 1978, quando Henry estava disparando ao redor da pista da Universidade de Oregon, em Eugene, nos 3.000 metros com barreiras. Seu tempo estava claramente em vantagem sobre o recorde mundial de 8 minutos e 8 segundos de Anders Gårderud, da Suécia, e a multidão festejava e gritava à espera de um momento histórico.

De repente, John Chaplin começou a agitar um lenço branco, dizendo a Rono para ir mais devagar. "Este estado não merece o recorde mundial", ele disse, referindo-se à rivalidade entre os estados de Washington e Oregon, em matéria de corridas. Rono não deveria trazer glória a Oregon, mas guardar seus recordes para ocasiões mais apropriadas.

Rono ficou com o coração partido. Era como ser fisicamente torturado. A multidão entendeu o que estava acontecendo e começou a vaiar, alguns até escalando a cerca e pulando na pista para brigar com Chaplin. Jornalistas aglomeraram-se ao redor de Rono e a atmosfera ficou caótica. Foi uma experiência horrível e uma lição salutar: como a maioria dos esportistas, Rono ouvia seu treinador e o admirava, mas o incidente em Eugene mostrou o pior lado de Chaplin.[2]

Em 1978, Henry Rono foi declarado o melhor esportista do mundo, independentemente de qual ramo esportivo. Naquele ano, ele quebrou quatro recordes mundiais em distâncias que iam dos 3.000 metros (7min32,1s) e 3.000 metros com barreiras (8min5,4s) até os 5.000 metros (13min8,4s) e os 10.000 metros (27min22,5s). Ele apareceu em 60 corridas naquela temporada, vencendo 56 delas. Suas derrotas foram em distâncias mais curtas, ou quando ele atuou como lebre antes de reduzir o ritmo. Ainda havia muito para ele fazer nas pistas de atletismo, mas Rono estava aproveitando o sucesso e ganhando grandes premiações em dinheiro.

No entanto, Rono também experimentava o lado negativo do sucesso, aprendia como era ser lançado do anonimato aos holofotes da fama internacional. Não foi um mar de rosas para um homem de mente independente ficar na folha de pagamento da Nike de 1978 a 1983, com a enorme soma de 60 mil dólares de honorários garantidos no último ano. O relacionamento terminou quando Rono deixou de participar da Olimpíada de Los Angeles, em 1984, e a separação não se deu sem atritos. Rono sentia que a Nike o controlava demais, mas a Nike, evidentemente, tinha suas próprias exigências, e não desejava seguir pagando a um alcoólatra cujos desempenhos atléticos haviam se tornado extremamente imprevisíveis, e que estava sempre tentando voltar ao topo do ranking.

Henry era o "Senhor Volta por Cima". Há poucos detentores de recordes mundiais que já treinaram até conseguir voltar ao topo – ou tentar – tantas vezes, voltando, depois, a cair outras tantas. Tornou-se um padrão, quase um conforto, algo com o qual associar sua identidade. Mesmo que ele bebesse até a inconsciência, ficasse fisicamente inchado e atingisse o fundo novamente, ainda havia a chance de treinar duro e retornar à forma de um quebrador de recordes. Afinal, ele o fizera em 1981, quando os que o conheciam viram-no em Boulder, Colorado, na primavera, e ele mal conseguia correr meia hora. As pessoas que o encontraram trotando ofegante nas trilhas em Boulder riam de seus planos de futuros recordes. "Deixem-no em paz, ele está vivendo de esperança", pensavam, sentindo pena dele, especialmente quando o corredor chegou à Europa em junho, após telefonar desesperadamente para contatos europeus, pedindo para ser convidado para eventos. A indústria dos rumores dizia que ele estava nas garras do demônio da bebida, enquanto Rono pedia que lhe dessem uma chance. Ele foi para a Finlândia, onde, dada sua condição de sobrepeso, foi superado por corredores de clube e levou 15 minutos para completar 5.000 metros. Seu condicionamento estava em uma curva ascendente, no entanto, enquanto seu peso descia e, em setembro de 1981, ele quebrou seu quinto recorde em Knarvik, perto de Bergen, fazendo 5.000 metros em 13min6s.

Depois, Rono voltou para o Quênia para comemorar seu recorde com longas bebedeiras e vida desregrada com amigos recentes e antigos. Ele deixou de aparecer em um *meeting* pré-agendado na Austrália, então o australiano Maurie Plant pulou em um voo para Nairóbi para encontrá-lo, sem imaginar por onde começar. Eles trombaram nas dependências da Federação Queniana de Atletismo em Nairóbi, onde Rono por acaso estava, sem saber nada sobre o australiano e sua tarefa.

"Preciso ir para casa primeiro", disse Rono, referindo-se às colinas Nandi, a cerca de 250 quilômetros de distância.

Plant alugou um carro e eles partiram no final da tarde, mas o veículo quebrou no meio da noite, no meio do nada. Plant, que nunca estivera na África e não estava preparado para passar a noite em uma deserta estrada rural africana, temia que eles fossem atacados por leões famintos.

Eles encontraram um carro para rebocá-los, mas a corda era tão curta que Plant quase trombou na traseira enquanto eles balançavam em velocidades suicidas ao longo da sinuosa e acidentada estrada. Os jornais australianos publicaram histórias sensacionais sobre o homem que fora ao Quênia na remota esperança de encontrar Rono, mas cuja morte já se temia, pois ninguém mais tivera notícias dele.

Na volta a Nairóbi, um Rono cada vez mais embriagado queria que eles parassem em vários botequins. Quando chegaram à cidade, às duas da manhã, Plant estava encharcado de suor e exausto, mas feliz por estar vivo e ainda ter Rono consigo. Eles voaram para a Austrália ao fim de cinco dias de confusão. Nenhum organizador jamais se arriscou tanto para trazer sua grande atração para um evento.

Rono treinou seriamente em Melbourne por alguns dias e produziu alguns bons desempenhos. O álcool era o conforto de Rono em tempos turbulentos. Quando estava vencendo, todos queriam falar com Rono, mas poucas pessoas estavam interessadas nele como homem. Poucos realmente o levavam a sério e entendiam que ele também pensava sobre outras coisas além de correr: ele não era apenas uma máquina de correr na qual podiam espetar um número de largada e esperar que, de algum modo misterioso, superasse todos os outros.

Alguns dos desempenhos de Rono foram incríveis. Na Austrália, no inverno de 1980, ele desapareceu em uma bebedeira de dois dias, imediatamente antes de um *meeting*, foi encontrado e entregue de volta a seu hotel em estado praticamente inconsciente. O promotor de corridas inglês Andy Norman ordenou que Rono descesse à pista às quatro horas da mesma tarde e, se não aparecesse, seria enviado de volta à África.

Norman o obrigou a dar dez voltas na pista. Rono fez cada uma em 60 segundos cravados, seguidos de pausas de 20 segundos, vomitando quatro vezes. Quatro dias depois, havia uma prova de 10.000 metros no programa, e Rono parecia estar fora de combate. No estágio médio da prova, os líderes quase colocaram uma volta de vantagem sobre ele, mas, subitamente, ele se recompôs e arrancou em um ritmo feroz, passando corredor por corredor, vencendo em 27min31s, o melhor tempo do mundo nessa temporada. Esse revide simplesmente serviu para alimentar a lenda em torno do homem.

Muitas das pessoas que viram Rono de perto nos anos 1980 ficaram chocadas. A combinação de tanto álcool e treinamento era sem precedentes. Durante anos, ele usou sua sessão matinal para domar a ressaca, antes de treinar adequadamente durante sua sessão da tarde.

O próximo passo era passar o resto do dia bebendo após a primeira sessão de treinamento. À medida que afundava ainda mais, já não podia sequer dar conta da sessão matinal, tendo de parar e sair quase cambaleando, totalmente frustrado. Havia períodos em que tudo girava ao redor da bebida. "A bebida tornou-se a corrida", dizia ele, atirando-se a ela com tanta intensidade ou mais do que ao correr, tomando até 40 cervejas por dia. Seus amigos e o público do atletismo cruzavam com Rono como espectador em eventos, cambaleando pelo local, uma vez que os organizadores não tinham coragem de expulsar uma lenda.

Grande parte de seus prêmios em dinheiro era enviada para o Quênia, assim como o prêmio por uma maratona, no outono de 1986. Rono entrou em um banco em Nova Jersey: "Olá, quero abrir uma conta".

"Custa 25 dólares."

"Estou com muita fome depois de correr essa manhã. Vou tomar um café da manhã primeiro e volto."

Rono saiu e encontrou dois policiais agressivos pelo caminho.

"Posso ver sua identidade?"

Rono mostrou-a, e não imaginava por que o haviam abordado de forma tão áspera.

"Tem certeza de que você é Henry Rono?" Ele não percebeu que seu nome fora escrito errado, como "Rond", e os policiais acharam que sua carteira de identidade era falsa.

"Você reconhece este homem?" Mostraram-lhe uma foto de um homem negro suspeito de ter roubado vários bancos na região.

"Não."

"Achamos que é você."

"Não, ele não é nada parecido comigo."

"Onde você mora?"

"A duas quadras daqui."

"Vamos até lá."

"Você tem a chave?"

Rono entregou a chave aos policiais e eles o algemaram.

Eles entraram sozinhos e reviraram o apartamento sem encontrar nada suspeito além de um toca-fitas e uma mesa de jantar. Ligando-o, eles ouviram uma aula sobre motivação para esportistas dada a Rono por seu treinador John DeHart. Os policiais ouviram até o fim, quando tiveram ainda mais certeza de que estavam lidando com um criminoso contumaz. Saíram dali e entraram em dois carros: cinco policiais ao todo, dois deles uniformizados e três à paisana, além do bancário que apontara o criminoso.[3]

Na delegacia, Rono jurava que era corredor, não um criminoso, e deu o telefone de seu treinador como referência. Mas Hart não quis fornecer uma referência, pois eles se conheciam havia apenas dois meses e, dada a reputação arriscada de Rono, DeHart não confiava nele.

Rono foi colocado em uma cela. Deram-lhe uma oportunidade de falar com seu treinador, e DeHart explicou que Rono era suspeito de vários roubos a banco em Nova Jersey. A polícia acreditava que ele corria até os bancos, roubava-os e fugia correndo – tudo sob o disfarce de um programa de treinamento. Ele tinha um motivo, e não estava suficientemente em forma para fugir correndo em plena luz do dia. Era uma forma simplesmente brilhante – na opinião da polícia – de um astro de corrida decadente e falido conseguir dinheiro. E, tanto nos Estados Unidos quanto em outros lugares, eles conheciam ladrões *joggers* – criminosos usando roupas de treinamento.

Rono acabou na prisão, em uma seção para prisioneiros negros, separados dos brancos e latinos. Um médico na entrada o reconheceu e suspeitou que algo estava errado, mas não podia fazer nada para ajudar.

Um preso veio até ele após o café da manhã no dia seguinte: "Você era um corredor famoso, não era?".

Em pouco tempo, todos os prisioneiros do dormitório ficaram sabendo e se aglomeraram em volta dele, ansiosos para saber como ele acabara ali, e honrados por ter alguém tão famoso partilhando o destino deles.

Rono estava desesperado. Ele tinha dois mecanismos de conforto na vida, a corrida e o álcool, e certamente não havia bebidas disponíveis ali. Ele olhou para o salão de 70 metros de comprimento. Daria para treinar um pouco ali? Ele arrastou as camas, fez uma passagem entre os beliches e os presos e começou a correr lentamente, enrijecido e cansado depois de dormir tão pouco. Começou a correr cada vez mais rápido, quase se esquecendo de onde estava, embora seus companheiros de prisão estivessem alinhados, torcendo e aplaudindo algo que nunca tinham visto antes em uma prisão. "Eu já o vi na TV", disse um. "Olhe só essas passadas leves", disse outro. Rono estava empolgado, ele tinha uma plateia, admiradores, era quase como estar na pista. Ele estava em uma prisão, mas correr era liberdade e não podiam tirar isso dele, mesmo quando um carcereiro gritou: "Se tentar fugir, eu atiro em você".

O carcereiro realmente acreditava que ele iria fugir porque era um bom corredor? Se acreditava, era uma estupidez igual à da polícia acreditar que ele era um corredor ladrão de bancos. A polícia e os carcereiros achavam que alguém com os pés tão rápidos estava fora do controle deles. A pessoa podia disparar e desaparecer em uma rua secundária. Em uma sociedade cheia de pessoas bamboleantes e gordas, qualquer um como Rono era um refúgio. E ele também era muito evidentemente africano do leste do continente.

Os negros norte-americanos raramente são tipos que fazem longas distâncias. Eles podem produzir as maiores velocidades por um minuto ou dois, ou dar um *sprint* com uma bola de futebol americano ou basquete nas mãos. Mas esse negro, com seus dois dentes faltando na mandíbula e com um físico incomumente bom, não se encaixava. Rono era o homem do conto de fadas, que correu ao fim do mundo para buscar a água do chá. Os prisioneiros e carcereiros o viam sob essa luz – uma figura de fantasia e não apenas um esportista. Ele era da mesma cor que eles, e estava na prisão, mas também era algo muito diferente e desconhecido, alguém que vivia para e através da corrida – e ele se agarrava a isso em todas as situações.

Essas sessões de treinamento da prisão foram muito especiais. Henry Rono realmente descobriu quanto correr significava para ele, como era maravilhoso abrir as passadas em uma situação de clausura. Ele correu por quase uma hora e meia naquela primeira manhã, e se sentiu transformado por isso, cheio de endorfinas e dos fluidos da alegria. À noite, ele acrescentou mais alguns circuitos, de modo que o total do dia chegou a 30 quilômetros.

Henry logo foi chamado pelo carcereiro. Foi colocado em um carro e levado para outra prisão, onde as instalações eram melhores, e ele recebeu uma cela individual – a comida era trazida para sua cela, havia um chuveiro no quarto, televisão e muita leitura. A única desvantagem era que não havia espaço para correr. Em vez disso, ele continuou treinando no local, levantando as pernas e fingindo correr por mais de uma hora.

Na segunda-feira seguinte, Rono soube como as coisas estavam. Ele era acusado de roubar quatro bancos em Nova Jersey, crimes tão sérios que, se comprovados, levariam a uma sentença de muitos anos de prisão. Mas ele havia sido tomado por um criminoso com nome semelhante e seu advogado se concentrou nesse ponto. Após 18 horas de negociações, Rono era finalmente um homem livre, dolorosamente ciente de que havia escapado com apenas seis dias na prisão por ser um corredor famoso: não fora esse o caso, mesmo sendo inocente, seriam grandes as chances de ele ser considerado culpado.

O banco, que, evidentemente, causara sua prisão por erro de identificação, queria evitar um processo por danos e lhe ofereceu uma compensação de 50 mil dólares. O advogado de Rono, porém, disse que deveriam processá-los por 10 milhões: o caso durou dois anos e o banco foi obrigado a pagar 75 mil dólares. O advogado ficou com 35 mil dólares, deixando o resto para Henry – o que era menos do que ele teria recebido se não tivesse processado a instituição.

Após sua libertação no final do outono de 1986, Henry internou-se em uma clínica para alcoólatras na Filadélfia, mas, duas semanas depois, mudou-se para a casa de um amigo em Boston e rapidamente voltou a seus antigos hábitos de bebida.

Rono teve uma existência desenraizada, mudando-se entre as costas leste e oeste dos Estados Unidos, morando com velhos amigos, ganhando a vida com prêmios em dinheiro. Não havia mais ninguém na mesma situação – um ex-detentor de recordes mundiais rodando de um lugar para outro e correndo para viver entre surtos de bebedeira. A vida sem teto e o esforço atlético erodiram corpo e alma.

Apoio do Estado e benefícios sociais não eram uma opção no caso de Rono, pois ele não possuía um Green Card nem documentos oficiais. Ele não tinha o que era necessário para adquiri-los e carecia dos contatos certos, até que um advogado nascido na Itália aceitou seu caso.

"Rono", disse o advogado, "você não é o famoso corredor?"

Henry gostava de reações desse tipo. Vários astros norte-americanos de corrida mais antigos trabalhavam para empresas de calçados, haviam fundado empresas ou davam palestras sobre os segredos da corrida, mas Rono não fazia parte dessa rede e não estava em posição de tirar vantagem de seus feitos passados. Ele se sentia excluído porque era estrangeiro e negro.

As pessoas diziam que Rono não conseguia manter um emprego, mas nem sempre era tão fácil apenas aceitar um emprego ruim e mantê-lo.

Ele estava em uma empresa de frangos em Eugene, Oregon, e em apenas algumas horas começaram os rumores entre os empregados sobre o novato de andar elegante.

"Quem é você?", perguntou um supervisor, e Rono foi despedido porque o chefe da fábrica não queria comentários na imprensa. Jornalistas e fotógrafos seguiam suas pegadas enquanto ele passava de um emprego a outro, um dia aqui, cinco dias ali, às vezes algumas semanas, sempre com medo de ser revelado como um ex-astro do mundo do atletismo e perder o emprego. Não chega a surpreender que ele fosse muito reservado sobre seu passado: em sua situação, qualquer conversa sobre suas próprias conquistas podia facilmente ser tomada como enganação ou delírio.

Então, Henry não falava sobre seus tempos de astro. Em abrigos e albergues para moradores de rua raramente falavam sobre seu passado e, quando falavam, era para embelezá-lo ou mentir sobre ele. O diálogo dos moradores de rua era silêncio e banalidades.

Henry, inchado como estava, tentou recuperar a forma física. Quando o Exército da Salvação fechava as portas de manhã e dizia aos abrigados para voltarem no fim da tarde, Henry às vezes fazia uma corrida de treino pelas ruas. Quem acreditaria que aquele *jogger* acima do peso era um dos maiores astros das longas distâncias da época? Um olhar mais observador talvez notasse que ele não era um *jogger* comum tentando se livrar de sua barriga, pois Rono rapidamente entrava em um ritmo fluido e seu rosto assumia a expressão característica que dizia: "Estou correndo e, para mim, não há nada melhor no mundo, os problemas não existem, tudo está perfeito". Ele se esquecia da miséria da vida nas ruas ou, pelo menos, quase se esquecia, pois o excesso de peso era um fardo para um homem que havia corrido esbelto e leve como uma pluma. "Talvez eu consiga ainda uma volta por cima."

A aproximação de outros Jogos Olímpicos poderia sacudi-lo de seu transe e das bebedeiras. Em 1988, Gordon Cooper quis patrocinar a preparação de Rono para uma possível participação na Olimpíada de Seul naquele verão.

Rono não podia recusar. Qualquer coisa era melhor do que vagar sem teto e sem dinheiro de cidade em cidade nos Estados Unidos, vivendo de amizades que estavam se desfazendo. Um acampamento de treinamento significaria ao menos alimentação e acomodação grátis por algum tempo, e Rono, provavelmente, não pensava mais além do que isso quando ele e o treinador James Mibey foram ao local selecionado, uma ilha perto do litoral de Tijuana, um paraíso de pescadores ricos. "Fique concentrado", dizia Cooper, "este é o local de treinamento perfeito para você". "Cuide para que ele não beba", dizia ele a Mibey.[5]

Rono estava completamente desequilibrado. Mas experiências anteriores com Mibey o deixaram profundamente infeliz quando eles moravam juntos. Rono era como um boxeador falido que queria voltar à forma plena, mas precisava de força de vontade e impulso interior para fazer isso, por mais que ele desejasse redescobrir seu antigo eu. Ele não era um bêbado desamparado sem direção na vida, ele era um esportista dedicado. Beber e vagar eram coisas do passado, ele só precisava agarrar-se pelo colarinho e tudo ficaria bem. Era isso que ele esperava e pensava em seus momentos mais radiantes, até que os pensamentos virassem novamente para uma direção negativa.

Rono treinava na ilha, mas bebia até o estupor todas as noites. Ao mesmo tempo, ele se correspondia com um psicólogo do esporte na Universidade Estadual do Oregon, que lhe enviava livros de psicologia. Pela enésima vez em sua carreira, as condições para uma volta por cima por Henry Rono haviam se apresentado.

O diagnóstico era depressão – depressão porque ele bebia muito, destruindo todas as possibilidades, mas também porque não se dava bem com Mibey. O estilo de vida de Rono era destrutivo. Os alcoólatras não bebem apenas porque seus órgãos internos gritam por mais veneno líquido, eles bebem porque vivem vidas infelizes. A força do hábito é muito grande, e Rono não conseguia disciplinar seu hábito.

"Por que você não para de beber e treina direito?", perguntava Mibey. "Você tem mais talento do que qualquer um no mundo, e está jogando isso fora."

"Você não entende", dizia Henry, atiçando mais problemas. Um dia, ele quase partiu para cima de Mibey com fúria e, após outra discussão, ficou acordado bebendo, enquanto Mibey dormia em seu quarto. Em alta madrugada, Rono começou a gritar: "Você quer que eu treine? Então, vamos, vamos treinar!"[6]

Mibey parecia ter medo, pensava que seu companheiro havia enlouquecido. No escuro, eles correram por horas na praia, ao som das ondas, ambos bêbados, até que Mibey não aguentou mais.

O treinador achou que Rono havia falhado e parou de se queixar das bebedeiras e da falta de treino. Enquanto isso, Rono enterrava-se em livros de psicologia, em um esforço de alcançar um *insight* sobre sua caótica vida interior.

Imediatamente após o incidente no hotel e a corrida noturna, Cooper visitou a ilha e repreendeu Mibey duramente por abandono do dever. Entretanto, depois que Cooper partiu, eles retornaram à velha rotina, e somente depois da próxima grande discussão e de outra visita de Cooper houve alguma mudança em suas vidas diárias.

Após a terceira visita, Cooper reconheceu que não havia esperança. Embora ainda faltassem seis meses para a Olimpíada de Seul, não havia solução mágica para trazer Rono de volta à forma. Ele estava muito deprimido, e seu alcoolismo, muito avançado.

Em fevereiro de 1988, após seis semanas nessa paródia de acampamento de treinamento, Rono e Mibey receberam ordens de pegar o barco de volta para o continente. Os três seguiram de carro até a fronteira dos Estados Unidos, em silêncio, constatando amargamente que essa era uma repetição do fiasco de quatro anos antes, quando Rono havia desperdiçado suas chances de ficar em forma para as Olimpíadas. Cooper lhes assegurou que só quisera o melhor para Rono, e os deixou em um botequim em Tijuana. Mibey estava a ponto de chorar – ele não tinha passaporte, dizia, e estava com medo dos controles de fronteira.

Henry cruzou a fronteira dos Estados Unidos sem problemas, vestindo um terno elegante que Cooper lhe havia comprado. Mibey, no entanto, pelo que soube Henry, foi preso na fronteira e acabou em uma cadeia mexicana. E foi assim que mais uma estranha tentativa de deixar um corredor olímpico novamente em forma terminou em fracasso.

Rono ficou ainda mais deprimido e se internou em uma clínica de desintoxicação em Rochester, no estado de Nova York. Ele sabia que tinha de correr para alcançar e manter seu equilíbrio mental. Não tinha mais nada nos Estados Unidos, nenhum parente ali, e poucos amigos fora dos círculos de corrida. Toda a sua existência estava centrada no atletismo.

Ele se mudou para Albuquerque em 1990, após uma visita espiritual a Portland, onde desenvolveu apreço pela meditação e por estudar a Bíblia. As coisas pareceram mais otimistas quando ele encontrou seu compatriota Sammy Sitonik. Os dois completaram metade da Maratona da Cidade de Duke em 1h14min, e Sigonik convidou Rono, então com 38 anos de idade, para voltar com ele para Las Vegas, em Nevada, onde eles treinaram juntos no deserto montanhoso.

O estilo de vida saudável e sem álcool teve um efeito imediatamente positivo em Rono. Após apenas duas semanas, ele correu uma meia maratona em Las Vegas em 1h4min. A imprensa soube da história do corredor cuja participação em duas Olimpíadas fora negada devido a boicotes, e que estragara suas chances em duas outras por causa do alcoolismo. Henry Rono estava finalmente no rumo certo e a caminho de seu quinto plano de Jogos Olímpicos. Se ele realmente treinasse adequadamente, o ouro em Barcelona seria uma possibilidade. A vitória de Rono em uma meia maratona em Austin em 1h4min animou as expectativas dos especialistas, que calculavam que ele poderia melhorar esse tempo em vários minutos.

Mas Rono não conseguia lidar com as pressões de altas expectativas e jornalistas apressados. Quanto mais atenção ele recebia, mais duvidava de sua própria capacidade. E – ops – voltou a beber. Rono brigou com Sitonik e teve de se mudar. Levando seus poucos pertences em uma bolsa, ele foi para um centro de apoio em Las Vegas e, após uma semana, mudou-se novamente para Albuquerque, para treinar com Abrahim Hussein, um sólido maratonista queniano.

Rono concentrou-se seriamente na maratona olímpica de 1992. Em maio de 1991, recebeu 2 mil dólares por participar da Maratona de Pittsburgh e viveu com esse dinheiro por alguns meses, mas, em pouco tempo, os organizadores de corridas anteriores passaram a exigir reembolso por corridas às quais havia faltado em outros anos. Novamente, Rono recorreu à bebida, e depois, novamente, à desintoxicação, dessa vez por alguns meses, em clínicas dirigidas pelos Alcoólicos Anônimos, na Califórnia.

Tornou-se um padrão. Ele se mudava para uma cidade que realizava uma corrida para ganhar algum dinheiro e se reerguer. Treinava um pouco e obtinha bons desempenhos e depois vinha outro surto de bebedeiras. Depois de chegar ao fundo do poço, ele se internava em uma clínica de reabilitação e seguia o programa dali pelo número de semanas ou meses que durasse. Aconteceu na Califórnia, em 1992, antes de ele se mudar para correr em Salt Lake City, onde a clínica tornou-se novamente seu lar. Rono tornou-se um nômade, de clínica em clínica, internando-se voluntariamente ou com a ajuda de amigos, pelo menos 17 vezes.

Apesar da vida mais saudável e da rotina regular que ofereciam, Rono, amante que era da liberdade, percebia-as como prisões, porque elas não lhe permitiam correr. Ficar sentado fazendo discussões em grupo aprofundava sua depressão. Ele discutia para que o deixassem treinar, e então se sentia muito melhor, e pronto para arranjar um emprego sério.

Em 1995, pela terceira vez em seis anos, ele tentou arranjar um emprego na Nike. Eles o haviam recusado em duas ocasiões anteriores porque não queriam financiar seu hábito de bebidas. Em 1995, ele preencheu as fichas comuns com questões como "Você já trabalhou aqui antes?" e "Quanto você ganha?". Foi recusado também dessa vez.

Rono reagia muito mal às rejeições. No final dos anos 1970, ele, afinal, tinha sido o ícone da Nike, um símbolo do estilo ousado e não muito convencional da Nike. Tanto Rono quanto a Nike tinham a justiça ao lado quando acusavam um ao outro de má-fé, mas um patrocinador não tem obrigação de sustentar um alcoólatra – e um esportista não pode esperar caridade, ainda que Rono soubesse que outros atletas de elite estavam trabalhando na Nike. Ele sentia que era discriminado como africano.

Ficou particularmente abatido em 1995, pois estava colocando a vida em ordem, lavando carros em Portland e pagando pela própria acomodação. Então, a imprensa chegou novamente e tirou fotos da lenda lavando carros por um salário patético. As notícias se espalharam dos jornais locais para os nacionais, e dali para as agências e mídias internacionais. Como de costume, ele foi apresentado como um fracassado, um sujeito abobalhado de tanta cerveja. Os jornalistas não escreveram sobre o indivíduo complexo, não estavam interessados no homem Henry Rono, apenas no campeão e na vítima. Mais uma vez, tudo isso serviu para alimentar a fábrica de boatos sobre Henry Rono.

Ele passou para um emprego mais regular no aeroporto da cidade em 1996, graças a seus contatos quenianos em Albuquerque. Ele ajudava passageiros com suas bagagens, ganhando US$ 2,17 por hora mais gorjetas, que variavam de nada a 50 ou 60 dólares por dia.

Rono ainda não possuía o Green Card que poderia abrir caminho para trabalhos mais bem pagos. Ele estava bem no fundo da pilha em termos de trabalho nos Estados Unidos ou no mesmo nível de imigrantes ilegais e praticamente sem nenhum direito legal. Havia também o fato de que ele e outros corredores quenianos eram tudo, menos impositivos: eles se portavam como as pessoas modestas que eram, não se gabavam de suas proezas passadas, viviam vidas anônimas, socializavam-se entre si, e não se candidatavam a trabalhos que requeriam nível universitário, que muitos deles na verdade tinham. Vários astros quenianos de corrida do passado, incluindo Peter Koech, que ganhou uma prata olímpica, em 1988, trabalhavam como carregadores de bagagem em Albuquerque.

Assim, um obeso Rono caminhava pelo aeroporto, empurrando caixas e carrinhos, murmurando frases educadas e sorrindo para incentivar gorjetas. Às vezes, encontrava velhos conhecidos chegando a Albuquerque para visitas de treinamento. No final dos anos 1990, ele encontrou Grete Waitz.

"Olá, eu sou Henry", ele disse, estendendo a mão para Waitz, que o reconheceu imediatamente. Eles não se encontravam havia muitos anos e tinham muito o que conversar.

O contraste entre os dois era enorme. Duas décadas antes, ambos tinham sido os melhores corredores do mundo em suas respectivas distâncias, haviam posado juntos para fotografias, ganhado um bom dinheiro e competido por toda parte. Waitz estava colhendo os benefícios de sua carreira, dando palestras e conseguindo contratos que lhe asseguravam uma boa vida e uma existência significativa.

Henry Rono parou de beber definitivamente em dezembro de 2002, finalmente livre de um problema que havia sido o flagelo de seu corpo e mente por um quarto de século. Agora, no entanto, a *junk food* tornara-se seu novo vício.

O que há com os Estados Unidos? Por que Henry e outros corredores quenianos passaram a comer demais como compensação quando suas carreiras terminaram e se empanturraram até ficar irreconhecíveis?

Certa noite, em junho de 2006, Henry Rono foi para a cama como sempre em seu apartamento em Albuquerque, fora de forma, desconfortavelmente obeso e infeliz, embora seu problema com o álcool agora fosse coisa do passado. Faltava algo em sua vida, ou melhor, faltava a própria vida – a capacidade de correr.

Às três da manhã, ele acordou de repente e ouviu uma voz chamando: "Levante-se e corra, Henry. Você se encontrará novamente, você encontrará o homem que um dia foi, que desde então se perdeu".

Ele se levantou, saiu no escuro, virou à esquerda, depois à direita, e lá estava ela, a Estrela Polar, brilhando no céu. Ele olhou para ela e foi em sua direção, devagar, mas ainda assim seguindo-a, sozinho na escuridão da noite, como um índio seguindo um chamado dos deuses. Nunca antes ele havia pensado tão bem e tão claramente como durante aquela corrida, mesmo que seu estilo estivesse mais próximo de um bamboleio pelas ruas vazias de carros e pessoas. Ele correu por duas horas, uma corrida solitária de duas horas sob as estrelas, e durante essas horas os poderes da corrida pregaram o evangelho a ele.

Ele voltou dessa corrida determinado a entrar em forma novamente, a se tornar seu antigo eu, a estabelecer um novo recorde mundial em uma milha em seu grupo etário de 55 a 59 anos.

Não aconteceu no primeiro ano. Rono permaneceu entre 9 e 13 quilos acima de um peso ideal para corrida, mas continuou a competir e a alcançar maior harmonia com seu eu verdadeiro. Correr era sagrado para ele, a causa tanto dos altos quanto dos baixos em sua vida. A filosofia de Rono é: "Corro, logo existo". Ele sente uma ligação poderosa com seu próprio deus corredor interno.

28
Astros, negócios e *doping*

Tudo isso é invenção, mentiras deslavadas!
Nós nos recusamos a aceitar essas mentiras
e pretendemos tomar medidas legais.

Marita Koch, da República Democrática Alemã,
recordista mundial nos 400 metros com um tempo
de 47,60 segundos, ao ser acusada de *doping*, em 1991

No início dos anos 1980, o atletismo e as corridas atraíam um enorme interesse no mundo ocidental. A tendência do *jogging* significava que milhões de pessoas identificavam-se facilmente com os astros do esporte. O corredor com o tipo magro, as pernas cobertas de veias dilatadas e rosto levemente corado tornou-se um físico ideal. Os modelos dos anúncios parecem ter acabado de correr: eles estão levemente suados ou recém-saídos do chuveiro, saudáveis, com os pulmões cheios de ar fresco. Os modelos que fumavam, bebiam, as garotas *pin-ups* foram substituídos por gente de aparência atlética, e até astros do rock corriam para manter a silhueta e ser mais capazes de aguentar suas vidas duras.

Os melhores corredores eram heróis populares havia tempo. Os maiores astros do esporte, como John Walker, da Nova Zelândia, o inglês Sebastian Cole e Carl Lewis, dos Estados Unidos, tinham um apelo que ia além do público esportivo. As mulheres gostavam da aparência e das pernas vistosas deles, e os homens queriam ser como eles. Walker (1952–), com seu uniforme nacional preto, tornou-se um ícone de corrida com algo de "Jesus" com seu cabelo longo e solto e a capacidade de sempre ser rápido no *sprint* final. Walker era apenas um rapaz ambicioso e talentoso que adorava competir, mas, aos olhos do público, tinha uma aura que combinava com a de atores famosos. Ele foi um superastro como poucos em seu campo – médias distâncias –, mas tornou-se também um símbolo sexual. Outro esportista dos anos 1970 que alcançou um status individual equivalente foi o tenista sueco Björn Borg.

Quando John Walker estabeleceu um novo recorde mundial de uma milha (1,6 km) em 3min39,4s em Gotemburgo, em 1975, passou o dia todo sentado e falando ao telefone com jornalistas do mundo inteiro. Os melhores corredores viajavam o mundo de um continente a outro. Passavam o inverno na Oceania para ter as melhores condições de verão, depois seguiam para os

Estados Unidos, e de lá para a Europa, onde o ciclo de *meetings* florescia no início dos anos 1980 como nunca antes.

A cada verão, nos anos próximos a 1980, cerca de duzentos *meetings* internacionais de atletismo eram organizados na Europa Ocidental. O número de *meetings*, corridas em ruas e estradas e corridas *cross country* aumentou vertiginosamente, e os astros, grandes ou pequenos, eram convidados a todos os lugares, para trazer um brilho de glória aos eventos.

Somente a partir dos anos 1980 foi permitida a entrada de dinheiro no chamado atletismo amador – isto é, atletismo para aqueles que queriam participar dos Jogos Olímpicos. Em 1982, a IAAF (sigla em inglês da Associação Internacional de Federações de Atletismo) separou-se de sua enferrujada definição de amadorismo. Um fundo para participantes nacionais foi permitido a partir de 1985, e prêmios internacionais em dinheiro também foram permitidos. A década anterior tinha sido caracterizada por um grande aumento do dinheiro "negro" – dinheiro por participações, voos grátis e formas inventivas de contornar as regras amadoras. Todos os envolvidos sabiam o que acontecia.

Nos grandes *meetings* europeus, como o de Zurique, os participantes costumavam formar filas depois para receber o dinheiro. Todos tinham seu preço e organizadores generosos eram populares, garantindo um alto nível de participação ano após ano. Na Europa Oriental, os pagamentos às vezes eram feitos em moedas difíceis de trocar no Ocidente; corredores da Romênia e da União Soviética, por outro lado, ficavam maravilhados em ser pagos em dólares, o que lhes dava acesso a lojas exclusivas em seus países. O sistema de pagamentos ilegais usava métodos engenhosos para evitar transferências feitas pelo sistema bancário.

Havia recordistas mundiais que viajavam com malas de dinheiro e abriam contas em diferentes bancos europeus para espalhar sua fortuna. Certo queniano sempre exigia 754 dólares por *meeting*; essa soma aparentemente aleatória e sem significado correspondia ao preço de uma vaca ou de lotes de terra em seu país. A ideia de aumentar o tamanho de seu rebanho e de sua fazenda o estimulava a competir frequentemente, ganhando o máximo possível no circuito europeu para assegurar o futuro para si e sua família.

As somas em dinheiro cresceram ao longo dos anos 1980 e 1990. Ligações mais estreitas entre os esportistas e interesses de patrocínio levaram a uma maior atenção da mídia, e uma maior ênfase no dinheiro era característica do esporte de alto nível em geral.

Os anos 1980 também viram a chegada dos agentes no atletismo para negociar e elaborar contratos. A profissionalização significou que os melhores atletas tornaram-se dependentes de intermediários para obter acesso aos eventos, para construir uma reputação e aumentar o valor de mercado. Contar apenas com seus próprios meios nem sempre era vantajoso. Mesmo os atletas no nível mais elevado foram enganados por seus patrocinadores e precisaram de ajuda na mesa de negociações.

A rivalidade entre as muitas maratonas de grandes cidades também exerceu um efeito entre os corredores. Os organizadores tinham suas próprias preferências entre a elite, às vezes querendo que certo corredor vencesse porque, por exemplo, o indivíduo estava na folha de pagamento do principal patrocinador. Tanto em corridas em pistas como em ruas e estradas, havia geralmente um esquema oculto funcionando por fora. Para assegurar sua reputação como vencedores, os corredores às vezes escolhiam certas competições, com a condição de que certos rivais não participassem. Se o organizador esperava um recorde mundial, um ou dois corredores-lebres tinham de ser incluídos no trato, de preferência um ou dois do mesmo país ou grupo do potencial vencedor. As negociações prosseguiam, construindo um grupo que fosse vantajoso para competidores, organizadores, patrocinadores e televisão.

O resultado era que certos corredores raramente competiam um com o outro. Os ingleses Sebastian Coe e Seve Ovett, fantásticos corredores de médias distâncias que estavam no auge por volta de 1980, raramente apareciam na mesma prova. A rivalidade entre eles foi o assunto do mundo do atletismo por vários anos e eles recebiam tantos convites que cada um deles podia combater no *front* que escolhesse, chegando ao ponto de cada um vencer em sua distância específica no mesmo *meeting*. O prestígio e fatores econômicos andavam de mãos dadas entre os esportistas que odiavam perder.

As recompensas financeiras maiores incentivaram jovens do Quênia, Etiópia e outros países pobres com tradição de corrida. A ambição esportiva, o desejo de educação e fama tinham sido os principais motivos para os africanos entrarem no mundo da corrida, juntamente com um desejo de ir para o Ocidente, para nele se estabelecer e competir. Isso significava, por si só, uma elevação de seu padrão de vida, mas em escala muito menor do que a elevação proporcionada pelos pagamentos em dinheiro. Circulavam histórias de corredores africanos que, com apenas uma vitória ou liderança de *ranking* no Ocidente, podiam ganhar mais dinheiro do que eles poderiam sonhar.

Um fenômeno completo

Aconteceu novamente no começo dos anos 1980, quando um jovem corredor de uma nação africana deixou sua marca. Said Aouita (1960–), do Marrocos, revelou um talento dado pelos deuses que poucas vezes foi igualado. Ele era um jogador de futebol de 18 anos de idade quando testou suas habilidades descalço em um campeonato escolar, sem treinamento além do futebol e sem ter ideia de táticas de economia de energia – ele só sabia que valia a pena dar o melhor de si. Em sua estreia nos 800 metros, o relógio mostrou 1min49s.

Ele era um verdadeiro inocente. Não sabia nada sobre recordes – seus instrutores ficavam ao lado da pista gritando para o prodígio nato quando acelerar ou ir mais devagar, mas ele imediatamente dominou todas as distâncias dos 800 aos 5.000 metros. Os resultados foram tão animadores que Aouita se concentrou totalmente em correr, e isso significava ter de ir para o exterior, para a França, o país dos antigos senhores coloniais.

Ali, estranhamente, ele tinha dificuldade em acompanhar a velocidade dos colegas nos treinos, mas superava todos eles nas corridas. Algo devia estar errado com o treinamento que ele fazia, então ele desenvolveu sua própria filosofia, que, entre outras coisas, aperfeiçoou com uma arrancada relâmpago nos 300 metros finais. Ele não corria uma grande quilometragem – 72 a 88 quilômetros por semana –, com muito *fartlek*, treino de velocidade e trabalho de corrida em subidas.

Entre 1980 e 1982, quando Aouita galgava seu caminho até a elite de sua distância escolhida, corredores ingleses dominavam os 1.500 metros. Aouita sentia que alguns organizadores o discriminavam, e ele era chamado de "arabezinho". Ele representou um novo acréscimo à fauna da corrida mundial. Não era apenas um novato de um país muçulmano do norte da África recebendo convites para os maiores eventos, mas também se expressava francamente em relação aos organizadores, competidores e à arrogância europeia.

Aouita mudou-se para Siena, na Itália, que considerou um ambiente mais propício, e, a partir dali, montou sua campanha para conquistar o mundo. Antes dos eventos, ele se visualizava como soldado marroquino pronto para lutar por si e pela honra de seu país. As derrotas eram como ser perfurado por um punhal. Quando ele chegou quatro centésimos de segundo atrás de Steve Cram nos 1.500 metros em 1985, não conseguiu dormir por duas noites e teve dores de estômago por duas semanas.

O ouro olímpico de Said Aouita nos 5.000 metros, em 1984, fez dele um herói nacional, e com isso ele ganhou a amizade do rei. De repente, imagens suas pendiam ao lado das do Rei Hassan II em lugares públicos e lares em todo o Marrocos. Suas lesões eram tratadas pelo médico real e ele frequentava a corte. Ele se tornou o primeiro esportista realmente próspero do Marrocos.[1]

Said Aouita era o mais completo corredor de média e longa distâncias que o mundo já vira. Ele estava no topo internacional em todas as distâncias, dos 800 metros a 10.000 metros. Estabeleceu recordes e venceu 115 de suas 119 corridas, entre setembro de 1983 e setembro de 1990. Abriu caminho para uma onda posterior de grandes corredores do Marrocos e da Argélia em distâncias acima de 800 metros, da qual seu compatriota Hicham El Guerrouj superou todos eles.

Desde que Aouita começou a dominar os 1.500 metros, em meados dos anos 1980, os corredores do norte e do leste da África continuaram a ser líderes mundiais nessa prestigiosa distância.

Rompendo barreiras

"Eu quero correr", disse a argelina Hassiba Boulmerka (1968–), da cidade de Constantine, na Argélia. Isso significava obedecer às leis de vestimentas muçulmanas e ainda dar largas passadas, quebrar normas e estar preparada para a desaprovação, surpresa e condenação de sua sociedade. Com a cabeça coberta, *legging* até os tornozelos e braços cobertos como as regras estipulavam, ela deixou sua marca nos anos 1980 e venceu campeonatos nacionais nos 800 metros e nos 1.500 metros.

A Argélia, com suas montanhas e desertos, era o segundo maior país africano e tinha poucas mulheres corredoras quando Boulmerka era jovem. As mulheres treinavam em segredo e silenciavam sobre suas conquistas, pois eram consideradas blasfemas e exibicionistas. Elas tinham mais barreiras a superar do que suas irmãs do Ocidente, porque uma religião severa, bem como o decoro e os costumes simples, reprimia a corrida. Garotinhas e jovens mulheres que anunciassem em casa que queriam jogar e correr recebiam, na maioria das vezes, um firme "não" paterno como resposta. Para aquelas que desafiavam as normas, havia um livro de regras e proibições a ser seguido. As mulheres muçulmanas não podiam correr quando os homens estivessem assistindo e, certamente, não podiam revelar a pele nua em uma cultura em que mesmo os homens não deviam revelar muito. A vida diária era cheia de restrições e regras para Boulmerka, que queria treinar e suar, ir para o exterior e competir.

Então, Hassiba Boulmerka não teve uma jornada reta e fácil até o topo, o que tornou a alegria ainda maior quando ela conquistou o primeiro título de atletismo feminino para seu país nos 1.500 metros em 1991, e repetiu esse triunfo na Olimpíada do ano seguinte. Em seu retorno da Olimpíada, ela foi parabenizada pelo presidente de seu país, que se desculpou por votar a favor de uma proposta para criminalizar o atletismo feminino na Argélia.

Mas muçulmanos fundamentalistas sunitas acusaram-na de blasfêmia: ela havia corrido quase nua em um estádio cheio de milhares de homens; ela havia quebrado as leis e zombado do Islã em nome de seu país, correndo uma volta da vitória com a bandeira enquanto gritava alegremente "Argélia! Argélia!" – como se tal evento desonroso fosse algo a se comemorar. Boulmerka teve de receber proteção policial e se mudou para a França para treinar.

Entretanto, ela era, ao mesmo tempo, uma heroína popular, especialmente entre as mulheres, e estimulou mudanças políticas na base da sociedade. Um *slogan* apareceu na esteira de seu triunfo: "Hassiba Boulmerka não precisou da permissão de seu pai para ganhar um ouro olímpico". Sua vitória em 1991 e as exigências sociais que se seguiram foram a causa de as mulheres argelinas conseguirem o direito de votar: pais e maridos haviam falado por ela antes e tomado a maioria das decisões.

A instabilidade na Argélia após a vitória eleitoral da Frente Islâmica de Salvação, em dezembro de 1991, e o golpe militar um mês depois levaram a uma longa e sangrenta guerra civil, que também arruinou a vida diária de Boulmerka. Ela continuou sendo patriota e se recusou a emigrar permanentemente, mas teve de visitar Cuba e França para ter a paz de que precisava durante períodos importantes de treinamento. Cartas e telefonemas ameaçadores prometiam sua morte. Durante os campeonatos mundiais de atletismo de 1995 em Gotemburgo, ela teve de se mudar para um hotel diferente do restante de seus compatriotas e viver sob rígida segurança 24 horas por dia, como um político com uma ameaça de morte pesando sobre sua cabeça.

O que ela mesma tinha a dizer sobre suas corajosas ações e todo o distúrbio? Ela se considerava uma pioneira e também uma boa muçulmana, como uma mulher que contribui para a libertação das mulheres sem perder nem seu patriotismo nem o espírito de Alá.

Passados apenas alguns anos desde suas vitórias internacionais, mais de 8 mil garotas aderiram à corrida na Argélia. Elas lançaram fora seus trajes longos, quentes e pouco práticos e, como seu modelo, correram de *shorts*. Sentiram a emoção e a alegria do esporte, talvez com uma leve dor na consciência, mas, mesmo assim, acharam bom e certo quando houve uma multidão de argelinas. Algumas retiveram obedientemente certos acessórios e chegaram a um meio-termo, como suas irmãs com interesses semelhantes tinham feito em outros países. Não havia necessidade de imitar Boulmerka completamente.

Hassiba Boulmerka pertencia a uma longa tradição de mulheres que se opuseram à dominação masculina. Como corredora, ela encontrou muitos com as mesmas atitudes que os homens tiveram no Ocidente, cem anos antes, e que as mulheres tiveram uma década ou duas antes. Seu fardo islâmico, porém, era mais pesado na medida em que o Islã estava em marcha e desencadeando movimentos radicais em muitos países. Aqueles muçulmanos que acusavam Boulmerka de pecado também viam sua carreira como uma rendição ao principal inimigo, o grande satã, os Estados Unidos, porque ela se engajava em um esporte ocidental contra as palavras do Profeta. Correr em trajes curtos tornou-se um símbolo da degeneração e da infiltração dos valores norte-americanos.[2]

Grandes negócios

Os fabricantes de tênis de corrida tornaram-se os principais patrocinadores no financiamento do esporte durante os anos 1980. A indústria de calçados nos Estados Unidos, Europa e Ásia realmente decolou na esteira da explosão do *jogging*, com o número de produtores alcançando o auge por volta de 1980. Após isso, houve algum encolhimento, como ocorre com indústrias em crescimento que se estabilizam ou passam por alguns anos magros.

A concorrência internacional também se tornou mais dura no mercado de calçados, refletindo uma alteração no clima de negócios, o que indicava a chegada da globalização.

Nike era o nome da deusa da vitória na Grécia Antiga e de um fabricante de calçados norte-americano. Nos anos 1950, seu fundador, Phillip Knight, de Portland, Oregon, havia pertencido à equipe de corrida do legendário treinador Bill Bowerman, da Universidade de Oregon, em Eugene. Knight foi ao Japão, no outono de 1962, para ver se era possível importar calçados de corrida dali para os Estados Unidos – comprar barato em um mercado de baixo custo e vender aos norte-americanos a um preço mais alto. A marca de calçados que ele encomendou chamava-se Tiger, e a empresa norte-americana foi registrada como Blue Ribbon Sport.

Levou mais de um ano para chegarem os primeiros cinco pares de um tipo leve de calçado. Depois, no entanto, com Knight vendendo calçados na traseira de um carro em eventos de atletismo na costa oeste dos Estados Unidos, e Bowerman recomendando os calçados Tiger, eles venderam 1.300 pares em um ano.

Depois de alcançarem um faturamento de 1 milhão de dólares em 1970, os crescentes custos e as entregas reduzidas convenceram Knight e Bowerman de que era desejável lançar sua própria marca. Em 1971, a Blue Ribbon produziu o primeiro tênis com o logo da marca Nike – uma curva com aspecto de asa que poderia representar a asa da deusa e que mais tarde ficou conhecida como o "swoosh" da Nike. Entretanto, os tênis eram feitos no México e não tinham tolerância a baixas temperaturas. Eles rasgavam com facilidade, e o modelo foi abandonado. Knight foi ao Japão e negociou para que o logo da marca Nike aparecesse nos populares tênis Tiger Cortez japoneses. Ele também encomendou tênis de basquete, tênis de luta e tênis comuns (*trainers*) de seus contatos japoneses.

A seleção para a equipe olímpica de 1972 estava ocorrendo em Eugene, e o jovem corredor Steve Prefontaine, que era treinado por Bowerman e testava os novos tênis, estava atraindo bastante a atenção. Esse carismático corredor de longas distâncias foi fotografado usando tênis Nike. No mesmo ano, Bower despejou látex na chapa de *waffle* de sua mulher e reconheceu as possibilidades de uma sola com padrão de *waffle*.

As vendas de tênis Nike cresceram paralelamente ao aumento do número de *joggers* nos anos 1970 – e a profusão de produtos da marca Nike e de outros fabricantes reforçou o movimento *jogger*. Os novos modelos com propriedades de absorção de choque vieram como uma revelação para novos e velhos corredores, fosse no asfalto ou em *cross country*, e eles trocaram os calçados usados no tênis e no beisebol com os quais corriam por modelos bons, elegantes e leves a um preço acessível. Melhoramentos tecnológicos, baixos custos de produção na Ásia e as tendências do capitalismo, tudo isso favorecia e até formava a experiência diária dos *joggers*, muitos dos quais achavam que usar tênis de corrida especialmente criados produzia milagres e aumentava o volume de corrida que faziam. Os consumidores eram de todas as idades e tamanhos, e estavam cada vez mais dispostos a gastar com itens de hobby.

A Blue Ribbon mudou seu nome para Nike em 1978. Eles gostavam de se ver como a marca pequena e alternativa que desafiava as gigantes Adidas e Puma e representava algo novo e necessário. Foi uma estratégia altamente bem-sucedida. Quando o faturamento da Nike nos Estados Unidos ultrapassou o da Adidas, em 1980, e se tornou a maior fabricante de calçados esportivos do país, a empresa lançou uma coleção de roupas. Moda e calçados esportivos eram uma indústria em crescimento com lucros potencialmente imensos, particularmente porque os salários e custos nos países produtores eram bem mais baixos que no Ocidente.

Michael Jordan, o jogador de basquete, foi muito importante para a Nike ao longo dos anos 1980, e a empresa depois assinou contratos com outros superastros de uma variedade de modalidades esportivas. No que se refere a corridas, a Nike obteve os maiores lucros com Steve Prefontaine (1951-1975), que morreu em um acidente de carro, mas é essencial para o mito autoconstruído da Nike como empresa enraizada no idealismo.

Ao ligar a história da curta carreira de Prefontaine com a invenção de Bill Bowerman na chapa de *waffle*, a Nike construiu uma narrativa comovente que a colocava um pouco acima do resto e dava autenticidade a seus produtos – embora eles fossem produzidos em linhas de montagem na Ásia. A Nike conseguiu atrair uma legião de consumidores fiéis, criando a ilusão de que representava um estilo de vida específico, um estilo que destacava os usuários de produtos Nike do resto da humanidade. Comprando e usando esses produtos, recomendando a marca aos outros e tornando-se patriotas da marca, os usuários tornavam-se parte de uma comunidade única e estimada. Nem as japonesas Saucony ou Asics e nem mesmo a Adidas alcançaram esse tipo de status.

A combinação de atitudes comerciais cínicas aliadas a condições semelhantes à escravidão nas quais estavam muitos trabalhadores das fábricas asiáticas não chegava a ser uma exclusividade da Nike entre empresas multinacionais de sucesso. Mas o especial na Nike era a ligação entre Knight e Bowerman, de um lado, e as origens do movimento *jogging* de outro. Uma precondição para as equipes fundadoras da Nike nos Estados Unidos e em outros países era que os integrantes deveriam ser genuínos entusiastas de corrida. A Nike foi, por exemplo, uma das primeiras empresas a se recusar a empregar fumantes. A empresa teve sucesso porque unia o impulso e o entusiasmo dos corredores por seu amado hobby, o espírito de equipe de Bowerman e a arrebatadora necessidade de Phil Knight de crescer e dominar o campo. Knight nunca venceu uma corrida sob a tutela de Bowerman, mas tornou-se um astro internacional do mundo dos calçados de corrida.[3]

A Nike também fundou seu próprio clube de atletismo, o Athletic West, que teve uma considerável influência durante algum tempo, quando o *doping* era amplamente difundido entre os maiores corredores internacionais, embora poucos deles fossem pegos. Havia frequentemente acordos verbais secretos entre organizadores e corredores que usavam drogas: "Vou competir contanto que não haja testes *antidoping*" ou "Preciso de algumas garantias de que não vou ser denunciado".

O *doping* em todas as suas formas

A questão do *doping* sanguíneo, como é conhecido, tem levantado muitas discussões acaloradas desde os anos 1970. A rigor, não é ilegal no contexto olímpico, porque os regulamentos proibiram "o uso de substâncias estranhas ao organismo". O Comitê Olímpico Internacional não baniu o *doping* sanguíneo até 1985, embora naquele tempo fosse impossível detectar esse tipo de *doping*.

Experimentos na Suécia no início dos anos 1980 demonstraram o enorme efeito do *doping* sanguíneo. Os indivíduos submetidos ao experimento tiveram 8 decilitros de sangue (aproximadamente 15% do total de sangue) extraído, e o sangue foi então congelado. Isso normalmente leva a uma queda de 10% na absorção máxima de oxigênio. Os participantes então continuaram a treinar e, após três ou quatro semanas, o sangue havia retornado ao nível normal. Após quatro semanas, o sangue foi descongelado e reinjetado nos participantes, com o resultado de que suas contagens de hemácias aumentaram em cerca de 10%, com um aumento equivalente na absorção de oxigênio.

Na Suécia, o doutor Björn Ekholm realizou muitos experimentos nesse campo, não para incentivar ninguém a trapacear, mas para estudar o que afeta o desempenho. Um dos participantes da pesquisa foi Artur Forsberg, um corredor por hobby cujo melhor tempo pessoal em 9 quilômetros *cross country* era de 33 minutos e 35 segundos. Na semana anterior à reinjeção do sangue, ele realizou três corridas de teste em 34:35, 34:32 e 34:12. Dois dias após o sangue ser reinjetado, ele produziu um tempo de 32:29 – um minuto melhor do que seu melhor tempo. Forsberg também mediu a pulsação pela manhã por três dias antes da reinjeção, e as medições foram 44, 43 e 44 batimentos por minuto; nos três dias após a reinjeção, ele mediu 39, 38 e 40 batimentos por minuto.

Um corredor nos 10.000 metros melhorava seu tempo em um minuto – um resultado confirmado por estudos em vários outros países – e uma melhora de meio minuto foi registrada nos 5.000 metros.

Há muita especulação sobre se o finlandês Lasse Virén, que venceu os 5.000 e os 10.000 metros tanto na Olimpíada de 1972 quanto na de 1976, usou *doping* sanguíneo. Ele negou, e seu longo período de máxima forma nas duas Olimpíadas não sugere *doping* sanguíneo. Seu compatriota Kaarlo Maaninka, por outro lado, que levou a prata nos 10.000 metros e o bronze nos 5.000 metros na Olimpíada de 1980, admitiu o uso de *doping* sanguíneo.[4]

A EPO (eritropoietina) era usada como substância de *doping* em corridas longas no final dos anos 1980. Ela aumenta a produção de glóbulos vermelhos e pode melhorar os tempos nos 10.000 metros em cerca de 1 minuto. Diversos médicos italianos, em especial, estavam dispostos a fornecer a EPO a atletas.

Foi na Alemanha Oriental – a República Democrática Alemã – que o mais sofisticado sistema de *doping* dirigido pelo estado operou. O estado foi fundado em 1949, como zona neutra comunista contra o Ocidente, e, a partir dos anos 1960, tornou-se um colosso esportivo, apesar de sua população relativamente pequena de 17 milhões de pessoas. O sucesso alemão oriental foi alcançado através de um sistema que escolhia crianças e jovens bem cedo e os enviava para escolas esportivas. Em um estágio posterior, a elite era selecionada e introduzida nos programas esportivos avançados dirigidos pelo estado. Uma enorme quantidade de pesquisas foi realizada sobre métodos de treinamento e qualquer coisa que pudesse melhorar o desempenho, inclusive *doping*. Os alemães orientais podem ter competido frequentemente contra rivais dopados do resto do mundo, mas não ficou demonstrado que nenhum outro país tenha usado sistematicamente *doping* dado pelo estado em tamanha escala.

O uso de esteroides anabolizantes tornou-se comum na Alemanha Oriental no final dos anos 1960. Isso também era verdade em relação a outros países, incluindo os Estados Unidos, que frequentemente adotavam uma postura de elevada moral diante da Alemanha Oriental, uma vez que as autoridades americanas não estavam envolvidas no *doping* organizado. Os sistemas comunista e capitalista lidavam com o *doping* de forma diferente, e os esportistas da Alemanha Oriental e do Ocidente estavam evidentemente sujeitos a seus próprios sistemas: se queriam alcançar o topo, tinham de seguir as regras do jogo em seus respectivos países.

As velocistas alemãs orientais alcançaram especial proeminência internacional. Renate Stecher levou o ouro nos 100 metros e 200 metros na Olimpíada de Munique, em 1972: "Eu jamais vi uma mulher como ela. Ela parece maior e mais musculosa do que Valeriy Borzov (campeão dos 100 metros masculinos)".[5] Esse comentário foi feito por Charlie Francis, que depois treinou o velocista Ben Johnson no Canadá. A massa muscular nunca vista antes em mulheres era típica das velocistas alemãs orientais. A combinação de mais e melhor treinamento com pesos e *doping* produzia um tipo corporal das velocistas, especialmente na Alemanha Oriental, que se assemelhava ao de homens extremamente bem treinados. Marita Koch, corredora de 400 metros que correu a distância em 47:60, em 1985, estabelecendo um recorde mundial quase imbatível, tinha o tipo atlético retratado nas histórias em quadrinhos.

Os corredores masculinos da Alemanha Oriental raramente tomavam dosagens maiores que nove miligramas de testosterona por dia; as mulheres, por outro lado, tomavam dosagens grandes e quase ilimitadas. Havia exemplos de casais de atletas entre a elite de velocistas em que a mulher tomava quase três vezes a dose do homem. Marita Koch tomava o dobro de Thomas Schönleb, seu equivalente masculino nos 400 metros. E os alemães orientais tomavam dosagens altas em comparação com seus competidores ocidentais.

O *doping* dessa espécie tinha um efeito extraforte em mulheres, especialmente em eventos de explosão de velocidade – o que explica as quantidades tomadas. A velocista Bärbel Wöckel-Eckert tomava até 1.745 miligramas de esteroides por ano, no início dos anos 1980. Sua colega de equipe mais famosa, Marlies Göhr, tinha um consumo anual de 1.405 miligramas de esteroides.[6]

O *doping* sistemático também aconteceu nas corridas de média e longa distâncias desde o início dos anos 1970. Os especialistas reconheciam que também poderia ser útil para competidores mais magros. Ambos os sexos tomavam drogas durante o treinamento e nas fases de intensificação preparatória para competições. Os corredores também conseguiam treinar mais e se recuperar mais rapidamente, tanto do treino quanto de lesões. Havia pesquisas muito precisas por trás dos programas alemães orientais de *doping*, e as pesquisas eram lideradas por alguns dos principais médicos do país.

Embora a massa muscular não aumentasse da mesma forma que ocorria com os velocistas – e nem deveria –, o número de escândalos de *doping* a partir de fins dos anos 1970 entre, por exemplo, corredoras romenas de média distância indica que o *doping* era amplamente disseminado. Na Alemanha Oriental, os competidores eram testados antes de ser enviados ao exterior, e aqueles que não passassem no exame ficavam em casa.

Os esportistas envolvidos em *doping* têm a tendência de negá-lo, provavelmente porque "todo mundo" da elite tomava, e eles sentiam que seria injusto ser condenados enquanto os outros saíam ilesos. Marita Koch foi entrevistada na televisão em 1991, quando o colapso da Alemanha Oriental levou a revelações sobre o programa de *doping*: "Então, você vai insistir na versão de que nunca tomou esteroides anabolizantes?".

"Sim."

Ela e seu marido e treinador, Wolfgang Meier, disseram: "Tudo isso é invenção, mentiras deslavadas! Nós nos recusamos a aceitar essas mentiras, e pretendemos tomar medidas legais. Esses ataques sujos mostram que as pessoas não têm limites quando se trata de denegrir atletas".

Koch também ameaçou processar a revista alemã *Der Spiegel*, que afirmava que ela havia usado *doping*. O caso nunca foi aos tribunais.[7]

Em qualquer descrição do sistema de *doping* da Alemanha Oriental, é fácil apresentar os envolvidos como trapaceiros cultivados em série, mas o *doping* era igualmente prevalente no nível de elite dos Estados Unidos – maiores rivais da Alemanha Oriental –, especialmente entre os velocistas. Era o puro (e típico) blefe norte-americano quando os principais astros do circo das corridas dos anos 1980 e 1990 afirmavam não usar *doping*, ao contrário dos europeus do Leste. E as autoridades do atletismo norte-americano também abafavam resultados positivos de *doping* entre seus atletas, como, por exemplo, antes da Olimpíada de 1984: eles protegiam seus atletas, talvez temendo a perda de moral e de renda. Os países comunistas e os do Ocidente acusavam uns aos outros de trapacear, e, evidentemente, tais acusações eram uma forma de explicar o sucesso do rival. Em uma quantidade surpreendente de países, "nós" equivalia a "inocentes" e "eles" equivalia a "culpados". Em alguns países, o *doping* nem sequer estava na pauta de discussões.

A maior farsa da Olimpíada de 1988 foi quando o vencedor dos 100 metros, Ben Johnson, foi pego em um exame *antidoping* e transformado em bode expiatório: isso mostrou que só é apanhada uma ínfima proporção de todas as partes culpadas. Qualquer pessoa com algum conhecimento do mundo do atletismo sabia que Johnson não era o único no campo que se construíra à base de esteroides anabolizantes. Centenas de corredores foram pegos mais tarde, quando os testes *antidoping* se tornaram mais frequentes e a vontade de apanhar usuários de *doping* aumentou.

Um dos maiores escândalos de *doping* dos Estados Unidos envolvia a Balco – Bay Area Laboratory Cooperative – de São Francisco, dirigida por seu fundador e proprietário Victor Conte. Os negócios oficiais da empresa lidavam com análises de sangue e urina e com suplementos nutricionais. No final dos anos 1990, Conte fundou um clube de atletismo, o ZMA, para comercializar um suplemento nutricional de mesmo nome. Uma das sócias do clube era a velocista Marion Jones, que, após o fim da Alemanha Oriental, era a rainha do mundo das corridas de velocidade, com o carisma de uma estrela de cinema. O mundo nunca havia testemunhado tal combinação de velocidade e elegância como o revelado por essa garota de rosto simpático e honesto.

A Balco foi vasculhada em 2003, por suspeita de atividades ilegais. Os agentes de narcóticos encontraram hormônios de crescimento, grandes somas em dinheiro e listas de clientes que incluíam astros internacionais de uma série de esportes. Eles também encontraram relatórios sobre dosagens de indivíduos e sugestões sobre como alcançar o efeito ótimo usando substâncias banidas.

Entre os corredores, o nome mais famoso nos arquivos da Balco era o da velocista Marion Jones, mas ela negou ter feito alguma coisa ilegal – e nunca tivera um resultado positivo em testes *antidoping*. Entretanto, ela não podia escapar da suspeita que vinha crescendo ao longo dos anos, pois tendia a se "esquecer" de testes *antidoping* importantes, e havia treinado com corredores e treinadores sobre os quais havia rumores de envolvimento com *doping*.

O processo contra a Balco prosseguiu e revelou os lados mais escuros dos esportes de elite. A credibilidade de Jones ficou ainda mais enfraquecida quando Conte admitiu, em rede nacional de televisão, em 2004, que ele pessoalmente havia dado a Jones substâncias proibidas antes da Olimpíada de Sydney, quatro anos antes. Ela depois admitiu ter mentido, perdendo as cinco medalhas que ganhara em Sydney e, além disso, todos os seus resultados e conquistas desde setembro de 2000 foram anulados. Ela se tornou uma ex-velocista arruinada quando admitiu sua culpa em 2007 e, em março de 2008, começou a cumprir uma sentença de seis meses de prisão por mentir no tribunal sobre seu uso de *doping*.

Tanto Marita Koch quanto Marion Jones competiram em uma época em que os velocistas tinham de tomar *doping* para chegar ao nível internacional mais alto. A corrida internacional de elite precisava de equipes de bons assistentes com alto grau de instrução e agentes espertos: o corredor era apenas uma peça no complexo jogo de rivalidades nacionais, dinheiro, prestígio e ambição. O esporte de elite havia tomado o caminho sobre o qual os céticos alertavam havia muito tempo, mas ele meramente refletia o mundo contemporâneo, como sempre fez.

29
Correndo com o zen

> Seguimos as palavras do mestre porque sabemos que é bom para nós.
>
> Toshihiko Seko, corredor do Japão

Obediência e disciplina – essas são as características que um forasteiro vê no corredor japonês Toshihiko Seko – obediência cega a seu treinador Kiyoshi Nakamura e disciplina inconcebível ao treinar. "Corra 150 quilômetros por dia!", disse-lhe o treinador em seu campo de treinamento na Nova Zelândia, e Seko cobriu 1.200 quilômetros em oito dias. "Meu corpo ficou um pouco confuso depois disso, mas eu consegui", ele disse depois.[1]

Seu treinador, Nakamura (1913-1984), tinha sido um recordista japonês nos 1.500 metros, e era um homem que cultuava a força de vontade como uma planta sagrada. Quando começou sua carreira como treinador, em 1965, a boa e velha relação mestre-pupilo japonesa de total sujeição – o princípio de *sunao* – ainda operava. Os praticantes viviam como uma família muito unida, e não lhes era permitido criticar as palavras de seu mestre. Todos eles tinham o mesmo corte de cabelo e evitavam comportamentos dissolutos– namoradas e noites na cidade eram inconcebíveis. Nos primeiros dias, os pupilos podiam levar uma surra do treinador, que chamavam de Satan, por causa do regime severo que ele conduzia. Mas Nakamura, que treinou mais de mil corredores no curso de duas décadas, sabia que conversas construtivas eram mai424s eficazes do que o castigo físico.

Seko entrou para o grupo de Nakamura por ordem dos pais. Ele nasceu em 1956, na ilha de Kyushu, e desde pequeno mostrou uma vontade incomum de vencer – seu apelido "Kaibutsi", que significa "monstro", aponta nessa direção. Quando outros às vezes choravam ou reclamavam, Seko ficava ainda mais determinado e pronto para esforços maiores, como, por exemplo, quando estabeleceu o recorde escolar japonês nos 1.500 metros, com 3min53,3s, em 1972. Como resultado de uma vida repleta de treinamentos exigentes, longas temporadas em campos de treino, corridas e busca de vitória, Seko não ia bem na escola e, para a decepção de sua família, não conseguiu uma vaga na Universidade Waseda, em Tóquio.

Seus pais o enviaram para os Estados Unidos, mas ele não conseguiu se estabelecer e ansiava por voltar para casa. Encontrava conforto na companhia de dois outros esportistas japoneses, que também queriam ir para casa e que não estavam treinando seriamente. A terra natal era melhor para Seko; na Califórnia ele era apenas um na multidão. Os três garotos japoneses não lidaram bem com a vida nos Estados Unidos e, em pouco tempo, caíram no mesmo padrão de outros imigrantes frustrados: comiam *junk food* e bebiam bebidas gaseificadas em vez de estudar e treinar, e passavam os dias sem fazer nada em seus quartos, enquanto pintavam um quadro triste da vida. Seko não conseguiu sobreviver a seu primeiro ano na universidade e, ao mesmo tempo, ficou fora de forma e ganhou peso.

Quando voltou ao Japão no verão de 1976, estufado e 9 quilos mais pesado, havia pouco que lembrasse a alguém que esse jovem havia sido o corredor de média distância mais promissor do Japão. Por algum tempo ele ficou totalmente sem correr, simplesmente sentado o tempo todo. Seus pais ficaram muito preocupados e perceberam que ele precisava de orientação, por isso, em 1976, levaram-no a Kiyoshi Nakamura, que era treinador da Universidade de Waseda.

Ele imediatamente reconheceu o talento de Seko, seu movimento fluido e as passadas naturais: "Ele vai ser um maratonista de nível internacional em cinco anos".[3]

O pai de Seko duvidou disso: "Meu filho não tem o caráter nem a atitude mental para ser um maratonista". Ele achava que Seko não estava disposto a fazer os sacrifícios necessários para alcançar os níveis mais altos. Tampouco o jovem acreditava nisso. Ele fora criado como corredor de meia distância, e estava acostumado a competir nas pistas por dois a cinco minutos, não por duas horas ou mais em uma superfície de asfalto. O treinador, porém, assegurou à família que Seko teria sucesso na maratona se treinasse suficiente e adequadamente: "O talento tem seus limites, mas o esforço é ilimitado". Seko achava que tinha de aceitar a oferta de Nakamura ou abandonar de vez a ideia de uma carreira de corredor.

Seko não se sentiu bem no começo. Era estranho e difícil submeter-se completamente ao treinador. Ele ficava irritado com o estilo ditatorial, as regras rígidas e qualquer coisa que pusesse limites à forma como ele vivia sua vida. Cada detalhe da vida diária era modificado e adaptado à vontade do mestre. Por um período, o treinador deixou que ele comesse apenas salada de folhas e uma fatia de pão por dia para reduzir seu peso. Seko fugiu desesperado e voltou para a casa dos pais, mas eles telefonaram a Nakamura e lhe deram carta branca para lidar com o filho.

Seko tornou-se o discípulo mais obediente do mestre, aceitando o papel em parte pelo respeito que os japoneses têm pelos mais velhos. Portanto, talvez não tenha sido *tão* extraordinário que Seko passasse a acreditar firmemente que Nakamura podia lhe ensinar tudo o que ele precisava para chegar ao topo: "Seguimos o mestre porque sabemos que é bom para nós. Sabemos que ele está nos modificando, mas temos consciência do que está acontecendo, e queremos que ele faça isso. É amor o que nos une, não compulsão".[3]

Os corredores rezavam em silêncio para Nakamura enquanto corriam ao redor da pista. O mestre era uma força guiadora que fortalecia sua disciplina tanto na esfera do esporte quanto na da vida. Eles o respeitavam como um homem sagrado e se submetiam a ele dessa forma.

Nakamura tinha um relacionamento próximo com seus corredores, mas nenhum deles era tão próximo quanto Seko, e este não sabia de nenhum outro esportista no mundo que tivesse o mesmo tipo de relacionamento com seu treinador: "Corremos todas as competições juntos; somos a mesma pessoa". Embora Seko seguisse os conselhos de seu treinador, ele não era simplesmente sua máquina. Em 1984, ele ponderou sobre quanto tempo o relacionamento duraria: "Para sempre. Eu não vejo fim em nosso relacionamento. Mesmo que eu me case, vou continuar. Talvez eu mude para uma casa maior, mas ainda vou morar na vizinhança, para que eu possa vir aqui e estar com *sensei* todos os dias".[4]

Nakamura levava seus deveres de treinador muito a sério, e para ele era uma despesa considerável alimentar todos os corredores que viviam em sua casa ou a frequentavam. Ele era pai, pastor, treinador e conselheiro nutricional, e não pedia nada em troca além de obediência total e esforço máximo. Trabalhava para criar uma atitude positiva, de tomar iniciativas, e lia para eles todas as noites algo das obras dos grandes filósofos, para lhes dar um elemento diferencial nos treinos e competições. Uma de suas citações favoritas era do monge budista Daruma-Taishi: "Receba bem as dificuldades quando elas vierem. Seja paciente e trabalhe para seguir através dos fardos. Somente assim você os superará e se tornará mais forte".[5]

O treinador dizia a Seko e aos outros para estudarem a natureza, o sol, a lua, as forças do universo e também os grandes corredores, para arrancar-lhes os segredos. Havia algo a se aprender com tudo, mesmo com os perdedores, porque assim podia-se aprender como as coisas não deveriam ser feitas.

Para alguém de fora, especialmente um estrangeiro, o cenário parecia militarista, com Nakamura comandando seus soldados e marcando seus tempos com um cronômetro no circuito de 1.325 metros de asfalto perto do Estádio Olímpico de Tóquio. Seko corria volta após volta, até 50 voltas consecutivas em um estilo reconhecível e concentrado, com o olhar fixo adiante. Toda a força era canalizada para a corrida, e Seko fluía para a frente, de uma maneira que lembrava um mestre zen. Zen é uma forma de budismo original da China: ele enfatiza um despertar dos sentidos de seus discípulos. Nakamura chamava sua filosofia de treinamento de *Zensoho*, "correr com zen". O objetivo básico era liberar poderes nem sequer sonhados, limpando a mente de todos os detritos e permitindo que o corpo funcionasse naturalmente, desimpedido pelo pensamento.

Nakamura foi chamado de tudo, desde tirano até gênio. As pessoas que o conheceram de perto notaram que ele era culto e reflexivo, tão filósofo quanto treinador, e certamente não era um tacanho fanático pelo esporte. Quem tinha permissão para entrar em sua casa tinha de ouvir considerações sobre filosofia e os milagres da natureza. Nakamura tinha tanto prazer em ler passagens conhecidas do zen-budismo e joias de outras obras espirituais quanto em ler diários de treinamento e resultados esportivos. Ele havia estudado os grandes sábios e construído sua própria filosofia de treino, e não recuava quando os críticos o acusavam de dominação e de fazer lavagem cerebral nos jovens. Havia sempre uma reação dos jornalistas ocidentais quando o treinador respondia a perguntas feitas a Seko. Seko, no entanto, acreditava que as palavras do mestre eram as suas palavras – os dois tinham pensamentos idênticos.

Nakamura acreditava que os japoneses tinham de treinar com mais intensidade, pois eram pequenos e tinham pernas curtas – uma forma de corpo que não favorecia corridas de longa distância. Isso implicava longas sessões de treinamento para Seko e para os outros. Seko treinou primeiro para os 5.000 e 10.000 metros, para facilitar sua transição para distâncias maiores. Sua estreia na maratona em 1977, em Kyoto, com um tempo de 2 horas e 26 minutos cravados, mostrou grande progresso, assim como seu tempo de 2h15min1s em Fukuoka, no mesmo ano. Depois que Seko havia produzido um tempo de 27 minutos e 51 segundos nos 10.000 metros na temporada seguinte, seu treinador ordenou que ele se concentrasse exclusivamente na maratona. Sua vitória sobre o norte-americano Bill Rodgers e o campeão olímpico Waldemar Cierpinski, da Alemanha Oriental, além de outros grandes nomes em Fukuoka, no final do outono de 1978, foi sua revelação internacional.

Ao contrário de muitos corredores japoneses, que tendem a fazer tudo em grupo, Seko geralmente treinava sozinho, com instruções especiais para incentivá-lo e guiá-lo. O treinador chamava-o até antes das competições e lia citações da Bíblia, enquanto Seko ouvia atentamente. Aconteceu em Fukuoka em 1979, quando Seko venceu pela terceira vez, embora seu treinador ainda estivesse insatisfeito: ele poderia ter corrido *ainda* melhor, e Nakamura ralhou com seu pupilo por duas semanas. Era assim que sua colaboração funcionava – até grandes desempenhos eram seguidos de críticas e esforços ainda mais duros.

Seko corria com o rosto neutro de um jogador. Muitos corredores mostram fraqueza ou força, e seus concorrentes podem ler o que estão pensando ou quanta força ainda têm pelas expressões faciais ou passadas ou posturas. Não adiantava estudar Seko dessa forma: qualquer que fosse a situação, ele simplesmente continuava correndo, aparentemente impassível e inatingível. Comportamentos desse tipo instigam rumores e criam uma mística, especialmente quando os envolvidos não têm uma linguagem comum e não podem se comunicar diretamente.

Seko não permitia que a doença o detivesse. Após um período em um campo de treino na Nova Zelândia, em 1983, ele sofreu de inflamação do fígado, provavelmente como resultado de beber muita cerveja em combinação com a enorme quantidade de treinamento. É raro um esportista tão dedicado beber tanto álcool, mas Seko tinha uma tendência a extremos, e a cerveja proporcionava o relaxamento de que sua natureza ambiciosa precisava. Seko também tinha uma veia intelectual e uma visão ampla da vida: livros de história japonesa e dos feitos dos samurais, por exemplo, fascinavam-no.

Quando sofria lesões, Seko caminhava a distância que normalmente corria. Ele continuava concentrado como sempre, e às vezes podia levar o dobro do número normal de horas. Uma vez capaz de correr novamente, a quantidade de treino era forçada a um novo patamar mais alto – até seis horas por dia. Ele também queria responder ao desafio vindo de seus principais rivais japoneses, os gêmeos Takeshi e Shigeru Soh, e, em uma dessas corridas de treinamento, Seko quebrou o recorde mundial nos 50 quilômetros. Os japoneses corriam distâncias excessivas para aumentar a força física e mental, e alguns deles corriam por oito horas.

Em sua autobiografia, Seko fornece um exemplo de um de seus dias de treinamento:

6h30: Acordar e ir correr.
8h: Café da manhã e cochilo.
11h: Segunda sessão de treinamento; testes de tempo, se estiver bem.
12h: Almoço – *noodles* e sushi, seguido de um tempo de sono.
Entardecer: o treino mais intenso do dia, 20 a 30 quilômetros. Seko às vezes treinava tanto que não conseguia jantar. Se seu estômago estivesse bem, ele jantava e tomava uma ou duas cervejas. Se não conseguisse comer nada, tomava até dez cervejas.[6]

A filosofia zen permeava toda a vida e o treinamento de Seko. Ele conseguia tolerar sua rotina exaustiva de treinamento mais devido à sua impressionante força mental do que ao fato de seu físico ser, de alguma forma, excepcional, embora ele fosse muito robusto. O zen e a corrida eram a mesma coisa. Por meio da prática, ele desenvolvia paciência e um estado meditativo. Os monges zen sentavam-se imóveis e meditavam por horas, e Seko conseguia alcançar o estado semelhante ao transe correndo. Ele relaxava e meditava ao longo do caminho. Quer faltassem 9 ou 28 quilômetros para o final, era irrelevante, suas pernas continuavam no mesmo ritmo. Seko transferia as atitudes mentais dos guerreiros samurais e monges zen para a maratona. Em contraste com os monges sentados imóveis em um mosteiro, no entanto, Seko alcançava seu êxtase silencioso por meio da corrida. Comparado aos competidores ocidentais, os japoneses tinham uma atitude quase mortal em relação à competição, e estavam cientes de que isso lhes dava uma arma adicional: eles competiam mais por seu treinador, pelo zen e pelas tradições japonesas do que contra seus rivais ocidentais. Corredores de elite da Europa, Estados Unidos e Austrália também possuíam uma força mental fenomenal, mas faltavam-lhes as bases filosóficas que os japoneses tinham. A competição era um ato sagrado para Seko, algo pelo qual valia a pena morrer.

Na Olimpíada de 1984, Seko ficou sob uma pressão desumana para ganhar o ouro para o Japão. Ele colou-se ao grupo líder pelas grandes rodovias de Los Angeles, e parecia seguir firme até a marca dos 32 quilômetros, mas, daí em diante, tudo deu errado. A desidratação provocada pelo calor intenso abateu-o e a vários outros corredores. A corrida foi vencida por Carlos Lopes, de Portugal, que tinha experiência nessas condições, e Seko chegou em 17º lugar, desidratado, exausto e tomado de vergonha.

Colegas atletas e especialistas entenderam a situação, mas todos aqueles telespectadores japoneses sentados em casa em frente à TV não entenderam: eles acreditavam que um discípulo avançado do zen deveria ter sido capaz de ignorar o calor e a necessidade de líquidos.

Um corredor derrotado e um treinador ainda mais deprimido tiveram de encarar a imprensa. Nakamura estava acostumado a receber a glória e a honra quando seus corredores se saíam bem, mas também assumia grande parte da culpa em tempos de derrota. Os dois ficaram parados, em pé diante de um grupo de desalentados jornalistas, e, enquanto as câmeras faziam seus cliques, eles tentavam explicar as causas do fiasco. Eric Olson, da revista norte-americana *The Runner,* descreveu a cena:

Jornalistas japoneses os cercaram (Seko e Nakamura) de forma protetora, todos abismados com sua impossível derrota, todos tão calados e imóveis, como se acabassem de saber que um ente querido havia morrido, e talvez, de certo modo, alguém morrera, tal é a intensidade com que Seko luta pela vitória, e a intensidade com que os japoneses exigiam que ele a conseguisse... Os japoneses funcionam em um panorama totalmente diferente do nosso, uma forma intensa, ascética e moderna de tradição samurai, na qual a morte é sempre preferível ao fracasso".[7]

Era a nação inteira que havia demonstrado fraqueza e perdido, não apenas Seko.

Pouco depois, Nakamura foi encontrado morto em um rio, após um passeio de pesca. Oficialmente, declarou-se ter sido um acidente, mas rumores diziam que foi *jisatsu* – suicídio como resultado de perda de dignidade. Não é fácil saber qual a verdade em um país onde a perda da honra levou dezenas de milhares a escolher a morte.[8]

Por muito tempo se contava, no Japão, a piada de que a corrida era a única namorada de Seko; ele não tinha tempo para mais nada, já que também trabalhava e se concentrava nas provas da universidade. Seko, no entanto, acabou se casando em meados dos anos 1980, e começou a viver mais como um cidadão comum. Ele continuou como amador e trabalhou para a empresa S&B após suas provas. Ele saiu das competições de elite no outono de 1988 e marcou a ocasião com uma celebrada corrida de despedida no Japão. O maior maratonista samurai do país podia finalmente descansar.

Seko agora se tornava mais aberto, voltado para a vida exterior, e treinava os funcionários da S&B. Como ele próprio havia passado por todos os calvários ao correr, havia poucas pessoas qualificadas para orientar jovens corredores ambiciosos. Ele assumiu o lugar de Nakamura na pista de asfalto perto do Estádio Olímpico de Tóquio, conferindo tempos, mas também se comportando mais gentilmente do que seu mestre: ele tentava levar a seus corredores o prazer que estivera ausente em sua própria carreira. Ele passou muito do que herdou de seu mestre, mas adaptou isso à época moderna. Ninguém esperava que jovens corredores se esforçassem aos extremos a que Seko havia se sujeitado para vencer.

Ele estava certo em mudar o regime. A estratégia de Nakamura era eficaz e construía uma força física e mental fenomenal, mas um regime mais humano também teria sido benéfico a Seko. Existe, apesar de tudo, uma diferença entre a corrida e a guerra. Aqueles que não sentem que estão correndo por suas vidas ou pela honra de seu treinador e seu país podem, talvez, estar com as melhores cartas na mão. A severidade japonesa poderia levar as coisas a uma direção errada: o ideal de Seko é uma combinação do melhor da tradição ocidental e do melhor do Oriente. Nakamura e Seko não estão sós em ter tentado criar uma união dessas duas tradições.

30
Correndo como avestruzes

> Todos os dias sou tratada
> aos berros, sou castigada e apanho.
> Eu realmente não aguento mais.
>
> Corredora chinesa do grupo do técnico Ma Junren

Há uma ligação entre cortar lenha e correr? O treinador chinês Ma Junren acha que sim. Ao cortar lenha, você tem de prestar atenção em duas coisas – na madeira e no machado –, e elas têm de entrar em perfeita sintonia. Um treinador de corrida também tem de estudar a superfície e o que os outros fizeram antes. A lâmina do machado é o método que ele deve usar com seus corredores.

Ma Junren disse: "Se houver perguntas, vocês receberão respostas".

Ele não gostava de complicar as coisas, mas queria combinar o conhecimento oriental com o ocidental, usar a medicina e a filosofia chinesas em harmonia com a ciência moderna para ultrapassar tudo o mais.[1]

Ma Junren nasceu em 1944, o quarto filho de uma família de nove, e cresceu no distrito montanhoso de Gu Zi Gou, na província de Liaoning. A família era pobre, e Ma corria 9,7 quilômetros todos os dias para ir e voltar da escola. Ele era o mais velho da família, e, quando seu pai foi levado para o hospital, teve de trabalhar além de frequentar a escola: ele enchia de carvão uma carroça puxada a cavalo e saía para entregar carvão a seus fregueses. Começou a trabalhar em período integral aos 14 anos de idade, e seu trabalho era alimentar porcos no sistema prisional.

Crescer em uma região montanhosa rústica ensinou-lhe moderação e como fazer uso de tudo para sobreviver – além de implantar nele um profundo desejo de ser rico. Ma Junren começou cultivando um caro tipo de planta ornamental para vender. O truque era deixar um frango morto fermentar e apodrecer em água e depois despejar a água sobre as plantas. As plantas ficavam enormes e lhe proporcionavam bons ganhos, como muitas de suas outras ideias de negócios. Enquanto fazia um curso para treinador, Junren viu um macaco não treinado e o comprou por 20 ienes. Levou o macaco consigo em uma longa viagem de trem até Pequim e foi até a rua mais movimentada da cidade, onde vendeu o animal. Tudo pode ser vendido na China, até um macaco selvagem na cidade, e Ma Junren multiplicou seu investimento inicial.

Mas Ma Junren não desejava "apodrecer nas montanhas", como ele dizia, e fez um curso que o qualificou como professor de Educação Física em sua província natal. Em pouco tempo, estava mostrando suas habilidades como treinador de corrida.

Seus pupilos, correndo sem sapatos, venceram muitas competições escolares. Ele recomendava correr descalço, embora fora dos moldes tradicionais, e fazia experimentos.

Ma Junren sabia que Emil Zátopek tinha visitado a China por um mês, em 1958, e as pessoas tinham ficado inspiradas com sua visita. Ele também sabia que um pequeno movimento de *jogging* havia começado na China, em 1956, quando 478 pessoas tinham participado de uma corrida em Pequim, 1 quilômetro para mulheres e 3 quilômetros para homens. Em 1965, o movimento havia crescido para 7 mil corredores, e era, talvez, a maior corrida desse tipo no mundo. Corridas semelhantes, do tipo "volta pela cidade", tinham se tornado comuns em vários municípios e faziam parte das comemorações do solstício de inverno. Em 8 de março, Dia Internacional da Mulher, as chinesas corriam em multidões, embora esse fenômeno só acontecesse nas cidades.

Aproximadamente 700 mil pessoas em Pequim, nos anos 1970, participaram de um programa de corrida de dois meses em memória à Grande Marcha, a marcha de 10 mil quilômetros que os comunistas fizeram durante a guerra civil chinesa nos anos 1930. Cada grupo de treinamento buscava cobrir essa distância coletivamente. Quando o *boom* do *jogging* varreu o mundo ocidental dessa época, a China estava familiarizada com a prática de *jogging*. Em Pequim, grandes multidões de corredores de ambos os sexos podiam ser vistas, geralmente correndo em formações de estilo militar – essas corridas eram organizadas por fábricas e locais de trabalho.

No curso dos anos 1970, Ma Junren mudou-se para escolas e cidades maiores, determinado a realizar algo grande, e seguia firme na crença de seu próprio talento. Ele se mudou para Ansha, uma cidade com uma boa comunidade de atletismo, e ali passava o tempo no estádio, estudando tanto os treinadores quanto os corredores, antes de pedalar de volta para casa às 11 horas ou meia-noite. Fazer, assistir e estudar era seu método – aprender com os melhores, e depois construir sua própria versão melhor. Ele se sentava entre as multidões nas arenas esportivas da China de Mao, e ficava à beira do caminho nas corridas em ruas e estradas. Lia e meditava sobre literatura de treinamento, explodindo de ambição, mas irritadamente ciente de que a China estava muito atrás do Ocidente em matéria de corrida. Mesmo assim, ele via que existia um caminho até o topo, por mais tortuoso que fosse, dada a estratégia certa aplicada às pessoas certas.

Em 1982, as corredoras de Junren alcançaram resultados no mais alto nível da província. Apenas quatro anos depois, como os únicos vencedores vindos de Anshan naquele ano, eles levaram duas medalhas de ouro nos campeonatos provinciais. Em 1986, ele visitou Portugal com quatro de suas corredoras, e tanto ali quanto em Luxemburgo, dois anos depois, os resultados causaram sensação. Ele foi nomeado treinador de corrida da província de Liaoning, em 1988, e subiu na hierarquia dos treinadores chineses. Há mais de vinte províncias na China, e cada uma delas tem muitas dezenas de milhões de habitantes.

Ma Junren não era, como muitos do Ocidente acreditavam, um novato no ramo de treinamento. Tampouco era algum tipo de charlatão asiático, como a imprensa ocidental o retratou quando soube que ele dava sopa de tartaruga a suas corredoras. A sopa de tartaruga não era nem exótica nem mística, simplesmente era uma das muitas iguarias chinesas. Ma Junren usava uma grande panela do tipo *wok*, na qual a tartaruga andava e bebia uma água especialmente temperada para adquirir um sabor específico antes de morrer lentamente de sede. A carne branca das tartarugas criadas em cativeiro tem um sabor semelhante ao de peixe. Não é um prato para todos os dias, mas algo comido em pequenas quantidades.

Havia ao menos três outros tipos de alimentos fortificantes no menu de Ma Junren: sopa de couro de jumento – um prato gelatinoso –, chifre de rena e tâmaras. Os chineses acreditam que alimentos desse tipo fornecem um calor adicional. O couro de jumento pode ser comprado em um bloco frito, já preparado, e mantido no *freezer* ou refrigerador pelo tempo que for necessário, e depois é fervido em água. Massagem, acupuntura, fisioterapia e medicina chinesa, tudo isso tinha um papel em sua abordagem bastante eclética.

Ma Junren escolhia a dedo as corredoras com base no físico e na resiliência. Ele viajava grandes distâncias para ver talentos especiais que lhe haviam sido relatados por professores de ginástica e treinadores de toda a China. As mulheres deviam lembrar renas ou avestruzes, ter pernas como as do avestruz e braços como as asas do avestruz. Ma Junren estudou a técnica de corrida do avestruz, e considerava a combinação de corrida e saltos extremamente eficaz. As mulheres deviam ter uma passada curta com mínimo levantar dos joelhos. Elas geralmente formavam uma fila e corriam uma atrás da outra em provas internacionais, todas com o mesmo estilo, como se tudo fosse fruto de um ensaio incorporado.

Ma Junren ficava tão nervoso quanto seus corredores antes de grandes competições: ele perdia o sono e buscava conforto nos cigarros e numa vida pouco saudável. Esse homem, que batia em suas corredoras e as sujeitava às mais fortes ofensas, era também um astuto psicólogo, capaz de encenar atos paternais, organizar as coisas práticas e cuidar delas. Seus surtos de raiva explodiam quando as coisas não iam de acordo com seu rígido planejamento, e ele punha a culpa na pela pressão do trabalho, na falta de sono e na ambição enorme. Certamente, era verdade que ele trabalhava praticamente o dia e a noite inteiros, mas outras pessoas eram capazes de lidar com estresses semelhantes sem se tornar déspotas ou recorrer à violência física. O respeito, segundo Ma Junren, era necessário para alcançar bons resultados, e se as mulheres não respeitassem seu treinador, não conseguiriam dar o melhor de si.

Ma Junren planejava cada detalhe. Ele se posicionava nas corridas de modo que as corredoras não precisavam levantar a cabeça para vê-lo. Nenhuma energia desnecessária devia ser gasta, e tudo, incluindo o pensamento, devia ocorrer conforme o treino. Para acalmar o nervosismo pré-competição e elevar o moral, as mulheres eram orientadas a pensar na nação ou em um grupo: os chineses gostam de pensar em si mesmos como parte de um grupo, então elas não estavam correndo para si mesmas, estavam correndo para o povo. Em uma prova de 1.500 metros, elas deviam sistematicamente mudar o que estavam pensando a cada 100 metros, de acordo com o plano predeterminado de Ma Junren.

Uma vez dado o tiro inicial, as esbeltas mulheres em uma corrida de 1.500 metros davam passos pequenos, trombando e em grupo. As corredoras de Ma Junren lembravam-se das palavras de seu treinador sobre os primeiros 100 metros: "Acalme a mente e tente relaxar a tensão do corpo; corra para a dianteira e leve as oponentes a sério, sem ter medo delas".

A fase mental 2 começa após 100 metros: "Eu sou melhor do que todas as outras; tenho que correr na faixa certa e seguir para a dianteira". Um estágio importante e novos pensamentos vêm depois de apenas uma volta: "Agora estou correndo pelo meu país e meu povo; o país inteiro está me assistindo". O povo não deve ser decepcionado, então, agora é só uma questão de manter o ritmo por 600 metros, quando pensamentos novos e confortantes assumem.

"Estou apenas correndo. Não é nada comparado ao que a mártir Jiang Jie passou nos anos 1930, quando foi torturada e teve lascas de bambu enfiadas embaixo das unhas." Jiang Jie sobreviveu à tortura sem revelar nada, e então foi morta, depois de sofrimentos horríveis.

Da marca dos 1.000 metros em diante é decisivo. As mulheres agora devem pensar em outro herói chinês, o herói de cinema Wang Cheng, e reconhecer que os tormentos da corrida são triviais por comparação. Nos últimos 200 metros, elas deviam simplesmente correr o mais rápido possível e tentar vencer.

Ma Junren era um feitor de escravos, facilmente irritável. Como relaxamento durante suas horas livres, as corredoras ouviam pequenos radinhos – coisas preciosas na China da época. Certa ocasião, o corredor explodiu em um ataque de raiva, ajuntou todos os rádios e os esmagou enquanto as mulheres olhavam. Ele proibia a leitura de romances e outras leituras leves e queimava livros confiscados. O mesmo valia para revistas femininas, que ele rasgava na frente delas, para demonstrar seu poder e esmagar toda oposição. Elas não tinham de ficar enchendo suas cabeças com ideias e sonhos tolos e bobagens sobre um mundo irreal.

As mulheres não tinham permissão de usar maquiagem nem de ficar atraentes, e deviam usar roupas esfarrapadas – elas pareciam uma gangue de mendigas bem treinadas. As pessoas que as viam nos aeroportos e estações de trem em toda a China eram pegas de surpresa por esse grupo de jovens pequenas, magras, maltrapilhas e de cabelos curtos conduzidas pelo empinado treinador que fumava compulsivamente.

Qualquer contato com homens era proibido. Quando treinavam na província de Qinghai, em julho de 1992, Ma Junren soube que uma de suas corredoras tinha conversado com um homem. Ele a golpeou no rosto e raspou sua cabeça – ela ficou tão envergonhada que correu de gorro depois, apesar do calor do verão. Ela derramou seu desespero em uma carta a seus pais:

> Queridos Pai e Mãe,
> Quando eu estava em Anshan, pensei em voltar para casa, mas vocês me pressionaram a treinar e me mandaram para cá para sofrer. Todos os dias sou tratada aos berros, sou castigada e apanho. Eu realmente não aguento mais. Se eu pegar minhas coisas e for embora, ele certamente punirá vocês. Ele pode fazer tudo o que quiser. Vocês não têm permissão para vir me visitar. Vou aguentar até a próxima vez em que tivermos um feriado. Vocês não devem vir a Qinghai de jeito nenhum, e não deixem ninguém mais ver nem ficar sabendo desta carta.[2]

O mais doce triunfo de Ma Junren no Ocidente veio nos Campeonatos Mundiais de 1993, em Stuttgart. Suas corredoras levaram o ouro nos 1.500 metros, os primeiros lugares nos 3.000 metros, e os primeiros dois nos 10.000 metros.

"*Doping*", foi o primeiro pensamento que veio à mente de seus críticos após esses sucessos e os sensacionais recordes mundiais nas mesmas distâncias. Suspeitou-se de EPO, uma vez que a substância era usada em vários esportes de resistência na época. Muitos competidores do ciclismo, corridas, esqui *cross country* e outros esportes usavam EPO, que não era detectada pelos exames de então.

Do ponto de vista do Ocidente, era compreensível suspeitar que as chinesas tivessem trapaceado, pois elas aparentemente haviam surgido do nada. A China, com todos os seus milhões, era considerada uma nação esportiva fraca, em parte devido à pouca informação que vazava do país, e em parte porque carecia de qualquer tradição no esporte de elite. Mas esse, na verdade, não era o caso. Os jornalistas se concentraram na informação consciente de Ma Junren sobre treinamentos, dieta e um estilo de corrida baseado no avestruz, mas o que era realmente importante era seu olho para identificar os tipos físicos e mentais certos no rico manancial de talentos disponíveis a ele. Suponhamos que as chinesas não estivessem usando *doping* e que nenhuma daquelas com quem competiam, em 1993, estivesse usando estimulantes artificiais. É um tanto improvável, mas sejamos ingênuos.

Em 1993, as mulheres africanas ainda não haviam chegado à elite internacional em número algum, então as chinesas estavam efetivamente competindo contra europeias, norte-americanas e corredoras da Oceania. A China tem uma população de 1,3 bilhão de habitantes, o que é mais do que todas as nações rivais de corrida juntas. O país ainda tinha uma população desejosa de um aumento de assistência e progresso material. Centenas de milhões de pessoas nas zonas rurais viviam em condições primitivas e eram fisicamente muito ativas desde muito novas, simplesmente para sobreviver. Muito poucas delas tinham carros, e a maioria andava e pedalava muito.

Em uma sociedade como essa, em que o comunismo havia inculcado ideais rígidos e mantinha um firme domínio sobre a vida social, havia um sistema de seleção para faculdades de esportes, campeonatos locais, esportes de elite, e, no nível mais alto da corrida feminina, para uma promoção ao exército de Ma Junren. Em todo o mundo, a imprensa se referia ao grupo como um "exército", pois havia algo militarista nelas e em seu líder.

Garotas ambiciosas e seus pais nas províncias chinesas sabiam dos sucessos de Ma Junren, e estavam preparados para se submeter a quase tudo. As incapazes de tolerar o treinamento e o regime rigoroso desapareciam e eram substituídas por novatas enérgicas e talentosas. Ma Junren peneirava estrelas em potencial de uma população enorme na qual o trabalho penoso, a industriosidade e a obediência – especialmente entre mulheres pobres dos distritos rurais – tinham sido a norma por milhares de anos. Crescer no interior rural da China nos anos 1970 e 1980 era muito diferente de crescer no Ocidente próspero, onde a abundância de alimentos e a alta tecnologia tornavam a vida diária confortável. Muitos dos que passaram por escolas esportivas chinesas, possivelmente, acabaram física e mentalmente deformados por uma formação que consistia em treinar, treinar, e depois treinar ainda mais. Quando as maiores estrelas desse sistema iam para a cena internacional, já estavam verdadeiramente endurecidas. Apenas as melhores e mais duronas podiam representar o exército de Ma no exterior. Após a revolução chinesa, as mulheres tinham status igual ao dos homens, e Ma estava trabalhando em condições menos complicadas do que no Ocidente: o sistema lembrava o antigo soviético, mas os chineses tinham o quádruplo da população para escolher.

Além disso, os chineses pertenciam a uma cultura em que a industriosidade extrema era uma virtude. Uma anedota sobre um velho chinês e a corrida ilustra bem isso: um velho passava por um estádio e ouviu um som de comemoração. Enquanto o público empolgado saía, ele perguntou do que se tratava: "Um novo recorde mundial nos 100 metros! O velho recorde foi batido por um décimo de segundo".

O velho pensou a respeito, e então disse: "Entendo. E o que o corredor vai fazer com o tempo que economizou?".

Isso nos diz muito sobre o humor chinês, bem como sobre sua mentalidade e percepção de tempo. O tempo nunca deve ser desperdiçado, mesmo que a própria anedota brinque com a obsessão chinesa pela eficiência.

Após o sucesso de suas corredoras nos campeonatos mundiais em 1993, a empresa Baishi perguntou a Ma Junren que tipo de tônico ele havia dado a elas. "Uma bebida nutricional secreta, entre outras coisas", respondeu Ma. Era necessário, afirmava (falsamente) Ma Junren, porque os homens chineses têm apenas um décimo da quantidade de hemoglobinas que os europeus têm no sangue, e as chinesas têm apenas um quinto. Sua bebida nutricional remediava essa diferença. Baishi comprou os direitos da bebida por 10 milhões de ienes – quase 1 milhão de libras esterlinas – e Ma Junren tornou-se um homem rico.

O rótulo lista oito ingredientes: couro de jumento, tâmaras, ginseng fêmea, goji, rizomas de *Gastrodia elata*, ginseng vermelho, cauda de veado e raiz de *Astragalus*. Misturando-se tudo isso em uma bebida, o resultado é milagrosamente refrescante, segundo Ma Junren, e somente contém coisas que qualquer um na China pode comprar sem prescrição. Ele fundou sua própria empresa de produtos de saúde, que tinha outra bebida milagrosa entre suas ofertas, e foi à televisão anunciar uma empresa que produzia sopa de tartaruga. Ele se tornou uma celebridade, um rosto familiar a todos, finalmente realizando as colossais ambições que tinha para si mesmo. Mas sua boa sorte não duraria muito.

Em dezembro de 1993, Ma Junren demitiu-se de seu posto de treinador. No começo de 1994, ele chamou suas corredoras e os pais delas para uma reunião. As mulheres, suas mães e pais, a maioria deles de zonas rurais pobres, sentaram-se ali e defenderam Ma e a posição que ele apresentou. Eles queriam que o sucesso continuasse, para que mais dinheiro e prestígio pudessem, pouco a pouco, chegar a eles, por mais controverso que o treinador pudesse ser. A reunião exigia que outros se demitissem e deixassem Ma Junren no posto, e o grupo era apoiado pelos políticos do mundo dos esportes. Eles tinham apenas *um* Ma Junren, enquanto novos líderes do comitê esportivo podiam ser facilmente encontrados.

Ma foi reconduzido ao posto. A decisão demonstrava seu poder e posição na China em 1994 – e ele *havia* elevado o status das mulheres atletas.

Crise após crise

No verão de 1994, Ma Junren realizou um antigo sonho, abrindo seu próprio centro de treinamento. Ele tinha viajado por toda a China, e na cidade de Dalian, na província de Liaoning, encontrou vistas do mar às quais ele, um garoto das montanhas, não estava acostumado. Uma casa de três andares em Dalian tornava-se agora seu quartel-general, embora a equipe também tenha se mudado para várias bases em altitudes variadas nas montanhas. A casa tornou-se o lar de vinte mulheres jovens, e os pais de algumas delas também ficavam ali para cuidar da casa. No início, o centro de treinamento também incluiu um grupo de dez homens.

Liu Dong falou publicamente sobre as ofensas e agressões, e saiu em 1994, após vários episódios chocantes. A explosão de raiva de Junren, antes da ida a um campo de treinamento nas montanhas do oeste da China, tornou a decisão dela mais fácil.

As mulheres tinham esperado no ônibus para ir ao aeroporto naquela manhã. Liu Dong não chegou no horário combinado de 6h10, e o ônibus esperou meia hora por ela – ela tinha saído para uma corrida de treinamento. O voo também atrasou sua partida, pois esse era um grupo de pessoas conhecidas na China, e acabou decolando vinte minutos atrasado, sem Liu Dong a bordo. Antes de partir, Ma Junren foi até o quarto de Liu Dong, no quinto andar do hotel, e jogou toda a bagagem dela, troféus, roupas e tudo o mais pela janela, de modo que, ao voltar de sua corrida, ela encontrou tudo espalhado pela rua. Entretanto, ela era uma campeã mundial, e não iria tolerar esse tipo de tratamento. Liu Dong deixou o grupo. O incidente perturbou o resto das mulheres, que começaram a imaginar quem seria a próxima vítima do temperamento vulcânico do treinador.

Em 11 de dezembro de 1994, dez mulheres foram ao escritório de Ma e entregaram uma carta de demissão conjunta. Ma Junren ficou embasbacado e reconheceu que a situação poderia ter sido evitada. Ele não conseguia dormir, fumava incessantemente, refletia, e não tinha ficado tão deprimido desde a morte de sua mãe, três décadas antes.

Então, além de tudo isso, seu pai morreu no final de dezembro de 1994, e, dois dias depois, Ma Junren capotou seu carro na rodovia. Ele havia chegado ao ponto baixo de sua vida. Passou vários dias inconsciente no hospital. No quinto dia, todas as suas corredoras foram ao hospital e ficaram paradas ao redor de seu leito, olhando o treinador todo quebrado e um tanto decaído, que havia amolecido um pouco e estava cheio de arrependimento: as mulheres ao menos receberam parte dos pagamentos que tinham sido retidos aos cuidados do treinador.

"Voltem!", pediu-lhes Ma Junren.

Seu estado de saúde era ruim, e uma operação de apendicite imediatamente após seu acidente deixou-o ainda pior.

Ma Junren tem de ser visto no contexto da pobreza de sua juventude e de sua falta de instrução. Ele aprendeu com a vida, tornou-se duro e tinha a obstinação típica dos autodidatas. Ele usava sua falecida mãe como médium, e ela falava com ele em sonhos, profetizando o futuro. Ele passava suas mensagens a suas corredoras, e tais avisos tendiam a deixá-las ansiosas e com medo por longos períodos: qualquer desvio das exigências feitas pela médium trazia o risco de castigos dos poderes celestiais.

Wang Junxia vinha de um lar pobre na periferia de Dalian. A família dela subsistia sem dinheiro, contando apenas com os alimentos que plantavam em seus pequenos lotes. Eles levantavam cedo e passavam a maior parte do dia cavoucando nos campos, trazendo água e trabalhando duro, como os camponeses chineses haviam feito por milhares de anos. Junxia gostava de correr quando criança, corria para ir à escola, e logo revelou habilidades físicas incomuns juntamente com a força de vontade de um Emil Zátopek. Como milhares de outros, ela foi escolhida pelo sistema de escolas esportivas.

Depois do sucesso de sua filha, seus pais ficaram conhecidos em todo o país. O pai dela, que a princípio sabia muito pouco sobre corrida, tornou-se um comentarista especializado. Como cortesia, Ma Junren empregou-os em seu centro de treinamento em Dalian, com um bom salário, pois eles não ganhavam praticamente nada com suas terras. Mas a química entre Ma Junren e os pais de Wang Junxia simplesmente não funcionou, e o tempo deles no centro de treinamento foi curto.

Ma Junren transmitiu uma mensagem sinistra a Wang Junxia, e isso a deixou tão ansiosa que ela consultou uma mulher que era sensitiva. A mulher imediatamente "previu" perigo nas comemorações iminentes do ano-novo, especialmente no sétimo e oitavo dias das festas: nesses dias, Wang Junxia foi aconselhada a se fechar em um quarto escuro, sem sequer a luz de uma vela; ela podia comer, mas não preparar nenhum alimento.

Wang Junxia estava em casa de férias nesse período, mas, no quinto dia do ano-novo, viajou de volta ao campo de treinamento, alarmada por vários presságios. Ninguém mais havia voltado ainda, e ela ficou desconfortável na grande casa vazia. Outra das mulheres retornou no dia seguinte e, no sétimo dia do ano-novo, as duas foram juntas para um hotel e ali pegaram um quarto. As garotas receberam ajuda para tapar as janelas e eliminar a luz e, com comida suficiente, Junxia e sua acompanhante ficaram no quarto, passivas e aterrorizadas. Não aconteceu coisa alguma, mas as mulheres acreditaram nos presságios e habitaram um mundo mental no qual havia espíritos e seres celestiais que tinham de ser estimados e atendidos.

Ma Junren motivava suas corredoras a dar o melhor de si, ameaçava-as com bruxarias e exortava seu patriotismo. Ele era boca suja, usava palavras como "vagabunda" e "piranha" na presença das mulheres e dizia coisas como "Agora vamos bater naquelas japonesinhas" ou "Vamos bater naquelas branquelas narigudas e barrigudas".

Em janeiro de 1995, Wang Junxia escreveu uma séria carta de demissão:

> Eu treinei duro e ganhei prêmios para o meu país todos esses anos. Não fiz nada que prejudicasse meu país e meu povo. Mas, agora, estou inexplicavelmente ansiosa. Estou com medo e sinto que o desespero está fazendo minha personalidade se desintegrar. Pode chegar ao ponto em que eu não consiga mais encarar viver. Imploro à liderança para me deixar ir embora.
> Não quero que falem comigo, porque não suporto uma tortura tão grave. Não quero voltar. Quero ter uma vida comum para o resto de minha vida.[3]

Até Wang Junxia, a joia da coroa de sua tropa, havia sofrido maus-tratos. Certa ocasião, quando eles estavam em Yunnan fazendo treinamento em altitude, Wang Junxia corria à frente do grupo. Ma Junren pulou de ódio e acusou-a de se exibir na frente dos jornalistas. Ele a agarrou e bateu nela com força, dizendo: "Estou batendo em você para os jornalistas poderem ver".[4]

Experiências desse tipo na frente de amigos e, neste caso, na frente de jornalistas, levaram-na a sair do exército de Ma. O estilo militar de Ma, suas repreensões e castigos públicos às corredoras eram criados para fazer suas corredoras respeitá-lo e temê-lo.

Uma maratona por dia?

Um homem de constituição robusta e autoritário pode conseguir bancar o chefe de mulheres – ele pensa nelas mais como meninas do que como mulheres crescidas, e sabe que os homens rejeitariam esse tipo de disciplina. Razão pela qual Ma Junren preferia trabalhar com mulheres e, por muito tempo, elas tiveram medo de se opor a seu regime.

Jornais do mundo todo relatavam as sessões de treinamento desumanas. "Elas correm uma maratona por dia", gabava-se Ma, embora tenha modificado a afirmação para Zhao Yu, que ficou em seu campo de treinamento em 1995. Ele era dado a blefar para jornalistas estrangeiros: suas corredoras não corriam 42 quilômetros por dia, semana após semana, e, de qualquer forma, isso não faria bem a elas. Exagerar a quantidade de treinamento era um jogo, dizia ele, ou apenas mais uma mentira?

O exército de Ma vivia da mesma forma que a maioria dos corredores de alto nível vive. Elas levantavam cedo, saíam para uma corrida matinal, depois tomavam café da manhã. O próprio Ma comprava e cozinhava a comida, ou ela era preparada por cozinheiros doutrinados com sua filosofia culinária. Na mesa do café da manhã havia mingau de arroz, linguiça de boa qualidade, ovos cozidos, vegetais e pão – um bom e substancioso café da manhã chinês, após o qual elas iam dormir.

Sopa era o principal prato do almoço – de peixe, frango ou tartaruga. Elas voltavam para a cama, duas mulheres por quarto, antes de uma xícara de sopa de couro de jumento que precedia o treino da tarde. Após correr, elas voltavam para um rico e variado jantar, depois havia um pouco da bebida fortificante, especialmente preparada por Ma Junren antes de irem dormir, às 21 horas. Duas sessões de treino por dia eram suficientes e Ma Junren, geralmente, estava presente na da tarde.

O jornalista Zhao You escreveu um relato de Ma Junren e suas corredoras, baseado em uma estadia em seu quartel-general, de fevereiro a junho de 1995. Ele também entrevistou as corredoras e seus pais. O tom crítico e negativo do relato irritou Ma: "Isso encurtou minha vida em cinco anos", dizia, ressentido com a ideia de ter dado hospitalidade ao jornalista e revelado seus segredos a ele.

Uma biografia de Ma Junren de 2004 apresentava uma versão diferente e, para ele, mais favorável. Ela se baseou em muitas longas entrevistas, não em uma estadia no campo de treinamento, e parece apresentar uma imagem equilibrada.[5]

Ma Junren era incomparável em termos de competência e conhecimento.

Ele lembrava o treinador japonês Nakamura, e suas ambições estavam, no mínimo, na mesma escala que as de Arthur Lydiard e Percy Wells Cerutty. O sonho da vida de Ma Junren tornou-se realidade quando suas corredoras bateram o resto do mundo nas pistas. Essa era sua forma de conquistar o mundo e mostrar que era o melhor. Como alguns outros treinadores, ele era ainda mais ambicioso que suas corredoras, embora ele próprio nunca tenha vencido nada de importante como corredor. Quando perdeu seu emprego de treinador, Ma Junren começou a criar uma raça tibetana de cães ameaçada de extinção.

31
Passadas para deixar a pobreza

> Mas os verdadeiros problemas não podem ser superados apenas por etíopes correndo rápido.
>
> Haile Gebrselassie, da Etiópia, um dos melhores corredores de longa distância de todos os tempos, comentando sobre a pobreza e a fome em sua terra natal.

Era final dos anos 1990, e um experiente treinador norte-americano estava novamente no Quênia para recrutar novos corredores. Desde que ele entrou em contato com Kip Keino, nos anos 1960, e o levou para os Estados Unidos, muitos corredores do distrito Nandi tinham recebido bolsas de estudo nos Estados Unidos, graças a Hardy. Keino foi o intermediário, o homem com conhecimento local, em quem os quenianos confiavam. Nesse dia em especial, eles tinham ido visitar a família Kurgat, cujo filho Josiah tinha terminado o ensino secundário e estava examinando cuidadosamente ofertas de instituições de ensino dos Estados Unidos.

Kip Keino e Hardy seguiam de carro até a fazenda dos Kurgats. Eles tomaram uma estradinha de cascalho, passando por vacas e cabras que pastavam na pequena fazenda. A casa era de paredes de taipa com telhado de ferro ondulado. Quando o carro se aproximou da casa, três irmãos pequenos saíram correndo para ver. Pai e mãe também.

Hardy os cumprimentou em swahili e eles apertaram as mãos. Ele então passou para o inglês e Keino traduzia: "Como vão as coisas com o Ben?", perguntou o senhor Kugat, referindo-se ao filho que já fora recrutado por Hardy e estava morando nos Estados Unidos.[1]

"Ele está correndo bem, e está entre os melhores da universidade em seu campo", disse Hardy, entregando um presente de Ben – uma elegante jaqueta de couro, acima das possibilidades de um fazendeiro pobre. A família ficou animada com a jaqueta e com a presença de Kip Keino, que estava apenas um degrau abaixo de Deus por aquelas terras. Hardy deixou a família admirar o presente e disse ao pai: "Gostaria de falar com o senhor e a mãe dele sobre Josiah. Estou esperando que ele possa entrar na Universidade da Carolina do Norte".

Era uma combinação irresistível, um representante de uma universidade do país mais rico do mundo oferecendo uma carreira de corredor e formação gratuita, junto com o homem que era o maior herói popular vivo de Nandi.

"Bem, o senhor me deu um filho. Quero garantir que tenho sua permissão para levar seu segundo filho. Acho que ele será um sucesso e será feliz na Universidade da Carolina do Norte. Tenho sua permissão e da mãe dele?".

Keino traduziu e os Kurgats discutiam em seu dialeto local. "A família vai confiar em você. Nós Kalenjin respeitamos nossos mais velhos", eles disseram a Hardy, que já tinha passado dos 80 anos. Todos eles sorriram, e a família começou a planejar um *harambee*, uma reunião para levantar dinheiro, nesse caso para a passagem aérea de Josiah.

Todos conversavam tranquilamente juntos e discutiam as condições e os detalhes práticos até chegarem a um acordo. Hardy estava claramente satisfeito, todos deram-se as mãos e juntaram-se em uma prece Kalenjin.

"Muito, muito obrigado pelo seu filho."[2]

Hardy recrutou mais um corredor para a Universidade da Carolina do Norte. Ninguém sabia ao certo o que acontecia aos corredores quenianos nos Estados Unidos, ou o que acontecia após seus estudos terminarem. Nem todos voltavam para casa, embora talvez quisessem. Ir para o exterior e receber uma formação nem sempre tinha resultados positivos. Não havia garantia de sucesso nem para um Nandi, mas Kip Keino sabia que garotos ambiciosos ainda desejavam ir. Há quarenta anos ou mais os Nandi contam histórias sobre a Terra Prometida, que pode não ser sempre cheia de leite e mel, mas, ainda assim, oferecia muitas possibilidades. A seus próprios olhos, Hardy era um benfeitor que levava jovens pobres a um país rico com uma boa oferta de estudos. Tanto Josiah quanto sua família se beneficiariam de sua estada nos Estados Unidos. Ela traria capital e levaria a um progresso material.

Há alguma grande diferença entre os motivos de Hardy e aqueles dos compradores de escravos da África Ocidental, nos Estados Unidos do século XVIII? O tráfico de escravos era um bilhete brutal só de ida para uma vida de submissão, um comércio cinicamente explorador de seres humanos. Os corredores dos dias atuais podem até ficar ricos e obter uma sólida formação; podem literalmente dar um passo em direção ao luxo material. É uma migração econômica que geralmente funciona em benefício de ambas as partes, mas também é baseada no fato de que a riqueza é distribuída com extrema desigualdade, e que os norte-americanos estão tirando proveito das realizações físicas dos africanos. Embora alguns de seus compatriotas sintam inveja, a maioria dos quenianos considera uma honra receber uma bolsa de estudos e está preparada para tolerar quaisquer dificuldades.

Uma tribo de corredores

Os quenianos treinam duro, mas o talento também pode ficar latente. O progresso rápido é típico dos Nandi, mesmo quando não chegam ao nível internacional. Tome Paul Rotich, por exemplo, que foi enviado aos Estados Unidos em 1988 para receber uma formação decente, e nem sequer pensava em esportes. Seu rico pai lhe deu 10 mil dólares para ir, e ele levou uma vida turbulenta no South Plains Junior College, no Texas. Em sua primeira primavera, a soma já havia encolhido para 2 mil dólares e Paul teve medo de voltar para casa envergonhado, sem completar sua formação. Então, o jovem de 79 kg e 1,72 metro de altura começou a treinar, primeiro à noite, pois tinha vergonha de sua falta de condicionamento. No outono, ele já estava bem mais magro, e entrou para a equipe de *cross country* da escola.

Ele conseguiu uma bolsa de estudos para corrida em uma universidade próxima e fez sucesso com ela. Quando foi para casa no Quênia e contou a seu primo sobre sua nova e não planejada carreira, o primo respondeu: "Se você consegue correr, qualquer Kalenjin consegue".[3]

Os Nandi, um subgrupo do povo Kalenjin, corresponde a menos de 2% da população do Quênia, que consiste em 40 tribos africanas, além de asiáticos e europeus.[4] Por que a tribo Nandi, com cerca de 500 mil membros, produziu tantos corredores de alto nível?

A tradição é importante e o exemplo brilhante de Kip Keino inspirou várias gerações. Pernas longas e finas e corpos de constituição leve também são importantes, juntamente com uma economia de corrida naturalmente eficiente. Crescer em um ar mais rarefeito entre 1.500 e 1.800 metros acima do nível do mar tem um efeito duradouro, o que é vantajoso em esportes de resistência. E os costumes fisicamente exigentes e penosos da tribo também devem ser levados em consideração – a ênfase em ser duro, um pouco como os espartanos.

Os garotos são circuncidados aos 15 anos de idade. A operação é supervisionada por anciãos da tribo, que observam se o garoto mostra sinais de dor: essa é uma sociedade na qual queixar-se da dor é um traço covarde. Aqueles que não passam no teste são chamados de *kibitet*, "covardes", e são excluídos das esferas mais importantes da atividade masculina. Não são convidados a participar de perseguições ao gado, não podem falar no conselho tribal e, geralmente, são proibidos de se casar.

As mulheres também são circuncidadas. A operação é feita sem anestesia. Se elas se queixarem de dor ou chorar, são chamadas de *chebitet*, e correm o risco de ter filhos covardes.[5]

Os Nandi são temidos como caçadores de gado e como bons guerreiros. Caçar gado é um antigo costume, no qual 40 ou 50 homens correm, às vezes, até 160 quilômetros em uma noite para apanhar o rebanho que escolheram. A resistência e a capacidade de correr bem são fundamentais nessas caçadas, durante as quais eles comem e bebem o mínimo possível e voltam rapidamente para casa. Esses ataques ainda ocorrem, e os quenianos não os consideram como furto, uma vez que o gado é considerado propriedade divina.[6]

Os Nandi têm vivido como nômades e cultivado o solo. Seu modo de vida nos planaltos quenianos fez deles uma tribo que possui todas as qualificações necessárias para correr rápido em médias e longas distâncias.

Historicamente falando, o alimento básico do povo Kalenjin é o leite, o sangue e a carne – os dois primeiros consumidos crus –, mas eles também cultivam cereais. Em épocas mais recentes, os Kalenjin têm consumido uma dieta mais variada do que, por exemplo, os Masai, que continuaram adeptos da tradição mais antiga.

Tradicionalmente, os Kalenjin cultivavam milho miúdo e sorgo; os principais produtos atuais, milho e ervilhas-tortas, são introduções relativamente novas, pois são vegetais. O consumo de carboidratos é alto – 465 a 600 gramas por dia, cerca de 70% da dieta. A gordura responde por 15%. Os principais itens da dieta – milho, feijões, repolho, couve, trigo e carne bovina – são produzidos localmente. Eles bebem leite, café e chá.

Um estudo dinamarquês de 2002 mostrou que 6% do consumo total de calorias vinha do leite. Isso era menos do que o esperado, mas o consumo de leite subia antes de competições importantes. Em um campo de treinamento pré-competição, dois anos mais tarde, o leite foi responsável por 13% do consumo calórico, o que ainda é muito abaixo dos níveis consumidos por nômades tradicionais, como os Masai. Corredores da tribo Kalenjin comem mais vegetais e carboidratos do que os nômades puros.

Faz sentido repor carboidratos logo após um treinamento intenso. No estudo dinamarquês, os corredores tomavam café da manhã e jantavam após o treino matinal e o treino da tarde, respectivamente, o que é a forma ideal de repor os glicogênios rapidamente. O milho, que compunha 64% do consumo de calorias, tem um índice glicêmico alto e proporciona, assim, uma reposição praticamente ótima de glicogênio.

O consumo médio de gordura dos Kalenjin é de 46 gramas por dia, que é a média da população do Quênia como um todo. Os quenianos comem pouca gordura em comparação com os corredores de alto nível de outras nações.

Afirma-se frequentemente no Ocidente que os grandes corredores quenianos têm uma vantagem metabólica. Bengt Saltin, da Suécia, mediu a atividade da enzima hidroxiacil-CoA-desidrogenase (HAD) nos músculos da coxa e da panturrilha: ela é um indicador da capacidade do corpo de converter gordura em energia. A atividade da enzima HAD nos músculos da coxa e da panturrilha era respectivamente 20% e 50% mais alta nos corredores de elite quenianos do que nos escandinavos. Portanto, eles utilizam a gordura de forma eficiente. Experimentos realizados por Timothy Noakes, na África do Sul, mostram que isso vale para os corredores negros em geral, não apenas os quenianos.

O consumo diário médio de proteínas dos quenianos é de 75 a 88 gramas. A maior quantidade de leite consumida nos períodos de treinamento intenso adiciona importantes carboidratos.

Há pouca investigação sobre vitaminas e sais minerais, e não se sabe ao certo em que medida o material de plantas selvagens suplementa a dieta. O estudo mais abrangente conduzido até agora examina os estudantes que são corredores em um colégio interno em Marakwet.

Esses alunos mostraram baixos níveis de consumo de sais minerais e vitaminas, como geralmente é o caso na África. Os antioxidantes importantes – as vitaminas A, E e C – eram consumidas em níveis de 17%, 65% e 95% dos níveis recomendados pela OMS, respectivamente. O nível de consumo de ferro, por outro lado, era extremamente alto, com 152 miligramas por dia, o que talvez possa ser atribuído ao tempo de cozimento dos alimentos ou a um solo rico em ferro. Entretanto, o elevado consumo de ferro não fornece mais hemoglobinas aos quenianos: o tipo de ferro que eles consumiam não é facilmente absorvido pelo corpo e, além disso, eles consomem apenas pequenas quantidades de duas vitaminas necessárias à absorção do ferro, isto é, o ácido fólico e a vitamina B12. Um fator adicional é que muitos quenianos são infectados por parasitas da malária e tênias, que têm um impacto negativo no nível de hemoglobina. Seu consumo diário de cálcio foi de 600 miligramas, aproximadamente metade da quantidade recomendada pela OMS.

Os corredores quenianos, portanto, não têm uma dieta adequada, especialmente em termos das normas recomendadas para o consumo diário de vitaminas e sais minerais. Mas uma dieta simples também tem vantagens, e os corredores quenianos que vivem no exterior tentam manter o consumo de seus alimentos tradicionais.[7]

Muitos dos corredores quenianos a partir dos anos 1990 eram trabalhadores migrantes. Eles saíam pelo mundo para ficar ricos, e, como outros trabalhadores migrantes, ouviam rumores ou seguiam parentes e conhecidos ao decidir onde se estabelecer para ganhar mais dinheiro. Assim, eles viviam na Escandinávia, Grã-Bretanha, Itália, Estados Unidos, Japão, Alemanha e outros lugares. Geralmente, viviam em condições de superlotação, três ou quatro em um cômodo pequeno, tinham contato social limitado fora de seu próprio círculo e se concentravam em correr rápido. Alguns deles trocavam de cidadania ou, se representavam um estado muçulmano, mudavam seus nomes. Aqueles que alcançavam sucesso tornavam-se ricos, mas havia uma segunda classe de corredores que não chegava ao nível de elite, por mais que tentasse. Como trabalhadores migrantes, eles podiam facilmente se desesperar e acabar vivendo e trabalhando em condições inadequadas e sendo explorados.

Japheth Kimutai (1978–) teve algum sucesso nos 800 metros. O que ele tinha em mente quando entrou para o circo de *meetings* europeus em meados dos anos 1990?

Ele pensava em comprar terra, antes de tudo para seus pais, e depois para si mesmo. Pensava em pastos para vacas e gado de corte, a maior extensão contínua possível de terra. Esse era o sonho que inspirava sua carreira de corrida. Ele adorava correr e era um grande entusiasta do esporte, mas, como outros Nandi ambiciosos, perguntava a si mesmo quais habilidades ele tinha e como poderia usá-las da melhor forma para sair da pobreza e alcançar uma vida melhor.

Correr era a melhor e mais rápida forma, mas ele não desejava passar por uma longa educação na América. Tomou a rota mais curta para o circo europeu quando era adolescente, e estabeleceu um recorde júnior nos 800 metros, de 1 minuto e 43,64 segundos.

A fazenda da família de Japheth tinha 4 hectares (aproximadamente 40 km^2), mas ele queria o triplo dessa área, era isso que ele almejava quando ia para a Europa a cada verão para competir nos grandes eventos. Um gerente australiano cuidava do lado prático das coisas e colocava todos os pagamentos por participação e prêmios em dinheiro em uma conta europeia, de onde o dinheiro era transferido para um banco africano.

O preço da terra aumentou na época de Kimutai, e era preciso ter cuidado com que se estava lidando para evitar ser tapeado. Grande parte da terra era de propriedade de políticos, e não era impossível o mesmo lote ser vendido a duas pessoas, assim o vendedor ganhava um lucro dobrado, ao mesmo tempo que criava uma situação legal terrivelmente embaralhada. Japheth buscou conselhos de corredores de elite anteriores e fez o que eles haviam feito.

Kimutai sabia que políticos e chefes, até de sua própria tribo Nandi, não gostavam de garotos pobres que se tornavam ricos com a corrida e depois saíam a comprar grandes fazendas. Então, ele tinha muito cuidado ao ver de quem ele comprava: melhor esperar um negócio melhor mais tarde do que comprar lotes de terra de propriedade de gente não confiável no Quênia, um dos países mais corruptos da África.

Após seu primeiro pagamento, Kimutai comprou terra para os pais, depois começou a reunir terras para si. Toda temporada de corrida levava a melhorias na crescente fazenda de Kimutai – um novo trator, novo equipamento, um novo empregado e um carro novo. O objetivo era fazer melhorias ano a ano, até ter a fazenda de seus sonhos.

Aos 30 anos de idade, Japheth Kimutai tinha realizado seu sonho de possuir 12 hectares (aproximadamente 120 km^2). Ele tinha sua própria fazenda com empregados para ordenhar as vacas e cuidar do gado de corte. Como seus colegas de corrida bem-sucedidos entre os Nandi, ele estava livre para seguir seus próprios interesses, ajudar seus companheiros como treinador e trabalhar para melhorar a situação deles. Recomendava-lhes que comprassem terra e que investissem cuidadosamente seu primeiro pagamento. Em Eldoret, a principal cidade Nandi, muitos dos prédios de apartamentos e imóveis comerciais são de propriedade de astros das corridas do passado. Muitos dos habitantes da área residencial mais elegante são ex-corredores que investiram seu dinheiro de forma sensata. Mas Kimutai também sabe de alguns que desperdiçaram o próprio patrimônio ou foram enganados por vigaristas – os Nandi são frequentemente ingênuos e crédulos em suas negociações financeiras.

Japheth Kimutai podia ter um telefone celular e usar e-mails, mas mantinha-se fiel a suas profundas raízes na cultura dos Nandi, centradas na agricultura e na criação de gado. Ele é também um abstêmio que evita conscientemente o álcool, sabendo o que ele causou a outros homens de seu meio.[8]

Um queniano com um tempo de 2h7min na maratona sucumbiu ao álcool e morreu como mendigo alcoólatra em Boston, em 2007: os corredores quenianos nos Estados Unidos se cotizaram para pagar pelo envio de seu caixão ao Quênia. Um número notável de astros quenianos de corrida mais antigos bebeu até a morte, embora essa nem sempre tenha sido admitida como causa da morte. O álcool arruinou muitos deles fisicamente. A longa e penosa jornada do Vale Rift até a arena internacional, os anos no exterior e o contato com uma cultura completamente diferente, na qual os seres humanos são *commodities*, certamente deixa marcas profundas no corpo e na mente.

Mulheres determinadas

As mulheres quenianas chegaram à cena mais tarde do que os homens, e somente a partir dos anos 1990 passou a haver muitas delas entre a elite internacional. Os Nandi também dominavam entre elas.

Uma pesquisa de 2003 perguntou a 250 mulheres com idades entre 12 e 50 anos por que elas haviam começado a correr. As mulheres da pesquisa tinham participado de Olimpíadas ou outros eventos internacionais, ou demonstravam grande potencial como juniores. Metade delas afirmou que começara a correr para ganhar dinheiro; apenas 20% disseram que haviam sido inspiradas por seus modelos; 1,5% corriam por prazer e 3,5% corriam para se manter em forma.

O salário diário no Quênia é menor do que 1 euro (US$ 1,40), então, é claramente tentador aderir à corrida como forma de ganhar dinheiro – uma renda anual de apenas 10 mil dólares pode ser dez vezes o que se ganharia na terra natal. Quando Catherine Ndereba bateu o recorde mundial na Maratona de Chicago, em 2001, ela ganhou 75 mil dólares como primeiro prêmio, 100 mil dólares pelo recorde mundial e um carro no valor de 26 mil dólares. Além disso, havia os honorários de participação e bônus de campeonato: vencer grandes corridas de maratona é lucrativo e também abre caminho para outras possibilidades de ganhar dinheiro.

As corredoras quenianas têm motivos econômicos ainda mais fortes do que os dos homens, uma vez que o dinheiro pode comprar independência. As mulheres quenianas geralmente são excluídas da aquisição de terras e riquezas. Elas não podem herdar terra e, geralmente, vivem em terra pertencente a parentes masculinos. Com dinheiro no banco, elas podem comprar a própria terra, algo inédito em outros tempos, exceto em famílias ricas. As mulheres quenianas podem, assim, sustentar famílias inteiras, inclusive aldeias inteiras. E as mulheres quenianas são geralmente mais sensatas com seu patrimônio do que os colegas homens: elas são mais conscienciosas, menos dadas ao esbanjamento e a hábitos de bebida.[9]

Ajudantes estrangeiros

Treinadores de muitos países são ativos no Quênia há décadas. Um deles, o doutor Gabriel Rosa, foi da Itália para lá e organizou competições em todos os níveis e para todas as faixas etárias. Ao contrário de uma série de outros treinadores e médicos italianos envolvidos com a corrida, ele não tem escândalos de *doping* ligados a seu nome. Ele criou seu próprio caminho e não cooperou com nenhum dos investigados por trapaça. Depois que Rosa orientou Gianni Poli à vitória na Maratona de Nova York, em 1986, vários corredores de elite, incluindo Moses Kiptanui, do Quênia, buscaram-no para obter aconselhamento. Em 1992, Rosa iniciou o projeto "Descobrindo o Quênia", que foi logo patrocinado pela empresa italiana Fila: uma série de patrocinadores estrangeiros tinha visto o valor de apoiar a corrida no Quênia várias décadas antes disso.

Mas quando Rosa entrou no campo, não havia tradição de maratona no Quênia: em 1990, Douglas Wakiihuri era o único queniano classificado entre os 20 melhores nessa distância, e os próximos dois quenianos apareciam em 80º e 100º nos rankings. Catorze anos depois, 50 dos 100 melhores corredores de maratona do mundo eram do Quênia, sendo que a maioria deles pertencia ao grupo de Rosa.[10]

Rosa estabeleceu seu primeiro campo de treinamento em 1993 e seguiu a iniciativa com outros doze, capazes de acomodar até 100 corredores, perto dos distritos natais deles. Eles levantavam cedo, corriam em grupos silenciosos e concentrados, descansavam, treinavam mais, comiam e dormiam cedo, sem nenhum acesso a eletricidade ou telefones celulares. Essa é a universidade deles, e os corredores têm de se formar nela antes de ir competir na Europa, Estados Unidos e Ásia. Estrangeiros vêm fazer visita e entram para os grupos de quenianos, já que muitas pessoas têm curiosidade e estão ansiosas por aprender – e o que elas veem é simplicidade e disciplina. Há algo atemporal nesses campos de treinamento onde as únicas coisas no programa são tarefas simples e necessidades do dia a dia – um profundo contraste com o ambiente que espera os corredores se eles conseguirem um bilhete de entrada para o circuito internacional. Eles treinam nos planaltos da África e mudam para um mundo mais rico materialmente. No Quênia, em 2008, o caminho de saída era por intermédio da corrida, da mesma forma que, em época anterior, uma carreira no Exército podia levar ao progresso individual.

Rosa queria reuni-los em grupos para ensiná-los sobre treinamento e sobre um estilo de vida ascético. Aqueles que ficavam nos campos de treinamento tinham de deixar suas famílias, amigos e empregos por meses para poder correr em tempo integral e viver de acordo com a filosofia de Rosa: "Treino duas vezes por dia, relaxamento e dieta correta". A competição é acirrada e leva a uma elevação dos padrões e à seleção dos melhores.[11]

Rosa emprega 40 pessoas, incluindo cozinheiros e treinadores, em 12 campos para 200 corredores. Apenas os mais jovens, aqueles que ainda estão na escola e têm as mensalidades pagas pela empresa de Rosa, moram em casa.

Os campos frequentemente abrigam vários irmãos ao mesmo tempo, embora eles geralmente tenham sobrenomes diferentes, pois o sobrenome refere-se a alguma circunstância específica do momento do nascimento. O sobrenome do detentor do recorde mundial nos 800 metros, Wilson Kipketer, significa "nascido na varanda"; Kipkeino significa "nascido enquanto as cabras eram ordenhadas". Há também apelidos herdados como Tergat, que significa "o que está em pé ou caminha com a cabeça levemente inclinada para o lado", ou Barngetuby, "pai matou um leão". Os sobrenomes dos garotos geralmente começam com Kip oi Ki, enquanto as garotas têm nomes começando com Chep ou Che.[12]

Os missionários europeus também tiveram um papel no sucesso dos corredores quenianos. O Colégio St. Patrick, em Iten, estabelecido pelos frades de São Patrício da Irlanda, em 1960, é a instituição mais conhecida, mas o Colégio Cardeal Otunga, em Kisii, fundado em 1961 pelos frades holandeses de Tilburg, também produziu sua cota de astros internacionais.

O primeiro diretor do St. Patrick, frei Simon, era um entusiasta do atletismo que treinava os alunos. Todos os garotos do primeiro nível têm de participar, o que possibilita escolher os mais talentosos. Mike Boit, um corredor de elite dos 800 metros nos anos 1970 e 1980, foi um dos primeiros produtos da escola. Treinadores estrangeiros foram nomeados nos anos 1970 para elevar o padrão. Astros posteriores da corrida mundial deram testemunhos dos anos gratificantes que passaram nessa escola, onde a maior parte da corrida é feita na modalidade *cross country*, uma vez que ela não possui pista própria.[13]

O flagelo da África

Vista da Europa, a África pode parecer um continente de corredores. Mas o movimento *jogging* não decolou ali, e os habitantes preferem caminhar se não tiverem carro. Os filhos de Henry Rono não correm nem para manter a forma, embora vivam muito perto de um ambiente de treinamento perfeito no Quênia. Haile Gebrselassie correu para tornar sua família suficientemente influente, para que seus filhos não precisassem correr nas pegadas do pai.

Em 2007, a África tinha 690 milhões de habitantes espalhados em 53 países. Foram, principalmente, o Quênia, a Etiópia, a Argélia e o Marrocos que produziram grande número de pessoas que conquistaram sucesso no mundo correndo.

Maria Mutola, a melhor corredora de Moçambique nos 800 metros, envia anualmente grandes somas para sua terra natal há anos. Em 2003, ela ganhou 1 milhão de dólares no Grande Prêmio da Liga de Ouro de Atletismo e doou parte disso para uma fundação em seu país. Há fazendas e pequenos negócios que devem sua sobrevivência à generosidade de Mutola – ações que têm levado primeiros socorros ao interior, além da escavação de poços e da compra de tratores.

Haile Gebrselassie, da Etiópia, o rei das longas distâncias, sempre correu com pleno conhecimento de quão pobre é seu país. Ele corria porque precisava – 9 quilômetros para ir e voltar da escola, e trabalhar nos campos depois –, e mais tarde sentiu a responsabilidade de combater a pobreza: "Quando estou treinando, penso muito nisso, porque não podemos avançar como país até termos erradicado a pobreza. Mas os verdadeiros problemas não podem ser superados apenas por etíopes correndo rápido".[14]

A globalização é um fato no esporte e em toda parte. Assim como os produtos são construídos em qualquer lugar do mundo onde o custo é menor, astros da corrida de sociedades africanas pequenas e tribais podem ser trazidas para as grandes arenas internacionais porque há um sistema para refinar a matéria-prima do talento. Os avós e bisavós dos quenianos e etíopes atuais eram igualmente bem dotados de talento para correr longas distâncias, mas, há duas ou três gerações, não havia um sistema operando para lhes dar acesso à cena internacional. Isso também tem a ver com a conquista da liberdade do domínio colonial durante o período do pós-guerra, da qual uma das consequências foi a oportunidade e a disposição de participar de eventos como os Jogos Olímpicos.

Um dos paradoxos da situação é que os mesmos elementos que exploraram o Quênia durante o período colonial – intermediários brancos espertos – também têm agido na importação/exportação de corredores. Corredores aposentados e ainda ativos no Quênia estão hoje em processo de se organizar para apresentar uma posição mais forte. Muitos dos astros internacionais que moram em Eldoret ou nas proximidades estão se unindo para falar em prol dos corredores e diminuir os problemas e exigências práticos que os Nandi enfrentam durante uma carreira de corrida.

Os corredores viajaram na direção oposta à dos colonizadores que subjugaram a África no século XIX. Eles visitaram a Europa e o Ocidente nos termos do homem branco. Enquanto as potências coloniais enriqueciam com a exploração de matérias-primas, os corredores africanos têm de labutar como escravos velozes no palco distante, frequentemente uns contra os outros, para colher o máximo que puderem dos frutos da ganância.

Eles têm competido por si e por suas famílias e países em uma arena estrangeira, em condições definidas pelos outros. Poucas pessoas de fora desse ambiente compreendem o que isso realmente significa.

32
Quão rápido o ser humano pode correr?

> Se você quiser ganhar algo, corra os
> 100 metros. Se quiser aprender algo
> sobre a vida, corra a maratona.
>
> Emil Zátopek

Há muitos relatos particulares sobre pessoas que aprenderam a correr rápido vivendo no mundo animal. Há, por exemplo, o Garoto Gazela, observado pelo antropólogo francês Jean-Claude Armen, no Saara Espanhol, em 1963. Armen entrou em seu carro e seguiu um garoto gazela – um garoto que havia crescido entre as gazelas –, correndo a uma velocidade de 55 quilômetros por hora. Para a surpresa dos que estavam no carro, que nunca tinham visto nada parecido, ele trotava com toda a elegância dos animais que o haviam criado. A história nunca foi provada, talvez porque seja falsa ou exagerada, mas há casos bem conhecidos de crianças criadas por animais que haviam adotado o modo de vida da espécie.

Se Armen estava correto na medida da velocidade do garoto, ele era muito mais rápido do que o homem mais rápido do mundo, que teve registrada uma velocidade de aproximadamente 45 quilômetros por hora. Isso, no entanto, é lento em comparação com muitas espécies animais: o guepardo pode alcançar 113 quilômetros por hora; cavalos, 69 quilômetros por hora, superiores aos homens; mesmo os pesados e desajeitados gorilas conseguem manter 48 quilômetros por hora por mais de 800 metros.[1]

É a resistência o ponto forte do homem, e ele bate o cavalo ao fim de um longo tempo. Desde 1980, uma Maratona de Homem *versus* Cavalo é organizada no País de Gales, na qual corredores, ciclistas e cavalos competem em uma distância um pouco menor do que uma maratona por um terreno montanhoso. Em 2004, Huw Lobb foi o primeiro homem a pé a conquistar a vitória geral sobre um grupo de 40 cavalos e 500 corredores. Seu tempo de chegada de 2h5min19s ficou bons dois minutos à frente do primeiro cavalo.

Quem é o ser humano mais rápido do mundo? De acordo com uma definição do atletismo, deve ser o vencedor da corrida masculina dos 100 metros em campeonatos mundiais ou nos Jogos Olímpicos. A distância pode parecer não problemática.

Os especialistas dividem a corrida de 100 metros em três ou cinco fases: aceleração nos primeiros 30 metros a 40 metros; velocidade total por 20 metros a 30 metros; perda de velocidade em direção ao fim. "Você viu sua chegada?!", era uma frase frequentemente ouvida, por exemplo, sobre o norte-americano Carl Lewis durante os anos 1980 e 1990: na verdade, ela significava que ele reduzia menos a velocidade do que os outros competidores. Também é comum levar em conta uma fase a mais logo no início – a fase de reação – e outra fase no fim, ambas as quais são muito significativas para o resultado.

Em teoria, o corredor mais rápido na corrida pode não vencer – ele pode atingir a velocidade mais alta, mas perder porque sua aceleração e as fases finais são mais lentas que as de seus competidores. Estudos mostraram, no entanto, que há uma estreita relação entre alta velocidade e resultado final: o homem que alcança a velocidade mais alta nos 100 metros terá uma grande probabilidade de vencer.[2]

A verdadeira velocidade máxima é difícil de medir, uma vez que dura apenas dois ou três segundos. É bastante simples medir a velocidade de uma roda girando, mas mais difícil fazer isso com um homem cujos braços e pernas agitam-se violentamente ao longo da corrida de 100 metros. Uma medição sustentável foi aquela feita quando Donovan Bailey, do Canadá, estabeleceu um recorde mundial de 9,87 segundos nos Campeonatos Mundiais, em 1997: ele correu a 12,1 metros por segundo, ou 43,88 metros por hora.

Cinquenta e cinco homens de 16 países haviam corrido os 100 metros em menos de 10 segundos em condições de vento aprovadas até a temporada de 2008. Nenhum deles era branco, e todos, exceto um, tinham origens rastreáveis na África Ocidental, independentemente de representarem países africanos, europeus, caribenhos ou norte-americanos. Eles eram nativos africanos ou descendentes de escravos, de raça única ou misturada. A exceção era o australiano Patrick Johnson, cujo pai era irlandês e a mãe aborígene. Um corredor branco chegou perto, Marion Woronin, da Polônia, assim como um japonês, Koji Ito – ambos com tempo de 10 segundos.

É mero acaso que nenhum corredor branco tenha conseguido quebrar a barreira dos 10 segundos em condições de vento aprovadas? Há, definitivamente, uma barreira psicológica. O enorme viés nos números alimentou um debate sobre se os negros africanos ocidentais eram mais rápidos que o restante da população do mundo. As estatísticas sugerem que sim. Mas é também provável que haja um elemento de profecia autorrealizável na questão: nos Estados Unidos, por exemplo, como os meninos e meninas brancos sempre ouvem que os corredores negros são superiores em eventos de *sprint*, eles vão embora, preferindo competir em outra coisa. E poucos corredores negros nos Estados Unidos se distinguiram em distâncias de mais de 800 m.

Nenhum dos países da África Ocidental tem corredores de longa distância de padrão internacional elevado. O lugar com a maior densidade de velocistas de nível internacional em relação à população é a Jamaica, mas o país nunca produziu corredores de padrão mais elevado em distâncias acima dos 800 metros. A pequena Jamaica tem uma população de 2,6 milhões de habitantes, mas quase sempre tem competidores de ambos os sexos nas finais de competições de velocidade internacionais. Além disso, muitos jamaicanos emigraram para os Estados Unidos, Canadá e Grã-Bretanha e representam esses países em eventos de velocidade: eles treinam em países diferentes e ambientes diferentes, mas ainda chegam ao topo.

Apenas dois jamaicanos já correram 10.000 metros em menos de 30 minutos, e as mulheres jamaicanas estão em posição semelhante. Os resultados mostram que correr longas distâncias não entusiasma nem combina com os jamaicanos, e pode haver fatores culturais que contribuam para isso.

Os genes são importantes em corridas de velocidade, e velocistas muito talentosos conseguem correr rápido sem treinar, quer sejam eles negros ou brancos. Um corredor que não tenha uma alta porcentagem de fibras musculares rápidas não tem chance em uma prova de 100 metros, e os grupos de velocistas internacionais todos se aproximam da perfeição para esse evento. Foram realizados estudos para estimar qual a porcentagem de fibras musculares rápidas que os melhores velocistas possuem, mas não é uma questão simples. A proporção de diferentes fibras musculares não se distribui igualmente no músculo, e nenhum corredor internacional em atividade doaria o músculo inteiro para pesquisa. Os pesquisadores limitam-se a colher e testar amostras que podem revelar tendências. É improvável que alguém tenha apenas fibras musculares rápidas, mas se a proporção de tais fibras for particularmente alta, o indivíduo pode melhorar mais facilmente porque as fibras musculares rápidas serão treinadas independentemente do que o corredor estiver fazendo, mesmo que o treinamento esteja errado.[3]

É interessante o fato de que um corredor de 100 metros dá o mesmo número de passadas em todas as corridas, depois de crescer totalmente. Entre os melhores corredores, o número de passadas está entre 43 e 50, com alguma leve variação, dependendo do peso, mas independentemente de o vento estar a favor ou contra eles. O canadense Ben Johnson dava 46,1 passadas, quer seu tempo fosse 10,44 segundos ou 9,83 segundos em diferentes momentos de sua carreira. Isso demonstra que o progresso é alcançado mais através de uma maior frequência que por passadas mais largas.

É perigoso afirmar que alguma raça específica seja melhor do que outra em qualquer atividade. Entretanto, nas corridas masculinas de velocidade e de longa distância, africanos ocidentais e africanos orientais, respectivamente, destacaram-se como os melhores em 2008, embora isso não tenha sido sempre assim.

Em 1986, cerca de metade dos 20 melhores tempos em distâncias entre 800 metros e a maratona era de homens europeus, e cerca de um quarto de africanos. Em 2003, o elemento europeu nas estatísticas era de 11%, enquanto 85% dos melhores tempos eram devidos a corredores africanos. No mesmo ano, todos os recordes mundiais desde os 100 metros até a maratona eram de africanos ou pessoas de origem africana.

Os africanos tornaram-se mais fortes porque queriam sair da pobreza por intermédio da corrida? Essa é certamente uma motivação importante e que eles próprios apresentam. Diferenças físicas são outra razão. As pesquisas realizadas nessa área ainda são insuficientes, e pode ser que jamais saibamos a resposta, uma vez que há tantos fatores em jogo, mesmo em algo tão simples quanto correr.

O quadro é bem diferente entre as mulheres. Uma corredora negra detém os recordes nos 100 e 200 metros, mas, com exceção dos 5.000 metros, todos os recordes, dos 400 metros aos 10.000 metros, estão em mãos de europeias brancas ou de chinesas. Isso é porque as mulheres africanas entraram na elite internacional mais tarde que seus equivalentes masculinos.

Onde está o limite?

O pesquisador finlandês Juha Heikkala acredita que o desenvolvimento de homens e mulheres esportistas é prejudicado quando se estabelece um limite. Isso conflitaria com um conceito básico do esporte de elite moderno de que melhores *performances* são a força motriz.[4]

O melhor tempo do mundo nos 100 metros, em 1900, era de 10,8 segundos; em 2008, era de 9,69, usando as formas mais precisas de marcação de tempo. O recorde mundial nos 10.000 metros caiu de 31min40s para 26min22,75s no mesmo período.

As razões são mais e melhor treinamento, melhores pistas e uma maior atenção dedicada à corrida em muitos países. No começo do século XX, os naturalmente talentosos predominavam, e mesmo campeões olímpicos treinavam apenas uma ou duas vezes por semana. Um século depois, os atletas de melhor desempenho treinam mais em um dia do que muitos da elite internacional costumavam treinar em uma semana.

Segundo pesquisadores do IRMES, o Instituto Nacional Francês de Medicina Esportiva, devemos, em breve, atingir o limite para recordes mundiais em corrida e outras modalidades. Eles estudaram 3.263 recordes mundiais desde 1896 em vários ramos do esporte e notaram como a curva se aplainou: recordes eram quebrados com menos frequência à medida que os padrões alcançavam um nível mais alto perto do final do século XX. Utilizando técnicas de modelos matemáticos, eles concluem que não haverá praticamente nenhum novo recorde mundial após 2027. Uma possibilidade seria medir os tempos até três casas decimais, para tornar possíveis mais melhoramentos.[5]

Os pesquisadores estimaram que os esportistas em Atenas, em 1896, somente utilizaram 75% de sua capacidade, e a ciência contribuiu para elevar o nível. Inúmeros métodos e técnicas têm sido usados, tanto legais quanto ilegais, para correr mais rápido. O *doping* levou o padrão dos recordes mundiais a níveis artificialmente elevados, e melhoramentos adicionais serão difíceis sem o uso do *doping*. Novos métodos de *doping*, como o genético, por exemplo, no qual um gene que provoca o crescimento artificial de certos músculos é implantado no competidor, podem ser vantajosos nos *sprints* de 100 metros. O coração e sua capacidade de bombear oxigênio são um importante fator nas corridas de distância, e isso também pode ser melhorado por *doping*. É improvável que mudanças no campo de equipamentos levem a melhorias nas corridas.

Alguns dos recordes mundiais femininos são considerados praticamente imbatíveis. Florence Griffith-Joyner, dos Estados Unidos, produziu 10,49 segundos nos 100 metros, em 1988, um tempo que muito poucas mulheres, uma década depois, conseguiram atingir, com meio segundo de diferença. Os 47,60 segundos de Marita Koch nos 400 metros também parecem intocáveis. Entre os homens, os 200 metros do norte-americano Michael Johnson em 19,32 segundos foram considerados o limite por um bom tempo – sua técnica e o nível que ele alcançou e reteve são comparados com os de Jesse Owens. Mesmo assim, em 2008, Usain Bolt bateu o recorde de Johnson, com 19,30 segundos.

Os pesquisadores do IRMES acreditam que os batedores de recordes mundiais do futuro serão da África. É ali que ainda há grandes potenciais esperando para ser descobertos, para ser refinados e para competir internacionalmente antes de produzir seus desempenhos ótimos.

Da Antártica ao Saara

O número de ultracorridas e corridas extremas cresceu enormemente em todas as partes do mundo desde os anos 1980. Na esteira da febre do *jogging*, corredores e organizadores vêm buscando novos e supremos desafios. Muitos deles querem ir para bem longe do asfalto e dos escapamentos, em paisagens exóticas, de preferência entre subidas íngremes – qualquer lugar onde se possa correr.

Uma das mais velhas corridas de aventura, a Maratona do Everest, no Nepal, foi iniciada em 1987 por dois britânicos que haviam improvisado uma corrida ao longo da principal trilha do Monte Everest dois anos antes. A corrida começava a 5.184 metros acima do nível do mar e terminava a 3.346 metros. Para chegar à largada, os competidores fazem a caminhada inicial de 16 dias em grupo. A corrida, que lembra bastante uma expedição, atrai 75 corredores estrangeiros todos os anos, junto com dez nepaleses.

O elemento de expedição é também uma característica de inúmeras outras corridas extremas que têm crescido em um mundo no qual pessoas com boa situação econômica viajam, voando mais do que nunca por toda parte, com tempo e recursos para perseguir seus hobbies. Embora corridas extremas e turismo tenham muito em comum, o corredor extremo alcança bem mais do que o turista sedentário. Ele está mais fisicamente envolvido, testando-se contra a natureza e o terreno em uma determinada distância, enquanto se utiliza de seus recursos corporais. Ele é mais do que um preguiçoso consumidor de novos países, e sente que obtém mais por sua visita.

Em 2003, os ingleses Ranulph Fiennes e Mike Stroud aceitaram um desafio de 7 x 7 x 7: sete maratonas em sete continentes em sete anos. Isso envolveu uma logística avançada e um bocado de estresse de viagem. Talvez seja típico terem sido os britânicos a assumir a empreitada, dada a orgulhosa tradição de conquista.

Tudo gira em torno de acumular experiências. As pessoas competem para completar o maior número de maratonas, o maior número em um ano, o maior nos Estados Unidos, e assim por diante. Os únicos limites que existem são os definidos por suas próprias imaginações. Os corredores e outros expedicionários definem suas metas, como a maratona na Antártica, ou a maratona no Polo Norte, nas quais se recomenda que as pessoas usem pequenos sapatos de neve, caso haja neve se deslocando do solo com o vento.

O guru indiano Sri Chinmoy foi um ultracorredor moderno motivado pela religião. Em 1977, ele começou a oferecer salvação às massas nos

Estados Unidos, sendo a corrida uma das muitas mensagens. Ele era um guru de boa constituição física cujo mantra era o esporte, ao contrário dos faquires comuns que se deitam ou sentam com as pernas cruzadas. Chinmoy extraía pérolas de sabedoria das filosofias grega e indiana e pregava uma visão de mundo baseada na harmonia, que deveria ser alcançada por meio de uma educação física robusta e de uma vida interior saudável. Quando sofreu lesões por excesso de corrida nos anos 1990, adotou o levantamento de pesos. Seus seguidores já organizaram de tudo, desde corridas curtas até a mais longa corrida anual do mundo, a Corrida de Autotranscendência, de 3.100 milhas (4.988 quilômetros), em Nova York, que cobre 5.659 voltas em seu circuito. Na visão de Chinmoy, tais provas levam a *insights* excepcionalmente valiosos.

A clássica corrida no deserto é a Marathon des Sable, no Marrocos, realizada desde 1986, quando 23 corredores completaram 240 quilômetros. Há poucos lugares no mundo onde os corredores sofreram dores e bolhas piores do que nas dunas de areia do Saara, e poucos lugares, também, onde os corredores suavam vários litros por dia. É uma visão quase surreal ver as figuras magras, pálidas, mas vigorosas largando em grupo do acampamento de barracas, com seis estágios pela frente, mochilas nas costas e as cabeças cobertas, seguindo para um destino a muitos quilômetros de distância. É absurdo e, ao mesmo tempo, belo; uma experiência do mundo natural *e* uma forma quente e suada de aprender sobre si mesmo. Claro que não é algo que a população local inventou, embora alguns marroquinos participem e alguns tenham vencido. A corrida no deserto é invenção de brancos urbanos – franceses de Paris e outras cidades, que passam o dia a dia em frente a monitores de computador ou falando em telefones celulares, encontram um alívio para seu senso de aventura e realização na Marathon des Sables. Ninguém acreditaria, quando ela começou, que em 2005 a Marathon des Sable atrairia 766 corredores de muitos países para sua largada.

Os participantes dessas corridas extremas são uma versão mimada e com seguro de viagem dos exploradores do passado. Os corredores invadiram os mais longínquos postos avançados do mundo e competiram neles, colonizaram todas as regiões geográficas e as declararam conquistadas. Quase não há ambiente natural no globo que permaneça intocado pelos pés dos *joggers*. Será uma maratona na Lua o próximo passo?

A passada atemporal

Os seres humanos correm há milhares de anos, muito antes de as fontes arqueológicas poderem nos dizer por quê, e muito antes de a civilização surgir.

Caçadas e outros aspectos práticos da luta pela sobrevivência significavam que eles tinham de fazê-lo. Esse modo fundamental de se deslocar de um lugar para outro tem de ser visto no contexto de seu tempo e de sua sociedade. Os seres humanos já correram por muitas razões – basta pensar na diferença entre alguém correndo por sua vida e um *jogger* bem nutrido.

As fontes mais antigas nos falam de corridas sagradas e reais no Egito e na Suméria, quando o rei corria para apaziguar os deuses e reter o poder em seu reino. Também os gregos se comunicavam com seus deuses nos jogos, embora eles também considerassem correr algo benéfico ao desenvolvimento do indivíduo, bem como necessário à defesa das cidades-estados. Por vários milhares de anos, os corredores tiveram um papel militar como forças especiais ou mensageiros. Correr tinha uma função prática e simbólica e os corredores eram ligações especiais em tempos de paz, bem como as pernas mais velozes no campo de batalha.

Entre povos como os nativos americanos, correr era prático e mítico. Uma das últimas tribos a fazê-lo dessa forma, os Tarahumara, do México, ainda continuam sua orgulhosa e antiga tradição de corrida. Na Índia, ainda há, de fato, corredores mensageiros para entregar a correspondência em distritos sem estradas, e eles ainda anunciam sua chegada tocando um sino.

Correr proporcionava entretenimento de diferentes tipos na Europa dos séculos XVIII e XIX, algo que fazia as pessoas rirem e que as fascinava pela velocidade. Os britânicos trouxeram uma nova dimensão à atividade quando introduziram as apostas em corridas e a marcação de tempo com precisão de segundos. Eles também difundiram sua civilização, que incluía a abordagem britânica ao esporte e a formação do caráter por meio de atividades físicas. A sociedade industrial exigia eficiência e progresso mensuráveis e tais exigências transferiram-se para os novos campos esportivos. Correr tornou-se mais organizado e dava sentido à vida controlada pelo relógio no dia a dia das pessoas no início do século XX.

Nas rivalidades nacionais que se seguiram à reintrodução dos Jogos Olímpicos, a Finlândia foi a primeira nação a usar conscientemente a corrida na formação nacional e como uma atividade simbólica do caráter e da identidade da nação. Outras nações seguiram a Finlândia nesse sentido.

Correr, no entanto, ainda não havia capturado ativamente as massas: era algo para se assistir e ler a respeito, uma perseguição cuja senha autoevidente era "mais rápido". Em pleno curso do século XX, os corredores formavam um grupo exclusivo e excêntrico com inclinações a se autoflagelar, sujeitos estranhos que haviam descoberto algo que poucos reconheciam – que correr pode oferecer uma profunda satisfação interior. Entretanto, muitos médicos consideravam-na uma atividade perigosa para o coração e outros órgãos vitais. Somente com a chegada dos anos 1960 o *jogging* começou a ser considerado algo bom para a saúde, algo de que pessoas supernutridas precisavam, como um contrapeso adequado a suas vidas diárias sedentárias. Correr tornou-se parte de um estilo de vida destinado a preservar a saúde e controlar o peso, um intervalo de lazer diário dedicado ao movimento. Era prazer e dever, um fenômeno em moda, com uma variedade de efeitos colaterais.

O *jogging* demonstrou ser a salvação de muitos corações e a perdição de muitos joelhos e outras articulações. Causou uma torrente de lesões e dores menores cuja existência esses entusiastas outrora fora de forma não conheciam. Foi um grande experimento milhões de pessoas saírem em peso às ruas, estradas e trilhas, com calçados geralmente impróprios, estilos de corrida ruins e pouco econômicos, e sem compreensão sobre as sobrecargas e estresses da falta de hábito. Nunca antes tantas pessoas haviam experimentado melhorar sua curva de desempenho numa idade em que seus ancestrais já haviam desde muito abandonado competições físicas. A onda do *jogging* não chegou a todos os lugares, ele é basicamente um traço do mundo ocidental, mas poucos países escaparam completamente das muitas hordas cheias de pernas dos *joggers* competidores.

A Corrida do Dia Olímpico foi organizada pela primeira vez em 1987 para comemorar a fundação do Comitê Olímpico Internacional, em Paris, em 23 de junho de 1894. Todos os anos, corredores do mundo todo se reúnem em suas respectivas terras natais, e até em países não tradicionalmente associados a corridas de massa – a Mongólia, por exemplo –, dezenas de milhares têm participado. Na Mongólia foi registrada a maior proporção de participantes do mundo, quando 250 mil pessoas de uma população de 1 milhão de habitantes participou de diferentes corridas no mesmo dia, em 1988. Nos últimos dez anos, a China experimentou um crescimento econômico sem precedentes e um dramático aumento do padrão de vida; em 2008, um quarto da população adulta estava acima do peso e as doenças da civilização haviam se tornado comuns. A população tem, em certo grau, imitado o estilo de vida dos Estados Unidos e incorporou muitos dos problemas de saúde que o acompanham. Talvez a próxima onda do *jogging* apareça na China.

Há algo encantadoramente simples na corrida. É uma atividade infantil que os adultos podem facilmente adotar, oferecendo uma sensação de liberdade que pode ser sentida em qualquer lugar, mas que é ampliada pelo ar fresco e por belos ambientes naturais. Há algo de belo na visão de um bom corredor, que exerce um apelo até sobre aqueles que não correm – o voo gracioso e a harmonia coordenada dos músculos enquanto o corredor plana através da Mãe Terra de forma tão evidente. É assim que deveríamos nos mover, pensamos, talvez não sejamos tão avançados, afinal, e tenhamos perdido algo realmente valioso.

Biólogos acreditam que nos tornamos seres humanos quando começamos a correr. Talvez tenhamos de caminhar e correr um bocado para continuarmos seres humanos, para não nos inflarmos física e mentalmente, tornando-nos criaturas vagarosas que precisam ser transportadas por máquinas. Pesquisas demonstraram que movimentos diagonais, como correr e caminhar, promovem o contato entre os lados direito e esquerdo do cérebro, melhorando nossa capacidade criativa – uma característica central dos seres humanos. A profunda satisfação que as pessoas obtêm com o movimento é um dos muitos lembretes de nossa natureza biológica em um mundo que está se tornando cada vez mais mecanizado. Olhe para as crianças e para a forma como elas correm instintivamente, por alegria e para brincar.

Os corredores modernos estão imitando algo primordial que o homem fazia em sua luta pela sobrevivência. Corremos e caminhamos pelo bem de nossas vidas de uma forma que é muito diferente, mas igualmente humana, pois faz com que nos sintamos melhor e contrabalança o fato de ficarmos sentados imóveis. O corredor raramente pensa nisso, mas ele está se movendo como nossos ancestrais faziam na África, quando corriam pelas savanas para sobreviver – assim como os quenianos fazem hoje.

***

Notas

1 Mensageiros e precursores
1 Stephan Oettermann, *Läufer und Vorläufer. Zu einer Kulturgeschichte des Laufsports* (Frankfurt, 1984), p. 19.
2 Louis Baudin, *Dagligt liv hos Inkaerne* (Copenhague, 1967), p. 220-21; Alberto F. Cajas, "Physical Activities in Ancient Peru", *Olympic Review*, 150-52 (1980).
3 Baudin, *Dagligt liv hos Inkaerne*, p. 63.
4 Ibid., p. 79-83.
5 Oettermann, *Läufer und Vorläufer*, p. 15.
6 Ibid., p. 18.
7 Ibid., p. 17.
8 Ibid., p. 8.
9 Ibid., p. 33.
10 Montague Shearman, *Athletics and Football* (Londres, 1887), p. 20.
11 Oettermann, *Läufer und Vorläufer*, p. 35.
12 Ibid., p. 36-7.
13 Ibid., p. 40.
14 Andy Milroy, "The Great Running Traditions of the Basques", disponível em: <www.runtheplanet.com/resources/historical/basques.asp>. Acesso em: 3 jul. 2009.
15 Oettermann, *Läufer und Vorläufer*, p. 57-75.
16 Matti Goksøyr, "Idrettsliv i borgerskapets by. En historisk undersøkelse av idrettens utvikling og organisering i Bergen på 1800-tallet", tese de doutorado, Norges idrettshøgskole (Oslo, 1991), p. 23.
17 Oettermann, *Läufer und Vorläufer*, p. 86.
18 Ibid., p. 93.

2 Um traço humano primordial
1 Dennis M. Bramble e Daniel E. Lieberman, "Endurance Running and the Evolution of *Homo*", *Nature*, cdxxxii, 18 nov. 2004, p. 345-52; Bernd Heinrich, *Why we Run* (Nova York, 2001).
2 Bramble e Lieberman, "Endurance Running and the Evolution of *Homo*".
3 Vera Olivová, *Sports and Games in the Ancient World* (Londres, 1984), p. 21-4.
4 Ascheougs verdenshistorie, *I begynnelsen* (Oslo, 2007), p. 136-42.
5 Deane Lamont Anderson, "Running Phenomena in Ancient Sumer", *Journal of Sport History*, xxii/3 (1995), p. 207-15.
6 Em <www.cesras.ru/index.php>. Acesso em: 3 jul. 2009.
7 Wolfgang Decker, *Sport and Games in Ancient Egypt* (Londres, 1992), p. 24-34, 61-6.
8 I. Weiler, *Der Sport bei den Völkern der alten Welt. Eine Einführung* (Darmstadt, 1981), p. 51.
9 Ibid., p. 62-3.

3 Em honra aos deuses
1 Norman E. Gardiner, *Athletics of the Ancient World* (Chicago, IL, 1978) and *Greek Athletic Sports and Festivals* (Londres, 1910); H. A. Harris, *Sport in Greece and Rome* (Londres, 1972); Leo Hjorts, *Graeske guder og helte* (Copenhague, 1984); David Matz, *Greek and Roman Sport* (Londres, 1991), p. 25; Stephen Miller, *Arete: Greek Sports from Ancient Sources* (Londres, 2004) e *Ancient Greek Athletics* (Londres, 2004); Cleanthis Paleologos, "Argeas of Argos: Dolichon Runner", *Olympic Review*, 87-88 (jan.-fev. 1975); Tony Perrottet, *The Naked Olympics* (Nova York, 2004); Panos Valavanis, *Games and Sanctuaries in Ancient Greece* (Los Angeles, CA, 2004).
2 Gardiner, *Greek Athletic Sports and Festivals*, p. 293.
3 Miller, *Arete*, p. 172-3.
4 Matz, *Greek and Roman Sport*, p. 25.
5 John Mouratidis, "The 776 BC Date and Some Problems Connected With It", *Canadian Journal of History of Sport*, xvi/2 (dez. 1985), p. 1-14; T. H. Nally, *The Aonac Tailteann and the Tailteann Games in their Origin, History and Ancient Associations* (Dublin, 1922).
6 Miller, *Arete*, p. 13.
7 William Blake Tyrrell, *The Smell of Sweat: Greek Athletics, Olympics and Culture* (Mundelein, IL, 2004), p. 58.
8 Miller, *Ancient Greek Athletics* (Londres, 2004), p. 11.
9 Perrottet, *The Naked Olympics*, p. 159-60.
10 Thomas P. Scanlon, *The Ancient World* (Chicago, IL, 1984), p. 77-90.
11 Harris, *Sport in Greece and Rome*, p. 41.
12 Gardiner, *Greek Athletic Sports and Festivals*, p. 154.
13 Hugh M. Lee, "Modern Ultra-long Distance Running and Phillippides' Run from Athens to Sparta", *The Ancient World*, ix/3-4 (1984), p. 107-13.
14 Gardiner, *Athletics of the Ancient World*, p. 102.
15 Walter Umminger, *Toppraestationer. En idraettens kulturhistorie* (Copenhague, 1963), p. 31.

16 Ibid., p. 28.
17 Gardiner, *Greek Athletic Sports and Festivals*, p. 131.
18 Miller, *Arete*, p. 217.
19 Umminger, *Toppraestationer*, p. 13-14.
20 Allen Guttman, *From Ritual to Record: The Nature of Modern Sports* (New York, 1978), p. 49-51.
21 Matz, *Greek and Roman Sport*, p. 68.
22 Em <http://en.wikipedia.org/wiki/Zeno_of_Elea>. Acesso em: 3 jul. 2009.

4 Jogos Romanos
1 H. A. Harris, *Sport in Greece and Rome* (Londres, 1972), p. 68-69; *Seneca in Ten Volumes* (Londres, 1970), p. 261.
2 Jerome Carcopino, *Keistertidens Roma. Daglig liv i det første århundre* (Oslo, 1998), p. 158-62.
3 Norman E. Gardiner, *Greek Athletic Sports and Festivals* (Londres, 1910), p. 181-2.
4 H. M. Lee, "Athletics and the Bikini Girls from Piazza Armerina", *Stadion*, x (1984), p. 45-76.
5 Zarah Newby, *Greek Athletics in the Roman World* (Oxford, 2005).
6 Ernst Jokl, *A History of Physical Education and Sport* (Tóquio, 1975-6), p. 53-8.
7 Edward S. Sears, *Running Through the Ages* (Jefferson, NC, 2001), p. 17.
8 Walter Umminger, *Toppraestationer. En idraettens kulturhistorie* (Copenhague, 1963), p. 110.
9 H. A. Harris, *Greek Athletics and the Jews* (Cardiff, 1976), p. 62.
10 Ibid.

5 Corridas de elefantes e contos chineses
1 Eventyret "Kuafa løp etter solenÅt er beskrevet i bøkene Shan Hai Jing, Lie Zi og Huai Nan Zi". Cui Lequan, som er forsker ved Kinas sportsmuseum, har skrevet artikkelen "Kinesisk oldtids sport".
2 Zhou Xikuan, "China: Sports Activities in Ancient and Modern Times", *Canadian Journal of History of Sport*, xxii/2 (1991), p. 69.
3 S. H. Deshpande, *Physical Education in Ancient India* (Délhi, 1992), p. 200-1; Jeannine Auboyer, *Dagligt liv i gamle Indien* (Copenhague, 1968), p. 256-7.
4 Deshpande, *Physical Education in Ancient India*, p. 37.
5 Ibid., p. 85.
6 V. S. Saksena, "Historical Background of Marwar Postal System", em <www.mirdhadak.com/mps.htm>. Acesso em: 3 jul. 2009; "History of the Indian Post Office", em <http://pib.nic.in/release/rel_print_page1.asp?relid=4070>. Acesso em: 3 jul. 2009; "Scinde Dawk", em <http://en.wikipedia.org/wiki/Scinde_Dawk>. Acesso em: 3 jul. 2009.

6 Os monges corredores
1 Alexandra David-Néel, *Det hemmelige Tibet* (Oslo, 1987), p. 178-92.
2 Ibid., p. 180; Lama Anagarika Govinda, *The Way of the White Clouds* (Londres, 1969), p. 80-84.
3 John Stevens, *The Marathon Monks of Mount Hiei* (Boston, MA, 1988), p. 58.
4 Ibid., p. 59.
5 Ibid., p. 71.
6 Ibid., p. 82.
7 Ibid., p. 93.

7 Correndo contra cavalos
1 Bertil Wahlqvist, *Ville vikinger i lek og idrett* (Oslo, 1980), p. 40-44, 191-2.
2 Ibid., p. 51.
3 T. H. Nally, *The Aonac Tailteann and the Tailteann Games in their Origin, History and Ancient Associations* (Dublin, 1922), p. 8, 27.
4 Bjørn Bjarnason, *Nordboernes legemlige uddannelse i oldtiden* (Copenhague, 1905), p. 1.
5 Ibid., p. 23.
6 Wahlqvist, *Ville vikinger i lek og idrett*, p. 180.
7 Ibid., p. 181.
8 Ibid., p. 183.
9 Bjarnason, *Nordboernes legemlige uddannelse i oldtiden*, p. 38.
10 Wahlqvist, *Ville vikinger i lek og idrett*, p. 182.
11 Bertil Wahlqvist, "Idrottshistoriska källproblem i de islendska sagorna - ett par exempel", Idrott, Historia och Samhälle. Svenska idrottshistoriska föreningens årsskrift 1981, p. 69-77.
12 Wahlqvist, *Ville vikinger i lek og idrett*, p. 46.
13 Bjarnason, *Nordboernes legemlige uddannelse i oldtiden*, p. 100.
14 Ibid., p. 85-6.
15 Wahlqvist, *Ville vikinger i lek og idrett*, p. 50.
16 Ibid., p. 53-4.
17 Carnethy 5 Hill Race", em <www.electricscotland.com/poetry/carnethy5_hillrace.htm>. Acesso em: 3 jul. 2009.

18 Gerard Redmond, *The Caledonian Games in Nineteenth-century America* (Madison, NJ, 1971), p. 26.
19 Dante Alighieri, *The Divine Comedy*, xv.121-4. Skrevet mellom 1308 og 1321; Edward S. Sears, *Running Through the Ages* (Jefferson, NC, 2001), pp. 42-3; Indro Neri, *Dante era un podista* (Florença, 1995).
20 Karl Lennartz, *Olympic Review* (maio de 1978) pp. 272-5. Ver também Lennartz, *Olympic Review*, (junho de 1978), p. 378-83.
21 Celia Haddon, *The First Ever English Olimpick Games* (Londres, 2004), p. 76; *Physical Education*, p. 249-266.
22 Allen Guttmann, *Women's Sports* (Nova York, 1991), p. 62-5.
23 Em <http://en.wikipedia.org/wiki/Adamites>. Acesso em: 3 jul. 2009.
24 Arndt Krüger e John Marshall Carter, eds. *Ritual and Record: Sports Records and Quantification in Pre-Modern Societies* (Londres, 1990), p. 126-7.
25 Henning Eichberg, *Det løbende samfund* (Slagelse, 1988), p. 226-31.

8 Apostas, relógios e vassouras
1 Edward S. Sears, *Running Through the Ages* (Jefferson, NC, 2001), p. 48.
2 Ibid., p. 52.
3 Ibid., p. 51; Allen Guttmann, *Women's Sports* (Nova York, 1991), p. 67-8.
4 Mats Hellspong, *Den folkliga idrotten* (Estocolmo, 2000), p. 142.
5 Walter Umminger, *Toppraestationer. En idraettens kulturhistorie* (Copenhague, 1963), p. 196-201.
6 Guttmann, *Women's Sports*, p. 67.
7 Francis Burns, *Cotswold Olimpick Games (Established 1612)* (Bristol, 2000), p. 5.
8 Ibid.
9 Roger Robinson, *Running in Literature* (Nova York, 2003), p. 65-7.
10 Peter Radford, "Women and Girl Runners of Kent in the Eighteenth Century", artigo não publicado, cedido por Peter Radford; entrevista com Peter Radford, Oxford, Inglaterra, 2 out. 2007.
11 Ibid.
12 Guttmann, *Women's Sports*, p. 73.
13 Radford, "Women and Girl Runners of Kent in the Eighteenth Century".
14 Peter Radford, "Women's Foot-Races in the Eighteenth and Nineteenth Centuries: A Popular and Widespread Practice", *Canadian Journal of History of Sport*, xxv/1 (maio de 1994), p. 50-61.
15 Peter Radford, *The Observer*, 2 de maio de 2004.
16 Entrevista com Peter Radford.
17 *The Observer*, 2 de maio de 2004.
18 Peter Radford, *In Puris Naturalibus: Naked Runners in England in the Long 18th Century*, cedido por Peter Radford.

9 O Iluminismo francês e a educação de saúde alemã
1 Jean-Jacques Rousseau, *Emile. Eller om oppdragelsen*, i (Copenhague, 1962), p. 159.
2 Ibid., p. 160.
3 Ibid., p. 161.
4 Ibid., p. 162.
5 Rousseau, *Emile*, iii, p. 121-2.
6 Earle F. Zeigler, *A History of Sport and Physical Education to 1900* (Champaign, IL, 1973), p. 296.
7 Ibid., p. 279-80.
8 Ibid., p. 305.
9 Ibid., p. 280-83.
10 Ibid., p. 277-87.

10 Mensen Ernst e capitão Barclay
1 Bredo Berntsen, *Løperkongen. Nordmannen Mensen Ernsts eventyrlige liv* (Oslo, 1986), p. 19-21.
2 Anders Enevig, *Cirkus og gøgl i Odense* (Odense, 1997), p. 87.
3 Berntsen, *Løperkongen*, p. 50.
4 Ibid., p. 55.
5 Ibid., p. 92.
6 Ibid., p. 97.
7 Berntsen, *Løperkongen*. Hele boken anbefales. Den kommer i ny, utvidet utgave i 2008.
8 Peter Radford, *The Celebrated Captain Barclay* (Londres, 2001), p. 2-14; entrevista com Peter Radford, Oxford, Inglaterra, 2 de outubro de 2007.
9 Radford, *The Celebrated Captain Barclay*, p. 88.
10 Pierce Egan, *Sporting Anecdotes* (Philadelphia, PA, 1822), p. 58-61.

11 Coração de búfalo no café da manhã

1 Morris E. Opler, "The Jicarilla Apache Ceremonial Relay Race", *American Anthropologist*, n.s., v/46 (1944), p. 81.
2 Peter Nabokov, *Indian Running: Native American History and Tradition* (Santa Barbara, CA, 1981), p. 23.
3 Ibid., p. 11-13.
4 Ibid., p. 132.
5 Ibid., p. 134.
6 Ibid., p. 137.
7 Opler, "The Jicarilla Apache Ceremonial Relay Race", p. 77.
8 Ibid., p. 77.
9 Ibid., p. 76.
10 Ibid., p. 84.
11 Nabokov, *Indian Running*, p. 143.
12 Ibid., p. 27.
13 James H. Howard, "Notes on the Ceremonial Runners of the Fox Indians", *Contributions to Fox Ethnology* (Washington: Bureau of American Ethnology), lxxxv (1927), p. 1-50, em p. 8-9.
14 Ibid., p. 23.
15 Ibid., p. 23-25.
16 Nabokov, *Indian Running*, p. 17.
17 *Runner's World*, set. 1978, p. 54-5.
18 Charles Hughes, *Eskimo Boyhood* (Lexington, KY, 1974), p. 116-17; Nabokov, *Indian Running*, p. 84-5.
19 Ibid., p. 92.
20 Ibid., p. 94-5.
21 David Maybury-Lewis, *The Savage and the Innocent* (Boston, MA, 1988), p. 87.
22 Carl Lumholz, *Blandt Mexicos indianere. Fem års reise i Sierra Madre og andre lidet kjendte dele af det vestlige Mexico* (Kristiania, 1903), i, p. 220-21.
23 Lumholz, *Blandt Mexicos indianere*, p. 215-30.
24 Nabokov, *Indian Running*, p. 68.
25 Stewart Culin, *Games of the North American Indians* (Lincoln, NE, 1992).

12 Blefes e vantagens de largada

1 John Cumming, *Runners and Walkers: A Nineteenth-century Sports Chronicle* (Chicago, IL, 1981), p. 65-7.
2 Ibid., p. 65-7; Edward S. Sears, *Running Through the Ages* (Jefferson, NC, 2001), p. 93-4.
3 Cumming, *Runners and Walkers*, p. 14-17.
4 Ibid., p. 34.
5 Colin Tatz, *Obstacle Race: Aborigines in Sport* (Sydney, 1995), p. 95-6.
6 Joe Bull, *The Spiked Shoe* (Melbourne, 1959), p. 24-5.
7 Ibid., p. 41-2; Tatz, *Obstacle Race*, p. 92.
8 Bull, *The Spiked Shoe*, p. 46-7.
9 Ibid., p. 47-8.
10 Peter G. Mewett, "Discourses of Deception: Cheating in Professional Running", *The Australian Journal of Anthropology*, edição especial 14 (2002), xiii/3, p. 298.
11 Ibid., p. 298.
12 Bull, *The Spiked Shoe*, p. 70.
13 Cumming, *Runners and Walkers*, p. 85.
14 Ibid., p. 101-28.
15 Ibid., p. 89, 90, 77-100.
16 David Blaikie, "Running and Alcohol: A Long and Storied History", em <www.ultramarathonworld.com> (não mais existente).
17 Cumming, *Runners and Walkers*, p. 101-5; Dahn Shaulis, "Pedestriennes: Newsworthy but Controversial Women in Sporting Entertainment", *Journal of Sport History*, xxvi/1 (1999), p. 29-50.
18 Peter Lovesey, *The Official Centenary History of the Amateur Athletic Association* (Londres, 1979), p. 19.
19 Ibid., p. 22; ver também Harvey Taylor, "Play Up, But Don't Play the Game: English Amateur Athletic Elitism, 1863-1910", *The Sports Historian*, xxii/2 (nov. 2002), p. 75-97.
20 Richard Mandell, "The Invention of the Sports Record", *Stadion*, ii/2 (1978), p. 250-64; Henning Eichberg, *Det løbende samfund* (Slagelse, 1988), pp. 231-2; *Stadion*, xii-xiii (1986-7).

13 A retomada dos Jogos Olímpicos

1 Pierre de Coubertin, *Olympism*, ed. Norbert Müller (Lausanne, 2000), p. 36-7.
2 Ibid., p. 20.
3 Ibid., p. 37-9. Ver também Cyril Bracegirdle, "Olympic Dreamer", *Olympic Review* (jun. 1991), p. 276-8.
4 Coubertin, *Olympism*, p. 333, 574.

5 Karl Lennartz, "Following the Footsteps of Bréal", *Journal of Olympic History*, vi/2 (1998), p. 8-10.
6 Hugh M. Lee, "Modern Ultra-long Distance Running and Phillippides' Run from Athens to Sparta", *The Ancient World*, ix/3-4, p. 112.
7 Nicholas Geoffrey Lemprière Hammond, *Studies in Greek History* (Oxford 1973), p. 225-7.
8 John A. Lucas, "A History of the Marathon Race – 490 BC to 1975", Journal of Sport History, iii/2 (1976), p. 122.
9 Ibid., p. 125.
10 Ibid., p. 126; ver também Jal Pardivala, "The Saga of the Marathon", *Olympic Review*, ccvi (dezembro de 1984), p. 974-80.
11 Karl Lennartz, "That Memorable First Marathon", *Journal of Olympic History* (1999), p. 24.
12 Anthony T. Bijkerk e David C. Young, "That Memorable First Marathon", *Journal of Olympic History* (1999), p. 19.
13 David E. Martin e Roger W. H. Gynn, *The Olympic Marathon: The History and Drama of Sport's Most Challenging Event* (Champaign, IL, 2000), p. 21.
14 Lennartz, "That Memorable First Marathon", p. 26.
15 Bijerk e Young, "That Memorable First Marathon", p. 7.
16 Martin e Gynn, *The Olympic Marathon*, p. 14-15.
17 Bijerk e Young, "That Memorable First Marathon"; Lennartz, "That Memorable First Marathon".
18 Martin e Gynn, *The Olympic Marathon*, p. 18.
19 Karl Lennartz, "Two Women Ran the Marathon in 1896", *Journal of Olympic History*, ii/1 (1994); Anthanasios Tarasouleas, "The Female Spiridon Louis", *Journal of Olympic History*, i/3.
20 Ibid.
21 Tom Derderian, *Boston Marathon: The First Century of the World's Premier Running Event* (Champaign, IL, 1996), p. 3-7.
22 Martin e Gynn, *The Olympic Marathon*, p. 27.
23 Ibid., p. 38-54.
24 Ibid., p. 41.
25 Ibid., p. 48.
26 Christian Lindstedt, *Mellom heroism och idioti* (Göteborg, 2005), p. 94.
27 Ibid., p. 106.
28 James C. Whorton, "Athlete's Heart: The Medical Debate over Athleticism (1870-1920)", *Journal of Sport History*, ix/1 (1982), p. 30-52.

14 Dando voltas na pista
1 "Alexis Lapointe", em <http://en.wikipedia.org/wiki/Alexis_Lapointe>. Acesso em: 8 jul. 2009.
2 Ibid.
3 Sigmund Loland, "Rekorden: Grensesprengning som dilemma", *Kunnskap om idrett*, i (1997), p. 15-18 e "Record Sports: An Ecological Critique and a Reconstruction", *Journal of the Philosophy of Sport*, xxviii/2 (2001), p. 127-39; Henning Eichberg, "Stopwatch, Horizontal Bar, Gymnasium: The Technologizing of Sports in the Eighteenth and Early Nineteenth Centuries", *Journal of the Philosophy of Sport*, ix (1982), p. 43-59.
4 John Bale, *Running Cultures* (Londres, 2004), p. 48.
5 Ibid., p. 47.
6 Peter R. Cavanagh, *The Running Shoe Book* (Mountain View, CA, 1980), p. 343.
7 Ibid., p. 17.
8 "Adidas", em <http://en.wikipedia.org/wiki/Adidas>. Acesso em: 8 jul. 2009.
9 John Bale e Joe Sang, *Kenyan Running* (Londres, 1996), p. 47-50.
10 Ibid., p. 64.
11 Louise Mead Tricard, *American Women's Track and Field: A History, 1895-1980* (Londres, 1996), p. 29-30.
12 Norsk Folkeminnelags arkiv, Universitetet i Oslo, Minneoppgaver for eldre, 1981. Oslo 29, p. 15.
13 Tricard, *American Women's Track and Field*, p. 78-81.
14 Ibid., p. 138.
15 Robert Stevenson, *Backwards Running* (1981). Disponível em: <www.backward-running-backward.com/pdf.Stevenson.pdf>. Acesso em: 8 jul. 2009.

15 *Sisu* finlandês
1 Erkki Vettenniemi, *Joutavan Jouksun Jäljillä* (Helsinque, 2006), p. 160.
2 Ibid. Ver também Mervi Tervo, "A Cultural Community in the Making: Sport, National Imagery and Helsingin Sanomat, 1912-1936", *Sport in Society*, vii/2 (2004), p. 153-73.
3 Vettenniemi, *Joutavan Jouksun Jäljillä*, p. 462-71.
4 Ibid., p. 406.
5 Toivo Torsten Kaila, *Boken om Nurmi* (Estocolmo, 1925), p. 25.
6 David Miller, *Athens to Athens* (Londres, 2004), p. 78.
7 *Sportsmanden*, 20 jul. 1921.
8 Charles Hoff, *Fra New York til Hollywood* (Oslo, 1927), p. 12.
9 Kaila, *Boken om Nurmi*, p. 135.

10 Hoff, *Fra New York til Hollywood*, p. 97. Ver também John Lucas, "In the Eye of the Storm: Paavo Nurmi and the American Athletic Amateur-Professional Struggle (1925-29)", *Stadion*, viii/2 (1992).
11 John Bale, *Running Cultures* (Londres, 2004), p. 69.

16 Ultracorrida como formação de nações
1 "Ekiden", em <http://en.wikipedia.org/wiki/Ekiden>; "Hakode Ekiden", em <http://en.wikipedia.org/wiki/Hakone_Ekiden>; muntlige opplysninger Midori Poppe, Oslo.
2 Morris Alexander, *The Comrades Marathon Story* (Cape Town, 1982).
3 Arthur F. H. Newton, *Running* (Londres, 1935), p. 99-103; David Blaikie, "Running and Alcohol: A Long and Storied History", em <www.ultramarathonworld.com> (não mais existente).
4 Mark Dyreson, "The Foot Runners Conquer Mexico and Texas: Endurance Racing, Indigenismo, and Nationalism", *Journal of Sport History*, xxxi/1 (2004), p. 31; ver também Richard V. McGehee, "The Origins of Olympism in Mexico: The Central Games of 1926", *The Internal Journal of the History of Sport*, x/3 (dez. 1993), p. 313-32.
5 Ibid., p. 4.
6 Ibid., p. 22.
7 Ibid., p. 24.

17 Corrida através da América
1 James H. Thomas, *The Bunion Derby: Andy Payne and the Great Transcontinental Foot Race* (Oklahoma City, OK, 1980); Charles B. Kastner, *Bunion Derby: The 1928 Footrace Across America* (Albuquerque, NM, 2007); Paul Sann, *Fads, Follies and Delusions of the American People* (Nova York, 1967), p. 47-56; "The Great American Footrace", em <www.itvs.org/footrace/runnerbio/bio1020_1.htm#anderson>. Acesso em: 8 jul. 2009.
2 James E. Shapiro, *Ultramarathon* (Londres, 1980), p. 123.
3 Thomas, *The Bunion Derby*, p. 86-7.

18 Teorias desclassificadas
1 Matti Goksøyr, "One Certainly Expected a Great Deal More from the Savages: The Anthropology Days in St Louis, 1904, and their Aftermath", *International Journal of the History of Sport*, vii/2 (1990), p. 297-306.
2 Ibid.
3 John Entite, *Taboo: Why Black Athletes Dominate Sport and Why We Are Afraid to Talk About It* (Nova York, 2000), p. 178.
4 Ibid., p. 176.
5 Ibid., p. 176-7.
6 Ibid., p. 177.
7 Ibid., p. 251, 255-6.
8 Ibid., p. 178.
9 Ibid., p. 250. Ver também John Hoberman, *Darwin's Athletes: How Sport has Damaged Black America and Preserved the Myth of Race* (Boston, MA, 1997); David K. Wiggins, "Great Speed but Little Stamina: The Historical Debate over Black Athletic Superiority", *Journal of Sport History*, xvi/2 (1989), p. 158-85.
10 Entite, *Taboo*, p. 249.
11 Ibid., p. 250.
12 Ibid., p. 250.
13 Ibid., p. 251.
14 William J. Baker, *An American Life* (Nova York, 1988), p. 118.
15 Donald McRae, *In Black and White: The Untold Story of Joe Louis and Jesse Owens* (Londres e Nova York, 2002), p. 188.

19 Guerra e paz
1 Gösta Holmér, *Veien til rekorden* (Oslo, 1947), p. 11.
2 Fred Wilt, *How They Train* (Los Altos, CA, 1959), p. 5-6.
3 Gunder Hägg, *Gunder Häggs dagbok* (1952), p. 8.
4 Henry Eidmark, *Fantomer på kolstybben* (1945), p. 8.
5 Hägg, *Gunder Häggs dagbok*, p. 26.
6 Henry Eidmark, *Sanningen om Gunder Hägg* (1953), p. 54.
7 Eidmark, *Fantomer på kolstybben*; entrevista com Arne Andersson, Vänersborg, junho de 2007.
8 Hägg, *Gunder Häggs dagbok*, p. 58.
9 Karen Wikberg, "Idealism eller professionalism? En studie i den stora amatørråfsten 1945-1946", *Del i Idrott, Historia och Samhålle* (1993), p. 109-49; *Del 2 i Idrott, Historia och Samhålle* (1994), p. 85-122.
10 Entrevista com Arne Andersson, Vänersborg, junho de 2007.

20 A serviço do Estado
1 Frantizek Kozik, *Emil Zátopek* (Oslo, 1955), p. 8.
2 Ibid., p. 13.
3 Ibid., p. 27.
4 Ibid., p. 9.
5 Ibid., p. 42-3.
6 Ibid., p. 73.
7 Henry W. Morton, *Soviet Sport* (Londres, 1963), p. 35. Ver também K. A. Kulinkovich, "The Development of Knowledge of Physical Culture History in the USSR", *History of Physical Education and Sport,* vol. iii (Tóquio, 1975-6), p. 126.
8 Robert Edelman, *Serious Fun: A History of Spectator Sports in the USSR* (Nova York, 1993), p. 75-7; Joseph Marchiony, "The Rise of Soviet Athletics", *Comparative Education Review*, vii/1 (jun. 1963), p. 17-27.
9 Morton, *Soviet Sport*, p. 34.
10 Ron Clarke e Norman Harris, *The Lonely Breed* (Londres, 1967), p. 155-65.
11 Entrevista com Gergely Szentiványi, 2008.

21 A milha dos sonhos
1 John Bale, *Roger Bannister and the Four-minute Mile* (Londres, 2004), p. 17.
2 Joseph B. Oxendine, *American Indian Sports Heritage* (Lincoln, NE, 1988), p. 87.
3 Bale, *Roger Bannister and the Four-minute Mile*, p. 10.
4 Ibid.; entrevista com John Bale em Keele University, 1º de outubro de 2007; John Bale e David Howe, eds. *The Four Minute-Mile: Historical and Cultural Interpretations of a Sporting Barrier* (Nova York, 2008).
5 Bale, *Roger Bannister and the Four-minute Mile*, p. 54.
6 Ibid., p. 57.
7 Ibid., p. 79.
8 Ibid., p. 84.
9 John Hoberman, "Amphetamine and the Four-minute Mile", in *The Four- minute Mile*, ed. Bale e Howe, p. 99-114.

22 A África chega
1 Leonard Mosley, *Haile Selassie. Den seirende løve* (Oslo, 1964); Paul Rambali, *Barefoot Runner: The Life of Champion Marathon Runner Abebe Bikila* (Londres, 2007); <www.runningbarefoot.org/?name=AbebeBikila>. Acesso em: 10 jul. 2009.
2 Rambali, *Barefoot Runner*, p. 108-14.
3 Ibid., p. 116-17.
4 Em <www.runningbarefoot.org/?name=AbebeBikila>. Acesso em 10 jul. 2009.
5 John Bale e Joe Sang, *Kenyan Running* (Londres, 1996), p. 65.
6 Ibid., p. 5.
7 Ibid., p. 82.
8 Dirk Lund Christensen, *Washindi: Løberne fra Kenya* (Copenhague, 2000), p. 92.
9 Ibid., p. 163.

23 Amando a paisagem da dor
1 Graem Sims, *Why Die? The Extraordinary Percy Cerutty, 'Maker of Champions'* (Lothian, Melbourne, 2003), p. 33.
2 Em <www.livingnov.com.au/personal/slpersonalstories8.htms>.
3 Em <www.abc.net.au/rn/talks/8.30/sportsf/stories/s226385.htm>.
4 Sims, *Why Die?*, p. 173.
5 Entrevista de rádio, 11 de outubro de 2004.
6 Sims, *Why Die?*, p. 199.
7 Em <www.abc.net.au/rn/talks/8.30/sportsf/stories/s823522.htm>.
8 Garth Gilmour, *Arthur Lydiard: Master Coach* (Cheltenham, 2004), p. 32.

24 A revolução do *jogging*
1 *New Guide to Distance Running* (Mountain View, CA, 1978), p. 153.
2 "Jogging", em http://en.wikipedia.org/wiki/Jogging.
3 Garth Gilmour, *Arthur Lydiard: Master Coach* (Cheltenham, 2004), p. 201.
4 Kenny Moore, *Bowerman and the Men of Oregon: The Story of Oregon's Legendary Coach and Nike's Co-founder* (Nova York, 2006), p. 146-7.
5 Ibid., p. 152-5.
6 Entrevista com Arne Kvalheim, fevereiro de 2008.
7 Kenneth Cooper, *Aerobics* (Nova York, 1968), p. 70.

8 Ibid., p. 33.
9 *Runner's World*, jun. 1976, p. 18-23.
10 *Runner's World*, set. 1976.
11 *New Guide to Distance Running*, p. 362.
12 Ibid., p. 363.
13 *Runner's World*, maio 1978, p. 75-9.
14 *New Guide to Distance Running*, p. 365.
15 Ibid., p. 158.
16 Ibid., p. 157.
17 Entrevista com Rune Larsson, Trollhättan, Suécia, 10 de setembro de 2007.
18 "Endorphin", em <http://en.wikipedia.org/wiki/Endorphin>.
19 "Jim Fixx", em <http://en.wikipedia.org/wiki/James_Fixx>.
20 George Sheehan, *Running and Being: The Total Experience* (Teaneck, NJ, 1978), p. 27.
21 Tim Noakes, *Lore of Running: Discover the Science and Spirit of Running* (Champaign, IL, 2001), p. 739-41, 756.
22 William Glasser, *Positive Addiction* (Nova York, 1976), p. 45.
23 Ibid., p. 103.
24 Ibid., p. 107-9.
25 Darcy C. Plymire, "Positive Addiction: Running and Human Potential in the 1970s", *Journal of Sport History*, p. 297-313.

25 Maratonas na cidade grande

1 Fred Lebow e Richard Woodley, *Inside the World of Big-time Marathoning* (Nova York, 1984), p. 64-5. Entrevista com Grete e Jack Waitz, 2007.
2 Lebow e Woodley, *Inside the World of Big-time Marathoning*, p. 71-2.
3 Pamela Cooper, "The "Visible Hand" on the Footrace: Fred Lebow and the Marketing of the Marathon", *Journal of Sport History*, xix/3 (1992), p. 246.
4 Jean Baudrillard, *Amerika* (Oslo, 1986), p. 32-3.
5 Ibid., p. 34.

26 Mulheres maratonistas

1 Fan Hong, ""Iron Bodies": Women, War, and Sport in the Early Communist Movement in Modern China", *Journal of Sport History*, xxiv/1 (1997), p. 7. Ver também Tony Hwang e Grant Jarvie, "Sport, Nationalism and the Early Chinese Republic, 1912-1927", *The Sports Historian*, xxi/2 (nov. 2001), p. 1-19.
2 "Chat", *Sportsmanden*, lxxxviii (1928), p. 6; Gerd Von der Lippe, "Endring og motstand av feminiteter og maskuliniteter i idrett og kroppskultur i Norge", tese de doutorado, Norges idrettshøgskole, Institutt for samfunnsviten- skapelige fag. Bø i Telemark (1997), p. 236-8.
3 Allen Guttmann, *Women's Sports* (Nova York, 1991), p. 103.
4 Ibid., p. 133-4.
5 Em <www.runtheplanet.com>.
6 Ernst Van Aaken, *Van Aaken Method* (Mountain View, CA, 1976), p. 81-2.
7 Annemarie Jutel, "'Thou Dost Run as in Flotation': The Emergence of the Women's Marathon", *The International Journal of the History of Sport*, xx/3 (set. 2003), p. 17-36, em p. 19.
8 Karl Lennartz, "Violence at the Women's Marathon Race", em <www.cafyd.com/HistDeporte/htm/pdf/2-23.pdf>, p. 1-6.
9 Entrevista com Grete e Jack Waitz, outono de 2007; Jan Hedenstad, ed. *Grete Waitz – i det lange løp* (Oslo, 1983); Gloria Averbuch e Grete Waitz, *World Class* (Oslo, 1986).
10 Entrevista com Jan Andersen.
11 Entrevista com Ingrid e Arve Kristiansen, 2007 e 2008; entrevista com Johan Kaggestad, 2008; Kirsten Lien Garbo, *Med Ingrid mot toppen* (Oslo, 1985).

27 Sr. Volta por Cima

1 Henry Rono, *Olympic Dream* (Bloomington, IN, 2007), p. 7.
2 Ibid., p. 80-82. Entrevista com Henry Rono, 2006-8.
3 Rono, *Olympic Dream*, p. 175.
4 Ibid., p. 179.
5 Ibid., p. 188.
6 Ibid., p. 189.

28 Astros, negócios e *doping*

1 *Springtime*, jun. 1988, p. 23-7.

2 "Hassiba Boulmerka", em <http://en.wikipedia.org/wiki/Hassiba_Boulmerka>. Acesso em: 15 jul. 2009; "Islamic Sports", em <http://en.wikipedia.org/wiki/Islamic_sports>. Acesso em: 15 jul. 2009; "Algeria", em <http://en.wikipedia.org/wiki/Algeria>. Acesso em: 15 jul. 2009.
3 J. B. Strasser e Laurie Becklund, *Swoosh: The Unauthorized Story of Nike and the Men Who Played There* (Nova York, 1993); Aaron Frisch, *The Story of Nike* (Mankato, MN, 2004); Robert Goldman e Stephen Papson, *Nike Culture* (Londres, 1998); George H. Sage, "Justice Did It! The Nike Transnational Advocacy Network: Organization, Collective Actions and Outcomes", *Sociology of Sport Journal*, xvi/3 (1999), p. 206-32.
4 *Springtime*, 3, 1985.
5 Brigitte Berendonk, *Doping, gull, aere, elendighet* (Oslo, 1993), p. 50.
6 Ibid., p. 134.
7 Ibid., p. 231.

29 Correndo com o zen
1 Michael Sandrock, *Running with the Legends: Training and Racing Insights from 21 Great Runners* (Champaign, IL, 1996), p. 359.
2 Ibid., p. 348; ver também entrevista em *Runner's World*, junho de 1981, p. 45-7.
3 *Springtime*, out.-nov. 1984, p. 18.
4 Ibid., p. 14; ver também *Springtime*, 2 (1984), p. 12-15.
5 Sandrock, *Running with the Legends*, p. 353.
6 Ibid., p. 361.
7 Ibid., p. 363.
8 Peter Matthews, *The Guinness Book of Athletics: Facts and Feats* (Londres, 1982), p. 284.

30 Correndo como avestruzes
1 Yu Zhao, *Undersøkelse av Mas armé*. 1998. n. 3.
2 Ibid., p. 137.
3 Ibid., p. 194.
4 Ibid., p. 196.
5 Ke Yunlu, *Wen Quing Ma Junren* (Kina, 2004); James Riordan e Dong Jinxia, "Chinese Women and Sport: Sexuality and Suspicion", *The China Quarterly*, cxlv (mar. 1995), p. 130-52.

31 Passadas para deixar a pobreza
1 John Entine, *Taboo: Why Black Athletes Dominate Sports And Why We Are Afraid To Talk About It* (Nova York, 2001), p. 55.
2 Ibid., p. 56.
3 Ibid., p. 62.
4 John Bale e Joe Sang, *Kenyan Running* (Londres, 1996), p. 39-40.
5 Yannis Pitsiladis, John Bale, Craig Sharp e Timothy Noakes, eds. *East African Running: Towards a Cross-disciplinary Perspective* (Nova York, 2007), p. 47.
6 Ibid., p. 53.
7 Dirk Lund Christensen, "Diet and Endurance Performance of Kenyan Runners: A Physiological Persepective", in ibid., p. 102-17.
8 Entrevista com Japheth Kimutai, Oslo, 4 de junho de 2008.
9 Grant Jarvie, "The Promise and Possibilities of Running in and out of East Africa", em *East African Running*, ed. Pitsiladis et al., p. 33-4; ver também Mike Boit, "Where are the Kenyan Women Runners?", *Olympic Review*, maio 1989, p. 206-10.
10 Jürg Wirz e Paul Tergat, *Running to the Limit* (Aachen, 2005), p. 133.
11 Ibid., p. 137.
12 Dirk Lund Christensen, *Washindi: Løberne fra Kenya* (Copenhague, 2000), p. 35-7.
13 Lars Werge, *Wilson Kipketer* (Copenhague, 1998), p. 23.
14 Jarvie, "The Promise and Possibilities of Running in and out of East Africa", p. 35.

32 Quão rápido o ser humano pode correr?
1 Juan-José Fernández, "Man is a Poor Runner in Comparison with the Animals", *Olympic Review*, ccxl (out. 1987), p. 522-5.
2 Entrevista com Leif Olav Alnes, 2008.
3 Ibid.
4 John Bale, *Running Cultures* (Londres, 2004), p. 22.
5 Illustrert Vitenskap 10/2008.

BIBLIOGRAFIA

ADELMAN, Melvin L. *A Sporting Time: New York City and the Rise of Modern Athletics* (Chicago, IL, 1987)
ALEXANDER, Morris. *The Comrades Marathon Story* . (Cape Town, 1992)
AMATO, Joseph A. *On Foot: A History of Walking* (New York, 2004)
ASHE Jr, Arthur R. *A Hard Road to Glory: Track and Field: The Afro-American Athlete in Track and Field* (New York, 1998)
ASKWITH, Richard. *Feet in the Clouds* (London, 2004)
ATHLETICS AND OUTDOOR Sports for Women (New York, 1903)
AUBOYER, Jeannine. *Dagligt liv i det gamle Indien* (Copenhague, 1968)
AVERBUCH, Gloria; WAITZ, Grete. *World Class* (Oslo, 1986)
BAKER, William J. *An American Life* (New York, 1988)
BALE, John. *Roger Bannister and the Four-Minute Mile* (London, 2004)
_____. *Running Cultures: Racing in Time and Space* (London, 2004)
_____; SANG, Joe. *Kenyan Running* (London, 1996)
_____; CHRISTENSEND, Mette K.; PFISTER, Gertrud. (eds.) *Writing Lives in Sport* (Aarhus, 2004)
_____; HOWE, David. (eds.) *The Four-Minute Mile: Historical and Cultural Interpretations of a Sporting Barrier* (New York, 2008)
BANNISTER, Roger. *The Four-Minute Mile* (Guilford, CT, 1989)
BARNEY, Robert K. "Setting the Record Straight: The Photograph Portraying the Start of the 1896 Marathon", *Olympika: The International Journal of Olympic Studies*, xii (2003), p. 101-4.
BASCOMB, Neal. *The Perfect Mile* (Boston, MA, 2004)
BATTEN, Jack. *The Man Who Ran Faster Than Everyone: The Story of Tom Longboat* (Toronto, 2002).
BAUCH, Herbert; BIRKMANN, Michael A. "… die sich für Geld sehen lassen …", Über die *Anfänge der Schnell- und Kunstläufe im 19: Jahrhundert* (Marburg, 1996)
BAUDIN, Louis. *Dagligt liv hos inkaerne* (Copenhague, 1967)
BAUDRILLARD, Jean. *Amerika* (Oslo, 1988)
STASSER, J. B.; BECKLUND, Laurie. *Swoosh: The Unauthorized Story of Nike and the Men Who Played There* (New York, 1991)
BENYO, Richard; HENDERSON, Joe. *Running Encyclopedia: The Ultimate Source for Today's Runner* (Champaign, IL, 2002)
BERENDONK, Brigitte. *Doping, gull, aere, elendighet* (Hamburg, 1992)
BERTELSEN, Herman Appelsin-Herman. *Gjøgleren som ble millionaer* (Høvik, 2004)
BERNTSEN, Bredo Løperkongen. *Nordmannen Mensen Ernsts eventyrlige liv* (Oslo, 1986)
BIJKERK, Anthony T.; YOUNG, David C. "That Memorable First Marathon", *Journal of Olympic History* (1999).
BIRLEY, Derek. *Sport and the Making of Britain* (Manchester, 1993)
BJARNASON, Bjørn. *Nordboernes legemlige uddannelse i oldtiden* (Copenhague, 1905)
BLAIKIE, David. *Boston: The Canadian Story* (Ottawa, 1984)
BLUE, Adrianne. *Grace under Pressure: The Emergence of Women in Sport* (London, 1987)
BOIT, Mike. "Where are the Kenyan Women Runners?", *Olympic Review* (May 1999), p. 206-10.
BOOTH, Douglas. *The Field: Truth and Fiction in Sport History* (London, 2005)
BOOTH, Dick. *The Impossible Hero: A Biography of Gordon 'Puff Puff' Pirie* (London, 1999)
BRACEGIRDLE, Cyril. "Olympic Dreamer", *Olympic Review* (June 1991)
BRAILSFORD, Dennis. "Puritanism and Sport in Seventeenth-century England", *Stadion*, i/2 (1975), p. 316-30.
BRAMBLE, Dennis M.; LIEBERMAN, Daniel E. "Endurance Running and the Evolution of *Homo*", *Nature*, cdxxxii, 18 November 2004, p. 345-52.
BRUANT, Gérard. *Anthropologie du geste sportif* (Paris, 1992)
BRYANT, John. *3.59.4: The Quest to Break the 4-Minute Mile* (London, 2004)
BULL, Joe. *The Spiked Shoe* (Melbourne, 1959)
BURFOOT, Amby. *The Runner's Guide to the Meaning of Life: What 35 Years of Running Have Taught Me About Winning, Losing, Happiness, Humility, and the Human Heart* (Richmond Hill, ON, 2000)
BURNS, Francis. *Cotswold Olimpick Games (Established 1612)* (Bristol, 2000)
BUTCHER, Pat. *The Perfect Distance* (London, 2004)
CAJAS, Alberto F. "Physical Activities in Ancient Peru", *Olympic Review*, 150-52 (1980)
CALABRIA, Frank M. *Dance of the Sleepwalkers: The Dance Marathon Fad* (Madison, WI, 1993)
CAVANAGH, Peter R. *The Running Shoe Book* (Mountain View, CA, 1980)
CERUTTY, Percy Wells. *Sport is My Life* (London, 1966)
CHODES, John. *Corbitt* (Los Altos, CA, 1974)
CHRISTENSEN, Dirk Lund. *Washindi: Løberne fra Kenya* (Copenhague, 2000)
CHRISTIE, Linford. *To Be Honest with You* (London, 1995)
CLARKE, Ron; HARRIS, Norman. *The Lonely Breed* (London, 1967)
CLARKE, Simon. "Olympus in the Cotswolds: The Cotswold Games and Continuity in Popular Culture", *The*

International Journal of the History of Sport, xiv/2 (August 1997), p. 40-66.
CLAYTON, Derek. *Running to the Top* (Mountain View, CA, 1980)
COFFEY, Wayne. *Kip Keino* (Woodbridge, CT, 1992)
COCKERELL, William. *50 Greatest Marathon Races of All Time* (Brighton, 2006)
COOPER, Kenneth. *Aerobics* (New York, 1968)
_____. *The New Aerobics* (New York, 1970)
COOPER, Pamela. "The "Visible Hand" on the Footrace: Fred Lebow and the Marketing of the Marathon", *Journal of Sport History*, xix/3 (1992).
CULIN, Stewart. *Games of the North American Indian* (New York, 1975)
CUMMING, John. *Runners and Walkers: A Nineteenth-century Sports Chronicle* (Chicago, IL, 1981)
DAVID-NÉEL, Alexandra. *Det hemmelige Tibet* (Oslo, 1987)
DECKER, Wolfgang. *Sport and Games of Ancient Egypt* (London, 1992)
DELANY, Ronnie. *Staying the Distance* (Ireland, 2006)
DENISON, Jim. *Bannister and Beyond: The Mystique of the Four-minute Mile* (New York, 2003)
_____. *The Greatest: The Haile Gebrselassie Story* (New York, 2004)
DERDERIAN, Tom. *Boston Marathon: The First Century of the World's Premier Running Event* (Champaign, IL, 1996)
DESHPANDE, S. H. *Physical Education in Ancient India* (Delhi, 1992)
DONOHOE, Tom; JOHNSON, Neil. *Foul Play: Drug Abuse in Sports* (England, 1986)
DONOVAN, Wally. *A History of Indoor Track and Field* (El Cajon, CA, 1976)
DREYER, Danny. *Chi-Running* (New York, 2003)
DYRESON, Mark. "The Foot Runners Conquer Mexico and Texas: Endurance Racing, Indigenismo, and Nationalism", *Journal of Sport History*, xxxi/1 (2004), p. 31.
EDELMAN, Robert. *Serious Fun: A History of Spectator Sports in the USSR* (New York, 1993)
EGAN, Pierce. *Sporting Anecdotes* (Philadelphia, PA, 1824)
EICHBERG, Henning. *Det løbende samfund* (Slagelse, 1988)
_____. *Leistung, Spannung, Geschwindigkeit* (Stuttgart, 1978)
_____. "Stopwatch, Horizontal Bar, Gymnasium: The Technologizing of Sports in the Eighteenth and Early Nineteenth Centuries", *Journal of the Philosophy of Sport*, ix (1982), p. 43-59.
_____. (ed.) *Die Veränderung des Sports ist Gesellschaftlich* (Münster, 1986)
EIDMARK, Henry. *Fantomer på kolstybben* (Estocolmo, 1945)
_____. *Sanningen om Gunder Hägg* (Estocolmo, 1953)
ENEVIG, Anders. *Cirkus og gøgl i Odense: 1640-1874*, vol. iii (Odense, 1995-8)
ENTINE, John. *Taboo: Why Black Athletes Dominate Sports and Why We Are Afraid to Talk About It* (New York, 2000)
FERNÁNDEZ, Juan-José. "Man is a Poor Runner in Comparison with the Animals", *Olympic Review*, 240 (October 1987), p. 522-5.
FIXX, James F. *Den store boken om* løping (Oslo, 1979)
FONTANA, Bernard L. with photographs by John P. Schaefer, *Tarahumara* (Tucson, AZ, 1997)
FRISCH, Aaron. *The Story of Nike* (Mankato, MN, 2004)
UTRELL, Alison. *The Roman Games* (Oxford, 2006)
GAMBOA, Pedro Sarmiento de. *The History of the Incas* (Austin, TX, 2007)
GARBO, Kirsten Lien. *Med Ingrid mot toppen* (Oslo, 1985)
GARDINER, E. Norman. *Athletics of the Ancient World* (Chicago, IL, 1978)
_____. *Greek Athletic Sports and Festivals* (London, 1910)
GILLER, Norman. *Marathon Kings* (London, 1983)
GILMOUR, Garth. *A Clean Pair of Heels* (London, 1963)
_____. *Arthur Lydiard: Master Coach* (Cheltenham, 2004)
_____. *Run to the Top* (London, 1962)
GLASSER, William. *Positive Addiction* (San Francisco, CA, 1976)
GOKSØYR, Matti. "One Certainly Expected a Great Deal More from the Savages: The Anthropology Days in St Louis, 1904, and their Aftermath", *The International Journal of the History of Sport*, xii/2 (1990), p. 297-306.
_____. *Idrettsliv i borgerskapets by. En historisk unders:kelse av idrettens utvikling og organisering i Bergen på 1800-tallet*. Tese de doutorado, Norges idrettshøgskole (Oslo, 1991).
GOLDMAN, Robert; PAPSON, Stephen. *Nike Culture* (London, 1998)
GOVINDA, Lama Anagarika. *The Way of the White Clouds* (London, 1969)
GREENBERG, Stan. *Running Shorts* (London, 1993)
GRIFFIS, Molly Levite. *The Great American Bunion Derby* (Austin, TX, 2003)
GUNDERSEN, Sverre; NILSEN, Edvard (eds.) *Norsk fri-idretts historie fra 1896 til 1950* (Oslo, 1952)
GUTTMANN, Allen. *A Whole New Ball Game: An Interpretation of American Sports* (North Carolina, 1988)
_____. *From Ritual to Record: The Nature of Modern Sports* (New York, 1978)
_____. *Sports Spectators* (New York, 1986)
_____. *Women's Sports: A History* (New York, 1991)
HADDON, Celia. *The First Ever English Olimpick Games* (London, 2004)
HADGRAFT, Rob. *The Little Wonder: The Untold Story of Alfred Shrubb, World Champion Runner* (Southend-on-Sea, 2004)

HÄGG, Gunder. *Gunder Häggs dagbok* (Estocolmo, 1952)
_____. *Mitt livs lopp* (1987)
HAMMOND, Nicholas Geoffrey Lemprière. *Studies in Greek History* (Oxford, 1973)
HARRIS, H. A. *Greek Athletics and the Jews* (Cardiff, 1976)
_____. *Sport in Britain: Its Origins and Development* (London, 1975)
_____. *Sport in Greece and Rome* (New York, 1972)
HARRIS, Norman. *The Legend of Lovelock* (London, 1964)
HEDENSTAD, Jan; GREVE, Jan (eds.) *Det lange løpet:* (Oslo, 1983)
HEIDENSTROM, Peter. *Athletics of the Century: 100 years of New Zealand Track and Field* (Wellington, 1992)
HEINRICH, Bernd. *Why We Run* (New York, 2002)
HELLSPONG, Mats. *Den folkliga idrotten* (Estocolmo, 2000)
HEMINGWAY, Ernest. *Afrikas grønne fjell* (Oslo, 1955)
HENDERSON, Joe. *The Runners Diet* (Mountain View, CA, 1972)
HEWSON, Brian; BIRD, Peter. *Flying Feet* (London, 1962)
HOBERMAN, John. "Amphetamine and the Four-Minute Mile", in *The Four Minute- Mile: Historical and Cultural Interpretations of a Sporting Barrier*, ed. Bale and Howe.
_____. *Darwin's Athletes: How Sport Has Damaged Black America and Preserved the Myth of Race* (Boston, MA, 1997)
_____. *Testosterone Dreams: Rejuvenation, Aphrodisia, Doping* (Berkeley, CA, 2005)
HOFF, Charles. *Treneren og hans oppgaver* (Oslo, 1944)
_____. *Fra New York til Hollywood* (Oslo, 1927)
HOLE, Christina. *English Sports and Pastimes* (London, 1949)
HOLMÉR, Gösse. *Veien til rekorden: Del 1, løp* (Oslo, 1947)
HONG, Fan. "Iron Bodies": Women, War, and Sport in the Early Communist Movement in Modern China', *Journal of Sport History*, xxiv/1 (1997), p. 1-23.
HUGHES, Charles. *Eskimo Boyhood* (Lexington, KT, 1974)
HWANG, Tony; JARVIE, Grant. "Sport, Nationalism and the Early Chinese Republic 1912-1927", *The Sports Historian*, xxi/2 (November 2001)
ILLERIS, Niels. *Traek af legemsøvelsernes historie* (Copenhague, 1947)
JAMIESON, David A. *Powderhall and Pedestrianism* (Edinburgh, 1943)
JENNISON, George. *Animals for Show and Pleasure in Ancient Rome* (Philadelphia, PA, 2005)
JENDRICK, Nathan. *Dunks, Doubles, Doping: How Steroids are Killing American Athletics* (Guilford, CT, 2006)
JINXIA, Dong. "The Female Dragons Awake: Women, Sport and Society in the Early Years of the New China", *The International Journal of the History of Sport*, xviii/2 (June 2001), p. 1-34.
JOHNSON, Michael. *Slaying the Dragon: How to Turn Your Small Steps to Great Feats* (New York, 1996)
JOKL, Ernst. *A History of Physical Education and Sport* (Tokyo, 1975-6), p. 53-8.
JONES, Marion. *Life in the Fast Lane: An Illustrated Autobiography* (New York, 2004)
JORDAN, Tom. *Pre: The Story of America's Greatest Running Legend, Steve Prefontaine* (Emmaus, PA, 1997)
JUILLAND, Alphonse. *Rethinking Track and Field* (Milan, 2002)
JUKOLA, Martti. *Athletics in Finland* (Porvoo, 1932)
KAILA, Toivo Torsten. *Boken om Nurmi* (Helsinque, 1925)
KASTNER, Charles B. *Bunion Derby: The 1928 Footrace Across America* (Albuquerque, NM, 2007)
KE, Yunlu. *Wen Quing Ma Junren* (Kina, 2004)
KELLEY, Graeme. *Mr Controversial: The Story of Percy Wells Cerutty* (London, 1964)
KENNEDY, John G. *The Tarahumara* (New York, 1989)
KIDD, Bruce. *Tom Longboat* (Markham, 2004)
KIELL, Paul J. *American Miler: The Life and Times of Glen Cunningham* (New York, 2006)
KORSGAARD, Ove. *Kampen om kroppen* (Dinamarca, 1982)
KOZIK, Frantisek. *Emil Zátopek* (Oslo, 1955)
KRAMER, Samuel Noah. *History Begins at Sumer* (Filadélfia, pa, 1981)
KRÜGER, Arnd; CARTER, John Marshall. (eds.) *Ritual and Record: Sports Records and Quantification in Pre-modern Societies* (London, 1990)
KULINKOVICH, K. A. "The Development of Knowledge of Physical Culture History in the USSR", *History of Physical Education and Sport,* iii (1975-6), p. 126.
KUMMELS, Ingrid. "Reflecting Diversity: Variants of the Legendary Footraces of the Rarámuri in Northern Mexico", *Ethnos: Journal of Anthropology, National Museum of Ethnography, Estocolmo*, lxvi/1 (2001), p. 73-98.
KYLE, Donald G. *Sport and Spectacle in the Ancient World* (Oxford, 2007)
LAMONT, Deanne Anderson. "Running Phenomena in Ancient Sumer", *Journal of Sport History*, xxii/3 (1995), p. 207-15.
LAWSON, Gerald. *World Record Breakers in Track and Field Athletics* (Champaign, IL, 1997)
LEBOW, Fred; WODLEY, Richard. *Inside the World of Big-time Marathoning* (New York, 1984)
LEE, Brian. *The Great Welsh Sprint* (Storbritannia, 1999)
LEE, Hugh M. "Modern Ultra-long Distance Running and Phillippides' Run from Athens to Sparta", *Ancient World*, ix (1984), p. 113.

LEE, H. M. "Athletics and the Bikini Girls from Piazza Armerina", *Stadion*, x (1984) p. 45-76.
LENK, Hans. *Social Philosophy of Athletics: A Pluralistic and Practice-oriented Philosophical Analysis of Top Level Amateur Sport* (Champaign, IL, 1979)
LEÓN, Pedro Cieza de. *The Incas* (Norman, OK, 1959)
LEWIS, David Maybury. *The Savage and the Innocent* (Boston, MA, 1988)
LEWIS, Frederick. *Young at Heart: The Story of Johnny Kelley Boston's Marathon Man* (Cambridge, MA, 2002)
LINDHAGEN, Sven. *Dan Waern: Vägen til drömmilen* (Estocolmo, 1960)
LIQUORI, Mart; MYSLENSKI, Skip. *On the Run* (New York, 1979)
LINDROTH, Jan. *Idrottens väg til folkrörelse* (Uppsala, 1974)
LINDSTEDT, Christian. *Mellom heroism och idioti* (Göteborg, 2005)
LOADER, W. R. *Testament of a Runner* (London, 1960)
LOLAND, Sigmund. Rekorden: "Grensesprenging som dilemma", *Kunnskap om idrett*, i (1997)
_____. "Record Sports: An Ecological Critique and a Reconstruction", *Journal of the Philosophy of Sport*, xxviii/2 (2001), p. 127-39.
LOVESEY, Peter. *The Official Centenary History of the Amateur Athletic Association* (London, 1979)
_____. *The Kings of Distance* (New York, 1968)
LUCAS, John A. "A History of the Marathon Race – 490 BC to 1975", *Journal of Sport History*, iii/2, p. 120-38.
LUCAS, John. "In the Eye of the Storm: Paavo Nurmi and the American Athletic Amateur-Professional Struggle (1925-29)", *Stadion*, viii/2 (1992)
LUCKERT, Karl W. (ed.) *Rainhouse and Ocean: Speeches for the Papago Year* (Tucson, AZ, 1979)
LUMHOLZ, Carl. *Blandt Mexicos indianere: Fem års reise i Sierra Madre og andre lidet kjendte dele af det vestlige Mexico* (Kristiania, 1903)
LUNDBERG, Knud. *Olympia-håpet* (Oslo, 1955)
LYDIARD, Arthur; GILMOUR, Garth. *Running to the Top* (Vienna, 1998)
McCLOSKEY, John; BAILES, Julian. *When Winning Costs too Much: Steroids, Supplements, and Scandal in Today's Sports World* (New York, 2005)
McCONNELL, Kym; HORSLEY, Dave. *Extreme Running* (London, 2007)
McINTOSH, P. C.; DIXON, J. G.; MUNROW, A. D.; WILLETTS, R. E. *Landmarks in the History of Physical Education* (London, 1957)
McNAB, Tom; LOVESEY, Peter; HUXTABLE, Andrew. *An Athletics Compendium* (London, 2001)
McRAE, Donald. *In Black and White: The Untold Story of Joe Louis and Jesse Owens* (London, 2002)
MANDELL, Richard D. "The Invention of the Sports Record", *Stadion*, ii/2 (1978), p. 250-64.
MANGAN, J. A. (ed.) *Europe, Sport, World: Shaping Global Societies* (London, 2001)
MANNERS, John. "Kenya's Running Tribe", *The Sports Historian*, xvii/2 (November 1997), p. 14-27.
MARCHIONY, Joseph. "The Rise of Soviet Athletics", *Comparative Education Review*, vii/1 (June 1963), p. 17-27.
MARTIN, David E.; GYNN, Roger W. H. *The Olympic Marathon: The History and Drama of Sport's Most Challenging Event* (Champaign, IL, 2000)
MATTHEWS, Peter. *The Guinness Book of Athletics: Facts and Feats* (London, 1982)
MATZ, David. *Greek and Roman Sport* (London, 1991)
MEWETT, Peter G.; PERRY, John. "A Sporting Chance? The 'Dark Horse Strategy' and Winning in Professional Running", *Sociology of Sport Journal*, xiv/12 (1997), p. 121-42.
MEWETT, Peter G. "Discourses of Deception: Cheating in Professional Running", *The Australian Journal of Anthropology*, special issue 14 (2002), xiii/3, p. 292-308.
MICHELSON, Truman. *Notes on the Ceremonial Runners of the Fox Indians: Contributions to Fox Ethnology* (Washington, DC, 1927)
MILLER, David, *Athens to Athens* (Edinburgh, 2003)
_____; COE, Sebastian. *Running Free* (London, 1981)
MILLER, Stephen G. *Ancient Greek Athletics* (New Haven, CT, 2004)
_____. *Arete: Greek Sports from Ancient Sources* (Berkeley, CA, 2004)
MOORE, Kenny. *Bowerman and the Men of Oregon: The Story of Oregon's Legendary Coach and Nike's Co-founder* (Guilford, CT, 2006)
MORRIS, Andrew D. *Marrow the Nation: A History of Sport and Physical Culture in Republican China* (London, 2004)
MORROW, Don. "The Knights of the Snowshoe: A Study of the Evolution of Sport in Nineteenth-century Montreal", *Journal of Sport History*, xv/1 (1988), p. 5-40.
MOSLEY, Leonard, *Haile Selassie: Den seirende løve* (Oslo, 1964)
MOURATIDIS, John. "The 776 BC Date and Some Problems Connected with It", *Canadian Journal of History of Sport*, xvi/2 (December 1985), p. 1-14.
MÜLLER, Norbert; COUBERTIN, Pierre de. (eds.) *Olympism: Selected Writings* (Lausanne, 2000)
MURPHY, Frank. *On a Cold Clear Day: The Athletic Biography of Buddy Edelen* (Kansas City, MO, 2000)
_____. *The Last Protest: Lee Evans in Mexico City* (Kansas City, MO, 2006)
_____. *The Silence of Great Distance: Women Running Long* (Kansas City, MO, 2000)
MØST, Aage. (ed.) *Raskest, høyest, lengst: Norsk friidrett 1896-1996* (Oslo, 1995)
NABOKOV, Peter. *Indian Running* (Santa Barbara, CA, 1981)

NALLY, T. H. *The Aonac Tailteann and the Tailteann Games in their Origin, History and Ancient Associations* (Dublin, 1922)
NELSON, Cordner; QUERCETANI, Roberto. *Runners and Races: 1500m/mile* (Los Altos, CA, 1973)
_____; _____. *The Milers* (Los Altos, CA, 1985)
NERI, Indro. *Dante era un podista* (Florença, 1995)
NEW GUIDE to Distance Running (Mountain View, CA, 1978)
NEWBY, Zarah. *Greek Athletics in the Roman World* (Oxford, 2005)
NEWTON, Arthur F. H. *Running* (London, 1935)
NIELSEN, Henning. (ed.) *For sportens skyld* (Copenhague, 1972)
NOAKES, Tim. *Lore of Running: Discover the Science and Spirit of Running* (Champaign, IL, 2001)
NORDBERG, Terje. *Løpetid – om gleden ved åløpe* (Oslo, 1984)
OETTERMANN, Stephan. *Läufer und Vorläufer. Zu einer Kulturgeschichte des Laufsports* (Frankfurt, 1984)
OLIVOVA, Vera. *Sports and Games in the Ancient World* (London, 1984)
OLSON, Leonard T. *Masters Track and Field: A History* (Jefferson, NC, 2001)
OPLER, Morris Edward. "The Jicarilla Apache Ceremonial Relay Race", *American Anthropologist*, n.s., xlvi/1 (January-March 1944), p. 75-97.
OSLER, Tom. *Ultramarathon* (Mountain View, CA, 1979)
OXENDINE, Joseph B. *American Indian Sports Heritage* (London, 1995)
PALENSKI, Ron. *John Walker Champion* (Auckland, 1984)
PALEOLOGOS, Cleanthis. "Argeas of Argos: Dolichon Runner", *Olympic Review*, 87-88 (Jan-Feb 1975)
PAPALAS, Anthony, "Boy Athletes in Ancient Greece", *Stadion*, xvii/2 (1991), p. 165-92.
PARKER, John L. *Once a Runner* (Tallahassee, FL, 1978)
PARDIVALA, Jal. "The Saga of the Marathon", *Olympic Review*, ccvi (December 1984), p. 974-80.
PARMER, Vidar. *Teater, pantomime, linedans, ekvilibristikk, menasjeri, vokskabinett, kosmorama etc: På Fredrikshald* (Halden, 1965)
PATRIKSSON, Göran. *Idrottens historia i sociologisk belysning* (Malmö, 1982)
PEROTTET, Tony. *The Naked Olympics* (New York, 2004)
PHARO, Helge. *Tjalve hundre år* (Oslo, 1990)
PHILLIPS, Bob. *The Commonwealth Games* (Manchester, 2002)
_____. *Zá-to-pek! Zá-to-pek! Zá-to-pek! The Life and Times of the Worlds Greatest Distance Runner* (Keighley, 2002)
PIHKALA, Lauri. *Gossarnas idrottsbok* (Helsinque, 1915)
PIRIE, Gordon. *Running Wild* (London, 1962)
PITSILADIS, Yannis; BALE, John; SHARP, Craig; NOAKES, Timothy. (eds.) *East African Running: Towards a Cross-disciplinary Perspective* (New York, 2007)
PLYMIRE, Darcy. "Positive Addiction: Running and Human Potential in the 1970s", *Journal of Sport History*, p. 297-313.
RADFORD, Peter. *The Celebrated Captain Barclay* (London, 2001)
_____. *The Observer*, 2 May 2004.
_____. "Women and Girl Runners of Kent in the Eighteenth Century", artigo inédito emprestado por Peter Radford.
_____. "Women's Foot-Races in the Eighteenth and Nineteenth Centuries: A Popular and Widespread Practice", *Canadian Journal of History of Sport*, xxv/1 (May 1994), p. 50-61.
RAEVUORI, Antero; PAAVO, Nurmi. *Jouksijain Kuningas* (Helsinque, 1997)
RAMBALI, Paul. *Barefoot Runner: The Life of Marathon Champion Abebe Bikila* (London, 2006)
REDMOND, Gerald. *The Caledonian Games in Nineteenth-century America* (Madison, NJ, 1971)
RIORDAN, James; DONG, Jinxia. "Chinese Women and Sport: Sexuality and Suspicion", *The China Quarterly*, cxlv (March 1995), p. 130-52.
_____. *Sport in Soviet Society* (Cambridge, 1977)
ROHÉ, Fred. *The Zen of Running* (New York, 1974)
ROMANO, David Gilman. *Athletics and Mathematics in Archaic Corinth: The Origins of the Greek Stadion* (Philadelphia, PA, 1993)
RONO, Henry. *Olympic Dream* (Bloomington, IN, 2007)
ROUSSEAU, Jean-Jacques. *Emile: Eller om oppdragelsen*, 3 vols. (Copenhague, 1962)
ROTHSTEIN, Klaus. *Frisk fisk til inkaen* (Copenhague, 2002)
ROYS, Ralph L. "A Maya Account of the Creation", *American Anthropologist*, n.s., xxii/4 (Oct-Dec 1920), p. 360-66.
RYUN, Jim, e Mike Phillips, *In Quest of Gold* (New York, 1984)
QUERCETANI, Roberto, *Athletics: A History of Modern Track and Field Athletics: 1860-2000* (Milão, 2000)
_____. *A World History of Long Distance Running (1880-2002)* (Milão, 2002)
_____; Pallicca, Gustavo. *A World History of Sprint Racing: 1850-2005* (Milão, 2006)
_____. *A World History of the One-Lap Race* (Milão, 2006)
_____. *Wizards of the Middle Distances: A History of the 800 Metres* (Milão, 1992)
SAGE, George H. "Justice Did It! The Nike Transnational Advocacy Network: Organization, Collective Actions and Outcomes", *Sociology of Sport Journal*, xvi/3 (1999), p. 206-32.
SANDROCK, Michael. *Running with the Legends: Training and Racing Insights from 21 Great Runners* (Champaign, IL, 1996)
SANDBLAD, Henrik. *Olympia och Valhalla* (Göteborg, 1985)
SANN, Paul. *Fads, Follies and Delusions of the American People* (New York, 1967)
SCANLON, Thomas F. "The Footrace of the Hereia at Olympia", in his *The Ancient World* (Chicago, IL, 1984), p. 77-90.

SCHRAFF, Anne; RUDOLPH, Wilma. *The Greatest Woman Sprinter in History* (Aldershot, 2004)
SCRIVENER, Leslie. *Terry Fox: His Story* (Toronto, 2000)
SCHWARTZ, Bob. *I Run, Therefore I am Nuts!* (Champaign, il, 2001)
SEARS, Edward S. *Running Through the Ages* (London, 2001)
SHAPIRO, Jim. *On the Road: The Marathon* (New York, 1978)
SHAPIRO, James E. *Ultramarathon* (New York, 1980)
SHAULIS, Dahn. "Pedestriennes: Newsworthy but Controversial Women in Sporting Entertainment", *Journal of Sport History*, xxvi/1 (1999), p. 29-50.
SHEARMAN, Montague. *Athletics and Football* (London, 1887)
SHEEHAN, George. *Running and Being: The Total Experience* (Teaneck, NJ, 1978)
SIMS, Graem. *Why Die? The Extraordinary Percy Cerutty: "Maker" of Champions* (Lothian, Melbourne, 2003)
SIMMONS, Al. *The Ballad of Cliff Young* (Cheltenham, Victoria, 1983)
SIMONS, William. "Abel Kiviat Interview", *Journal of Sport History*, xiii/3 (1986), p. 235-67.
SMITH, Tommie; STEELE, David. *Silent Gesture* (Philadelphia, PA, 2007)
SNELL, Peter; GILMOUR, Garth. *No Bugles: No Drums* (Auckland, 1965)
SPATHARI, Elsi. *The Olympic Spirit from its Birth to its Revival* (Athens, 1997) *Spectrum Guide to Kenya* (Nairobi, 1993)
SPITZER, G. (ed.) *Doping and Doping Control in Europe* (Tyskland, 2006)
STEVENS, John. *The Marathon Monks of Mount Hiei* (Boston, MA, 1988)
STEVENSON, Robert. *Backwards Running* (1981)
"STONEHENGE". *British Rural Sports* (London, 1881)
STROHMEYER, Hannes. "Die Wiener "Läufer" und ihr Fest am 1. Mai (1822-1847)", *Stadion*, xii/xiii (1986-7)
STRUTT, Joseph. *The Sports and Pastimes of the People of England* (London, 1875)
STUDIER i idrott, historia och samhålle (Sverige, 2000)
TANGEN, Jan Ove. *Samfunnets idrett. En sosiologisk analyse av idrett som sosialt sys- tem, dets evolusjon og funksjon fra arkaisk til moderne tid*, tese de doutorado, Institutt for sosiologi og samfunnsgeografi, Universitetet i Oslo (1997)
TATZ, Colin. *Obstaclerace: Aborigines in Sport* (Sydney, 1995)
TAYLOR, Harvey. "Play Up, But Don"t Play the Game: English Amateur Athletic Elitism, 1863-1910", *The Sports Historian*, xxii/2 (November 2002), p. 75-97.
TERVO, Mervi. "A Cultural Community in the Making: Sport, National Imagery and Helsingin Sanomat 1912-1936", *Sport in Society*, vii/2 (2004), p. 153-73.
THORSTAD, B. Marianne. "Idrett, fritid og kvinner i det tidligere Sovjetunionen", dissertação, Universitetet i Oslo (1993)
THE HISTORY of the International Cross-Country Union: 1903 to 1953 (England, 1953)
TIBBALLS, Geoff. *The Olympics" Strangest Moments: Extraordinary But True Tales from the History of the Olympic Games* (London, 2004)
THOM, Walter, *Pedestrianism* (Aberdeen, 1813)
THOMAS, James H. *The Bunion Derby* (Oklahoma City, OK, 1980)
TRENGROVE, Alan; HERB, Elliot. *The Golden Mile* (London, 1961)
TSIOTOS, Nick; DABILIS, Andy. *Running with Pheidippides: Stylianos Kyriakiades, the Miracle Marathoner* (Syracuse, NY, 2001)
TYRELL, Blake. *The Smell of Sweat: Greek Athletics, Olympics and Culture* (Mundelein, IL, 2004)
UEBERHORST, Horst. *Friedrich Ludwig Jahn* (Bonn-Bad Godesberg, 1978)
UNGERLEIDER, Steven. *Faust's Gold: Inside the German Doping Machine* (New York, 2001)
VALAVANIS, Panos. *Games and Sanctuaries in Ancient Greece* (Los Angeles, 2004)
VAN AAKEN, Ernst. *Van Aaken Method* (Mountain View, CA, 1976)
VEGA, Garcilaso de la. *The Incas* (New York, 1961)
VETTENNIEMI, Erkki. *Joutavan Jouksun Jåljilå* (Helsinque, 2006)
WADLER, Gary I. *Drugs and the Athlete* (Philadelphia, PA, 1989)
WAHLQVIST, Bertil. "Idrottshistoriska kållproblem i de islendske sagorna – ett par exempel, Idrott, Historia och Samhålle", Svenska idrottshistoriska føreningens åsskrift (1981), p. 69-77.
_____. *Ville vikinger i lek og idrett* (Oslo, 1980)
WARD, Michael. *Ellison "Tarzan", Brown: The Narragansett Indian Who Twice Won the Boston Marathon* (Jefferson, NC, 2006)
WEBSTER, F.A.M. *Fri-idretten idag* (Oslo, 1930)
WEILER, I. *Der Sport bei den Völkern der alten Welt: eine Einführung* (Tyskland, 1981)
WERGE, Lars. *Wilson Kipketer* (Aarhus, 1998)
WHEELER, C. A. *Sportascrapiana: Facts in Athletics, with Hitherto Unpublished Anecdotes of the Nineteenth Century, from George iv to the Sweep* (London, 1868)
WHORTON, James C. "Athletes" Heart: The Medical Debate over Athleticism (1870-1920)", *Journal of Sport History*, ix/1 (1982), p. 30-52.
WIBE, Anne-Mette. "Norske tårer og russisk svette", Skriftserie fra Norges idrettshøgskole (1998)
WIGGINS, David K. "Great Speed but Little Stamina: The Historical Debate Over Black Athletic Superiority", *Journal of Sport History*, xvi/2 (1989), p. 158-85.
WIKBERG, Karin. "Idealism eller professionalism? En studie i den stora amatørråf- sten 1945-1946", Del i Idrott,

Historia och Samhålle (1993), p. 109-149; *Del 2 i Idrott, Historia och Samhålle* (1994), p. 85-122.
WILLIS, Joe D.; WETTAN, Richard G.L.E. "Myers, World"s Greatest Runner", *Journal of Sport History*, ii/2 (1977)
WILL-WEBER, Mark. *The Quotable Runner* (New York, 2001)
WILSON, Jean Moorcroft. *Charles Hamilton Sorley* (London, 1985)
WILT, Fred. *How They Train: Half Mile to Six Mile:* (Los Altos, CA, 1959)
_____. *How They Train,* vol. II: *Long Distances* (Los Altos, CA, 1973)
_____. *How They Train,* 2nd edn, vol. I, *Middle Distances* (Los Altos, CA, 1973)
_____. *How They Train,* vol. III, *Sprinting and Hurdling* (Los Altos, CA, 1973)
WIRZ, Jürg; TERGAT, Paul. *Running to the Limit* (Aachen, 2005)
_____. *Run to Win: The Training Secrets of the Kenyan Runners* (Tyskland, 2006)
ZAKARIASSEN, Allan. *Mit løberliv* (Dinamarca, 1999)
ZAMPERINI, Louis; RENSIN, David, *Devil at my Heels* (New York, 2004)
ZEIGLER, Earle F. (ed.) *A History of Sport and Physical Education to 1900* (Champaign, IL, 1973)
_____. *History of Physical Education and Sport* (Toronto, 1979)
ZHAO, Yu. *Undersøkelse av Mas armé:* Chinese Writers 1998, nr. 3 Zhou, Xikuan, "China: Sports Activities of Ancient and Modern Times", *Canadian Journal of History of Sport,* xxii (1991), p. 68-82.
YOUNG, David. *The Olympic Myth of Greek Amateur Athletics* (Chicago, IL, 1984)

Jornais

Canadian Journal of History of Sport, 1981-1995. Windsor, Ontario.
History of Physical Education of Sport, 1973-1976. Tóquio.
Friidrett, 1950-2008. Oslo.
Idraetsliv, 1914-1932. Kristiania/Oslo.
International Journal of the History of Sport, 1987-2008. Londres.
Journal of Olympic History, 1992-2004, Oostervolde, Países Baixos.
Kondis, 1970-2008. Oslo.
Norsk Idraetsblad, 1881-1915. Kristiania.
Norsk Idraetsblad og Sport, 1916-1925. Kristiania/Oslo.
Olympic Review, 1974-2006. Lausanne.
Olympika: The International Journal of Olympic Studies, 1992-2006. Londres, Ontario.
Runner's World, 1970-2006. Emmaus, PA.
Springtime, 1980-1996. Estocolmo.
Sociology of Sport Journal, 1984-2006. Champaign, IL.
Sport, 1908-1915. Kristiania.

Esporte na história

The Ancient World, 1978-1984. Chicago.
The Sports Historian (1993-2002) e *The Journal of the British Society of Sports History* (1982-1992.). Leicester, Inglaterra.
Sportsmanden; 1913-1965. Kristiania/Oslo.
Stadion, 1975-1991. Helsinque.

Agradecimentos

Obrigado a Li Yuen Hem pelas traduções do chinês e a Gun Roos pela tradução do finlandês. Obrigado a Midori Poppe pela ajuda com o material japonês. Thor Kristian Gotaas também forneceu traduções de várias línguas com as quais o autor não está familiarizado. Bredo Berntsen espontaneamente dividiu sua riqueza de conhecimentos sobre Mensen Ernst. Ole Magnus Strand Jensvoll foi versado em computação quando as habilidades do autor nessa área mostraram-se inadequadas. Benedicte Strand ajudou e conseguiu conviver com um autor que se mostrou, por vezes, desesperador.

Obrigado a Kjell Vigestad e a Runar Gilberg, da equipe editorial da revista *Kondis,* por me emprestar exemplares anteriores da revista. Obrigado a Per Lind pela dica sobre um livro útil que levou a uma melhora considerável das fontes de material. Obrigado a Barbara Mitchell, da Inglaterra. Obrigado também ao professor John Hoberman, do Texas, pelo encorajamento construtivo, e obrigado a Maurie Plant, Austrália, pelos divertidos relatos.

As pessoas citadas a seguir leram o manuscrito na íntegra ou parcialmente e deram-me conselhos úteis: Marius Bakken; Kjartan Fløgstad; Matti Goksøyr; Thor Kristian Gotaas; Andreas Hompland; Jakob Kjersem; Roger Kvatsvik; Knut Anders Løken; Sigmund Hov Moen; Lars Myhre.

Agradecimentos especiais são devidos ao professor John Bale e ao professor Peter Radford, ambos da Inglaterra, por terem dado tanto de seu tempo para serem entrevistados e por responderem a minhas muitas consultas. Os livros e artigos de John Bale levaram-me a enxergar o material com novos olhos. O entusiasmo de Peter Radford pela história da corrida e sua disposição em me deixar tomar emprestados materiais de seu acervo privado e inédito de fontes foram uma enorme ajuda. Matti Goksøyr, professor de história do esporte da Escola Norueguesa de Ciências do esporte, forneceu contribuições muito importantes nas fases finais de meu trabalho. Obrigado também a Hans Petter Bakketeig, meu editor, por sua grande ajuda e sua fé no projeto.

Henry Rono também merece minha enorme gratidão. Ele forneceu respostas detalhadas a minhas muito numerosas perguntas durante um longo período. Há poucas pessoas mais interessadas na história da corrida do que Henry Rono.

Obrigado aos prestativos funcionários das seguintes instituições: Biblioteca da Escola Norueguesa de Ciências do Esporte - Oslo; Biblioteca Britânica, Londres; Biblioteca Nacional, Oslo, especialmente o setor de empréstimos interbibliotecas - Else, Britt, Hilde e Sidsel - Biblioteca Pública Ringsaker, Brumunddal; Biblioteca Universitária, Oslo.

Impresso por :

Tel.:11 2769-9056